HISTOIRE

DU

SECOND EMPIRE

L'auteur de cet ouvrage se réserve expressément le droit d'en autoriser la reproduction et la traduction soit en France, soit à l'étranger.

NAPOLÉON III
Empereur des Français.

HISTOIRE

DU

SECOND EMPIRE

PAR

FULGENCE GIRARD

TOME PREMIER.

PARIS

BUREAUX DE LA PUBLICATION : | E. DENTU, éditeur,
Directeur, M. H. MOREL, libraire, | LIBRAIRE DE LA SOCIÉTÉ DES GENS DE LETTRES,
19, Rue Servandoni. | Palais-Royal, 13, galerie d'Orléans.

1861

INTRODUCTION.

L'élection du 10 décembre, signalée par M. de Falloux, dans un travail publié par la *Revue des Deux-Mondes*, comme une négation de la république et une demi-affirmation de la monarchie, avait été pour beaucoup d'esprits pénétrants toute une restauration impériale ; le mot célèbre de M. Thiers : « L'empire est fait » eût déjà pu traduire sur bien des lèvres cette impression que chaque jour devait généraliser dans les esprits. Quelques mois avaient suffi pour opérer un des plus profonds phénomènes moraux qu'ait jamais été appelée à constater l'histoire.

Qu'on se reporte aux premières semaines qui suivirent la révolution de février ; qu'on relise les journaux de l'époque, quelles que fussent les convictions dont ils étaient les interprètes, quelles que fussent les opinions dont ils étaient les hérauts : royalistes, démocratiques, religieux ou libres penseurs ; la *Gazette* comme le *National* et le *Siècle*, la *Réforme* et la *Presse* comme l'*Univers*; quelle unanimité pour constater l'élan général, l'enthousiasme universel avec lesquels la France salua le triomphe de Paris, accueillit la proclamation de la République ; cette acclamation ne se renferma pas seulement dans les grands centres politiques, elle rayonna jusque dans les campagnes; pas de village qui ne voulut avoir sa fête patriotique, pas de bourgade qui ne voulut planter et faire bénir son arbre de liberté ! Et lorsque la nation eut été remise en possession de ses droits, avec quelle ardeur ne vola-t-elle pas dans les comices consacrer par ses votes la nouvelle forme de gouvernement sous laquelle la démocratie respirait, à pleine poitrine, l'air vivifiant de l'égalité.

Eh bien ! quelques mois s'étaient à peine écoulés ; à peine le feuillage des peupliers et des chênes, plantés par le peuple et bénis par le ciel, était-il tombé sous les brises de l'automne, que ce même peuple se précipitait, avec le même empressement, dans ces mêmes comices, pour faire sortir des scrutins, par l'explosion d'une majorité sans précédents historiques, un nom prestigieux sans nul doute, national et glorieux assurément, mais qui, en représentant la révolution, représentait en même temps le système gouvernemental le plus opposé à celui qui avait triomphé en février, et que le peuple avait consacré de la presque unanimité de ses suffrages.

Et ce n'était pas là que devaient s'arrêter les effets du revirement qui s'était opéré si brusquement et si complétement dans les esprits : des majorités beaucoup plus imposantes encore devaient venir successivement affirmer cette révolution morale et consacrer en quelque sorte le renversement de cette République si glorieusement sortie de la victoire du peuple et l'érection du trône impérial sur ses ruines. Les 7,439,216 suffrages, qui investirent l'auteur du coup d'Etat du 2 décembre 1851 de la présidence décennale, devaient s'élever à 8,157,752 pour déposer sur son front la couronne des empereurs. Quelle est l'explication de ce changement complet, de cette révolution profonde; à quelles causes attribuer ce grand phénomène social.

Nier sa réalité, n'est pas un argument sérieux. Que cette supposition ait pu se produire dans la pensée et dans les protestations de quelques exilés, c'est là un fait qu'explique naturellement ce que ce revirement de l'opinion a d'extraordinaire et offrait d'impossible à leur conscience; qu'expliquent encore leur éloignement des cercles électoraux où il s'accomplit, et les illusions de convictions ardentes surexcitées par la fiévreuse exaltation de l'exil; mais il ne saurait évidemment être accueilli ni même discuté par des témoins plus calmes qui ont vu cette révolution s'accomplir sous leurs regards. Sans nul doute, on peut citer quelques causes d'intimidation qui ont dû peser sur ces votes; des abus de pouvoir qui peuvent sur beaucoup de points avoir dominé la liberté de quelques électeurs; et tenter ainsi d'abaisser le chiffre, d'affaiblir le caractère de ces grands arrêts nationaux; mais ces restrictions admises, ces critiques acceptées, il n'en reste pas moins encore les plus nombreuses et les plus imposantes manifestations électorales qui aient jamais conféré à un chef les droits souverains d'une nation. Le plus étonnant de ces votes n'est assurément ni celui des 20 et 21 décembre 1851, ni celui des 21 et 22 novembre de l'année suivante, mais bien celui du 10 décembre 1848, dans lequel logiquement ils étaient contenus, et pour ce premier vote les urnes se trouvaient entre les mains du rival même du bénéficiaire. Ce sont là des faits matériels qu'il faut reconnaître et devant la réalité desquels on ne peut pas refuser de s'incliner.

Mais quel jugement la raison en doit-elle porter ? quelle conclusion doit-elle en déduire ?

Le droit du peuple de disposer de sa souveraineté ne peut politiquement être méconnu; c'est une nécessité morale et rationnelle pour toute société *sui compos*, en dehors de laquelle il n'y a qu'usurpation, oppression et injustice. Ce droit est un principe, il n'est donc pas de force qui le domine; car cette force serait par cela même un droit qui lui serait antérieur et supérieur, par conséquent il ne serait pas un principe. Le nier, au nom de ce qu'on appelle le droit absolu, c'est substituer la raison individuelle à la raison collective, la volonté privée à la volonté sociale, l'affirmation orgueilleuse de l'égoïsme au verdict du peuple, à la voix de Dieu.

Si l'on ne peut nier que tout peuple ait le droit de choisir ses institutions et ses chefs, d'adopter la forme de gouvernement qu'il juge la plus avantageuse à ses intérêts et la plus conforme à son caractère, il est sans nul doute moralement impossible d'en contester les résultats, mais ne doit-on pas reconnaître que ce droit a des limites au delà desquelles il se brise contre l'excès et s'évanouit dans l'abus?

Alors quel sera le juge de l'excès? quel sera l'arbitre de l'abus? A quel titre la minorité réformera-t-elle l'arrêt porté par la majorité? de quel droit l'individu cassera-t-il la loi édictée par l'être social?

Ne serait-ce pas admettre une intervention contraire à toute raison comme à toute justice; disons plus, ne serait-ce pas une solution négative de toute philosophie sociale.

Une révolution a toujours sa raison d'être; quelle que soit la liberté dont la Providence a fait le glorieux apanage de l'humanité, cette liberté n'est pas telle que la gravitation du monde moral et le développement de ses destinées soient privés de l'ordre et de l'harmonie qui règnent dans la marche du monde matériel. Si Dieu laisse à l'homme l'exercice complet de sa volonté, il en règle l'application, ou du moins il trace les limites où s'arrêteront les actes et les conséquences; libre dans l'exercice de sa volonté personnelle, l'homme n'a aucune puissance sur les résultats de ses actes; il sème, mais c'est une puissance en dehors de son influence et de son action qui fait germer le grain et qui donne la croissance à la récolte.

Les grands changements qui modifient les sociétés, les révolutions qui les transforment et les renouvellent sont de ces événements que Dieu dirige et accomplit par les mains dont il fait ses instruments. La cause est dans la liberté de l'homme, l'effet est ce qu'arrête la sagesse, ce que produit la puissance divines. C'est toujours la grande parole de Bossuet : L'homme s'agite et Dieu le mène.

L'histoire est là pour rendre cette vérité frappante et lumineuse. L'action humaine, si logique dans le développement de ses conséquences, ordinairement si régulière dans l'écoulement de ses effets, se trouve livrée si complétement à l'imprévu dès qu'elle s'élève et s'étend aux faits généraux, que le plus souvent, lors même qu'elle réussit momentanément, elle finit par produire tout le contraire de ce qu'ambitionnaient ses auteurs.

Brutus et Cassius sacrifient César à cette république stoïque, la république de Zénon et de Caton, leur idole. Le dictateur succombe. Est-ce la république qui triomphe?... non, c'est la dictature, cette dictature que les conjurés voulaient abattre, et c'est la république qui va périr, dans les champs de Philippes, des trente coups de poignard dont est percé le vainqueur des Gaules.

Et sans remonter si haut, sans sortir de notre histoire, ne trouvons-nous pas cette vérité écrite dans toutes les pages de nos annales. La Ligue frappe Henri III; que veut-elle atteindre? le protestantisme dans l'allié du Béarnais; et c'est justement sur le front du protestantisme que le couteau sanglant du moine fanatique fait passer la couronne de France.

Notre révolution n'offre-t-elle pas cent exemples pour un de cette inefficacité de l'invasion individuelle, de l'ingérence humaine dans les événements sociaux. Charlotte Corday tue avec Marat les Girondins qu'elle voulait sauver. Qu'est-ce qui opère la révolution de thermidor? la crête de la Montagne, et voilà que cette crête sanglante est aussitôt dévorée par l'abîme qu'elle a ouvert pour les austères tribuns dont elle redoutait l'inflexible rigidité.

De nos jours même qu'ont jamais produit les conspirations et les révoltes, sinon des redoublements de rigueurs. Est-ce le carbonarisme, sont-ce les conspirations militaires de 1820, sont-ce les associations politiques de 1828 qui ont renversé le trône de Charles X? Non assurément; il s'écroule sous l'aveuglement et la folle confiance de ses courtisans, au moment où l'émancipation de la Grèce et la conquête d'Alger semblaient en avoir élargi et consolidé les bases.

Quelle puissance ont eue contre la monarchie de juillet, tant de sociétés secrètes si fortement constituées, de la Société des Amis du peuple à celle des *Saisons*, où la Société des droits de l'homme avait concentré ses éléments les plus énergiques? Elles lui ont suscité quelques jours d'agitation et d'inquiétude; à peine quelques heures de danger; et ce pouvoir qui avait traversé, dans les incertitudes d'un premier établissement, la crise formidable de l'émeute polonaise, est venu tomber, au plus fort de sa puissance, sous l'ouragan de février, sorti à l'improviste d'un ciel plein de calme et de sécurité.

Voilà les faits, et s'il en faut d'encore plus significatifs, les attentats sont là, et parfois hélas! avec des monceaux de cadavres pour accuser d'une manière plus éloquente leur inanité politique. Louis-Philippe et Louis-Napoléon eussent succombé dix fois, si l'action des hommes pouvait modifier, à sa volonté, la marche des peuples et la destinée des Etats. L'un et l'autre se sont trouvés dans des atmosphères de mitraille et de balles où tout était foudroyé, hors ceux que devaient emporter ces explosions meurtrières, et si quelques éclats de ces éruptions les atteignirent, ce fut pour attester plus ostensiblement encore, par leurs stigmates légers, la présence de la main providentielle qui avait couvert ces souverains.

Quand une modification profonde dans la constitution des États s'accomplit, c'est qu'elle a sa cause supérieure; toute révolution sociale a sa logique, et si l'œil s'éclairant de l'intelligence de la raison divine, dont la marche progressive des sociétés est la révélation continuelle, recherche le lien des causes et des effets qui la rattache au développement général des événements, il en reconnaît l'excellence relative, la sagesse directrice et les résultantes heureuses. Cette influence providentielle dont l'éclat se dégage des faits est la lumière mystérieuse et la virtualité essentielle de la souveraineté populaire, qu'un aphorisme latin appelle justement la voix de Dieu; *vox populi, vox Dei;* raison suprême dont la philosophie a fait son principal criterium de vérité, et qui, sous l'inspiration surnaturelle, s'élevait dans les conciles œcuméniques jusqu'à l'infaillibilité absolue.

C'est cependant cette raison suprême qu'ont attaquée plusieurs protestations comme une abdication flétrissante et qu'elles ont incriminée comme un suicide honteux, dans la soumission avec laquelle les classes populaires ont accepté le coup d'État de décembre et dans l'imposante émission de suffrages par laquelle elles ont relevé l'Empire. Nous avons apprécié ces manifestations au point de vue général, sous l'aspect du droit public et sous celui de la philosophie; nous allons les voir apparaître dans le cercle des réalités, au point de vue des faits, et demander aux circonstances et aux événements au milieu desquels il s'est opéré le secret du complet changement si brusquement accompli dans les sympathies et dans les enthousiasmes populaires, saluant l'Empire avec le même élan qu'avait suscité la proclamation de la République.

En présence d'une telle transformation, l'histoire a de tout autres devoirs à remplir qu'à se faire l'écho des déceptions et des passions ; qu'à accuser le peuple de tergiversations ou de désertion, de légèreté ou de défaillance ; qu'à incriminer enfin son caractère ou son esprit. Les événements au milieu desquels il s'est trouvé inopinément transporté sont toujours l'explication éloquente, sinon la justification complète de sa conduite.

Qu'on cherche quelle fut son action et son attitude dans la Révolution où disparut la monarchie parlementaire. On y voit sa modération après le triomphe éclater avec autant de générosité que son courage pendant la lutte. Fasciné par les grands mots d'égalité politique, de fraternité sociale qu'il inscrit sur les palais conquis, il remet au gouvernement qu'il acclame le soin d'organiser la victoire, de consolider ses conquêtes. Il offre à la patrie le sacrifice de trois mois de grève, sans lui représenter que la grève c'est la privation et la souffrance, c'est la misère sous son toit.

Il en offre trois, il en accordera six, mais que la République profite de ce temps pour remplir ses promesses d'égalité et de bien-être, que cette démocratie réalise son programme de fraternité sociale et d'affranchissement.

Le gouvernement provisoire se trouva-t-il à la hauteur de sa mission ? Assurément il était animé des meilleurs sentiments ; il eut d'heureuses inspirations. Une grande partie des importants travaux, des institutions précieuses qu'a réalisés l'Empire sortirent de sa pensée ; il les décréta même. Mais son caractère fut-il au niveau de son intelligence et de son cœur; sa résolution marcha-t-elle de pair avec ses conceptions? Quels furent dans la réalité ses actes?

Hélas! il est dans nos destinées de faire tout à contre-temps; de fausser et de compromettre tous les principes par une application inopportune et abusive. Une organisation sociale, il faut bien le reconnaître, ne se renouvelle pas sans irriter bien des passions, sans léser bien des intérêts, sans soulever bien des hostilités qu'il faut dominer; aussi pas de révolution possible sans dictature, et les Romains, on le sait, pendant toute dictature, voilaient la statue de la liberté. L'électricité, cet éther splendide et fécond des cieux sereins, devient la foudre dans les orages. Il en est de même de l'autorité.

Le gouvernement provisoire ne le comprit pas. Il voulut faire de la mansuétude en pleine crise, de la bienveillance magnanime en pleine rénovation sociale; de la théorie nuageuse, de l'élégie et de l'idylle en plein combat. M. de Lamartine modula des harmonies diplomatiques, Louis Blanc ouvrit une Sorbonne industrielle, M. Ledru-Rollin emprunta à 93 ses écharpes et ses plumets; et l'on crut la révolution accomplie. On fit de la poésie, de la déclamation, de l'apparat dans ces heures dévorantes où il fallait tout régénérer.

Certes, nous n'accusons pas les intentions, elles furent nobles et généreuses. Si ce fut une illusion fatale, ce fut du moins une magnanime aspiration que celle de ce Sinaï sans foudre et sans nuages d'où devait descendre la loi nouvelle, et ce sera assurément la gloire de ce gouvernement d'avoir remis entre les mains de l'assemblée élue par le peuple ces pouvoirs qu'il avait reçus d'une révolution victorieuse, sans avoir pris une goutte de sang aux veines, une minute de temps à la liberté, une pièce de monnaie à la fortune de ses ennemis; mais ce sera à la fois sa gloire et sa faute, car cette longanimité fut la perte de cette révolution qui lui avait confié ses destinées, la ruine de la République qu'il avait mission de fonder.

La haine revint avec l'audace au cœur des factions hostiles, dès qu'elles eurent la conviction que l'impunité couvrait leurs intrigues. Forcée de se défendre, la démocratie, de son côté, se jeta dans les réactions anarchiques et chercha son salut dans la voie des abîmes... Les trois mois d'épreuves offerts par le peuple se prolongèrent sans autres résultats que d'aggraver sa misère ; les ateliers devinrent chaque jour plus silencieux, les usines chaque jour moins actives, les manufactures chaque jour plus désertes. La misère monta, monta sans cesse, gagnant tous les réduits du peuple, envahissant ses derniers asiles.

Et pendant ce temps les vieux partis, reformant leurs phalanges, ne perdaient aucun instant pour enlever à ce peuple, l'une après l'autre, toutes ses conquêtes politiques; pour le dépouiller, un à un, de tous ses droits; la loi même, qui l'avait investie de son mandat, ne put trouver grâce devant l'assemblée législative; le suffrage universel fut étouffé dans un de ses scrutins. Les passions réactionnaires qui s'étaient associées pour repousser de son sein les membres les plus purs et les plus dévoués de la précédente législature s'y constituèrent en partis hostiles. Son enceinte ne fut plus dès lors qu'une arène d'intrigues et ses couloirs des foyers de conspirations.

Telle était la situation lorsque le coup d'État du 2 décembre vint briser cette assemblée. Or, cette révolution qui se posa carrément en dictature militaire, ne ferma pas seulement au parlement son palais, elle rouvrit au peuple ses comices, et lui restitua ses droits souverains; si elle mit la main sur toutes les libertés, droits précieux sans nul doute pour toutes les classes mais appréciables surtout pour les classes riches et instruites, elle s'adressa à toutes les nobles susceptibilités nationales, parlant au peuple d'égalité, à l'armée de gloire, au pays de grandeur, aux classes laborieuses d'industrie et de commerce, aux populations souffrantes de bien-être et de travail. Elle adopta pour symbole ces principes de 1789, que les factions absolutistes chargeaient de leurs objurgations et de leurs anathèmes.

Les masses populaires, jetées ainsi inopinément au milieu de tant de faits nouveaux, s'arrêtèrent d'abord incertaines devant ces déclarations et ces promesses; elles les lurent avec anxiété; la restitution immédiate de leur souveraineté ébranla leur défiance; elles attendirent ici avec confiance, là avec hésitation, et presque partout avec tranquillité, la réalisation de ces engagements.

L'événement justifia-t-il leurs espérances? Une année s'était à peine écoulée que le travail avait ranimé tout le corps social et que partout la richesse publique avait repris son cours fécond; pendant ce temps, la diplomatie impériale, aussi modérée que clairvoyante et habile, transformait en ligues auxiliaires la ceinture de baïonnettes dont l'Europe monarchique avait semblé vouloir, à sa réapparition, envelopper l'Empire.

La France était entrée par cette voie dans la carrière où elle devait recouvrer le prestige, l'autorité morale et la puissance de ses règnes les plus glorieux; ses armes allaient retrouver sur l'Alma et à Inkerman, à Magenta et à Solferino, des champs de bataille dignes des plus éclatants triomphes de notre passé militaire, et dans les conseils de l'Europe une influence et une autorité qui devait faire de ses diplomates les arbitres des destins du monde.

Ce côté national du nouveau règne était son aspect le plus brillant; il n'en était peut-être pas le point de vue le plus sympathique, le plus saisissant et le plus caractéristique. On n'a pas assez appelé l'attention sur le caractère démocratique que présentent dans leur ensemble, comme dans leur aspect particulier, tous les actes du second empire.

Ce que de longtemps n'eût osé tenter une administration républicaine, il l'a entrepris avec autant d'audace et de fermeté que de succès, non-seulement dans telle ou telle spécialité, mais dans toutes les sphères de la richesse publique et de l'activité sociale. Institutions d'économie et de prévoyance pour les classes pauvres, mesures d'hygiène et travaux d'assainissement populaires, créations d'assistance et de secours, établissements de crédit, suppression de l'échelle mobile des grains, révolution dans le tarif des douanes, etc., il a mis la main à tout. L'enfance trouve des orphelinats ouverts à son abandon, l'ouvrier blessé des refuges, le convalescent des asiles. La famille indigente voit s'élever des logements économiques, avec leurs associations alimentaires et leurs lavoirs; des associations de secours mutuels assurent sa sécurité; grâce à la caisse des retraites et à la généralisation des pensions la vieillesse du prolétaire et du petit employé n'a plus à redouter l'inclémence des vieux jours. Le peuple est même initié aux jouissances du luxe qu'il semblait réduit à toujours envier sans espoir: des parcs magnifiques sont ouverts à ses loisirs, chaque quartier a ses squares où les enfants peuvent se livrer à leurs ébats et les vieillards réchauffer leur sang glacé aux rayons du soleil tamisé par de frais feuillages, etc.

Voilà ce qu'établira cette histoire, justifiant le peuple d'accusations que nul n'a le droit de porter contre lui et rendant à cette époque la place et l'importance qui lui appartiennent dans le développement de la civilisation et le mouvement ascensionnel du monde.

HISTOIRE
DU
SECOND EMPIRE.

CHAPITRE PREMIER.

PROCLAMATION DE L'EMPIRE.

1852

SOMMAIRE.

Soirée du 1ᵉʳ décembre 1852. — Le Corps législatif à Saint-Cloud. — Recensement des votes sur l'empire. — Le Sénat et le conseil d'État. — La galerie d'Apollon. — Ordre et cérémonial de la solennité. — Cortége présidentiel. — Discours de M. Billault. — Déclaration du Corps législatif. — Discours de M. Mesnard. — Hommage du Sénat. — Allocution de l'Empereur. — Caractère spécial de chacun de ces discours. — Saint-Cloud. — Le 18 brumaire et le 1ᵉʳ décembre. — Le canon des Invalides. — 1815 et 1852. — La place de Grève et la décoration de l'Hôtel-de-Ville. — Proclamation de l'Empire. — Le palais de Saint-Cloud. — Cortége impérial. — L'arc de triomphe de l'Etoile. — Brillant état-major. — Entrée solennelle dans Paris. — Arrivée aux Tuileries. — Les corporations ouvrières. — Le Palais. — Banquet de famille. — Le bal. — Actes de bienfaisance. — *Panis, non circenses*. — Espoirs. — Silence du Moniteur. — Protestations des partis. — Manifestes de Londres et de Frohsdorf. — Intrigues légitimistes. — L'évêque de Luçon. — Mandement de l'évêque de Rennes. — Démissions réactionnaires. — Circonstances nouvelles créées par le scrutin du 21 et

22 novembre. — Conséquences logiques. — Note du Moniteur. — Son caractère. — Seconde note. — Ses inconvénients. — Nobles susceptibilités. — Amnistie.

Le 1er décembre 1852, à huit heures du soir, par une de ces températures douces et de ces atmosphères brumeuses si communes, en nos climats, vers la fin de l'automne, un long cortége de deux cents voitures s'écoulait sur la route de Paris à Saint-Cloud, à la lueur flottante des torches portées par des écuyers et sous l'escorte d'un escadron de cavalerie. C'était le Corps législatif qui se rendait à Saint-Cloud pour annoncer au prince Président de la République française le chiffre du vote qui l'appelait à l'Empire. L'esprit des spectateurs faisait irrésistiblement un rapprochement entre cette nuit de brouillards et les nuages mystérieux d'où sortait le nouveau règne.

Le jour s'était passé dans l'attente. Ce Corps parlementaire, convoqué par décret du 7 novembre pour dépouiller les scrutins ouverts, le 21 et le 22 du même mois, sur le sénatus-consulte soumis à l'acceptation, ou au rejet du peuple, s'était réuni cinq fois dans ses bureaux. La veille même il avait entendu un premier rapport sur le résultat des comices d'où allait sortir un nouvel ordre de choses pour le pays; les votes connus ne laissaient déjà plus de doute sur l'issue de ce grand mouvement électoral. Deux nouvelles séances en avaient, ce jour même, complété les constatations.

Quand le cortège atteignit la cour du palais, le Sénat et le conseil d'Etat y étaient arrivés depuis quelques minutes. Le Sénat avait été introduit par les maîtres de cérémonie, M. le comte de Bacciochi et M. le baron Feuillet de Conches, dans le salon de Vénus, ainsi nommé de la belle peinture qui décore son plafond; le conseil d'Etat occupait le salon de Diane; le

Corps législatif fut conduit dans celui de Mars. La galerie d'Apollon, splendidement décorée pour cette cérémonie, leur fut presque immédiatement ouverte.

Un trône surmonté d'un dais et de rideaux en velours cramoisi, avec crépines et torsades d'or, avait été dressé à l'extrémité, entre deux riches candélabres dont l'éclat des bougies, joint à celui des lustres, éclairait à jour toute la galerie.

Les sénateurs, ayant à leur tête MM. les vice-présidents Mesnard, Troplong, le général comte Baraguey-d'Hilliers, le grand référendaire M. le général comte d'Hautpoul, et M. le baron de Lacrosse, secrétaire, prirent place à droite. On remarquait dans les rangs du Sénat, les cardinaux, les maréchaux de France, les amiraux, ainsi que Mgr l'archevêque de Paris.

Les membres du Corps législatif se déployèrent en face, à la gauche du trône.

Le conseil d'État, conduit par son vice-président et ses présidents de section, MM. de Parieu, Bonjean, le général Allard, le vice-amiral Leblanc et M. Boudet, prit place derrière les fauteuils réservés aux ministres. MM. le procureur général Delangle, de Royer, le baron Brenier, Heurtier, le général Daumas, Gréterin, de Sibert-Cornillon, figuraient au nombre de ses conseillers.

L'ordre et le cérémonial prescrits par le prince Louis-Napoléon lui-même pour la solennité avait soulevé de vives réclamations. Le conseil d'État, qui ne devait pas d'abord y figurer, s'était senti profondément blessé de cet oubli. Assez avant dans l'après-midi seulement et à la suite de négociations ouvertes entre ses membres les plus influents et le ministère, M. Rouher lui avait annoncé que des places seraient réservées pour les conseillers, lui exprimant le regret que l'étroitesse du local ne permît pas d'étendre l'invitation aux maîtres des requêtes et aux auditeurs.

Les réclamations du Sénat n'avaient pas été moins vives, ce corps avait protesté contre le rôle effacé qui lui était assigné dans cette cérémonie où le Corps législatif avait tous les honneurs; il demandait en conséquence que le recensement des suffrages lui fût remis par cette assemblée pour qu'il le présentât lui-même à l'Empereur. Au lieu d'être simple spectateur, il eût ainsi offert la couronne au nouveau souverain.

Sa prétention fut écartée ; Louis-Napoléon déclara que c'était aux élus du peuple à lui remettre cette souveraineté que le peuple lui déléguait. Il fut seulement accordé, comme satisfaction aux réclamations du Sénat, qu'il serait admis le premier à saluer le diadème sur le front de l'Empereur.

Le prince Louis-Napoléon était dans son appartement avec ses ministres, le président du conseil d'État, M. Baroche, et les principaux officiers de sa maison. Sur l'annonce faite par MM. les maîtres de cérémonies que les grands corps de l'État étaient arrivés, S. A. I. se dirigea avec sa suite vers la galerie d'Apollon. Le cortége y entra dans l'ordre suivant :

MM. le comte Bacciochi et Feuillet de Conches, précédant les officiers d'ordonnance du président; MM. le capitaine de frégate Excelmans, les commandants Lepic, de Toulongeon, et Favé, les capitaines de Menneval, Merle, de Berkeim, Petit, Cambriels, Tascher de la Pagerie, le lieutenant de La Tour d'Auvergne, Mocquard secrétaire des commandements, le docteur Conneau, Charles Bure intendant, MM. de Dalmas et Lefèvre Deumier.

Après eux venaient les colonels Fleury, Edgard Ney, de

Béville, et les généraux Vaudrey, Espinasse, de Lourmel, de Montebello, de Goyon, de Cotte, Canrobert, Roguet.

Le prince Louis-Napoléon s'avançait immédiatement après en uniforme de général de division. Il avait à sa droite le roi Jérôme, en grand costume de maréchal de France, et à sa gauche le prince Napoléon, vêtu d'un habit noir.

La marche était fermée par MM. les ministres d'État, de la guerre, de la justice, des affaires étrangères, de l'intérieur, de l'instruction publique et des cultes, des finances, de la marine et des travaux publics, par M. Baroche vice-président du conseil d'État et par M. Berger préfet de la Seine.

Une longue acclamation poussée par tous les dignitaires de l'État réunis pour cette solennité accueillit le cortége dès son apparition dans la galerie. Louis-Napoléon s'avança entre MM. les sénateurs et les députés au Corps législatif, répondant à leurs vivats par des sourires et des saluts, et vint prendre place sur le trône où il se tint debout entre l'ancien roi de Westphalie et le prince Napoléon, ayant derrière lui ses ministres et les officiers de ses maisons militaire et civile.

Le président du Corps législatif, M. Billault, se dirigea aussitôt vers l'estrade en inclinant légèrement à gauche, et s'adressant au prince, il prononça au milieu d'un profond silence le discours suivant :

« Sire,

» Nous apportons à Votre Majesté l'expression solennelle de la volonté nationale. Au plus fort des ovations que vous décernait l'enthousiasme populaire, peu pressé de ceindre une couronne qu'on vous offrait de toutes parts, vous avez désiré que la France se recueillît ; vous avez voulu qu'elle ne prît que de sang-froid, dans sa pleine liberté, cette suprême décision par laquelle un peuple, maître de lui-même, dispose souverainement de sa destinée.

» Votre vœu, Sire, s'est accompli ; un scrutin libre, secret, ouvert à tous, a été dépouillé loyalement sous les yeux de tous ; résumant en une seule huit millions de volontés, il donne à la légitimité de votre pouvoir la plus large base sur laquelle se soit jamais assis un gouvernement en ce monde. Depuis ce jour où six millions de voix recueillies pour vous par le pouvoir même qu'elles vous appelaient à remplacer vous ont remis le sort de la patrie, la France, à chaque nouveau scrutin, a marqué par de nouveaux millions de suffrages l'accroissement continu de sa confiance en vous. En dehors comme en dedans de ses comices, dans ses fêtes comme dans ses votes, partout, ses sentiments ont éclaté : d'un bout à l'autre du pays se précipitant sur vos pas, accourant de toutes parts pour saluer, ne fût-ce que de loin, l'homme de leurs espérances et de leur foi, nos populations ont assez fait voir au monde que vous étiez bien leur Empereur, l'Empereur voulu par le peuple ; que vous aviez bien avec vous cet esprit national, qui, au jour marqué par la Providence, sacre les nouvelles dynasties et les asseoit à la place de celles qu'il n'anime plus.

» Abritant sous un immense souvenir de gloire ce qu'elle a de plus précieux, son honneur au dehors, sa sécurité au dedans, et ces immortels principes de 1789, bases désormais inébranlables de la nouvelle société française si puissamment organisée par l'Empereur votre oncle, notre nation relève, avec un orgueilleux amour, cette dynastie des Bonaparte, sortie de son sein, et qui ne fut point renversée par des mains françaises. Mais tout en gardant un fier souvenir des grandes choses de la guerre, elle espère surtout en vous pour les grandes choses de la paix. Vous ayant déjà vu à l'œuvre, elle attend de vous un gouvernement résolu, rapide, fécond. Pour vous y aider, elle vous entoure de toutes ses sympathies, elle se livre à vous tout entière. Prenez donc, Sire, prenez des mains de la France cette glorieuse couronne qu'elle vous offre : jamais aucun front royal n'en aura porté de plus légitime ni de plus populaire. »

Ce discours fréquemment interrompu par les applaudissements de l'assemblée se termina aux cris répétés de Vive Napoléon III ! vive l'Empereur ! Pendant que les lambris dorés de cette belle galerie vibraient de ces acclamations, M. Billault remettait au nouveau César la déclaration du Corps législatif constatant le recensement général des votes et l'acceptation par le peuple du sénatus-consulte soumis à ses suffrages, et érigé en plébiscite par ses scrutins ; cette déclaration, après avoir affirmé que les opérations du vote avaient été partout librement et régulièrement accomplies, portait que huit millions cent quarante mille six cent soixante citoyens avaient pris part à ces comices ; que sept millions huit cent vingt-quatre avaient déposé des bulletins offrant le mot oui ; deux cent cinquante-trois mille cent quarante-cinq des bulletins portant le mot non ; et que soixante-trois mille trois cent vingt-six votes avaient été annulés.

Le premier vice-président du Sénat, M. Mesnard, s'étant alors avancé lui-même vers le trône, s'arrêta un peu à droite, sur la même ligne que le président du Corps législatif, et salua le nouveau souverain par l'allocution suivante :

« Sire,

» Le Corps législatif a fait connaître la volonté souveraine de la France !

» En rétablissant la dignité impériale dans la personne et dans la famille de Votre Majesté, en vous donnant la couronne qu'elle avait placée il y a un demi-siècle sur le front du vainqueur de Marengo, la France dit assez haut quels sont ses vœux, et comment, rattachant le présent au passé, elle confond ses espérances avec ses souvenirs.

» Ce trône où Votre Majesté va s'asseoir, de quelque force, de quelque splendeur qu'il soit entouré, trouve dans la puissance de l'opinion publique ses plus solides fondements.

« L'Empire, c'est la paix, » a dit Votre Majesté dans une mémorable circonstance. La voix du pays ajoute : L'Empire, c'est le maintien des rapports internationaux dans toute la dignité d'une réciprocité amicale, c'est la religion honorée comme elle mérite de l'être, c'est la condition des classes laborieuses et souffrantes devenue l'objet d'une constante sollicitude ; c'est la discipline dans l'armée, et, au cœur de chaque soldat, le sentiment ardent de l'honneur et de l'indépendance nationale ; c'est le commerce et l'industrie développant et fécondant la prospérité publique ; enfin, c'est l'apaisement des partis, c'est une large et libre place faite à toutes les capacités et à toutes les intelligences auxquelles on demandera seulement où elles vont, et non plus d'où elles viennent.

» Voilà pourquoi, Sire, tant de millions de voix vous défèrent cette couronne impériale promise à votre naissance, reconquise par votre mérite, rendue à votre nom par l'acte le plus solennel de la souveraineté du peuple.

» Nous prions Votre Majesté d'accueillir avec bonté les hommages et les félicitations du Sénat. »

Ce discours, accompagné par les manifestations d'assentiment qu'avait suscitées celui de M. Billault, se termina également au milieu des applaudissements et des vivats. Toutes les acclamations tombèrent subitement devant un geste de l'Empereur, pour éclater plus ardentes, à diverses reprises, pendant cette allocution que Napoléon III prononça d'une voix à la fois calme et accentuée :

« Messieurs,

» Le nouveau règne que vous inaugurez aujourd'hui n'a pas pour origine, comme tant d'autres dans l'histoire, la violence, la conquête, ou la ruse. Il est, vous venez de le déclarer, le résultat de la volonté de tout un peuple qui consolide, au milieu du calme, ce qu'il avait fondé au sein des agitations. Je suis pénétré de reconnaissance envers la nation, qui trois fois en quatre années m'a soutenu de ses suffrages, et, chaque fois, n'a augmenté sa majorité que pour accroître mon pouvoir.

» Mais plus le pouvoir gagne en étendue et en force vitale, plus il a besoin d'hommes éclairés comme ceux qui m'entourent chaque jour, d'hommes indépendants comme ceux auxquels je m'adresse, pour m'aider de leurs conseils, pour ramener mon autorité dans de justes limites, si elle pouvait s'en écarter jamais.

» Je prends aujourd'hui avec la couronne le nom de Napoléon III, parce que la logique du peuple me l'a déjà donné dans ses acclamations, parce que le Sénat l'a proposé également, et parce que la nation l'a ratifié.

» Est-ce à dire cependant qu'en acceptant ce titre je tombe dans l'erreur reprochée au prince qui, revenant de l'exil, déclara nul et non avenu tout ce qui s'était fait en son absence? Loin de moi un semblable égarement. Non-seulement je reconnais les gouvernements qui m'ont précédé, mais j'hérite en quelque sorte de ce qu'ils ont fait de bien et de mal; car les gouvernements qui se succèdent, sont, malgré leur origine différente, solidaires de leurs devanciers. Mais, plus j'accepte tout ce que, depuis cinquante ans, l'histoire nous transmet avec son inflexible autorité, moins il m'était permis de passer sous silence le règne glorieux du chef de ma famille et le titre régulier, quoique éphémère, de son fils, que les chambres proclamèrent dans le dernier élan du patriotisme vaincu. Ainsi donc le titre de Napoléon III n'est pas une de ces prétentions dynastiques et surannées qui semblent une insulte au bon sens et à la vérité; c'est l'hommage rendu à un gouvernement qui fut légitime et auquel nous devons les plus belles pages de notre histoire moderne. Mon règne ne date pas de 1815, il date de ce moment même où vous venez de me faire connaître le suffrage de la nation.

» Recevez donc mes remercîments, Messieurs les députés, pour l'éclat que vous avez donné à la manifestation de la volonté nationale en la rendant plus évidente par votre contrôle, plus imposante par votre déclaration. Je vous remercie aussi, Messieurs les sénateurs, d'avoir voulu être les premiers à m'adresser vos félicitations, comme vous avez été les premiers à formuler le vœu populaire.

» Aidez-moi tous à asseoir sur cette terre bouleversée par les révolutions un gouvernement stable qui ait pour bases la religion, la justice, la probité, l'amour des classes souffrantes.

» Recevez ici le serment que rien ne me coûtera pour assurer la prospérité de la patrie, et que, tout en maintenant la paix, je ne céderai rien de tout ce qui touche à l'honneur et à la dignité de la France. »

Ces trois discours, tout en présentant chacun un caractère spécial, un sens propre, émanant en quelque sorte de l'essence même du pouvoir dont il exprimait la pensée et révélait les sentiments, semblaient cependant se combiner pour former le programme et la justification du nouveau règne. Le premier rappelait tous les souvenirs qui pouvaient relever le choix fait par le peuple et constituer une légitimité morale à son élu : l'origine nationale et populaire de sa dynastie, le caractère des désastres dans lesquels elle s'était abîmée ; ces principes de 89, bases inébranlables de la société qu'elle avait réorganisée, et répondant aux objections que l'on avait faites d'avance contre la sincérité des élections quand *la liberté ne tient pas les urnes,* il invoquait le recueillement où le prince Président avait déclaré lui-même qu'il voulait que la France méditât et pesât sa décision ; le développement de la confiance nationale pour le mandataire à qui le peuple, dans chaque élection, avait délégué, par un chiffre plus élevé de suffrages, une autorité plus étendue sur ses destinées.

Le discours du président du sénat s'attachait particulièrement à la glorification de l'institution impériale dont sa proposition avait fait sortir le diadème des scrutins populaires, et paraphrasant la brève et retentissante définition de l'empire contenue dans l'allocution de Bordeaux : L'empire c'est la paix, il développait tout ce que cette devise du nouveau pouvoir renfermait de garanties de bonheur et de sécurité pour la France, pour le monde.

La déclaration impériale s'adressait autant à la diplomatie étrangère qu'au pays, dans la personne de ses hauts dignitaires et de ses représentants. Si, déplaçant l'origine de son pouvoir, né dans les nuages des tempêtes civiles, il le montrait se régénérant dans l'agitation pacifique des comices, la justification du titre de Napoléon III n'en était pas moins le texte principal des développements où il répondait aux commentaires du traité de 1815, que des vœux et des plumes hostiles avaient déjà opposés à ce titre. Les acclamations qui avaient successivement interrompu à plusieurs reprises ces discours avaient témoigné des vives sympathies qu'ils avaient soulevées dans les esprits et dans les cœurs. La galerie retentissait encore des acclamations que sa voix avait provoquées, lorsque l'Empereur, avec sa suite, regagna son appartement, dans l'ordre et avec le cérémonial observés en se rendant à cette audience solennelle.

Les trois grands corps de l'État quittèrent successivement eux-mêmes le palais de Saint-Cloud, cette villa souveraine, si riante et si moderne, et pourtant déjà si pleine de formidables souvenirs. Etrange destinée des édifices! c'était là où Napoléon III venait d'entendre la voix des grands corps gouvernementaux, hier encore républicains, aujourd'hui monarchiques, saluer la couronne impériale, déposée sur son front par le plébiscite le plus nombreux qui eût encore disposé de la souveraineté d'une nation, qu'un demi-siècle auparavant, un autre Napoléon, le premier de son nom, le premier de sa race, avait dispersé par la force des baïonnettes une assemblée républicaine où reposait cette souveraineté, comme si cet empire, dont l'ombre planait depuis trois années sur le pays, devait venir renouer la chaîne de ses destinées là où le fer des violences contrerévolutionnaires en avait scellé le premier anneau.

Le lendemain, à sept heures du matin, Paris s'éveillait au bruit du canon, et apprenait, par une salve de cent un coups, l'inauguration du nouveau règne qui avait eu lieu la veille, dans la sphère la plus élevée du pouvoir. Là encore une coïncidence frappante semblait rapprocher deux époques et réunir deux dates célèbres. C'était le bronze des Invalides, les canons trophées, dressés au pied de la coupole où reposent les cendres de l'oncle, qui proclamaient tout d'abord l'avénement au trône du neveu. 1852 s'offrait à la mémoire inséparablement uni à 1815. Cette proclamation n'était que le signal de celle qui allait avoir lieu à l'Hôtel-de-Ville.

Dès neuf heures trois bataillons détachés d'un pareil nombre de régiments appartenant à la division Levasseur arrivaient avec leurs musiques sur l'antique place de Grève, où un bataillon de la garde nationale occupait déjà la position qui lui avait été assignée. Le peuple affluait des quartiers les plus éloignés par les ponts, les quais et les rues voisines. La façade de l'Hôtel municipal, si pittoresque d'aspect, et si riche d'ornements, avait reçu une décoration d'une rare magnificence. Au centre et au-dessous d'un vaste fronton supporté par quatre figures allégoriques et où un aigle planait dans les clartés d'un arc-en-ciel, s'élevait une estrade couverte d'un velum pourpre lamé d'or et ornée de tentures de velours cramoisi, semées d'étoiles et d'abeilles d'or; plus de quinze cents drapeaux, groupés en faisceaux, des oriflammes, des aigles dorés et des lambrequins de velours ornaient les croisées, les balustres et toutes les saillies du palais. Six mâts vénitiens aux banderoles éclatantes offraient sur la place de riches écussons, où on lisait les noms des victoires de Rivoli, Montenotte, Austerlitz, des Pyramides, d'Arcole, Marengo et de Friedland.

Seul, le soleil, le soleil d'Austerlitz, dont ce jour était l'anniversaire, refusait son éclat à cette solennité. Un vrai ciel de décembre enveloppait Paris de son atmosphère grise et humide.

A dix heures du matin, le préfet de la Seine, précédé de nombreux huissiers, vêtus de noir et portant l'épée, vint, accompagné de son secrétaire général, M. Merruau, des membres du conseil municipal, des maires de Paris et de leurs adjoints, ainsi que des maires de toutes les communes de la banlieue, occuper la tribune centrale. A son apparition, le général Alphonse, sous les ordres duquel étaient placées les troupes, leur fait présenter les armes, les tambours battent aux champs; un signal convenu est donné, les seize forts qui entourent Paris et trois batteries placées à la barrière du Trône, à Montmartre et aux Invalides annoncent, par leurs volées, aux populations l'avénement de Napoléon III, que le premier magistrat municipal proclame, en cet instant, du haut de l'estrade.

Pendant que les troupes, à la suite de cette cérémonie, défilent devant la municipalité parisienne aux cris de *vive l'Empereur!* une autre solennité se prépare au château de Saint-Cloud, et sur tout le parcours qui de cette résidence souveraine conduit au palais des Tuileries.

La ville de Saint-Cloud s'était, dès le matin, parée de drapeaux; les habitants des communes voisines avaient rempli ses rues animées par le mouvement des gardes nationales et des troupes de ligne qui se dirigeaient vers le château. Le 49e et un escadron de cavalerie légère étaient venus prendre position près de la grille; un régiment de dragons, deux de cuirassiers, un de carabiniers, tous en grande tenue, s'étaient rangés en bataille au delà du pont, pour former, sous les ordres du général Korte, la garde de Sa Majesté lorsque, vers midi, le poste d'honneur battit aux champs. C'était l'heure fixée pour le départ de l'Empereur. Il descendait en cet instant les degrés de marbre du palais. Il était en costume de général de division avec le grand cordon de la Légion d'honneur. Il monta à cheval, et suivi de sa maison militaire et de sa maison civile, il franchit la grille au milieu des acclamations. Le cortége se dirigea, au trot des chevaux, à travers le bois de Boulogne et par l'avenue de Neuilly, vers l'arc de triomphe de l'Étoile où l'attendait un état-major aussi brillant que nombreux. Les détonations du canon y annoncèrent son arrivée à midi trente-cinq minutes.

L'Empereur s'arrêta un instant sous la voûte imposante de ce grand monument élevé à la gloire militaire de la Révolution et de l'Empire. Le préfet de la Seine, le préfet de police et le général commandant la place de Paris lui présentèrent leurs hommages. Le cortége déboucha ensuite dans l'avenue des Champs-Élysées entre une double haie de gardes nationaux et de soldats de la ligne s'étendant de la Porte-Maillot au jardin des Tuileries. Il se déploya dans l'ordre suivant : le général en chef de la garde nationale de la Seine, marquis de Lavoestine, accompagné de son état-major; six escadrons de la garde nationale à cheval, commandés par le colonel marquis de Caulaincourt; la musique du 7e lanciers; le général Partouneaux; le 7e lanciers avec son colonel en tête; un escadron du 12e de dragons; la maison militaire de Sa Majesté.

L'Empereur, marchait complétement isolé, à quinze pas environ des officiers généraux qui le précédaient et de ceux qui s'avançaient à sa suite. L'état-major général formé de plus de trois cents officiers des grades les plus élevés, au milieu duquel on pouvait reconnaître toutes les illustrations militaires de la France; le 1er régiment de carabiniers, cinq escadrons du 12e régiment de dragons, les 6e et 7e régiments de cuirassiers, le 2e régiment de carabiniers, trois batteries d'artillerie se déployaient sur ses pas. Plusieurs escadrons de la garde nationale à cheval fermaient la marche.

Une longue acclamation salua l'entrée de l'Empereur dans le jardin des Tuileries, ouvert depuis le matin à la foule. Des flots de peuple inondaient tous les massifs ; les corporations ouvrières se pressaient sur les terrasses autour de leurs bannières et de leurs drapeaux. Le pavillon de l'Horloge avait été décoré, du côté du jardin et du côté de la cour d'honneur, d'une riche tenture de velours cramoisi tout brodé d'or ; il était occupé par les princes et princesses de la famille impériale, debout aux balcons. On remarquait l'émir Abd-el-Kader au nombre des personnages illustres qui garnissaient les autres fenêtres du palais. L'horloge marquait une heure un quart lorsque Napoléon III franchit le seuil de son pavillon, et entra dans le palais de Catherine de Médicis, dont il venait solennellement prendre possession en monarque.

Le soir, après le dîner que l'Empereur donna à sa famille, il y eut grande réception dans les salons du palais nouvellement restaurés et décorés avec une magnificence tout impériale. Dès sept heures, une longue file de voitures se déployait pour gagner le guichet de la rue de l'Echelle, au milieu d'une foule innombrable, dont la curiosité était vivement piquée par la variété des uniformes et des costumes qui se succédaient sous ses yeux. Les membres des corps constitués avaient seuls reçu des invitations.

La porte de la salle du trône s'ouvrit à neuf heures et demie environ ; le grand maître des cérémonies en sortit en annonçant l'Empereur. Sa Majesté parut aussitôt suivie du roi Jérôme, du prince Napoléon et des ministres. Elle parcourut les salons en échangeant des saluts, des sourires et des paroles courtoises, avec les personnages principaux qu'elle rencontrait sur son passage, réservant pour les amis anciens les serrements de main dont, ce soir, elle se montrait beaucoup moins prodigue. Elle s'entretint quelques instants avec Mgr l'archevêque de Bordeaux, et rentra peu après dans ses appartements. Les membres du corps diplomatique n'assistèrent qu'individuellement à cette réception.

Pendant qu'une foule brillante circulait dans ces galeries tout éclatantes d'or, et dont les tentures chatoyantes s'harmoniaient si bien avec les broderies des costumes, la journée s'achevait pour Paris aux clartés des lampions et des verres de couleur, ce rayonnement obligé de toutes les joies officielles.

Disons que ces solennités bruyantes, cet éclat extérieur, n'étaient pas la consécration que le prince Président avait fait déclarer par son gouvernement qu'il voulait donner de préférence à son élévation au trône impérial. Le conseil municipal de Paris, comme les administrations départementales, avaient été invités à répandre en actes de bienfaisance et en secours sur le peuple, les sommes qu'ils projetaient de consacrer, dans cette occasion, à des réjouissances publiques, et partout ces invitations avaient été sympathiquement reçues et pieusement suivies. Le lampion fumeux s'était converti, au foyer du pauvre, en bûches joyeuses; *panis, non circenses*. Pas de jeux dans le cirque, du pain sur la table du malheureux. C'était ce qui avait eu lieu non-seulement à Paris, mais aussi dans les départements. Ces dispositions du pouvoir avaient donné l'essor à bien des espérances. Que de larmes avaient coulé dans le silence depuis une année! Que de souffrances depuis lors avaient gémi dans l'ombre! L'éloignement d'un père transporté était la misère de bien des familles, dont la voix, la plume ou l'outil de ce père était la richesse. Que de maisons froides, mornes, où l'exil n'avait laissé que la désolation ! Aussi, bien des mains ouvrirent-elles avec empressement et émotion le *Moniteur* de ce 2 décembre. Bien des cœurs battirent-ils en apercevant la série de décrets qui figuraient dans ses colonnes. On les parcourut, et l'âme attristée n'y trouva pas ce qu'elle y cherchait; ce grand mot : amnistie.

Ces décrets qui relevaient des peines qu'ils avaient encourues les militaires et les marins coupables d'infractions et délits; qui affranchissaient la presse périodique des pénalités administratives qui l'avaient frappée, étendaient bien à quelques condamnations politiques le droit de grâce dont la constitution investissait le souverain, mais ce n'étaient là que des exceptions et des exceptions conditionnelles dont se trouvaient nécessairement exclus les noms qu'entouraient l'estime la plus générale et les plus universelles sympathies.

Quelles circonstances plus favorables pourtant pouvait jamais rencontrer le pouvoir pour jeter un voile d'oubli sur le passé. On l'avait déjà espéré, ce grand acte d'abolition, le 29 mars, lorsque, inaugurant les pouvoirs érigés par la constitution nouvelle, Louis-Napoléon déclarait qu'il déposait la dictature qu'il avait assumée, et que son gouvernement allait rentrer dans les voies d'une administration régulière; mais avec combien plus de force, avec combien plus de confiance ne devait-on pas l'attendre après l'éclatante manifestation de la volonté nationale exprimée, édictée par le scrutin du 22 novembre. Certes, tous ceux dont ce vote avait trompé les espérances, pouvaient déplorer, dans leur cœur, la faiblesse, l'ignorance, ou l'égarement des masses électorales, maudire dans leur conscience cet holocauste de ses droits offert par le peuple sur l'autel de l'Empire, et comme Tibérius Gracchus expirant, lancer de la poussière vers le ciel en invoquant les dieux vengeurs ; mais le fait n'en était pas moins là dans son irrésistible autorité ; la démocratie devait en subir la formidable logique ; le présent échappait à ses principes, l'avenir seul restait à ses espérances. Le légitimisme lui-même ne pouvait plus parler d'appel à la nation devant l'acclamation de cet immense champ de mai.

La démocratie et la légitimité avaient bien protesté et protesté d'avance contre le résultat qui devait sortir des scrutins.

« Un peuple, avait dit la société La Révolution dans un appel daté de Londres et adressé à la France, peut voter, pour ou contre, sur un impôt, sur la paix, sur la guerre, sur les formes relatives à la souveraineté, quand elles n'engagent pas le fond, mais sur l'existence elle-même de cette souveraineté, sur le droit inaliénable, éternel, sur le principe et l'essence de la vie, tout vote est un crime ; on ne doit répondre que par les armes. »

Le peuple, lui, comprenait peu cette métaphysique qui plaçait ainsi la souveraineté populaire au-dessus d'elle-même ; qui au nom de sa liberté lui contestait l'usage de cette liberté ; qui lui faisait une entrave de ses droits et courbait sa volonté devant une affirmation sans autorité morale, sous l'expression d'une abstraction imaginaire. Quelle autre manifestation peut avoir la souveraineté nationale que celle des majorités. A quel titre rationnel une minorité peut-elle se croire en droit d'imposer ce qu'elle trouve juste à une majorité qui le rejette le trouvant mauvais ; cet asservissement du plus grand nombre par le plus petit ne constituerait-il pas une vraie oppression. La liberté morale ne consiste-t-elle pas à pouvoir faire ce que l'on croit bon ; la liberté politique à vouloir, à dire et à réaliser, par son suffrage, ce que l'on croit juste et utile?

Le droit monarchique avait aussi pris la parole :

« Quels que soient sur vous et sur moi les desseins de Dieu, avait dit le comte de Chambord s'adressant aux partisans de la légitimité en France, resté fidèle à l'antique race de vos rois, héritier de cette longue suite de monarques qui, durant tant de siècles, ont incessamment accru et fait respecter la puissance et la fortune de la France, je me dois à moi-même, je dois à ma famille et à ma patrie de protester hautement contre des combinaisons mensongères et pleines de dangers. Je maintiens donc mon droit qui est le plus sûr garant des vôtres, et prenant Dieu à témoin, je déclare à la France et au monde que, fidèle aux lois du royaume et aux traditions de mes aïeux, je conserverai religieusement jusqu'à mon dernier soupir le dépôt de la monarchie héréditaire dont la Providence m'a confié la garde et qui est l'unique port de salut où, après tant d'orages, cette France, objet de tout notre amour, pourra retrouver enfin le repos et le bonheur. »

Le manifeste de Frohsdorf n'eut pas plus de retentissement que celui de Londres. La légitimité, d'ailleurs, ne pouvait avoir été plus mal inspirée. Quel écho sympathique pouvait éveiller, dans les esprits ou dans les cœurs, cette voix chevrotante du passé murmurant sa vieille métaphysique d'oppression, ses rapsodies chevaleresques? N'était-ce pas reconnaître son incurable caducité que de s'envelopper soi-même dans le linceul de ces tristes doctrines? Cependant les ardents du parti s'agitèrent; quelques salons et quelques châteaux se firent centre d'action, ou du moins d'influence. Leurs émissaires se mirent en campagne, mais ils ne durent pas tarder à reconnaître la vanité de leurs illusions. Si l'immixtion imprudente de l'évêque de Luçon dans ces petits mystères politiques des châteaux vendéens put faire craindre un instant que quelques membres du haut clergé ne se laissassent entraîner dans le courant ténébreux de ces intrigues, le mandement que Mgr de Rennes adressa à son clergé montra que les prélats bretons eux-mêmes étaient loin de se croire inféodés à cette royauté bourbonienne dont on s'était efforcé, trop souvent, pour l'autorité du principe religieux, de confondre les droits passagers avec les priviléges impérissables de l'autel.

La démission de quelques députés au Corps législatif, de plusieurs conseillers de département et d'arrondissement, et la résiliation de leur pouvoir faite par un certain nombre de maires et d'officiers municipaux, furent les seuls résultats de cette protestation qui fut pour son parti un acte de suicide. Grâce à ces démissions et à l'abstention que le comte de Chambord recommandait à ses partisans, les légitimistes reperdirent toute l'influence qu'ils avaient recouvrée dans le mouvement réactionnaire de 1849. On connaît d'ailleurs, par le résultat des scrutins, l'inanité de ces objurgations et de ces ordres.

Sous l'impression de cette grande manifestation des volontés du pays, une amnistie générale et complète ne semblait pas seulement une conséquence de la logique des faits, elle semblait aux amis même les plus éclairés du nouveau pouvoir un acte d'une suprême habileté. C'était, à leurs yeux, la légitimation des mesures de salut prises dans la tempête, que leur révocation spontanée au retour de la sérénité ; c'eut été, d'ailleurs, annoncer hautement que la fin de la crise était venue, et par conséquent donner une garantie de sécurité à l'Europe et un gage de tranquillité au pays.

Le gouvernement ne l'avait pas jugé ainsi. Une note insérée dans le *Moniteur* du 2 décembre révéla sa pensée à ce sujet. Le retour des exilés dans leur patrie, la restitution des détenus politiques à leurs foyers étaient soumis à une double condition : un recours en grâce, et l'engagement de ne rien entreprendre contre le nouveau gouvernement. Cette note, toute autre critique à part, avait encore le tort grave de laisser flotter dans le vague les termes dans lesquels la soumission du condamné ou de l'exilé devait être conçue. On comprend toutes les susceptibilités d'honneur, toutes les délicatesses de conscience que l'expression peut concilier ou froisser dans un pareil acte.

Une nouvelle note parut dans le *Moniteur* du 9, sans donner encore à l'opinion la satisfaction que sollicitaient les meilleurs esprits.

« Tous ceux qui souffrent de nos malheureuses discordes
» civiles, portait-elle, seront rendus à la liberté, à leurs fa-
» milles, à leur patrie, sans autre condition que de se sou-
» mettre à la volonté nationale si clairement manifestée dans
» le dernier scrutin et de prendre l'engagement de ne rien
» faire désormais contre le gouvernement de l'élu du pays. »

Elle ajoutait :

« Le vœu le plus cher de Sa Majesté est de voir effacées jusqu'aux traces de nos anciennes divisions... Il ne tiendra pas au prince que la patrie vient de couronner qu'elle soit plus longtemps séparée d'aucun de ses enfants. »

On le voit, c'était des grâces qu'offrait le pouvoir à ceux qui les solliciteraient et qui contracteraient les obligations auxquelles elles étaient soumises, ce n'était pas une amnistie qu'il étendait sur le passé. Ces traces, que son vœu le plus cher était d'effacer, devaient survivre dans ces engagements.

Ce qui rendait cette solution plus difficilement acceptable pour beaucoup de ceux qui étaient appelés à en solliciter les effets, c'était le caractère même des mesures dont ils avaient été frappés. Beaucoup ne pouvaient considérer comme la cause de leur expatriation que cette délégation de la souveraineté nationale, dont on leur imposait l'obligation de respecter l'inviolabilité dans un autre. Que Changarnier, Bedeau, Lamoricière, Le Flo et Charras n'eussent pas reçu un caractère politique de leur mandat populaire, eût-ce été Louis-Napoléon qui eût songé à aller arracher ces glorieux enfants de l'épée à la tête de leurs régiments pour les jeter sur la terre de l'exil. Non assurément ! Pouvait-on leur faire un crime de leur sang héroïquement versé pour la France ? C'était là tout leur passé. Que les noms de Victor Hugo, d'Eugène Sue, d'Edgard Quinet, de Michelet, d'Alphonse Esquiroz, ne fussent pas sortis de l'urne électorale, quel ombrage ces poëtes, ces historiens, ces romanciers eussent-ils jamais causé au pouvoir. Eût-ce été le chantre le plus enthousiaste du premier empereur :

> Napoléon, soleil dont je suis le Memnon !

que l'héritier du héros séculaire eût songé à reléguer, nouveau Prométhée, sur un rocher océanique. Assurément non, et c'était à ces généraux, à ces littérateurs et à ces poëtes que la note pourtant imposait ses nécessités... La seule solution possible n'était-elle pas l'amnistie, ce grand acte dont le caractère essentiel est d'après M. Dupin d'abolir le passé, et qui exclut par conséquent toute condition, l'engagement étant la perpétuation du fait originaire qu'il fait revivre dans ses effets et ses conséquences.

CHAPITRE II.

RECONNAISSANCE DE L'EMPIRE PAR LES GOUVERNEMENTS ÉTRANGERS.

1852-1853

SOMMAIRE.

Le rétablissement de l'Empire français. — Préoccupation générale. — La presse européenne. — Importance et mission de la France. — Etat moral de l'Europe. — La date fatale. — Terreur des souverains. — Effet produit à l'étranger par le coup d'Etat du 2 décembre. — Changement politique dans les esprits. — L'anarchie et la conquête. — La diète germanique et l'Autriche. — Le prince Schwarzenberg. — Ses projets. — Congrès de Dresde. — Admission des provinces hongroises, slaves et italiennes de l'Autriche dans la Confédération germanique. — Conséquences. — Infraction des traités. — Opposition de la Russie. — Intervention de la France. — Protestation et memorandum. — Question belge. — Réfugiés politiques. — Polémique ardente. — Affaire du *Bulletin français*. — Poursuites judiciaires. — Acquittement par le jury. — Expulsion du territoire belge des auteurs des articles. — Question suisse. — Note diplomatique. — Réponse du Conseil fédéral. — L'hospitalité helvétique. — Solution. — Nouveau caractère de la diplomatie française. — Rétablissement des aigles sur les drapeaux. — Restauration impériale. — Craintes de l'Europe absolutiste. — Impuissance. — Premières communications diplomatiques de l'Empire. — Reconnaissance de l'Empire par la cour de Naples. — Deux Bourbons. — Réception solennelle de l'ambassadeur d'Angleterre. — La Belgique, la Suisse, le Piémont, etc. — Interruption. — La Russie, la Prusse et l'Autriche. — Vaines intrigues. — Politique du czar Nicolas. — Les lettres de créances. — Réserves, puérilités. — Résultats.

La grande préoccupation que souleva dans les esprits la proclamation de l'Empire, ce fut l'accueil que cet événement recevrait des grandes puissances européennes. La presse étrangère, et particulièrement la presse anglaise, s'étaient déjà faites les interprètes des objections que soulevait le rétablissement de la dignité impériale dans l'héritier même de cette dynastie napoléonienne qu'en 1815 l'Europe victorieuse avait exclue du trône après avoir renversé l'Empire; mais on se trouvait à la suite d'événements et au milieu de circonstances qui pouvaient dominer la décision de ces puissances.

Telle est la place que la France occupe, telle est la mission qu'elle accomplit dans la civilisation moderne, que tout ce qui s'opère en elle a son contre-coup dans le monde; quand elle s'agite, tout remue; quand elle brille, tout s'éclaire; quand elle s'éteint, tout s'obscurcit. Trois fois en un demi-siècle ses révolutions ont ébranlé l'Europe; aussi les rois comme les nations ont-ils les yeux fixés sur elle.

L'impression profonde qui planait sur eux avait bien changé depuis une année. Avant le coup d'État du 2 décembre, 1852 était la date de toutes les espérances et de toutes les terreurs. Si la démocratie y voyait éclater le triomphe de ses principes, y voyait rayonner l'orient d'une ère nouvelle, cette date était pour toutes les opinions monarchiques; comme pour tous les souverains, l'explosion d'une crise profonde où la société pouvait se dissoudre dans les convulsions d'une anarchie sanglante; tous ne l'envisageaient qu'avec épouvante, tous la regardaient comme l'époque d'une lutte désespérée. La cour de Berlin sentait déjà un double flot: le libéralisme et l'esprit germanique, s'agiter et gronder sous elle. La Russie craignait pour la Lithuanie, pour la Pologne et jusque pour les populations slaves de ses provinces méridionales. L'Autriche sentait frémir dans ses entrailles toutes les nationalités qu'elle avait englouties vivantes; les rois et les princes souverains de l'Allemagne et de l'Italie comprenaient que leurs pouvoirs étaient encore plus sérieusement menacés.

Ce fut donc avec autant de surprise que de joie, que tous apprirent le succès du coup d'État qui conjurait les effets de ce fatal millésime : tous respirèrent. Ils sentirent que la victoire de Louis-Napoléon était leur propre victoire, que le triomphe qu'il avait remporté sur la démocratie française ils l'avaient remporté eux-mêmes sur leur peuple ; leur trône était consolidé, la révolution était vaincue. L'assentiment des grands cabinets européens à cette réaction victorieuse était si manifeste, que les ambassadeurs de la Russie, de la Prusse et de l'Autriche n'attendirent pas les instructions de leurs gouvernements pour en féliciter l'heureux auteur.

Les cours de Vienne et de Berlin s'empressèrent de sanctionner par leur approbation les paroles de leurs ministres. Si le tsar y apporta plus de réserve, il n'en suivait pas d'un cœur moins ravi le brusque revirement qui arrachait la France et par la France l'Europe aux aventures de la révolution et aux expériences de la démocratie, pour les replacer brusquement dans leurs voies antiques, sous l'empire absolu de l'autorité.

L'Angleterre libérale, elle-même,— quoique, fortement assise sur le roc de son île et de sa constitution, elle n'eût pas à redouter les ébranlements populaires, — s'associa avec empressement à cette joie des monarchies absolutistes devant le renversement de la seconde république française. C'est que dans l'esprit anglais l'amour égoïste de la liberté est toujours subordonné à un autre amour, le dévouement à ses intérêts commerciaux ; elle ne songeait, dans les prévisions de son mercantilisme punique, qu'à profiter des secousses du continent pour donner plus d'activité à son industrie et à sa navigation.

L'impression première des puissances européennes ne tarda pas à être effacée par une autre préoccupation. La crainte de ce débordement de la révolution, en s'évanouissant, fit place à une autre crainte. Les tendances du pouvoir dictatorial, sorti du coup d'État de décembre, à relever en France les institutions du Consulat et de l'Empire firent craindre aux grands États où Napoléon Ier avait trouvé ses plus glorieux champs de bataille, de revoir l'épée de l'oncle sortir du fourreau du neveu. A l'inquiétude des guerres civiles succéda l'inquiétude des guerres étrangères. On avait redouté l'anarchie, on appréhenda la conquête.

La fermeté que, dans des circonstances aussi difficiles et aussi graves, avait prise la diplomatie du nouveau pouvoir parut justifier ces prévisions et ces craintes. Cette fermeté avait surtout apparu dans les débats de la Diète germanique, et elle y avait apparu avec d'autant plus de signification et de grandeur, qu'elle s'y était adressée à un adversaire plus influent et plus puissant : au cabinet de Vienne.

L'Autriche semblait s'être relevée avec une énergie fiévreuse ; victorieuse de la Révolution qu'elle avait terrassée dans Vienne, victorieuse de l'Italie dont elle croyait avoir enseveli les rêves d'unité dans les marais de Novare, victorieuse de l'héroïque Hongrie qu'elle avait écrasée sous le sabre russe, elle crut qu'il n'était aucune grandeur à laquelle ne pût aspirer son césarisme.

Le cabinet de Vienne avait, dès 1850, repris à la tête de l'Allemagne la position qu'il y occupait au commencement de 1848. La Prusse, dont la diplomatie stérile semble vouée depuis le commencement de ce siècle à l'impuissance, put comprendre dès lors ce que lui coûtaient ses défaillances et ses hésitations. La prépondérance qu'elle eût pu conquérir en 1849 par l'organisation de l'Allemagne libérale, l'Autriche la ressaisissait par la coalition de toutes les forces réactionnaires de la Diète germanique. Mais cela ne parut pas assez à l'esprit audacieux de l'homme d'État que François-Joseph avait placé à la tête de son cabinet : le prince de Schwarzenberg n'avait conçu rien moins que le projet de constituer au centre de l'Europe une puissance de soixante-neuf millions d'âmes dont les forces eussent été dans les mains de l'impérial héritier de la maison de Habsbourg.

Le prince de Schwarzenberg était l'homme d'État le plus capable d'assurer le succès de ce gigantesque projet. C'était un de ces esprits ardents et calmes, hardis et opiniâtres, que surexcitent les difficultés, qu'irritent les résistances, qu'animent les obstacles ; natures contrastées où les délicatesses de l'homme du monde s'unissent à toutes les énergies militantes de l'homme d'action ; un de ces caractères pleins à la fois de séductions et de force, courtisans-ministres, dans le gant paille desquels on sent une main de fer.

La réforme du pacte fédéral germanique avait été soulevée par le cabinet de Berlin, celui de Vienne s'était empressé de l'accueillir, séduit par l'espoir de faire tourner ce travail de réforme au profit de ses projets ambitieux. Dresde fut fixé pour le siége du Congrès où devaient se trouver réunis, pour la première fois depuis 1848, les représentants de tous les États germaniques. Le prince Schwarzenberg y parut avec l'éclat et le prestige d'un souverain.

Tant que les délibérations de l'assemblée ne portèrent que sur la réorganisation intérieure de la Confédération, les gouvernements étrangers ne cherchèrent point à peser sur la solution de ces questions d'un intérêt tout allemand ; mais les propositions du prince Schwarzenberg ne tardèrent pas à enlever ce caractère aux délibérations et à changer par suite celui du Congrès. Il ne s'agit plus en effet d'organisation intime et disciplinaire; l'adoption de l'extension territoriale qu'il proposa, portait l'atteinte la plus grave aux combinaisons internationales créées par les traités de 1815. Par la perturbation que ce grave changement eût causée dans la pondération politique des États, elle pouvait détruire complétement l'équilibre européen.

Ce qu'en effet demandait le ministre de François-Joseph c'était l'admission dans la Confédération germanique de toutes les provinces non allemandes de l'empire d'Autriche. Slaves méridionaux, Italiens, Valaques, Magyars, Polonais y fussent entrés comme membres intégrants de la grande famille tudesque. Ainsi, cette confédération basée sur la communauté d'origine et l'unité de langage se fût trouvée formée des races les plus distinctes, parlant les langues les plus diverses. Il est vrai que l'un des membres du corps fédéral déjà était le royaume de Bohême complétement étranger aux populations germaines; mais on ne pouvait se prévaloir de cette confusion exceptionnelle pour l'exagérer jusqu'à l'absorption du principe.

C'était là du reste une considération toute secondaire ; l'objection grave, l'argument décisif était une autre infraction aux traités de Vienne, infraction positive, celle-ci, qui constituait ce changement. L'Autriche, qui ne comptait que 12 millions d'âmes dans la Confédération, y en eût apporté vingt-cinq autres millions, et eût ainsi noyé toute rivalité sous ces chiffres dont le total surpassait celui des populations qu'y représentaient tous les autres confédérés; le sceptre de la Confédération passait donc nécessairement dans ses mains.

Ce système ne menaçait pas seulement l'influence que les autres grands Etats allemands exerçaient sur la direction des affaires germaniques, il menaçait toutes les puissances européennes par le développement, sans compensations pour elles, que prenait l'empire d'Autriche. Aussi souleva-t-il une opposition presque universelle. Le prince Schwarzemberg, comptant sur l'appui de la Russie, n'en persista pas moins dans sa proposition qu'il défendit avec la plus inflexible énergie. C'était, disait-il, assurer l'avenir des monarchies européennes. Dans la haute et splendide position que prenait l'empire d'Autriche, elle dominait tout l'Occident avec l'épée de l'Allemagne, et consolidait, par cela même, le calme et la tranquillité de l'Europe, la paix du monde.

La Russie qui avait promis, au nom des principes conservateurs, son appui à cette combinaison, ne tarda pas à s'apercevoir qu'en lui constituant une rivale redoutable, cette innovation absorbait, de plus, l'influence croissante que depuis 1815 elle exerce sur l'Allemagne. C'était là un double résultat, trop contraire à son autorité pour qu'elle ne mît pas toute son ardeur à le prévenir. Seulement elle ne pouvait le faire ouvertement et franchement. Elle dut alléguer un de ces prétextes que la diplomatie sait toujours trouver : ce furent les éléments de discordes que ce système eût crés au centre même de l'Europe, en froissant les Etats confédérés, dont l'Autriche eût absorbé l'action, et en menaçant dans le sentiment de leur nationalité les races diverses qu'elle eût courbées sous cette germanisation. La France intervint dans le débat, d'abord avec bienveillance et modération, et bientôt après avec autant de netteté que d'énergie. Sa protestation du 23 février était aussi péremptoire que catégorique. Elle y déclarait qu'elle était résolue à ne pas accepter une innovation aussi grave, et que si elle était votée par le Congrès, sans son assentiment et sans l'approbation de toutes les puissances signataires des actes de Vienne, elle y verrait une infraction manifeste des traités. Elle appuya cette protestation par un memorandum, portant la date du 5 mars, où elle donnait, en la précisant, une nouvelle vigueur à sa protestation et où elle réfutait en fait et en droit toute l'argumentation de l'Autriche.

Cette netteté et cette résolution firent réfléchir sérieusement l'Europe. Elle sentit qu'elle avait devant elle une volonté et une force sur les droits desquelles il fallait compter désormais. Deux incidents moins graves, mais non moins caractéristiques, achevèrent de mettre en lumière cette nécessité.

Tous les Etats libéraux sont des terres hospitalières; la protection des proscrits n'est pas seulement un droit pour eux, c'est un devoir; civilisation comme noblesse oblige. Après le 2 décembre, la Suisse et la Belgique avaient, ainsi que l'Angleterre, ouvert un asile aux nombreux exilés qui avaient dû, ou cru devoir quitter la France. La presse s'était faite, dans tous ces pays, l'organe de leurs protestations. On conçoit que, sous l'empire des circonstances, la polémique, où l'accent était naturellement celui de la passion, s'éleva à une énergie qui dut prendre aux yeux du pouvoir attaqué tous les caractères de la violence. Le gouvernement français ne crut pas cette polémique sans danger dans des pays limitrophes. Aux attaques dirigées contre l'acte du 2 décembre et contre la politique du prince Président, par une publication périodique : *le Bulletin français*, publié à Bruxelles, le cabinet de l'Elysée répondit en demandant l'expulsion des écrivains français, auteurs des articles, et la poursuite judiciaire du journal. La note était conçue en termes tels qu'un refus eût été la guerre ; or la guerre avec la Belgique eût été pour l'Europe, la France sur l'Escaut. Qui pouvait dire où nos drapeaux se fussent arrêtés dans une telle voie ? La route de Bruxelles ne pouvait-elle être pour eux celle de Londres ou de Saint-Pétersbourg, comme celle de Berlin, ou de Vienne ? Voilà ce que dut se demander plus d'un vieux diplomate.

La Belgique ne pouvait résister à un pareil *ultimatum*. Une satisfaction complète fut donnée par le gouvernement du roi Léopold aux demandes de la légation française. Le journal, objet de la plainte, fut poursuivi : le jury belge prononça son acquittement. Les écrivains français n'en durent pas moins s'éloigner de la Belgique.

La note que M. Salignac de Fénelon, ministre de France à Berne, remit le 24 janvier 1852 au gouvernement helvétique, n'était pas conçue en termes moins vifs. Son caractère parut au Conseil fédéral d'une nature menaçante pour l'indépendance même de la Suisse. Le droit que réclamait le gouvernement français n'était autre que celui de désigner les réfugiés politiques dont l'expulsion lui semblerait intéresser la tranquillité publique en France.

La Suisse entière s'en émut. Le Conseil fédéral, après une mûre délibération, fit à cette demande une réponse pleine de modération et de noblesse, mais où la courtoisie des formes n'en recélait pas moins un refus : elle résumait d'abord les réclamations du ministre français, puis après avoir reconnu qu'aucun Etat ne peut tolérer que des étrangers s'abritent de l'asile qui leur est accordé pour se livrer à des conspirations ou à des entreprises contre la tranquillité et l'ordre d'autres Etats, elle ajoutait que le but constant des efforts du Conseil fédéral ayant été de faire respecter ce principe sur le territoire des cantons, il avait dû être d'autant plus surpris des conséquences et des exigences qu'on en faisait découler. Recherchant ensuite les faits extraordinaires, les manifestations que l'on pouvait ériger en griefs contre la Suisse, il demandait si quelque conspiration avait été réellement ourdie contre le gouvernement français sur le territoire helvétique ; si cela avait eu lieu à la connaissance et avec l'approbation des autorités suisses, et si néanmoins les coupables jouissaient impunément et sans entraves de la protection de l'asile. Ecartant une semblable proposition, il prouvait au contraire que la surveillance et l'action répressive de la police fédérale avaient toujours prévenu et dissipé tout ce qui eût pu devenir un motif légitime de réclamation pour le gouvernement français.

Elle posait alors les principes sur la matière.

« Mais supposé, portait-elle, qu'il existe actuellement des motifs réels de plainte, ce qu'on serait sans contredit en droit de demander, c'est qu'il soit mis un terme à l'abus de l'asile, qu'il soit pris des mesures contre les individus qui fournissent matière à des réclamations, et que l'exercice de l'hospitalité envers des étrangers soit mis en harmonie avec des obligations internationales que nous ne songeons pas à contester. Voilà ce que veut le droit international reconnu. C'est cela et pas davantage que, dans ces données, on a toujours demandé tant de la Suisse que des autres Etats, et c'est aussi ce que le Conseil fédéral n'a jamais refusé et ce qu'il accordera consciencieusement en tous temps. » Mettant enfin en relief l'exagération des exigences de notre ministre en les rapprochant de ces principes, elle continuait : « Si le Conseil ne refusait pas d'obtempérer à la demande qui lui est faite, il violerait de la manière la plus grave la constitution fédérale, ainsi que ses devoirs sacrés envers le pays qui lui a confié le pouvoir directorial et exécutif supérieur, car il doit voir dans cette demande une atteinte profonde portée à l'indépendance, à la dignité, à la liberté de la confédération, puisqu'il devrait se désister du droit, appartenant à tout État indépendant, d'accorder ou refuser, de son chef et sous sa responsabilité, le séjour à des étrangers. Il doit voir de plus, dans cette demande, une intervention décidée dans les affaires de la Suisse; car si le gouvernement français ne reconnaît d'autre juge que lui-même, des nécessités de la politique et des moyens les plus propres à atteindre son but, il ne saurait cependant, sans méconnaître les notions les plus positives du droit des gens, vouloir imposer son jugement à d'autres Etats, ni leur contester le droit de décider eux-mêmes ce qu'ils ont à faire ou à laisser faire sur leur territoire. La France qui a, de tout temps, accordé un asile aux proscrits politiques, ne se laisserait jamais contester ce droit, et ne renoncerait jamais à son libre arbitre dans des questions de cette nature. »

Ce refus catégorique était enfin adouci par les assurances les plus complètes des sentiments de conciliation que la Suisse apportait dans cette affaire délicate, et du désir qu'elle éprouvait de donner au gouvernement français toutes les satisfactions qui se concilieraient avec la dignité de la Confédération. Le conseil n'en terminait pas moins en déclarant que les menaces contenues dans la note de l'ambassadeur français ne pourraient le faire sortir du sentier qui lui était tracé par le sentiment profond de son devoir, par le droit international et par la voix du peuple suisse.

Tout le monde diplomatique s'émut de ce grave incident, qui n'avait pourtant d'autre base qu'une double exagération d'expressions et de susceptibilités. Comme il n'entrait ni dans l'intention du gouvernement français de porter atteinte à l'indépendance de la République helvétique, ni dans la pensée du conseil fédéral de refuser à la France les mesures qui pouvaient intéresser sa sécurité intérieure, on arriva à une solution conciliante par la voie des transactions.

La France avait pris un accent que l'Europe ne lui connaissait pas depuis 1815. Ce n'était plus cette diplomatie timide et hésitante rappelant par les protocoles les puérilités subtiles de la scolastique. On sentait que ses plumes étaient doublées par des épées, et que les plénipotentiaires avaient derrière eux des bataillons. Ces négociations guerrières empruntaient une signification plus distincte à tous les faits qui s'accomplissaient chaque jour dans nos lois et dans nos usages, dans nos chancelleries et sur nos places publiques. Le rétablissement des insignes impériales sur nos drapeaux ne fut pas le moins explicite. Tous les souverains se rappelèrent que ces aigles d'or avaient plané sur les dômes de leurs capitales.

L'Empire c'est la paix, du discours de Bordeaux, ne put effacer l'impression que leur causa le cri de : *Vive Napoléon III,* dont les départements saluaient le prince qui n'était plus président que de titre, dans un gouvernement qui n'était plus républicain que de nom. Nul d'entre eux ne doutait que l'intention de Louis-Napoléon ne fût de relever cet empire qu'il avait fallu six coalitions de l'Europe pour renverser; si le sénatus-consulte qui soumit à l'acceptation du peuple le rétablissement de l'empire et le plébiscite qui le consacra n'excitèrent aucune surprise, ils éveillèrent bien des souvenirs et suscitèrent bien des craintes. On eût dit que de ces scrutins était sorti un bruissement d'armes.

Cependant nul ne doutait que, toute contraire qu'elle fût au texte des traités, cette restauration du trône impérial ne fût immédiatement et universellement reconnue. L'Europe absolutiste, à qui deux révolutions populaires n'avaient pu faire prendre les armes, qui avait accepté le renversement des Bourbons, souscrit au démembrement des Pays-Bas, à la création de la Belgique constitutionnelle, qui s'était inclinée devant la proclamation de la République française, ne pouvait logiquement se jeter dans les aventures d'une conflagration générale pour frapper le principe de l'autorité relevé sur les ruines de la démocratie. Mais les passions et les intérêts sont-ils sans empire sur les résolutions les plus élevées, et est-ce bien toujours à la logique qu'obéissent les intérêts et les passions? Les événements marchèrent complétement d'abord dans le sens des prévisions.

Le gouvernement français n'avait pas laissé ignorer aux ambassadeurs étrangers, accrédités auprès du Président de la République, que la notification qui leur serait faite du rétablissement de l'Empire, mettrait fin à leurs rapports officiels. Ces rapports ne pourraient être repris qu'en vertu de lettres de créances nouvelles. Les relations devaient, jusque-là, rester officieuses et purement personnelles. Cette notification eut lieu le jour même de la proclamation du plébiscite conférant la pourpre impériale à Napoléon III. Elle fut adressée aux représentants des puissances étrangères à Paris, sous la forme d'une dépêche du ministre des relations extérieures. A cette communication, accompagnée des textes du sénatus-consulte du 7 novembre et du plébiscite du 22, M. Drouyn de Lhuys joignit un memorandum destiné à dissiper les craintes que pouvait concevoir l'Europe devant le rétablissement de l'Empire et le titre de Napoléon III accepté par l'Empereur.

Ce commentaire établissait que la France, en reprenant une forme de gouvernement plus conforme à ses traditions et à ses mœurs que celle dont elle venait de tenter l'expérience, n'avait nul motif ni aucune intention de modifier son attitude extérieure. C'était la même pensée d'où était sortie, depuis quatre ans, sa politique qui allait dominer ses actes; c'était la même main qui allait diriger ses destinées; qu'animé pour les droits des autres du respect jaloux qu'il ressentait pour ses droits, l'Empereur n'avait d'autre ambition que de concourir, de tous ses efforts, au maintien de la paix et au repos du monde; qu'il espérait donc que la reconstitution du pouvoir impérial en France serait considérée par tous les cabinets européens comme un événement heureux, parce qu'elle était un gage de stabilité et de durée donné à une politique en harmonie avec les intérêts et les besoins de toutes les puissances.

Ce fut le jeudi 2 décembre que cette notification fut faite aux ministres étrangers à Paris; ce fut dès le lendemain que le marquis Antonini, ambassadeur du roi de Naples, présenta à Napoléon III ses nouvelles lettres de créance. Ainsi ce fut un roi de la maison de Bourbon qui fut le premier à reconnaître la légitimité du nouvel empereur assis sur le premier trône de sa race, et il le fit avec un tel empressement, que les pouvoirs de son représentant avaient été signés et envoyés d'avance. Singulière coïncidence! un autre Bourbon, Charles IV, roi d'Espagne, fut également un des premiers souverains qui reconnurent Napoléon Ier.

Quelque horreur que le roi Ferdinand de Naples éprouvât pour la démocratie, dont l'avénement de Napoléon consacrait la défaite, le rusé Napolitain obéissait à un autre motif; la voix de l'intérêt matériel parlait plus fortement à son cœur que celle de la passion politique. Les lettres à lord Aberdeen, où un ancien collègue de sir Robert Peel au ministère, M. Gladstone, signalait à l'indignation du monde civilisé les horreurs qui s'accomplissaient dans l'ombre des cachots napolitains, où des milliers de détenus politiques étaient entassés, avaient donné l'occasion à lord Palmerston de faire éclater son hostilité contre le gouvernement des Deux-Siciles. Ferdinand, qui savait que derrière tout noble sentiment des hommes d'État anglais se cache presque toujours un autre sentiment moins généreux, s'inquiéta beaucoup moins de l'accusation en elle-même, qu'il ne se préoccupa des prétentions de l'Angleterre sur la Sicile. On connaît de quelle importance sont, pour l'industrie britannique, les richesses minérales et agricoles de l'antique Trinacrie, dont une grande partie du commerce est passée dans ses mains ; tout en opposant mémoires à mémoires, le prince clairvoyant n'en pensait pas moins solfatares et vignes, quand le ministère anglais criait tortures et prison, et redoutait d'autant plus son influence et son action, que sous le protectorat des institutions siciliennes constamment revendiquées par l'Angleterre il apercevait moins l'amour de la justice et de l'humanité qu'une tentative d'usurpation plus réelle. Dans une telle occurrence, il jugea prudent de rechercher l'appui de la France, et très-habile de l'obtenir ; c'était là ce qu'il tentait par l'hommage empressé qu'il apportait au nouveau trône, malgré la présence d'un prince Murat près des degrés.

Les adhésions qui suivirent furent celles de l'Angleterre et de la Belgique, c'est-à-dire des deux États les plus libéraux.

Quant à l'Angleterre, nous l'avons dit, sa politique est toujours complexe. Les nobles sentiments qui en sont souvent le rayonnement, n'en sont presque toujours que l'éclat extérieur et trop souvent superficiel ; son essence est l'intérêt, l'intérêt matériel, exclusif, l'intérêt absolu. Dès qu'il parle, tout lui est sacrifié : alliance, principes, honneur national, civilisation, humanité, il n'est pas de victimes qu'elle ne sacrifie au besoin sur cet autel de fer. Il n'y a donc rien de bien étonnant dans l'empressement que mit le gouvernement parlementaire par excellence à saluer le pouvoir nouveau qui venait de s'établir sur les ruines du gouvernement parlementaire dans un pays allié. Le ministère Derby n'avait fait que traduire officiellement l'opinion personnelle des principaux membres du cabinet whig, dont il avait recueilli l'héritage ; et le ministère de coalition, qui allait lui succéder, allait se voir lui-même, malgré les philippiques lancées du haut des *hustings* par deux de ses vétérans, sir James Graham et sir Charles Wood, dans la nécessité d'appliquer sa politique.

La Belgique était dans une position tout exceptionnelle. Son passé est celui de la France, dont elle est un démembrement ; la diplomatie de 1814 et de 1815 s'est évertuée en vain à dresser une ligne séparative entre les deux États ; elle y a épuisé notre argent sans pouvoir y créer une frontière. Sa langue est la nôtre, ses croyances les nôtres, ses mœurs les nôtres ; le flot celtique s'est étendu sans obstacle sur le sol uni des deux pays. Le mouvement qui porta, en 1830, la Belgique vers la France, fut celui qui porte deux tronçons d'un serpent à vouloir se réunir. Le gouvernement belge put craindre que d'autres causes n'amenassent un même effet. L'empressement du cabinet de Bruxelles à reconnaître l'avénement de Napoléon III au trône n'a donc pas besoin d'explication.

Ce fut le 6 décembre, à deux heures de l'après-midi, que lord Cowley, ambassadeur d'Angleterre, remit à l'Empereur les nouvelles lettres de créance de S. M. la reine Victoria. Cette remise eut lieu avec la plus grande solennité. Les maîtres de cérémonies étaient allés, dans deux voitures de la cour, chercher le ministre plénipotentiaire à son hôtel. Il était accompagné de tous les officiers de sa légation en grand costume. Il fut reçu par l'Empereur dans la salle du trône.

Les remises de lettres de créance se succédèrent presque chaque jour jusqu'au 16. Ce fut, le 7, la remise des lettres de M. Firmin Rogier, ministre plénipotentiaire de S. M. Léopold roi des Belges; le 8, la réception du représentant de la république helvétique; le 11 et le 12, celles des ambassadeurs du roi de Piémont et de la reine d'Espagne; le 14 et le 16, celles des représentants des rois des Pays-Bas et de Danemark.

Ces réceptions se trouvèrent alors subitement interrompues. Quelle en pouvait être la cause. Que les ministres des Etats-Unis ou du Brésil, que ceux même de Turquie ou de Portugal n'eussent pas sollicité leur audience, on le conçoit : la distance que devaient franchir leurs lettres de créance était la justification de ces retards; mais la Prusse, mais l'Autriche, mais la Russie et cette foule de petits États allemands qui gravitent, humbles satellites, sous l'empire de ces grandes planètes, quelle cause retenait leur assentiment, quelle considération pouvait expliquer leur hésitation ou leur réserve? Evidemment une cause politique, un motif commun. Evidemment ce retard ou ce refus ne provenaient pas de difficultés et d'obstacles particuliers ; il n'y avait pas seulement simultanéité entre eux, il y avait concert.

Ce concert avait été prévu et arrêté d'avance; il remontait au voyage que le tsar Nicolas avait fait à Vienne et à Berlin, au mois de mai précédent, c'est-à-dire au moment où le Président de la République française, fondant les institutions du consulat et de l'empire, dans la constitution qu'il donnait à la France, couronnait d'aigles essorantes la hampe de ses drapeaux. Les trois souverains, prévoyant dès lorsque l'Empire français déjà rétabli de fait ne tarderait pas à l'être de nom, se promirent de ne pas le reconnaître officiellement avant de s'être entendus ensemble et d'être convenus des termes dans lesquels, le cas échéant, devraient être conçues les lettres de créance de leurs ministres à la cour de France.

Ils étaient également convenus de faire tous leurs efforts pour que les États de l'Allemagne soumis à leur influence s'associassent à leur décision. Les débats de cette entente préalable étaient justement le motif qui arrêtait la reconnaissance du nouvel Empire français par ces divers gouvernements.

La Russie qui avait pris l'initiative de cette démonstration réactionnaire signalait dans le relèvement du trône impérial en France, et dans l'avénement de la dynastie napoléonienne à ce trône restauré une double violation des traités de 1814 et de 1815. La substitution de la volonté nationale au principe du droit divin était de plus pour le tsar le bouleversement du véritable fondement des monarchies.

Cette puissance ajoutait que le titre de Napoléon III donnait une force nouvelle à ces considérations; que par ce titre le nouvel Empereur rattachait son règne à celui qui avait succombé en 1815 sous les armes de l'Europe coalisée, qu'il rayait donc par cette fiction les gouvernements qui les séparaient, et par conséquent les obligations internationales que ces gouvernements avaient contractées envers l'Europe. La conclusion logique de tout cela était évidemment non une reconnaissance, mais une protestation. Le tsar ne poussait pas cependant jusque-là les conséquences de ses raisonnements, et ne proposait provisoirement à ses alliés que d'introduire dans leurs lettres de créances des expressions restrictives et des réserves.

C'était l'esprit conservateur des vieilles sociétés, le génie réactionnaire des monarchies absolutistes qui se recueillait devant cette nouvelle phase de la Révolution française. L'Empire était toujours pour ces Epiménides couronnés la révolution en armes; ceux qui avaient rêvé dans Napoléon Ier un Robespierre à cheval, pouvaient bien voir un Vergniaud éperonné dans Napoléon III. N'avait-il pas donné pour base à sa constitution les principes de 89?

La sainte alliance n'avait pas été tuée par la révolution de 1830. Si ce coup de foudre populaire en brisant son faisceau l'avait dissoute, sa pensée avait survécu à la coalition des cinq grands cabinets qui en avaient constitué le corps central; privée de la France que la révolution lui avait enlevée et de l'Angleterre qui avait cru devoir s'associer à la fortune de la monarchie de juillet, elle s'était organisée en triumvirat dans l'Europe centrale; appuyée au nord sur les puissances teutoniques et scandinaves, au midi sur les petits despotes italiens, pouvant couvrir son front avec les forces de la Confédération germanique, elle s'était crue plus reine que jamais, plus que jamais la souveraine et l'arbitre des destinées du monde. Elle croyait encore l'être en 1853, et ne doutait pas de reconstituer l'Europe d'après son idéal d'asservissement, si les excès de la démocratie la forçaient de sortir de l'expectative prudente qu'elle s'était imposée et d'opérer un retour offensif sur les masses turbulentes du libéralisme occidental.

Un incident, léger en fait, mais très-grave comme symptôme, vint donner la preuve des intrigues diplomatiques qui s'agitaient sous ces retards mystérieux. A la nouvelle du rétablissement de l'Empire le roi de Wurtemberg, personnellement lié avec le prince Louis-Napoléon, avait chargé son grand chambellan le lieutenant général baron de Spitzemberg de se rendre auprès de M. le duc de Guiche, ministre plénipotentiaire du prince président à Stuttgardt, et de le charger de transmettre à Napoléon III ses félicitations sur ce grand événement. Au milieu des vives préoccupations dont le silence de la plupart des cours continentales agitait l'opinion publique, le *Moniteur* ayant cru pouvoir citer ce fait comme un témoignage des dispositions bienveillantes de ces puissances et un gage de la certitude de leur adhésion à la nouvelle forme de gouvernement que venait de se donner la France, le cabinet de Stuttgardt déclara dans son journal officiel que, quelle que fût la satisfaction avec laquelle le roi avait accueilli les déclarations du prince Président à l'occasion de son avénement, il n'était pas dans les intentions de Sa Majesté de procéder à la reconnaissance du nouvel Empire français sans se concerter préalablement avec les souverains ses alliés, et que les ordres donnés au lieutenant général Spitzemberg ne pouvaient qu'être conformes à ces intentions de Sa Majesté.

Cette note ne pouvait laisser aucun doute : l'influence glaciale de la politique était venue saisir l'expansion première des sentiments personnels du roi. Ce concert préalable était l'explication de l'abstention prolongée dont l'opinion s'inquiétait chaque jour davantage.

D'un autre côté l'agitation de la diplomatie russe, les voyages précipités de l'envoyé extraordinaire du tsar, M. de Kisseleff, quittant à l'improviste Paris pour se rendre à Saint-Pétersbourg, et revenant avec la même rapidité de Saint-Pétersbourg à Berlin, et de Berlin à Bruxelles et à Paris, révélaient à tout esprit attentif que l'empereur Nicolas était le promoteur de ces menées.

Telle était bien la vérité. Fier des succès constants de son long règne, des triomphes de ses armes sur la Vistule et sur le Danube, dans le Caucase et dans les Balkans, fier de ses richesses qui débordaient dans toutes les banques européennes, fier enfin du nombre et de l'organisation puissante de ses armées, Nicolas se regardait comme la personnification de l'autorité et l'arbitre des destinées du monde. Les traités de Paris et de Vienne étaient à ses yeux, tout lacérés qu'ils fussent par la liberté comme par le despotisme, la constitution internationale de l'Europe. C'était l'ancre jetée par la Sainte Alliance dans les flots populaires et sur laquelle, seule, les monarchies européennes pouvaient recevoir le choc des tempêtes de la révolution. On ne les avait que trop affaiblis; il était temps de les protéger contre toute atteinte nouvelle, et c'était le motif des propositions du tsar. Les réserves devaient couvrir le droit, et, le cas échéant, permettre de le faire revivre.

Ces propositions n'étaient pas, il est vrai, absolument sans périls; inspirées par la crainte des guerres de conquête qui avaient signalé le premier Empire, elles pouvaient faire éclater les dangers qu'elles voulaient conjurer. La Prusse, dans ces éventualités guerrières, craignait pour ses provinces rhénanes; l'Autriche, pour les nationalités diverses, dont une guerre de principes pouvait faire éclater le sentiment énergique en convulsions civiles ; nul État ne sentait son trésor, ni ses arsenaux au pair des éventualités guerrières dont on pouvait provoquer l'explosion.

L'empereur d'Autriche et le roi de Prusse ne crurent pas devoir accepter complétement l'avis du tsar. Ils jugèrent plus prudent de s'arrêter à l'abstention de toute approbation, comme de toute critique, sur la transformation intérieure que venait de subir le gouvernement français en invoquant les principes posés par ce gouvernement même. On lisait dans la dépêche adressée par M. de Buol à M. Hübner, reproduite presque littéralement dans celle de M. de Manteuffel à M. de Hatzfeld : « Aux communications par lesquelles l'avénement de l'Empereur des Français nous a été notifié, se trouvaient jointes des copies du sénatus-consulte et du plébiscite relatifs à la transformation de gouvernement opérée en France ; il ne nous appartient pas de discuter ces documents, comme actes de la législation intérieure de la France : à ce titre, les dispositions qu'ils renferment ne peuvent que rester en dehors du domaine des relations internationales entre les deux empires. Aussi, l'Autriche en procédant, comme elle le fait, à la reconnaissance de Sa Majesté l'Empereur des Français, et en témoignant franchement son intention de continuer avec son gouvernement les rapports d'amitié qui ont subsisté jusqu'à présent entre les deux pays, n'entend-elle ni émettre une opinion quelconque sur les principes établis par le plébiscite converti désormais en loi d'État, ni accepter d'avance les conséquences qui pourraient en être tirées à l'avenir. »

Les lettres de créance de l'ambassadeur de Russie avaient un caractère moins circonspect et plus tranchant. L'autocrate n'avait pas voulu adhérer à la donnée historique qui résultait à ses yeux du titre de Napoléon III. Elle était trop contraire à l'histoire et aux mœurs de la Russie, comme aux principes politiques de son gouvernement. Dans ce but, l'autocrate s'abstint d'user, dans sa lettre à l'Empereur des Français, du terme convenu : *Monsieur mon frère*, qui eût semblé consacrer une complète conformité de principes entre deux monarchies fondées sur des traditions si opposées. Il fut de plus arrêté que tous les ambassadeurs des autres États de l'Allemagne, les ministres d'Autriche et de Prusse, attendraient pour présenter leurs lettres, que M. de Kisseleff eût fait agréer les siennes. Cette satisfaction fut accordée à la chancellerie de Saint-Pétersbourg. La Russie tenait avec tant d'énergie à ses propositions, que plusieurs diplomates ne purent repousser l'idée qu'elle avait un autre motif, un autre intérêt que celui qu'elle invoquait pour faire passer la proposition. Et en effet, l'isolement dans lequel le tsar Nicolas s'efforçait de placer la France se rattachait déjà à de vastes projets qui recélaient dans leur conception hardie une guerre plus lamentable pour la Russie que n'avait été la campagne désastreuse de 1812.

L'Empire n'était pas seulement fait, il était reconnu.

Ce fut le 5 janvier que M. de Kisseleff fut admis à présenter ses lettres de créance à l'Empereur. On ne pouvait méconnaître un sentiment malveillant, sinon une pensée hostile, dans son esprit, comme dans son texte. Un gouvernement susceptible pouvait incontestablement refuser ces lettres conçues en dehors des formes du protocole adopté entre souverains, et ne se fût pas trouvé sans avantage pour demander à un gouvernement à peine échappé aux ténèbres de la barbarie, à quel titre il s'arrogeait le droit de patroner, dans la société moderne, le principe de la tradition. Le descendant des Romanoff pouvait-il bien se montrer plus difficile en cette matière que les représentants des maisons de Savoie, de Bourbon et de Hapsbourg.

L'Empereur préféra fermer les yeux sur cette infraction aux usages des cours et la couvrir de son silence. Il avait établi hautement qu'il n'attachait aucune importance exclusive au titre de Napoléon III qu'il avait reçu des acclamations populaires; que ce titre, justifié en fait, puisque Napoléon II avait été légalement proclamé empereur par les deux chambres, le 23 juin 1815, excluait au lieu de l'impliquer la pensée de la continuité dans le développement de la dynastie impériale; que ce n'eût pas été le titre de Napoléon III que le prince Président eût dû prendre, mais celui de Napoléon V, les règnes de Louis Napoléon, son père, et de Joseph Napoléon se trouvant dans ce système entre le sien et celui de Napoléon II.

Ce fut, au reste, ce que lord Malmesbury établit devant la chambre haute du parlement anglais : « Milords, dit-il dans la séance du 6 décembre, l'empereur Napoléon III a pressenti la difficulté que soulevait ce titre, et avec sa franchise ordinaire il a fait signifier au gouvernement de la reine que ce chiffre ne devait pas avoir d'autre signification que celle-ci, à savoir que dans l'ordre des temps et de l'histoire, et conformément aux usages français, il y avait eu en France deux souverains du nom de Napoléon avant l'empereur actuel. Il a déclaré ne revendiquer aucun droit héréditaire au trône et n'être souverain qu'au nom et par la volonté du peuple. »

M. de Kisseleff fut reçu par l'Empereur avec le même cérémonial et la même bienveillance que les autres ambassadeurs. M. le comte de Hatzfeld, ministre plénipotentiaire de

Prusse, et M. Hübner, ministre d'Autriche, attendirent le 11 pour remettre à Napoléon III les lettres qui les accréditaient près de lui. Les agents des rois et des princes souverains de l'Italie et de l'Allemagne se succédèrent les jours suivants. Ce furent tour à tour MM. le baron de Vaechter, ministre résident de S. M. le roi de Wurtemberg, de Wendland, envoyé extraordinaire de S. M. le roi de Bavière, le prince Poniatowski, ministre plénipotentiaire de S. A. I. et R. le grand-duc de Toscane, le baron de Schweizer, représentant de S. A. R. le prince régent du grand-duché de Bade, le comte de Platen-Hallermund, ambassadeur de S. M. le roi de Hanovre, le baron de Seebach, envoyé extraordinaire de S. M. le roi de Saxe, Rumpff, délégué des villes libres d'Allemagne, d'Oerthleng, ministre résident de S. A. R. le grand-duc de Mecklembourg-Schwerin, etc.

Quelques semaines avaient suffi au second empire pour prendre place dans la grande famille des États européens. Cet avantage, le premier empire n'avait pu le conquérir par dix ans de victoire; si la Russie le lui avait accordé après d'éclatants triomphes, il n'avait jamais pu l'obtenir du gouvernement anglais.

CHAPITRE III.

INSTITUTIONS IMPÉRIALES.

1853

SOMMAIRE.

La constitution du 14 janvier. — Réformes. — Double système de gouvernement. — L'absolutisme. — La démocratie. — Gouvernements intermédiaires. — Forme parlementaire. — Forme représentative. — Liste civile du nouvel Empire. — Louis XVI et Napoléon Iᵉʳ. — La Restauration. — Rapport de M. le comte de Casabianca. — Dotation de la couronne. — Ses charges. — La famille impériale. — Biens particuliers de l'Empereur. — Décret sur l'hérédité au trône. — Sénatus-consulte interprétant et modifiant la constitution du 14 janvier. — Le droit de grâce. — Présidence des grands corps de l'Etat. — Signature des traités. — Concession des grands travaux d'utilité publique. — Modifications accessoires. — Vote du budget par ministère. — Attribution essentielle de la représentation du pays. — Lois de finances. — Rejet du budget. — Concentration du pouvoir. — Instant solennel. — Grand problème social. — Solution. — Epreuve traversée par le peuple. — Epreuves nouvelles. — Etonnement populaire. — Droit des minorités. — Perfectibilité des institutions. — Opinion de l'Empereur. — Opinion de M. Thiers sur la constitution Sieyès, remaniée par Napoléon. — Vote du Sénatus-consulte du 14 janvier. — Une députation le porte à l'Empereur, résidant alors au château de Compiègne. — Premiers actes de l'Empereur Napoléon III. — Visites à l'Hôtel-Dieu et au Val-de-Grâce. — Fêtes de Compiègne. — Magnificences et plaisirs. — Organisation et composition de la Maison Impériale.

Tandis que la secousse imprimée au monde politique par la transformation gouvernementale de la France, expirant dans les masses européennes, ne se prolongeait dans les chancelleries et dans les cours qu'en discussions théoriques et en intrigues, les nouveaux pouvoirs entraient en fonctions pour élaborer les institutions réformatrices, ou complémentaires destinées à mettre la constitution du 14 janvier en complet rapport avec la restauration de l'Empire.

Cette révision ne pouvait introduire de nombreux, sinon de graves changements dans le mécanisme de la loi politique qui régissait la France. Louis-Napoléon l'avait déclaré, les institutions du consulat et de l'empire lui offraient seules le cachet de nationalité que son œil ne reconnaissait pas dans les organisations politiques de 1814, 1830 et de 1848. C'était donc là seulement qu'il avait dû chercher les éléments et les ressorts de la constitution qu'il avait donnée au pays, et tel était, en effet, le caractère de celle édictée le 14 janvier 1852.

Il n'y a en réalité que deux formes pures de gouvernement : le despotisme et la démocratie ; le règne d'un seul, au-dessus de tous les intérêts, ou le gouvernement de tous par tous, l'administration du pays par lui-même.

La première forme est celle des sociétés barbares, c'est-à-dire des civilisations naissantes ; c'est l'autorité patriarcale étendue de la famille à la nation. C'est le pouvoir initial, la tutelle des peuples enfants ; c'est aussi la curatelle des nations impuissantes, des peuples dégradés ou vieillis. C'est aujourd'hui le gouvernement de la Chine et de tout l'extrême Orient, c'est celui de l'Autriche, c'est celui des tzars et des sultans.

La démocratie est la vie des peuples s'épanouissant dans la splendeur de l'âge adulte, ou dans la puissance de la virilité. C'est le gouvernement d'Athènes et de Sparte, c'est celui du christianisme dans ses siècles d'expansion surnaturelle-

et de sainteté ; c'est celui à l'ombre bienfaisante duquel les Etats-Unis trouvent aujourd'hui la richesse et la puissance, la Suisse l'abondance et la paix.

Entre ces formes pures de la souveraineté exercée ou déléguée se trouvent deux classes de gouvernements mixtes : les gouvernements parlementaires et les gouvernements représentatifs.

Les gouvernements parlementaires sont ceux des sociétés où le pouvoir, délégué par une classe privilégiée, est exercé par des chefs élus ou héréditaires, sous le contrôle régulateur d'assemblées sorties elles-mêmes du scrutin de cette lcasse oligarchique, aristocratique, ou bourgeoise. La constitution britannique offre le modèle le plus parfait de ce mode de gouvernement, dont relevaient ces Etats généraux qui posèrent, en 1789, les bases impérissables du droit moderne. La Charte de 1814 et celle de 1830 en étaient elles-mêmes des inspirations. L'esprit générateur de ces gouvernements, c'est l'amour de la liberté.

Les gouvernements représentatifs sont ceux où le peuple entier délègue l'exercice de la souveraineté, et dont l'amour de l'égalité est le principe vivificateur. C'est à cette classe qu'appartient l'Empire érigé par le sénatus-consulte du 7 novembre, et le plébiscite du 21 et 22 du même mois, et dont le Sénat allait être appelé à compléter les institutions.

Le premier acte de législation sur lequel portèrent ses délibérations fut la détermination de la nouvelle liste civile. Le chiffre de douze millions qui avait été fixé pour l'émolument annuel de la présidence décennale était celui de la liste civile de Louis-Philippe ; il ne pouvait évidemment rester la dotation de la couronne impériale ; les traditions monarchiques semblaient avoir consacré celui de vingt-cinq millions. C'était celui que le décret de 1791 avait attribué à Louis XVI. Le sénatus-consulte de 1804 l'avait rétabli pour Napoléon Ier, les chambres législatives de 1814 et de 1825 l'avaient voté pour les règnes des deux frères de Louis XVI, fraternelle trinité dans laquelle devait s'éteindre la branche des Bourbons, comme la branche des Valois s'était éteinte dans François II, Charles IX et Henri III.

La France serait profondément blessée, avait déclaré dans son rapport M. le comte de Casabianca, si le trône qu'elle venait d'élever avec tant d'éclat, par un vote enthousiaste, universel, n'était pas entouré au moins de la même splendeur que par le passé.

Elle savait d'ailleurs, ajoutait-il, que cette partie de la fortune publique lui serait restituée avec usure, parce qu'elle servirait à féconder tous les éléments de la richesse nationale, à encourager l'agriculture, le commerce, l'industrie, les sciences, les arts, et qu'en même temps l'intelligente et inépuisable générosité du chef de l'Etat continuerait à être la providence des classes souffrantes. Le vote du Sénat n'était pas douteux, il sanctionna le chiffre qu'avaient déjà consacré quatre décisions législatives.

La dotation comprenait en outre, comme sous l'Empire et sous la monarchie, le mobilier et les diamants de la couronne, les palais impériaux, les forêts qui en dépendent, les musées, ces gloires artistiques du pays, les manufactures nationales, ces conservatoires des arts industriels dont la supériorité, objet de l'envie des autres nations, ne peut se maintenir que sous la protection et par la munificence du souverain.

Les revenus des forêts de la couronne élevaient, il est vrai, cette allocation à vingt-huit millions ; mais le sénatus-consulte mettait à la charge de la liste civile l'entretien et l'administration des palais et des manufactures impériales; le rapport insistait sur l'importance de cet entretien, en appuyant ses observations sur des bases réelles. Les dépenses faites par la monarchie de juillet à Fontainebleau, à Compiègne, à Saint-Cloud, aux Trianons et à Versailles; celles que lui avaient causées les manufactures de Sèvres et des Gobelins, s'étaient élevées à trente-deux millions, dont seize pour les bâtiments où cependant des réparations confortatives très-dispendieuses étaient devenues indispensables. Cet entretien ne figurait pas au budget de l'année pour une somme moindre de 7,225,000 fr.

En demandant pour les princes français une attribution annuelle de 1,500,000 fr., dont le Sénat réserva la répartition à l'Empereur, M. de Casabianca fit observer que le projet du sénatus-consulte ne réclamait aucune pension pour les princes de la famille de l'Empereur, en dehors de ceux qui seraient appelés à l'hérédité du trône, bien différent en cela de la loi de 1814, qui portait à huit millions la dotation des princes de la famille royale, et à neuf millions par suite de la dot votée en 1816 lors du mariage du duc de Berry. Le sénatus-consulte qui statua qu'à l'époque du mariage de l'Empereur, le douaire de l'Impératrice serait fixé par le Sénat, déclara aussi qu'en vertu de l'ancien usage monarchique, les biens particuliers que l'Empereur possédait sur le territoire français, lors de son avénement au pouvoir suprême, étaient dévolus au domaine public. Cette dévolution eut lieu pour les domaines de Villeneuve-l'Étang, Lamothe-Beuvron et La Grillière, acquis par ce prince depuis son retour en France.

Le plébiscite qui avait élevé Louis-Napoléon à l'empire

lui donnait, dans le cas où il ne laisserait pas de postérité directe, le droit de régler l'ordre de la succession au trône dans la famille Bonaparte. Un décret pourvoyant à cette faculté souveraine fut signé, le 19 décembre, par Napoléon III. Il disposait que, dans cette éventualité, son oncle bien-aimé, Jérôme-Napoléon Bonaparte, et sa descendance directe, naturelle et légitime, provenant de son mariage avec la princesse Catherine de Wurtemberg, de mâle en mâle, par ordre de primogéniture et à l'exclusion perpétuelle des femmes, seraient appelés à lui succéder. Ce décret, présenté au Sénat le 23 décembre, fut publié le 24.

Le jour même de sa présentation, le Sénat votait le projet du sénatus-consulte portant l'interprétation et la modification de la constitution du 14 janvier. L'exposé des motifs de ces dispositions fondamentales, discuté au conseil d'Etat, avait été présenté au Sénat avec les signatures de MM. Baroche, Rouher et Delangle. Ce projet avait donné lieu à une discussion vive et prolongée que justifiait d'ailleurs la gravité des dispositions nouvelles qu'il introduisait dans les institutions, si jeunes encore, mais dont un changement de titre dans le pouvoir avait frappé plusieurs de caducité. Le principal caractère des modifications qu'allaient subir les institutions était dans la concentration des pouvoirs entre les mains du souverain. C'était là l'objet exclusif des cinq premiers articles du sénatus-consulte. Les deux premiers ne pouvaient soulever de discussion sérieuse.

Le droit de grâce, le droit d'amnistie, étant une des plus nobles et des plus saintes prérogatives du pouvoir, tous les chefs de sociétés, quels que soient les principes politiques sur lesquels elles reposent, l'ont toujours réclamé comme une de leurs plus précieuses attributions; les souverains constitutionnels comme les rois absolus, les dictateurs comme les despotes. L'Empire ne pouvait laisser dépouiller sa couronne du droit qui en est le plus auguste rayonnement. Ce droit forma le premier article du sénatus-consulte du 23 décembre.

L'article 2 n'avait ni cette importance ni ce caractère élevé. La présidence du Sénat et du conseil d'État qu'il conférait à l'Empereur était plus particulièrement une attribution honorifique, destinée à la fois à donner plus de solennité et plus d'éclat à quelques séances de ces deux grands corps, et à resserrer les liens qui les unissaient au chef de l'État. Cette prérogative était de plus une des traditions du premier empire, elle était écrite dans la constitution de 1804. Toute l'importance de la loi était dans les deux dispositions suivantes.

L'article 3 donnait force de loi aux modifications de tarif stipulées dans les traités de commerce faits par l'Empereur en vertu de l'article 6 de la constitution. C'était remettre entre les mains du chef de l'État toute l'organisation industrielle et commerciale du pays. Entouré fréquemment par de hauts personnages dont les usines, les mines, des valeurs industrielles de toute nature composent la fortune, il peut voir trop souvent sa religion surprise par l'ardeur et l'habileté des intérêts. On sait de quel poids l'influence de Casimir Perrier, propriétaire des plus riches exploitations minérales d'Anzin, pesa sur les décisions de la monarchie de juillet. De pareilles interventions ne sont-elles pas toujours à redouter. Les bases des plus grandes fortunes, des entreprises les plus habilement conçues et les plus laborieusement élevées ne peuvent-elles dépendre d'une signature surprise ou d'une adhésion précipitée? Quelque juste et quelque éclairé que vous supposiez le prince investi de ce droit, cette précipitation ou cette surprise sont possibles ; elles ne le sont pas dès que les changements de tarif sont soumis aux études préparatoires et au contrôle de plusieurs discussions. Et puis les créations ou les modifications de tarifs ne sont-elles pas, après tout, des créations ou des modifications d'impôts, c'est-à-dire des lois de finances qui relèvent essentiellement et spécialement du Corps législatif?

Les partisans de la modification demandée faisaient observer que le droit absolu de faire et de signer les traités était attribué au souverain par toutes les constitutions monarchiques, qu'on le retrouvait même dans toutes celles qui ont régi la France depuis 1789 ; que cependant une interprétation imposée par les exigences parlementaires avait altéré cette haute attribution, et en avait, dans mainte circonstance, subordonné l'exercice à la sanction du pouvoir législatif; que l'on avait ainsi consacré, en droit public, la nécessité que les tarifs établis ou modifiés par un traité de commerce fussent convertis en lois par les chambres pour devenir définitifs. C'était faire l'histoire du progrès.

Ils ajoutaient de plus : que le droit du souverain se trouvait, par le fait, indirectement atteint, que la convention internationale n'était que conditionnelle malgré la ratification du prince; que le contrat remis en question devant les assemblées, discuté de nouveau hors la présence et sans le concours des mandataires de la nation étrangère, pouvait en définitive être modifié ou détruit; qu'une faculté aussi exorbitante était incompatible avec la dignité de l'Empire; qu'elle déplaçait le droit sans profit pour la nation; que les stipulations douanières, insérées dans un traité d'alliance, sont presque toujours dominées par de hautes questions politiques que le chef de l'État doit seul trancher ; qu'en effet, l'Empereur éclairé par les conférences diplomatiques, pouvait toujours apprécier les intérêts généraux, politiques et industriels des deux pays mieux que le Corps législatif, placé nécessairement à un point de vue exclusif, et devant lequel ne sont pas représentés les intérêts de l'autre nation contractante ; que c'était donc avec raison que le Gouvernement proposait au Sénat de déclarer que les traités de commerce portant modifications de tarifs auraient force de loi par le fait seul de leur promulgation.

Ces considérations prévalurent devant la haute assemblée, et l'article 3 fut voté.

L'article 4 avait également une gravité incontestable. Tous les grands travaux d'utilité publique, toutes les entreprises d'intérêt général devaient être ordonnés ou autorisés par décrets de l'Empereur. Étaient seuls exceptés les travaux et entreprises ayant pour condition des engagements ou des subsides du trésor. Il n'est pas utile de s'appesantir sur les abus qui peuvent naître de pareilles concessions, quelque circonspection et quelque zèle qu'y apporte celui dont elles émanent. On sait quelles intrigues, quelles ruses s'agitent et se préparent autour de ces larges applications de la fortune publique ; exagération des charges, atténuation des ressources, plans inexacts, devis mensongers, apports chimériques, il n'est rien, pas d'énormités, pas d'excès devant lesquels reculent l'intérêt surexcité jusqu'à la passion, cette astuce que l'on nomme l'esprit d'affaires exalté jusqu'au génie. Le jour de la publicité la plus complète, la lumière de la concurrence, les contrôles les plus édifiants et les plus actifs ne parviennent pas toujours, on le sait, à prévenir de tels abus ; le souvenir des scandales de la rue Rambuteau, ceux plus lamentables encore du procès Cubières et Teste, ne vivent-ils pas dans tous les esprits; n'était-ce pas compromettre la majesté du pouvoir suprême, que de l'entourer de tels dangers? Voilà ce que se demandaient d'excellents esprits.

Les défenseurs du projet répondaient que les grands travaux d'utilité publique et les entreprises d'intérêt général sont essentiellement des actes de haute administration ; que le pouvoir exécutif était resté jusqu'en 1830 investi de ce droit ; que s'il en avait été dépouillé depuis, ce n'avait été que par des lois inspirées par ce parlementarisme hargneux et jaloux, systématiquement hostile à toute attribution du pouvoir exécutif. Ils invoquaient d'autres considérations :
« La rapidité et la simplicité d'action, disaient-ils, sont aussi indispensables pour un grand pays que pour un grand pouvoir.

» La nécessité des formes législatives ralentissait déjà beaucoup les grandes entreprises lorsque les assemblées étaient pour ainsi dire en permanence. Pendant combien d'années n'a-t-elle pas retardé la création de nos chemins de fer, au grand détriment de la prospérité et de la sécurité nationales !

» Maintenant que la durée des sessions est réduite à trois mois, la lenteur serait plus marquée et le préjudice plus considérable.

» D'ailleurs, le gouvernement, isolé des passions locales qui ont engendré ces luttes ardentes dont nous n'avons pas perdu le souvenir, embrassant avec sollicitude et par un examen d'ensemble les besoins généraux du pays, est mieux placé pour décider de si graves questions avec promptitude et impartialité.

» Les avantages de cette féconde initiative ont déjà été éprouvés et recueillis. C'est à la grande satisfaction du pays, qu'immédiatement après le 2 décembre les plus importants travaux d'utilité publique, si longtemps réclamés, ont été décrétés.

» Sous cette vive impulsion, les capitaux longtemps comprimés par l'incertitude de l'avenir, se sont engagés dans les affaires ; la prospérité financière et industrielle du pays s'est reconstituée. »

On pouvait bien encore objecter le danger de voir les finances du pays engagées avec imprudence, mais le sénatus-consulte y répondait en ordonnant que les décrets fussent rendus dans les formes prescrites par les règlements d'administration publique. Quant aux intrigues et aux abus, il suffirait pour les prévenir et les déjouer, qu'ils sentissent l'œil de la justice dans leurs trames et le glaive de la répression sur leurs excès. Ces observations triomphèrent et l'article en discussion avec elles.

Les quatre articles suivants ne pouvaient soulever de longs débats. L'article 5 avait pour objet de confirmer, dans les mains de l'Empereur, la puissance constituante qu'il avait exercée en réglant, par le décret du 22 mars 1852, les rapports des grands pouvoirs de l'État entre eux et avec le pouvoir exécutif. La position civile et politique de la famille impériale était, selon le vœu du sénatus-consulte du 7 novembre, réglée par trois dispositions empruntées presque textuellement à la Constitution de 1804. Elles donnaient le titre de princes français aux membres de la famille impériale appelés éventuellement à l'hérédité de la couronne, et le titre de prince impérial au fils aîné de l'Empereur. Elles ouvraient le Sénat et le conseil d'État aux premiers, qui pouvaient, dès l'âge de dix-huit ans, venir puiser à ces sources fécondes la connaissance des affaires publiques. Elles ordonnaient enfin que les actes civils de la famille impériale fussent reçus par le ministre d'État et transmis, sur un ordre de l'Empereur, au Sénat, qui en ordonnerait la transcription sur ses registres et le dépôt dans ses archives.

L'article 9 avait son analogue dans toutes les constitutions monarchiques des temps modernes ; il disposait que la liste civile impériale serait fixée, pour la durée de chaque règne, par un sénatus-consulte spécial.

Parmi les huit autres articles fixant le nombre des sénateurs, attachant une dotation à cette dignité et une indemnité aux fonctions de membres du Corps législatif, etc., il en était un qui, sous une forme réglementaire, tranchait dans un sens imprévu un des plus graves problèmes du gouvernement représentatif.

C'est un principe séculaire du droit national français que tout impôt doit être voté par le pays. Ce principe, constamment invoqué par les États généraux, et érigé en axiome de jurisprudence par les parlements, a reçu la consécration de toutes les institutions des États représentatifs européens. Il avait sa sanction formelle dans la Constitution du 14 janvier. C'était ce principe pourtant que mettait en question l'article 12 du projet de sénatus-consulte. Ce n'était pas cependant qu'il le niât, bien au contraire il lui rendait hommage ; mais par la réglementation à laquelle il le soumettait, il le reléguait dans la sphère des abstractions, sans application possible dans les conditions normales des votes. Cet article était en effet conçu en ces termes :

« Le budget des dépenses est présenté au Corps législatif,

avec ses subdivisions administratives par chapitres et par articles.

» Il est voté par ministère.

» La répartition par chapitre du crédit accordé pour chaque ministère est réglée par un décret de l'Empereur, rendu en conseil d'État. »

Quel est le droit, et plus que le droit, le devoir de tout député, sinon de repousser, de rayer du budget toute dépense inutile ou dangereuse au pays. C'était ce qui avait lieu, sans obstacle, sous l'empire de l'ancienne législation. Le budget préparé dans ce but était divisé en près de quatre cents chapitres, dont un, ou plusieurs pouvaient être retranchés sans altérer en rien la marche régulière des services. Comme le budget se votait par chapitres, si l'un de ces chapitres semblait constituer une allocation injustifiable ou non justifiée, on la modifiait, ou on la supprimait par un amendement; et si la majorité ne s'entendait pas sur les termes ou le caractère de l'amendement, on repoussait le chapitre, et tout était dit. Ce vote par chapitres semblait d'autant plus nécessaire à la représentation nationale dans la position que lui faisaient les institutions impériales, que son droit de modifier, par amendement, les projets de loi soumis à sa discussion, se trouvait profondément entamé ; ses amendements devaient être acceptés par le conseil d'État; si le conseil d'État les repoussait, elle n'avait plus d'autre moyen d'effacer la dépense critiquée que d'en rejeter l'allocation, et c'était cette faculté qu'on lui enlevait par la suppression du vote par chapitres.

— Sans doute, répondaient les défenseurs du projet, et c'est bien là l'objet de la modification proposée. N'est-il pas dans l'esprit de la Constitution que vous ne puissiez faire indirectement, c'est-à-dire par des votes parcellaires, ce qu'elle vous interdit de faire directement par voie d'amendement.

— Alors, répliquaient les adversaires, que devient la souveraineté du Corps législatif en matière budgétaire?

— Il a droit de rejeter le budget ministériel.

On lui accordait le plus pour qu'il lui fût impossible de réaliser le moins. On lui interdisait l'hygiène et on lui offrait la médication héroïque. Refuser le budget, c'est-à-dire arrêter brusquement l'évolution régulière du mécanisme administratif; forcer le gouvernement à revenir sur ses résolutions en le réduisant à l'impuissance; c'est-à-dire encore passionner le débat en engageant avec l'administration un conflit de haute lutte, c'est-à-dire enfin la pousser sur la pente des coups d'État en se jetant soi-même sur la déclivité des révolutions. Le Corps législatif ne pouvant que reculer devant cette périlleuse extrémité, c'était simplement le frapper d'impuissance dans un de ses droits essentiels.

Cette impuissance parlementaire, jointe à la répartition facultative par chapitres du crédit accordé à chaque ministère et à la réversibilité des allocations d'un chapitre à l'autre, ne constituait-elle pas au gouvernement un pouvoir absolu sur l'impôt?...

Les commissaires du conseil d'Etat récriminèrent contre les abus que présentait, selon eux, l'ancien système; ils s'efforcèrent de faire ressortir les embarras administratifs qui en résultaient et les obstacles qu'il suscitait à toute amélioration. C'était l'envahissement de l'administration par les Assemblées, et la nécessité pour celle-là d'opposer à leur contrôle méticuleux un régime défensif de combinaisons préventives et d'expédients; par suite, l'impossibilité pour un ministre de combiner un plan sérieux d'économie dans cette comptabilité faussée et compassée qui ne lui laissait aucune liberté d'action.

« Les dispositions du projet de loi qui vous est présenté, disaient-ils, feront disparaître cette confusion de pouvoirs et ces complications dangereuses : le budget des dépenses voté par ministère, des décrets de l'Empereur rendus en conseil d'État, subdiviseront les fonds en chapitres et pourront ordonner des versements de crédits d'un service à un autre. Ainsi, un budget voté habituellement dix-huit mois avant sa mise en exercice, pourra toujours être modifié et approprié par le pouvoir exécutif aux besoins nouveaux, nés de circonstances imprévues, ou d'événements politiques accomplis dans cet intervalle.

» La garantie de la spécialité des chapitres n'en sera pas moins maintenue ; la régularité des dépenses sera contrôlée par un examen solennel et approfondi de la cour chargée de cette tâche, et le Corps législatif conservera la surveillance de l'emploi des fonds votés par l'examen et le vote de la loi des comptes. »

Toutes les objections tombèrent devant ces considérations. Le Sénat parut, comme le conseil d'État, songer avant tout à fortifier le pouvoir.

Cette pensée semble, du reste, en ce moment solennel de notre histoire, être la préoccupation exclusive du monde politique entier. Tous les corps de l'État, que l'élection populaire ou que le choix gouvernemental soit leur origine, le conseil municipal, comme le Sénat, paraissent s'associer à ce sentiment général par leur silence ou par leurs actes.

L'historien s'arrête devant ce grand phénomène social et cherche avec étonnement la cause de la révolution profonde qui s'est opérée si rapidement dans les esprits. La tribune est silencieuse, la presse est muette, aucun bruit intellectuel ne retentit dans cette atmosphère calmée, où ne vibrent que les mille bruits de l'atelier.

De toutes ces opinions naguère enfiévrées de libéralisme, de toutes ces imaginations éprises d'avenir, c'est à peine s'il en est quelques-unes mêlant isolément leurs aspirations aux voix nécessairement timides de quelques rares organes de la presse périodique, pour faire retentir les grands mots qui naguère précipitaient les pulsations de tous les cœurs. Qui expliquera ce changement profond, cette transformation complète si brusquement survenue dans l'état moral de cette France, d'où la vie déborde sur le monde?

Faut-il, avec quelques esprits moins philosophiques que passionnés, lancer l'anathème *à ces sociétés où le niveau commun des cœurs et des esprits ne cessera jamais de s'abaisser tant que l'égalité et le despotisme y seront joints* (1); ou, comme M. de Rémusat, dans la *Revue des Deux-Mondes,* épancher sa douleur en éloquents regrets sur l'évanouissement de ce goût sublime, l'amour de la liberté *qui existe de lui-même dans les grands cœurs que Dieu a préparés pour le recevoir, qui les remplit, les enflamme, et que l'on doit renoncer à faire comprendre aux âmes médiocres qui ne l'ont jamais ressenti,* » ou même, comme bien d'autres, accuser le peuple entier d'abdication, de déchéance et d'abjection?

Nous ne le pensons point. Nous croyons que dans le développement des sociétés comme dans la marche de la nature, tout a sa logique et sa raison d'être; que ceux qui accusent toute une nation lui reprochent trop souvent leurs fautes et leurs égarements. Le peuple a traversé en 1848 une

---

(1) Avant-propos de l'ouvrage de M. Alexis de Tocqueville sur l'*Ancien régime et la révolution.*

grande épreuve. Une révolution l'a subitement transporté du milieu de la vie parlementaire, en pleine existence démocratique. Ses chefs surpris se sont trouvé en ignorer les premiers éléments. Que lui ont-ils donné en échange de ces trois mois de souffrance qu'il leur offrit si magnanimement? l'impôt des 45 centimes et la grève avec ses horizons désolés de guerre civile et de misère. Ils voulurent tout ménager; ils perdirent tout.

Une nouvelle commotion a eu lieu ; à la république, dont la réaction parlementaire n'avait respecté que le nom, s'est trouvé substitué, par un coup d'État, un gouvernement représentatif basé sur la souveraineté nationale. Le peuple que ce parlementarisme avait dépouillé de ses droits au nom de la République, s'est étonné de s'en voir ressaisi par une dictature militaire qui lui a parlé d'égalité, de gloire et de bien-être ; il a attendu.

Le travail s'est ranimé dans cette société où toute vie industrielle semblait s'être éteinte ; le crédit a rouvert ses sources fécondes et remis en mouvement toutes les usines désertes et silencieuses ; le bien-être est revenu s'asseoir au foyer populaire au milieu de la famille réjouie. Faut-il chercher d'autres justifications de ces changements; d'autres explications de cet avénement de la République acclamée par la France étonnée, de son affaissement progressif sous nos fautes, puis de sa disparition, sans secousse profonde, et du rétablissement triomphal de l'Empire?

Nous ne le pensons pas; nous croyons que ce serait sortir du monde des faits, et en sortant du monde des faits on sortirait du monde des principes. La souveraineté du peuple est devenue la base incontestable, sinon incontestée, des sociétés modernes. Il n'y a plus à discuter aujourd'hui avec les insensés qui contestent ce principe. Quelle voix dès lors pourrait protester contre ses verdicts exprimés par des majorités formidables.

Le seul droit des minorités qui se croient dépositaires de la vérité est l'apostolat. Mais cet apostolat, comment l'exercer sous l'empire d'une constitution où tous les pouvoirs se trouvent réunis dans les mains d'un chef héréditaire ?

A cela nous répondrons que toute constitution est perfectible, lors même que son texte ne renfermerait pas expressément, comme celle du 14 janvier, le principe et l'organisme de sa perfectibilité, et nous ajouterons que cette pensée n'a pas cessé d'être celle du législateur depuis le jour où il répondait au vice-président de la commission consultative, qui lui apportait le recensement général des votes émis sur le projet de plébiscite du 2 décembre: « Donner satisfaction aux exigences du moment en créant un système qui reconstitue l'autorité sans blesser l'égalité, *sans fermer* AUCUNE VOIE D'AMÉLIORATION, c'est jeter les véritables bases du seul édifice capable *de supporter plus tard* UNE LIBERTÉ SAGE ET BIENFAISANTE. »

C'est cette pensée qui s'offre à notre esprit quand, en présence de ce concert de préoccupations et d'efforts, où tous les corps officiels ne semblent songer qu'à constituer le pouvoir impérial en une autocratie presque sans contrôle, nous demandons si cette unité de vœux et d'efforts pour comprimer la vie politique dans une société, où cette vie naguère si active n'est plus aujourd'hui qu'en puissance, est bien une application intelligente et prévoyante du dévouement de tous ces corps à l'Empire renaissant et à la paix publique; s'il ne serait pas plus prudent et plus sage de ménager, ou de conseiller au pouvoir d'ouvrir lui-même quelques issues aux ardentes aspirations des cœurs et des esprits; de préparer, d'avance même, quelques soupapes de sûreté aux vapeurs qui se dégagent silencieuses, de cette fermentation intellectuelle, toujours active, même sous les surfaces apaisées?

C'est surtout pour un pouvoir aussi formidablement armé que la connaissance de la vérité est nécessaire; c'est quand une volonté est en possession d'une telle puissance, quand l'erreur, même involontaire, peut avoir des conséquences aussi incalculables qu'il est important pour la société et pour cette volonté elle-même que toutes les voix qui peuvent l'instruire, que toutes les lumières qui peuvent l'éclairer retentissent et brillent autour d'elle. Sa toute-puissance est déjà par elle-même un danger assez redoutable pour que les institutions ne puissent trop en prévenir les excès; car si un pouvoir aussi développé et aussi intense peut et doit même produire de précieux résultats, des événements glorieux, de grandes choses entre les mains d'un souverain de génie, quelles conséquences funestes ne peut-il pas avoir, exercé par un prince faible, incapable ou vicieux. Et telles sont les éventualités de l'hérédité, qu'il y a autant de chances pour qu'un Domitien naisse d'un Vespasien, qu'un Titus... et qu'il y a plus de chances, — les chances que crée le poison : les chances du crime, — pour que ce soit le règne du Domitien qui se prolonge. L'histoire l'affirme. Voilà les réflexions que doit inspirer aux sages partisans du nouveau pouvoir cette concentration de prérogatives, de droits, de forces opérée sous sa couronne.

On peut, du reste, comprendre des paroles mêmes que nous avons empruntées au prince Président que cette constitution du pouvoir impérial n'était pour lui qu'une création provisoire que devait modifier le temps, en donnant pour couronnement à l'édifice du pouvoir le dôme des libertés publiques. Le caractère de toutes les institutions est de se perfectionner, et l'on peut rappeler ici, à propos de la Constitution du 14 janvier-23 décembre, ce que M. Thiers dit de la Constitution de l'an VIII, dont s'est inspiré son auteur : « Ce n'était pas la monarchie représentative telle que nous la comprenons aujourd'hui. Ce Sénat... avec son pouvoir constituant, avec sa faculté de casser la loi, ce Sénat avec tant de puissance, soumis cependant à un maître, ne ressemblait pas à une chambre haute. Ce Corps législatif silencieux, quoiqu'on lui eût rendu la parole en comité secret, ne ressemblait pas à une chambre des députés. Et pourtant ce Sénat, ce Corps législatif, cet Empereur, tout cela pouvait devenir un jour la monarchie représentative. Aussi ne faut-il pas juger la Constitution de M. Sieyès, remaniée par Napoléon, d'après l'obéissance muette qui a régné sous l'Empire. Notre Constitution de 1830, avec la presse et la tribune, n'aurait peut-être pas donné à cette époque des résultats sensiblement différents, car l'esprit du temps fait plus que la lettre écrite. Il aurait fallu juger la Constitution impériale sous le régime suivant. Alors l'opposition, suite inévitable d'une longue soumission, aurait pris naissance dans ce Sénat même longtemps si docile, mais armé d'une puissance immense. Il se serait probablement trouvé d'accord avec les colléges électoraux pour faire des choses conformes à l'esprit nouveau ; il aurait brisé les liens de la presse, il aurait ouvert les portes et les fenêtres du Corps législatif pour que sa tribune pût retentir au loin. C'eût été la monarchie représentative tout comme aujourd'hui, avec cette différence que la résistance serait venue d'en haut au lieu de venir d'en bas; c'est là, du reste, un secret que le temps a emporté avec lui sans nous le dire, comme il en a emporté tant d'autres.

Mais ces institutions étaient loin de mériter le mépris que l'on a souvent affiché pour elles. Elles composaient une république, détournée de son but par une main puissante, *convertie temporairement en une monarchie absolue* et destinée plus tard à redevenir monarchie constitutionnelle, fortemen aristocratique, il est vrai, mais fondée sur la base de l'égalité ; car tout soldat heureux pouvait être connétable, tout jurisconsulte habile y pouvait devenir archichancelier, à l'exemple du fondateur, devenu de simple officier d'artillerie, Empereur héréditaire et maître du monde (1). »

Ce fut dans la séance du 23 décembre que fut adopté le sénatus-consulte portant l'interprétation et la modification de la Constitution du 14 janvier. Une députation composée de MM. Troplong, premier président de la Cour de cassation, et le général comte Baraguay-d'Hilliers, vice-présidents du Sénat ; de M. le général comte d'Hautpoul, grand référendaire ; de M. le baron Lacrosse, secrétaire du Sénat ; de M. le duc de Cambacérès, et de M. le général comte Regnauld de Saint-Jean-d'Angely, secrétaires élus, à laquelle s'étaient joints les trois commissaires du conseil d'État, pour la défense du projet constitutionnel, se rendirent le 25 à Compiègne, pour présenter à l'Empereur cette loi fondamentale qui réunissait dans ses mains toutes les prérogatives du rang suprême.

Sa Majesté se trouvait depuis le 18 décembre dans cette résidence impériale, centre favori des chasses souveraines depuis le règne de Clotaire Ier. Son règne, que les premiers jours du mois avaient vu commencer par des actes de clémence et d'humanité, se prolongeait au milieu des plaisirs

---

(1) *Histoire du Consulat et de l'Empire*, par M. A. Thiers, t. v, p. 16 et 17.

et des pompes dont ce château avait brillé dans ses plus beaux jours.

Dès le lendemain de son élévation au trône, l'Empereur avait voulu visiter les deux principaux hôpitaux de Paris.

— Je veux que mon premier acte comme empereur, avait-il dit à M. de Persigny, ministre de l'intérieur, soit pour ceux qui souffrent.

Et il s'était dirigé, accompagné de ce haut fonctionnaire, de M. le général comte de Goyon, aide de camp, et de M. le commandant de Toulongeon, l'un de ses officiers d'ordonnance, vers l'Hôtel-Dieu, cet antique refuge des souffrances populaires, et de là vers le Val-de-Grâce, où les militaires malades ou blessés reçoivent les soins de la charité la plus dévouée, sous la direction des praticiens les plus illustres.

Il avait été reçu à l'Hôtel-Dieu par Mgr l'archevêque de Paris, M. le préfet de la Seine, M. le préfet de police, M. le directeur de l'Assistance publique et MM. les médecins et chirurgiens en chef de l'hôpital, et au Val-de-Grâce par M. le maréchal commandant l'armée de Paris, par le général commandant la première division militaire et par le corps médical. L'Empereur, après avoir parcouru les salles de ces deux établissements, interrogeant bienveillamment les malades et leur donnant des consolations et des marques de sympathie, avait laissé dans chacun des hôpitaux dix mille francs pour être distribués à leurs hôtes. Le même jour, il remit à la disposition du ministre de l'intérieur, de l'agriculture et du commerce, une somme de deux cent mille francs destinée à faciliter le retrait, par leurs familles, des enfants trouvés et abandonnés, placés dans les divers hospices de France. Ces actes et plusieurs autres de même nature avaient inauguré les premiers jours de l'empire.

Il l'était dans l'antique château de Charles V par l'éclat des fêtes. L'élite de la haute société y avait été conviée; on remarquait parmi les dames S. A. I. la princesse Mathilde, madame de Persigny, madame Drouyn de Lhuys, madame la duchesse de Vicence, lady Cowley, madame la comtesse de Montijo, et sa fille, mademoiselle la duchesse de Téba, madame la marquise de Contades et madame la baronne de Pierres. Beaucoup de ces dames figurèrent dans les cavalcades sous d'élégants costumes de cheval, rappelant, par la coupe et la richesse, celui des Dianes chasseresses du siècle de Louis XV. Il y eut chasse à courre, hallalis, curées aux flambeaux, bals et banquets cynégétiques.

C'étaient les prémisses des magnificences impériales qu'allait présenter la cour de Napoléon III. L'année 1853 allait pouvoir s'ouvrir aux Tuileries avec tout le cérémonial et le faste des cours monarchiques. Un décret du 31 décembre 1852 composait ainsi le haut personnel de la maison impériale : il nommait Mgr l'évêque de Nancy premier aumônier; le maréchal comte Vaillant, sénateur, grand maréchal du palais; le colonel baron de Béville, premier préfet du palais; le duc de Bassano, sénateur, grand chambellan; le comte Baciocchi, premier chambellan; le maréchal de Saint-Arnaud, sénateur, ministre de la guerre, grand écuyer; le maréchal Magnan, sénateur, commandant en chef de l'armée de Paris, grand veneur; le colonel comte Edgard Ney, premier veneur, et M. le duc de Cambacérès, sénateur, grand-maître des cérémonies. A l'année qui expirait dans les lueurs impériales baignant son horizon crépusculaire, allait succéder une nouvelle année se levant, astre radieux, dans l'orient splendide du nouveau règne.

CHAPITRE IV.

PRISE DE LAGHOUAT.

—
1852
—

SOMMAIRE.

Écho triomphal. — Un boulevard du Sahara. — La France en Algérie. — Seconde période de notre occupation. — La bêche après l'épée. — Efforts de l'administration. — Nouveaux centres de population et de culture. — Organisation indigène du pays. — Le douar. — La ferka. — La tribu. — L'aghalick. — Le kalifa. — Bureaux arabes. — L'impôt. — Moyens civilisateurs. — Habitations sédentaires. — Cultures. — Protection militaire. — Le fanatisme musulman. — Oasis du désert. — Le chérif d'Ouargla. — Une coalition de tribus. — Mesures militaires du gouvernement français. — Le général Pélissier. — Colonne du général Yusuf. — Premier engagement. — Colonne du général Pélissier. — Avertissement de Laghouat. — Sa description. — Le col et le marabout de Sidi-el-Hag-Aïssa. — Batterie de brèche. — Dernières instructions. — Dispositions d'attaque. — Fusillade. — Les tireurs du désert. — La canonnade. — La brèche. — Colonnes d'attaque. — Cessation du feu. — Pas de charge et fanfares. — Elan des troupes. — La brèche emportée. — A la casbah! — Le drapeau du 2ᵉ zouaves. — Glorieuses acclamations d'adieu. — Seconde attaque. — Position prise par la colonne du général Yusuf. — Vue de la brèche. — Les têtes de colonnes. — Signal de l'assaut. — Escalade des remparts. — Envahissement de la ville. — Les trophées. — Maisons fortifiées. — Fanatisme. — Dernières fusillades. — Les bois de palmiers. — Tentatives de fuite. — Soumissions. — Brillante razzia de nos goums. — Occupation et organisation de Laghouat.

Un écho de victoire répondit, dans les profondeurs méridionales de l'Algérie, aux salves du canon qui inauguraient en France le second avénement de l'Empire. Cet écho était les volées de la batterie de brèche sous le feu de laquelle tombaient les murailles de Laghouat, un des boulevards du désert.

La France avait, à cette époque, traversé, en Algérie, la première période de son occupation. Tout, hors le massif montagneux de la Kabylie, était soumis à ses armes, à son autorité, des sables de la Méditerranée à ceux du Sahara; à la période des opérations militaires avait succédé celle de la colonisation; la bêche du cultivateur allait remplacer l'épée du soldat; l'influence féconde de la civilisation commençait à légitimer, en les réparant, les violences de la conquête.

Disons-le, cependant, notre esprit colonisateur était loin de s'être élevé au niveau de notre génie militaire; nous avions accompli tout ce que peut la force et la valeur; nous avions à nous associer au grand mouvement d'organisation civile, industrielle et agricole d'établissements lointains que nous avions contribué à développer au xviie siècle, et qui emporte aujourd'hui les races anglo-saxonnes. Le gouvernement le comprenait et tendait de tous ses efforts à en développer l'ardeur et à en assurer le succès. Après vingt ans de conquête, le nombre des colons européens, établis dans nos possessions du nord de l'Afrique, s'élevait à peine à cent vingt-cinq mille âmes.

Il est vrai que, à partir de cette époque, le mouvement qui portait les cultivateurs vers notre grande colonie africaine, se prononça avec plus d'énergie, et qu'en 1852 le chiffre de la population européenne avait dépassé cent cinquante mille âmes. La grande préoccupation de l'administration était de seconder ce développement en fondant, par des concessions de terrain et des constructions de villages, de nouveaux centres de population et de culture.

Sa sollicitude s'étendait également aux populations indigènes qu'elle s'efforçait d'attacher à leur nouvelle patrie par tous les liens que peut créer la reconnaissance et l'intérêt. Dans ce but, elle s'était imposé de ménager toutes leurs susceptibilités nationales et religieuses dans l'organisation civile du pays; elle leur avait laissé leurs lois et leurs usages dans tout ce qui était compatible avec notre administration; ainsi elle leur avait maintenu leurs chefs indigènes et leur hiérarchie traditionnelle sous l'autorité supérieure des bureaux arabes.

Le *douar*, c'est-à-dire le groupe patriarcal de tentes, était resté l'élément primitif de cette société, où plusieurs *douars*, réunis sous les ordres d'un cheick, formaient une *ferka*, comme plusieurs *ferkas* obéissant à un même chef, un kaïd, composaient une tribu. L'*aghalick* est resté un assemblage de tribus sous le commandement d'un agha; le cercle supérieur de l'administration indigène est la circonscription formée de plusieurs *aghalicks* sous la direction d'un kalifa.

Tous ces chefs sont nommés par l'autorité militaire, qui communique avec eux par l'intermédiaire des bureaux. Leurs principales attributions sont la répartition et la levée des impôts.

La base de l'impôt est l'étendue des terrains cultivés et le nombre des bestiaux possédés par chaque douar, ou par chaque tribu. Il consiste en un prélèvement sur les produits : l'Arabe doit payer une mesure de froment et une mesure d'orge pour une djebda, c'est-à-dire l'étendue de terrain qu'une paire de bœufs peut labourer dans une saison. La capacité de chaque mesure est d'environ un hectolitre; il doit encore un mouton sur cent, un chameau sur quarante, un bœuf sur trente.

Cette contribution peut se solder en nature, ou en numéraire, d'après un tarif fixé dans la subdivision par l'officier investi du commandement. Le produit de ces impôts s'élève à environ 5 millions de francs ; il est prélevé sur trois millions de contribuables.

Le moyen le plus efficace de faire pénétrer la civilisation dans ces familles errantes, dans ces groupes primitifs, était de les arracher aux incertitudes aventureuses de la vie nomade et de les attacher au sol par des habitations immobilières et par des cultures. C'est ce qu'a tenté l'administration par tous les moyens d'encouragement dont elle a pu disposer, et elle ne l'a pas tenté sans succès.

Près de douze cents habitations privées avaient été construites, à ses instigations, dans la province d'Alger seule ; beaucoup de villages possédaient déjà des groupes d'édifices d'un usage commun, ou siéges des diverses institutions publiques : mosquée, école, moulin, four, fontaine, abreuvoir.

Le développement des cultures n'avait pas été moins actif ; il avait dépassé, dans les provinces d'Oran et de Constantine, de soixante pour cent, en superficie, les terres cultivées avant 1850 ; les Arabes avaient pris l'habitude de faucher les foins dont la consommation en vert entraîne d'ailleurs une perte considérable ; ils avaient multiplié les plantations d'arbres fruitiers et particulièrement celle des vignes ; de notables améliorations avaient été introduites dans l'élève des bestiaux, surtout dans les industries chevaline et bovine. La protection de l'administration ne s'était pas étendue avec moins de succès sur les cultures indigènes des tabacs dont les qualités rivaliseront un jour avec les meilleures espèces orientales, et des oliviers qui peuvent devenir pour les contrées montagneuses surtout une source de richesses.

Mais ces progrès de la civilisation, cette diffusion, dans ces contrées conquises et pacifiées par nos armes, des influences fécondes et bienfaisantes de nos mœurs, n'en exigeaient pas moins une surveillance et une tutelle militaire toujours debout, toujours active. Le fanatisme musulman, déjà tant de fois vaincu, n'avait pas renoncé à l'espérance d'obtenir un jour sa revanche; chassé des contrées fertiles, rejeté au delà du Tell, il s'était réfugié dans le désert.

Les oasis du Sahara lui avaient semblé des asiles d'où ses bandes pourraient impunément se ruer sur nos possessions et y porter la dévastation et la mort; ces îles de verdure, perdues dans une mer d'arène brûlante, étaient à ses yeux des refuges inaccessibles à nos aigles; comment nos troupes pourraient-elles venir le forcer dans les réduits fortifiés de ces solitudes torrides dont le simoun roule les sables en lames brûlantes. C'était dans ces régions désolées, que l'Arabe désigne sous le nom sinistre du *pays de la soif*, que les marabouts fugitifs étaient allé se chercher des alliés et nous susciter de nouveaux ennemis.

Leurs voix avaient été entendues par ces populations fanatiques et sauvages; Zaatcha, Gardaïa, Tougourt, Ouargla, avaient pris les armes à leurs appels. C'était une nouvelle ère de la guerre sainte qui commençait; elle s'ouvrait par des irruptions de dévastation et de pillage, par des excursions de proie, en attendant les expéditions militaires, l'invasion et la conquête.

Le siége et la prise de Zaatcha avait bien porté un rude coup à ces illusions. Ni l'isolement du désert, ni l'acharnement de la défense n'avaient pu sauver cette place qu'entourait, aux yeux des Bédouins, un prestige d'inexpugnabilité; mais les tribus coalisées s'en consolaient en songeant à la longueur du siége et aux pertes cruelles dont nos troupes avaient payé ce succès. Leur fatalisme invoquait d'ailleurs une raison qui, pour le musulman, domine toutes les autres : c'était écrit!...

Le chérif d'Ouargla fut un de ceux que n'intimida pas cet échec; d'une ignorance complète sur les ressources militaires de la puissance à laquelle il s'attaquait, il crut opérer, au moyen d'une alliance des peuplades oasiennes avec les tribus nomades du Tell et du Sahara, une coalition capable de reporter les croissants arabes sur les mosquées d'Oran et d'Alger.

Ses ouvertures furent accueillies avec enthousiasme par les tribus sahariennes. Il n'en fut pas de même dans le Tell. La plupart des cheicks avaient fait de trop sanglantes expériences de la supériorité militaire de la France pour se laisser entraîner dans ces imprudentes agressions. Ils refusèrent de s'associer à une guerre dont la répression devait retomber d'abord sur eux.

Le schérif, voyant ses propositions repoussées, crut obtenir par la menace le concours qui lui était refusé par la crainte. Les tribus récalcitrantes prirent une attitude hostile et firent prévenir l'administration française des intrigues et des menaces dirigées contre leurs douars.

Les tentatives de la coalition se portèrent alors vers Laghouat, métropole des trois grandes peuplades : les Beni-Arba, les Ouled-Sidi-Atallah et les Arazlia. Cette ville entra dans l'insurrection avec les huit autres oasis sur lesquelles s'étend sa suzeraineté.

Le gouverneur général, que divers rapports avaient prévenu de ces nouveaux mouvements insurrectionnels, sentit qu'il était temps de les arrêter par une répression vigoureuse si l'on ne voulait les voir s'étendre sur toute la frontière, méridionale de nos positions. Il donna en conséquence des ordres au général Pélissier pour qu'il frappât immédiatement la révolte dans Laghouat, qu'elle semblait avoir choisie pour centre et pour base d'opérations.

Ce chef habile s'était mis aussitôt en campagne. Il avait divisé ses forces en deux colonnes. Le général Yusuf avait reçu l'ordre de se porter en avant à la tête de la première, formée de troupes légères et de cavalerie; il devait opérer une reconnaissance étudiée de Laghouat, de son oasis et de ses abords. La seconde colonne se mit en marche, emmenant avec elle les ambulances, les munitions, les approvisionnements et un matériel de siége.

Le schérif, informé par ses espions de ce double mouvement, se porta au-devant de Yusuf avec toutes ses forces mais attaqué par ce vigoureux officier, il fut culbuté et forcé de se rejeter dans Laghouat. La colonne française le poursuivit jusque sous les murs de cette place. Yusuf, conformément à ses instructions, en étudia avec une attention extrême les fortifications et les approches, avant de se replier sur son principal corps d'armée.

Le général Pélissier effectua dès son arrivée devant Laghouat l'investissement de l'oasis. Dans ce mouvement il put se convaincre, par lui-même, de l'exactitude des renseignements qu'il avait reçus. Il ne songea plus qu'à préparer l'exécution du plan d'attaque que, sur ces renseignements, il avait combiné d'avance.

La contrée où s'élève Laghouat est une des parties les plus tourmentées du désert. L'enceinte rectangulaire de la place s'étend au nord et au midi, sur le double versant d'une petite montagne dont l'Oued-Mzi lave, à l'est, les pieds calcinés. Ses maisons, aux murailles blanchies par la chaux et couronnées de terrasses, sont disposées en amphithéâtre autour de la Casbah élevée par Ben-Salem, sous la protection de cette enceinte crénelée et de plusieurs groupes de tours.

Des jardins, entourés de murs ou de haies vives, s'étendent sous cette enceinte, aux extrémités sud et nord de laquelle s'élèvent deux forêts de plus de trois cents mètres de développement. Toutes les espèces d'arbres fruitiers y mêlent leurs feuillages sous les gracieux panaches des palmiers. Les eaux de l'Oued-Lekhïer, réparties et déversées par de petites écluses, font la fertilité de ces vergers, dont la vigueur et la fécondité sont des plus luxuriantes.

Une ligne de hauteurs coupée par un défilé, le col de Sidi-el-Hadj-Aïssa, s'étendait entre le camp du général Pélissier et l'oasis, que dominaient divers mamelons où l'ennemi avait élevé quelques travaux de défense.

Le 3 décembre, une heure avant la nuit, le général Bouscaren reçut l'ordre de franchir ce col avec une colonne formée de trois bataillons de zouaves, du 1er bataillon léger d'Afrique, d'une compagnie de tirailleurs indigènes du bataillon de Constantine, de la section d'artillerie de campagne du 1er régiment, et d'établir un peu au delà ses bivouacs.

Les sapeurs avec leurs outils, cinquante hommes de la compagnie auxiliaire du génie de la colonne d'Alger, et la section d'ambulance accompagnaient ce corps dont le général Bouscaren eut en quelques instants assis le camp de manière à le défiler des feux de la place. Trois compagnies avaient instantanément couronné les crêtes qui le dominaient.

En face de ces bivouacs s'élevaient deux mamelons dont l'un était couronné par le dôme d'un petit édifice religieux et militaire : le marabout Sidi-el-Hadj-Aïssa, auquel doit son nom le col que commandent ses murs crénelés. Le général avait l'ordre de s'emparer de ces deux élévations, où il devait établir la batterie de brèche.

A neuf heures du soir il ordonna au lieutenant Caremel de faire atteler sa section de campagne et lui fit prendre position de manière à battre le mamelon rocheux que surmontait le marabout, et à plonger son feu dans la ville. Il avait à peine lancé dix boulets que le mamelon était nettoyé et que le désordre et la confusion régnaient dans la place. Le général Bouscaren profita de ce premier effet de son tir pour lancer le capitaine du génie Brunon, avec trois compagnies : deux de zouaves et une de chasseurs du premier bataillon léger d'Afrique, sur les deux mamelons. Il furent occupés sans résistance.

Le capitaine Brunon, énergiquement secondé par le commandant Morand, y prit solidement position, par l'établissement à droite et à gauche de fortes sapes en sacs à terre ; un retranchement intérieur, élevé en arrière de la sape de droite, la mit à couvert du feu des jardins.

Pendant cette opération rapide, les rampes qui devaient faciliter l'accès de ces positions se préparaient activement et silencieusement dans l'ombre ; le général ne fut pas plutôt informé, par le capitaine, du succès de son mouvement qu'il fit commencer immédiatement l'ascension des pièces ; la lune qui s'était levée large et brillante au-dessus du désert, dans la sérénité de ces cieux brûlants, ne rendit pas cette opération sans danger. L'ennemi l'inquiéta par une vive fusillade, qui cependant ne nous coûta que sept hommes mis hors de combat : un soldat tué et six blessés.

Le lieutenant Caremel établit ses deux pièces en batterie : un canon de huit placé dans le marabout même, auquel fut ajoutée une embrasure en sacs à terre, et un obusier braqué dans la sape de droite, renforcée de sacs à terre et de gabions, sur une largeur de deux mètres.

Cet obusier devait être porté, d'après les ordres du général commandant, sur le sommet du mamelon voisin de cette hauteur; il eût protégé la batterie du marabout, dont il eût dominé la coupole, et eût contribué puissamment à faire taire le feu des jardins et des tours. Les difficultés qu'eût opposées à son installation l'escarpement de la crête firent, au vif mécontentement du général, renoncer à l'exécution de son ordre et établir, comme nous l'avons dit, cette bouche à feu sur le terre-plein du marabout.

Dès le milieu de la nuit l'opération était accomplie; les travaux étaient achevés; tout était prêt.

Le général Pélissier, informé du succès rapide de ces dispositions préparatoires, appela auprès de lui le général Yusuf, à qui il avait donné ses instructions dès la veille, mais à qui il voulait faire ses dernières recommandations. Le général africain, qui avait établi son camp du côté de l'oasis opposé à celui que devaient assaillir les colonnes du corps principal, était auprès du général en chef, une heure avant le lever du soleil. Ils se quittèrent, Yusuf pour aller se mettre à la tête de ses troupes, le général en chef, escorté par la compagnie des tirailleurs indigènes d'Oran, et deux compagnies d'élite du 50°, se dirigeant, avec son état-major, vers le col de Sidi-el-Hadj-Aïssa.

En ce moment le colonel Rame jetait, conformément à ses instructions, sa cavalerie dans la plaine et coupait, par ce mouvement, la retraite à la garnison, et l'accès de la place aux forces qui eussent voulu se joindre à ses défenseurs.

Le débouché du général commandant et de son escorte sur la crête rocheuse qui rampe vers le marabout fut accueillie par une vive fusillade partant des jardins, au pétillement de laquelle se joignit le grondement du canon des remparts. Quoique protégé par le rideau de tirailleurs que formèrent ses compagnies d'escorte disséminées et embusquées dans les pierres, le général en chef, suivi du général Bouscarey, ne s'éleva sur la digue rocailleuse qui conduisait la batterie, qu'à travers une grêle de balles, « lancées, dit le rapport officiel, avec une habileté digne de la réputation des chasseurs du désert. »

Le général de Bouscarey tomba frappé d'une balle au moment où il atteignait la plateforme de la batterie dont il avait dirigé l'établissement avec autant de vigueur que d'habileté ; pendant qu'on l'adossait au marabout, pour lui donner les premiers soins médicaux, un boulet trouant ce petit édifice en détachait des éclats, dont un frappait au front M. de Perseval qu'il renversait sanglant et tout ébloui.

La batterie avait été dressée avec l'élégante régularité qu'elle eût pu revêtir dans un polygone ; le général, après avoir félicité l'officier commandant de la perfection de cet ouvrage, ordonna de démasquer les embrasures et d'ouvrir le feu.

La partie des remparts que devaient battre les projectiles, était formée de trois tours reliées entre elles par des courtines ; celle du milieu, plus élevée et d'un aspect pittoresquement étrange, rappelait par son élégance bizarre cette architecture moresque dont le Généralif et l'Allembrah sont les spécimens splendides. La batterie dirigea d'abord ses boulets contre cette tour centrale, garnie de nombreux tirailleurs ; elle attaqua ensuite la tour de droite et battit enfin la courtine qui régnait entre elles ; ce fut au milieu de leurs pans lézardés et croulants que s'ouvrit la brèche dont nos colonnes allaient bientôt franchir les décombres.

Si le lieutenant Caremel dirigea ce feu avec une habileté qui attesta aussi honorablement son intelligence que le sang-froid et la science pratique de ses artilleurs, on ne peut refuser les sincères éloges à la pièce d'artillerie desservie sur les remparts de la place par des artilleurs tunisiens. Cette bouche à feu, complétement abritée, continua son tir même après l'écroulement des deux tours et ne cessa jusqu'à la fin de répondre aux volées de notre marabout.

Vers dix heures la brèche était praticable ; les efforts de l'ennemi pour la réparer n'avaient pu arrêter les ravages causés par nos boulets. C'était le moment solennel, l'instant décisif. Les colonnes d'attaque étaient organisées. Deux bataillons de zouaves attendaient ; un du premier régiment devait, sous les ordres du commandant Barrois, aborder la place par le versant est du marabout ; l'autre, du deuxième régiment, commandé par le chef de bataillon Malafosse, devait s'élancer par le versant ouest, ils devaient se réunir sur la brèche ; outre les porteurs d'échelles, des pelotons de travail leur étaient encadrés dans ces bataillons.

Au delà des tours brisées et des courtines échancrées par nos projectiles, l'ennemi pouvait avoir créé un second retranchement. Les chefs, dans ce cas, ne devaient pas laisser les têtes de colonnes s'emporter par leur ardeur ; ils devaient les arrêter dans les ruines qui eussent commandé la ville et où les pelotons de travailleurs leur eussent rapidement créé un logement.

Une troisième colonne formée, sous les ordres du commandant Morand, d'un second bataillon du 2ᵉ zouaves, au centre duquel flottait le drapeau, devait appuyer les deux premières; enfin le lieutenant-colonel Gérard couvrait l'attaque avec deux compagnies d'élite du 50ᵉ, et les compagnies d'occupation du marabout.

Le général en chef avait chargé un de ses aides-de-camp, le capitaine Renson, de l'organisation de ces corps. Il vint, à ce moment, le prévenir que tout était prêt et que les colonnes, pleines d'ardeur, impatientes n'attendaient plus que le signal. Le général voulant confirmer son impression personnelle par l'opinion plus spéciale encore du capitaine Brunon, consulta de nouveau cet officier du génie sur l'état de la brèche. D'après sa déclaration, elle ne présentait plus d'autre obstacle sérieux que la résistance acharnée que, d'après toutes les apparences, allaient y rencontrer les assaillants; il fit suspendre le feu.

Aux détonations des canons et de la mousqueterie succéda tout d'un coup une explosion d'autres bruits, c'était le pas de charge des tambours qui retentissait subitement pendant que cinquante cornets et clairons lançaient, à plein cuivre, la marche des zouaves et les ardentes provocations de ses vibrations guerrières. A ce signal, les deux premières colonnes partent en bondissant; les pentes du marabout, les escarpements de la ville sont franchis avec une rapidité éblouissante; la brèche s'est en vain couverte de feux; ces feux s'éteignent presque aussitôt sous le double flot humain qui l'inonde; elle est submergée, elle est franchie; c'est le bataillon du 2ᵉ zouaves qui, le commandant Malafosse et le capitaine Manouvrier de Fresne en tête, déferle le premier dans la ville.

L'autre bataillon, emporté par l'élan d'une noble rivalité,

se mêle à ses rangs et franchit presque simultanément le rempart en ruines.

Le général en chef cède lui-même à cet élan vertigineux, il se jette avec son état-major et le lieutenant-colonel des zouaves à la tête de la colonne Morand, qui franchit la brèche à son tour. « Je compris, dit le général dans son rapport, que la ville était à nous. »

Le second retranchement qu'il avait redouté n'existait pas. Le commandant Malafosse avait compris avec ce sens militaire naturel à l'esprit français, que l'objectif du mouvement étaient les terrasses du palais qui dominait la ville; que c'était là qu'était la victoire : A la Casbah ! s'était-il écrié !

A la Casbah ! avait répondu, de toutes ses voix, sa colonne.

A la Casbah ! avait répété lui-même d'un cri unanime le 1er zouaves, et les deux troupes se précipitant de la hauteur qu'elles avaient enlevée, roulèrent vers la ville comme deux torrents.

Le général en chef chercha en vain à réunir, en compagnies de réserve, une partie du bataillon de soutien; le commandant Morand, emporté par l'entraînement électrique de la victoire, a répété le cri de toutes les bouches : A la Casbah ! et les zouaves, comme les autres, se sont précipités vers le pôle attractif où cette journée va recevoir sa consécration glorieuse.

Ce sérail de Ben-Salem, vers lequel un mouvement commun entraîne les trois bataillons, était le palais où s'était établi le chérif, et dont il avait fait la citadelle de l'oasis; les créneaux qui trouaient les murs annonçaient que tout y avait été préparé pour une défense désespérée. Là, tout l'annonçait, allait se renouveler le dernier et sanglant épisode du siége de Zaatcha.

Le commandant Morand tombe atteint par une balle partie de l'une des meurtrières dont est criblé ce palais forteresse. Le lieutenant-colonel de Ligny s'élance vers la porte massive suivi d'un groupe de soldats ; il la fait enfoncer par le chaouch Ahmed-ben-Abdallah et s'y jette, tête baissée, avec un flot de zouaves.

Le général Pélissier arrivait en cet instant sur la place. Il pénètre lui-même, l'épée en main, dans cette espèce de citadelle que ses défenseurs, frappés d'épouvante par la rapidité de cette attaque, abandonnent sans résistance.

Une longue acclamation s'éleva de la place et des rues débouchant du côté opposé à celui par lequel l'avaient abordée nos soldats ; la colonne Yusuf, arrivant elle-même victorieuse, mêlait ses vivats à l'ardente explosion de cris : Vive la France ! vive la République ! dont nos bataillons saluaient le drapeau du 2ᵉ zouaves, qui venait d'offrir sur la terrasse son aigle d'or resplendissant aux rayons de ce ciel torride et ses plis frissonnants au souffle ardent du désert.

C'était le glorieux adieu de notre armée à cette grande forme de la démocratie, qui venait de succomber en France dans les scrutins populaires. L'attaque de cette colonne avait été digne, par son élan, son audace et son succès, de celle dont nous venons de suivre la marche triomphante.

Le général avait quitté son camp, à sept heures du matin, avec un bataillon du 60ᵉ de ligne, le bataillon de tirailleurs indigènes d'Alger, sa section de montagne et deux escadrons ; il vint prendre position au sud-est de la ville, où il devait attendre le signal d'attaquer. Ce signal devait lui être donné par un feu allumé sur le mamelon voisin du marabout dont il dominait la coupole d'étain de ses arides broussailles.

Yusuf appela à lui cinq cents chasseurs des deuxième et troisième bataillons légers d'Afrique, qu'il avait détachés, depuis la veille, au sud de l'oasis, avec trois escadrons, sous les ordres du commandant Pein. Il les remplaça dans ce poste par les deux escadrons qui accompagnaient sa colonne. Celle-ci, dès lors, se trouva complète. Les dernières dispositions furent prises. Deux compagnies mirent le fusil au dos et se chargèrent, l'une d'outils, l'autre d'échelles; les autres forces, divisées en petits corps, reçurent leurs instructions particulières, et, prêts à partir au premier ordre, tous attendirent.

De la position qu'il avait prise, le général et ses troupes pouvaient suivre les détails et les progrès de la principale attaque dirigée par le général commandant en personne. La vue des remparts croulant sous nos boulets, les développements qu'à chaque instant prenait la brèche, avaient porté au comble leur impatience et leur ardeur, lorsque la batterie du marabout cessa de se faire entendre.

Un long frémissement, suivi d'un complet silence, parcourut tous les rangs. Tous les regards se portèrent sur le sommet où devait briller le signal; les âmes étaient passées dans les yeux. Rien n'apparut: le voile de fumée blanchâtre dont les feux de l'attaque et de la défense avaient chargé les couches inférieures de l'atmosphère, ne permit pas du moins de distinguer le signal attendu; mais tous les cœurs battirent aux harmonies guerrières dont la brise leur apporta les bruits sourds et les notes vibrantes... C'était le pas de charge; c'était la marche des zouaves; c'était donc l'attaque... Et, en effet, nos têtes de colonnes se montrèrent dans la brèche.

— En avant! s'écrie aussitôt le général.

Et toute la colonne s'ébranle. Le capitaine Gérard s'élance

avec trois compagnies du deuxième bataillon d'Afrique vers les jardins, dont les murs bordent l'oasis vers le nord ; on franchit les enceintes et en balaie l'ennemi ; la section d'artillerie ouvre son feu sur un mamelon qui, là encore, s'élève en avant des remparts ; une compagnie du bataillon d'Alger s'élance vers cette hauteur ; elle est suivie par deux autres compagnies chargées d'outils et d'échelles ; le mamelon est couronné en un instant.

Ces forces, soutenues par les chasseurs du commandant Pein, les tirailleurs indigènes du chef de bataillon Rose, et suivies par le 60ᵉ, formant la réserve, poursuivent, avec un irrésistible élan, leur mouvement ascensionnel. Le feu de mousquetterie, dont l'ennemi l'accueille, n'en peut ralentir la fougue. Tous les points de résistance sont enlevés en courant, les murailles sont escaladées, tous les obstacles sont renversés ou franchis, et la colonne, dirigée avec autant d'intelligence que d'intrépidité par son ardent général, plonge dans la ville, qu'elle envahit et parcourt en écrasant tout ce qui résiste.

Les deux attaques se rejoignirent, nous l'avons dit, à la Casbah. Le général Pélissier y fit arborer le guidon du général Yusuf entre le sien et le fanion du commandant Morand, près du drapeau qui planait glorieusement sur la terrasse. La ville était emportée, l'oasis était conquise.

Le général commandant reçut dans ce sérail de Ben-Salem les étendards du chérif, dont un instant auparavant il était le quartier-général. Les tambours et les armes les plus riches des vaincus vinrent se joindre aux trophées. On entendit résonner sur la place la pièce de canon de l'ennemi, dont le général avait chargé le colonel de Ligny de s'assurer avec la quatrième compagnie du bataillon léger d'Afrique et la compagnie de tirailleurs indigènes de Mostaganem. Ce brillant officier la ramenait en triomphe.

Cependant le combat se prolongeait dans plusieurs quartiers de la ville, et sur quelques points des alentours avec une extrême fureur. Là, comme à Zaatcha, étaient accourus les guerriers les plus fanatiques des tribus voisines, et, retranchés dans les maisons les plus solides, ils opposaient une résistance acharnée, qui ne s'éteignait que dans leur sang; il fallait en faire le siége et les emporter d'assaut. Le rapport du général, en évaluant à sept cents hommes tués les pertes de l'ennemi, déclare rester au-dessous de la vérité; les cadavres jonchaient plusieurs cours, où le sang ruisselait comme l'eau.

Notre victoire ne fut, du reste, déshonorée par aucun excès, et l'humanité n'eut pas à gémir sur d'inutiles effusions de sang. Ceux qui périrent succombèrent en combattant. Les femmes, les vieillards et les enfants qui, le soir, encombraient le quartier général, attestaient la générosité des vainqueurs.

A quatre heures de l'après midi, la fusillade expirante ne retentissait plus que dans les jardins. Aucun des défenseurs de l'oasis n'avait pu cependant se jeter dans le désert, ou gagner la montagne. Notre cavalerie, rangée par pelotons, à double distance d'un front d'escadron, cernait l'oasis et coupait toute retraite.

Les assiégés comptaient une centaine de cavaliers, réfugiés dans les massifs de verdure, avec les débris de la garnison. Un groupe de vingt ou vingt-cinq cavaliers crut pouvoir couper notre ligne d'investissement; mais culbutés par un détachement du 2ᵉ de chasseurs d'Afrique, ils tombèrent sous le sabre ou furent rejetés dans l'enceinte des palmiers. Les cavaliers isolés ne furent pas plus heureux dans leur tentative de fuite en plein jour.

L'obscurité leur fut plus propice. Une vingtaine parvinrent, à sa faveur, à tromper notre vigilance.

La nuit était descendue sur les sables, et la lune, encore au-dessous de l'horizon, ne laissait briller dans l'ombre que la clarté des étoiles. Une petite troupe arabe s'approcha brusquement de l'un de nos pelotons de cavaliers, en lui déclarant qu'elle faisait partie de nos goums et qu'elle était chargée d'un message pressant. L'officier commandant, M. Amilca, s'étant porté vers elle pour la reconnaître, ne devina la ruse de guerre que lorsque les cavaliers bédouins, lançant, à fond de train, leurs montures rapides, disparurent dans l'ombre, où nos cavaliers se jetèrent en vain à leur poursuite. Le chérif d'Ouergla était du nombre.

Plusieurs autres Arabes, fantassins ou cavaliers, parvinrent également à s'évader dans les ténèbres. Le reste, au nombre de trois cents environ, vint déposer les armes et demander merci. Le lendemain, nous comptions de seize à dix-sept cents prisonniers, dont douze cents femmes et enfants, et quatre cent cinquante hommes capables d'entrer en ligne de combat.

La prise de Laghouat fit de plus tomber entre nos mains un butin important. Le chérif, persuadé que retranché dans les fortifications de cette oasis, avec les hommes les plus vaillants, il opposerait une longue résistance à nos troupes, y avait amoncelé tout ce qu'il avait pu réunir de munitions et d'approvisionnements. Plusieurs cheicks des *ksars* voisins, croyant même cette place inexpugnable y avaient transporté tout ce qu'ils avaient de plus précieux. La plupart, cependant, avaient jugé plus prudent de confier leurs fortunes au désert. Cette prudence n'avait pas fait entrer dans ses calculs la prévoyance des généraux français. Au moment même où Laghouat tombait sous nos armes, un autre succès déjouait leurs prévisions.

Persuadé qu'au bruit de notre marche sur Laghouat, les tribus nomades, dont les combattants les plus intrépides se seraient jetés dans cette oasis, s'enfonceraient dans le Sahara pour y mettre leurs troupeaux et leurs richesses à couvert de nos razzias, le général Pélissier avait donné l'ordre à Sy-Hamza, agha des Ouled-Sidi-Cheikh, de se porter sur leurs traces à la tête de nos goums, formant une masse de plus de sept cents cavaliers. Ce chef indigène pénétra résolument dans ces mornes solitudes, où quatre jours de marche sur ce sol calciné l'avaient porté jusqu'au sud de l'oasis des Béni-Mezab, lorsque, le 3 décembre au soir, entre Guerara et Berion, ses espions, lancés en avant pour éclairer sa marche, se replièrent sur la troupe, et lui signalèrent de nombreux campements de fugitifs. On s'approcha pendant la nuit, avec toutes les précautions possibles, de ces douars endormis sous la foi de ces sables inhospitaliers et de leurs cieux sinistres. Aux premières lueurs de l'aube, nos goums fondirent sur eux, en poussant leurs cris de guerre.

Ces douars appartenant aux Beni-Arba comptaient encore un assez grand nombre de guerriers pour engager la lutte avec des chances de succès ; ils ne songèrent pourtant qu'à opposer la résistance nécessaire pour couvrir leur retraite. Ils ne l'opérèrent pas cependant sans essuyer des pertes sérieuses : onze cents chameaux, cinq mille moutons et un riche butin : tentes, tapis, approvisionnements, bagages, tombèrent aux mains de nos contingents arabes. Ce vigoureux coup de main, effectué à huit cents kilomètres du rivage et à deux cents de l'oasis assiégé, porta la consternation dans toutes les tribus sahariennes, en leur prouvant que le désert n'avait pas de profondeur où ne pût les atteindre notre vengeance.

Le général Pélissier donna quelques jours de repos à sa petite armée qui, campée à l'ombre des palmiers, dans les frais bocages qu'alimentent les eaux claires et murmurantes de l'Oued-Lekhïer, y jouit d'une abondance que lui assuraient les approvisionnements qu'elle avait conquis. Elle ne commença son mouvement rétrograde que le 14. Le général Yusuf occupa cette place, avec une garnison nombreuse, jusqu'à ce que le général Rivet, chef de l'état-major général de l'armée, eût constitué, sur des bases régulières, l'organisation militaire et administrative du pays.

CHAPITRE V.

LE MARIAGE DE L'EMPEREUR.

—

1853

—

SOMMAIRE.

Pébliscite du 21 et 22 novembre. — Hérédité de la couronne impériale. — Mariage de l'Empereur. — S. A. R. Carola Wasa. — La grande-duchesse de Leuchtemberg. — Bonaparte et Romanoff. — Le Niémen et Tilsitt. — La comtesse de Téba. — Origine de la maison de Montijo. — Son service sous les drapeaux français. — Son retour en Espagne. — La duchesse d'Albe. — Faveur et mystère. — Les chasses de Compiègne. — La nuit de la Saint-Sylvestre. — Convocation du 22 janvier. — Impression générale. — Allocution impériale. — Son effet. — La comtesse de Teba et sa mère. — Palais de l'Elysée. — Constitution de la maison de l'Impératrice. — Don de joyeux avénement. — Le collier de six cent mille francs. — Pensée généreuse. — Fondation de la maison Sainte-Eugénie. — Célébration du mariage civil. — Toilette de la fiancée impériale. — Sa réception aux Tuileries. — Salle des maréchaux. — Le trône. — Le livre de l'état civil de la famille Impériale. — Cérémonial. — Signature de l'acte. — Le concert. — Le lendemain. — Aspect de Paris. — Etat atmosphérique. — Mouvement et manifestations. — Mariage religieux. — Cortége impérial. — Parcours. — Location des fenêtres. — M. Piot. — Décoration extérieure de Notre-Dame. — Arrivée de Leurs Majestés. — L'eau bénite et l'encens. — Magnificences intérieures. — Entrée solennelle dans la cathédrale. — Costume de l'Empereur, toilette de l'Impératrice. — Cérémonie religieuse. — L'acte et les signatures. — Fin de la cérémonie. — Son caractère. — Attitude du peuple, attente générale. — Solennité symbolique. — Amnistie.

Le plébiscite du 21 et 22 novembre ne portait pas seulement : Le peuple veut le rétablissement de la dignité impériale dans la personne de Napoléon Bonaparte ; il ajoutait : avec hérédité dans sa descendance directe légitime ou adoptive.

C'était à cette déclaration que se reportait la pensée du nouveau souverain lorsque, dans le décret du 18 décembre, réglant l'ordre de succession au trône, il exprimait l'espoir qu'il lui serait donné de *réaliser les vœux du pays et de contracter, sous la protection divine, une alliance qui lui permît de laisser des héritiers directs* à cette couronne, replacée pour la seconde fois sur le front de sa dynastie. C'était donner satisfaction à ce besoin de sécurité qu'avait invoqué M. Troplong, lorsque, proposant au Sénat de modifier la constitution, il lui avait dit : « La France, attentive et émue, vous demande aujourd'hui un grand acte politique : il s'agit de faire cesser ses anxiétés et d'*assurer son avenir*. »

Le mariage de l'Empereur était tellement dans la situation, qu'il formait une des plus vives préoccupations de la presse périodique en France comme à l'étranger. On en avait déjà parlé avant le rétablissement de l'empire ; dès l'époque du voyage à Strasbourg, que le Président prolongea jusqu'à Bade, on avait prononcé le nom d'une jeune princesse de sang royal. On s'était entretenu dans les salons et dans les journaux de la probabilité d'une alliance matrimoniale du prince Louis-Napoléon avec S. A. Carola Wasa, petite-fille, par sa mère, de la grande-duchesse de Bade, Stéphanie de Beauharnais, et par son père, de Gustave IV, roi de Suède, tombé du trône et mort dans l'exil.

Plusieurs faits donnèrent quelque autorité à ces bruits : la jeune princesse était sur le point de se convertir au catholicisme ; les dispositions décoratives qui se faisaient dans l'un des pavillons des Tuileries annonçaient, par leur élégance et leur richesse, que l'hôte espérée de ces splendides appartements ne pouvait être que la compagne de l'Empereur ; enfin, plusieurs journaux avaient annoncé que la plus célèbre couturière parisienne, madame Palmyre, avait été appelée à Moravetz, auprès de la petite-fille de Gustave IV.

Quelques lignes d'une feuille semi-officielle firent tomber ces bruits en déclarant que la princesse Wasa, dont se préoccupait l'opinion dévoyée, était promise depuis longtemps à un prince étranger. Et, en effet, quelques jours après, elle épousait S. A. R. Albert de Saxe.

Les suppositions et les confidences s'étaient également portées sur une grande-duchesse dont un récent veuvage venait de rendre la main libre, sur une des filles du tzar Nicolas, déjà parente de l'Empereur Napoléon III par son mariage avec le duc de Leuchtemberg, fils du prince Eugène de Beauharnais. Cette union des Bonaparte et des Romanoff avait fait rayonner dans les esprits toutes les splendides illusions du Niémen et de Tilsitt. Mais cette pensée s'évanouissait devant les dispositions hostiles que rencontrait à la cour de Saint-Pétersbourg la restauration napoléonienne et l'opposition jalouse où se heurtaient en Orient les intérêts français et les intérêts russes.

On apprit bientôt que la vérité était dans une tout autre voie.

Depuis quelques années déjà, une jeune Espagnole attirait l'attention de la haute société parisienne par le triple prestige d'une rare beauté, d'une éducation exceptionnelle et d'une naissance quasi royale, royale même d'après Berni (1).

Mademoiselle Marie-Eugénie de Montijo, comtesse de

---

(1) *Creacion, antiguedad y privilegios de los títulos de Castilla*, 1769, p. 171.

Téba (1), réunit sur sa tête une triple *grandesse :* celle du titre de Téba, celle du titre de Banos et la grandesse du titre de Mora.

Une femme de sa race avait déjà ceint le diadème : Dona Luiza-Francisca de Guzman, fille de Juan Perez de Guzman, huitième duc de Medina-Sidonia, femme du duc de Bragance, qui fut élu roi de Portugal ; elle a de plus, dans les pures traditions de la légitimité monarchique, des droits éventuels à

(1) Voici les noms et les titres, accumulés selon l'usage des grandes familles espagnoles, de l'impératrice des Français : Dona Marie Françoise de Sales, Porto-Carrero, Palafox et Kirkpatrick, Croy de Havre et Lanti, Lopez de Zuniga, Fernandez de Cordoue, Leiva et La Cerda, Rojaz Gusman, Luna Enriquez de Almansa, Cardenas, Pachecoy, Acuna, Avellaneda, Gusman de Iscar, Rodriguez de Aza, Acheva, Bazan, Osorio, Enriquez de Valdez et Cardona, Acevedo, Chaves, Hinojosa, Chacon, Mendoza, Cardenas et Zapata, Vargas, Luna, Vivero Cabrera et Bobadilla, Lopez Pacheco, Fuaez de Villalpando, Francez de Arino, Albion, Gurrea, Fernandez de Heredia, Monroy, Aragon, Enriquez de la Carra, Navarra, Lodena, Bracamonte et Davila, comtesse de Montijo, de Miranda, de Bagnos, de Mora, de Fuentiduena, de Ablitas, de Saint-Etienne de Gormas, de Casarubios, del Monte et de Santa-Cruz de la Sierra, duchesse de Peneranda, marquis de Valderrabano, d'Osera, de Barcarrota, de la Algaba, de la Baneza, de Moya, de Villanueva del Fresno, de Valdunquillo et de Mirallo, vicomtesse de Palacios de la Valduerna, et de l'apanage attaché à cette vicomté de la Calzada ; noble dame du château fort d'Arteaga, du village de la Calzada, de Huctor-Tejar, de Cespedoza, de la Adraha, de Codezal de Vierlas, de Romanellos, des baronies de Quinto, Figuerellas et Estosinan des bourgs et vallées d'Aza, Iscar, Valdeginate, village de Naciados Palos, Villalba, de Alcor, Saint-Pierre de Latarce, Harcajo de las Torres, Saint-Martin de la Fuente, Moguer, Belmonte, Seron et Loyos, des droits et prééminences attachés à la dignité de grand maréchal de Castille, alcade perpétuel du château et de la forteresse de Cadix, et capitaine principal des cent gentilshommes permanents de la maison de Castille, patronne des insignes églises collégiales de Peneranda, de Douero et de Sainte-Marie-Majeure du bourg de Sales, de l'illustre chapelle de la Sainte-Epiphanie de la ville de Tolède, du collége de Sainte-Catherine, martyre de los Verdes de l'université d'Alcala, de l'université et collége de Saint-Grégoire en la ville d'Oviedo et du collége de Sainte-Pélagie de Salamanque, du couvent des religieuses de la Sainte-Epine de Galza et de l'hôpital de Saint-André du bourg de Velmont, grande d'Espagne de première classe, etc., etc., etc.

la couronne de Castille, étant arrière-petite-nièce du fils aîné d'Alphonse X (1).

Ce ne sont pas là du reste les plus grandes illustrations de sa race ; la comtesse de Téba compte, parmi ses ancêtres, plusieurs des noms les plus glorieux de l'histoire de son pays : le fameux Guzman, *el bueno*, ce héros légendaire qui, sommé par les Maures de leur rendre Tarifa, sous la menace, en cas de refus, d'égorger son fils, qu'ils tenaient prisonnier, leur jeta sa dague, du haut des remparts ; avec ces mots, devenus la devise héroïque de son blason : « *Mas pesa el Rey que la sangre.* » Mon roi plus que mon sang ; — Antoine de Leve, le plus célèbre général des armées de Charles-Quint ; — Gonzalo Fernandez de Cordova, notre Gonzalve de Cordoue, que l'Espagne a surnommé le grand capitaine. C'était sur cette noble étrangère que l'Empereur avait secrètement porté son choix.

Mademoiselle Eugénie de Montijo était âgée de vingt-quatre ans. Grande, svelte, gracieuse, elle n'offrait aucun des traits, — si l'on excepte la finesse de la main et la petitesse du pied, particuliers aux Andalouses, — qui constituent, dans l'opinion générale, le type espagnol. Sa chevelure blonde avait cette teinte rutilante, l'*auburn* des Anglais, si chère aux grands maîtres de l'école vénitienne ; son teint était d'une blancheur éblouissante ; ses yeux bleus, au-dessus desquels se dessinait purement en arcade la courbe des sourcils, donnaient à son regard autant de distinction que de douceur. Il

---

(1) Sanche, fils puîné d'Alphonse X, s'empara de la couronne au préjudice de ses neveux, les enfants de la Cerda. Le duc de Médina-Celi, titulaire de ces droits héréditaires, dépose, à chaque couronnement d'un roi d'Espagne, une protestation contre cette usurpation lointaine, et n'en reste pas moins pour cela sénateur et sujet très-féal de Sa Majesté Catholique.

fallait, pour s'expliquer ce contraste de nature et de nationalité, se rappeler que la haute noblesse espagnole appartient presque exclusivement à ces grandes races septentrionales qui, dans les IVe et Ve siècles, se répandirent du haut des Pyrénées sur l'Espagne, et que l'invasion mauresque refoula plus tard dans les Sierras, glorieux asile des Pélage.

La comtesse de Téba est née à Grenade.

Sa mère était la troisième fille de M. Kirkpatrick, descendant d'une ancienne famille écossaise jacobite, qui s'était fixée en Espagne depuis l'exil des Stuarts. M. Kirkpatrick était consul d'Angleterre à Malaga.

Son père était le second fils du comte de Montijo, habile diplomate, dont les salons étaient le rendez-vous de toutes les célébrités de la cour de Charles III. Ce ne fut qu'après la mort de son frère aîné qu'il prit le titre de comte de Montijo, il eut d'abord celui du comté de Téba qui appartient au puîné de sa maison, et qu'avant son mariage portait l'impératrice.

Il sortait de l'école d'artillerie de Ségovie, lorsqu'enthousiasmé par la gloire de Napoléon, il sollicita et obtint du service dans les armées impériales; il y prit part, comme colonel d'artillerie, à plusieurs des batailles sanglantes de la Péninsule. Rentré en France, il fut attaché par l'Empereur à l'exécution des fortifications de campagne qu'il avait ordonné d'élever autour de Paris. Ce fut comme directeur de ces travaux qu'à la tête des élèves de l'école Polytechnique il défendit, le 20 mars 1814, les buttes de Saint-Chaumont, et tira les derniers coups de canon qui retentirent contre l'invasion étrangère.

Après son retour dans sa patrie, tour à tour proscrit comme *Negro*, ou accusé de modérantisme, le comte de Montijo sut se concilier les sympathies de tous les hommes, dont le nom est resté cher à l'Espagne ; héritier de la fortune et des titres de son frère, et par suite mainte fois grand d'Espagne, il fut appelé, dès la création du Sénat, à en occuper un des fauteuils. Il mourut à Madrid en 1839, également regretté du parti progressiste et de la cour. Il était âgé de moins de cinquante ans.

Il laissait deux filles en bas âge : Doña Francisca de Sales, comtesse de Montijo et duchesse de Penaranda, et la comtesse Marie-Eugénie de Téba, la future impératrice. La duchesse de Penaranda, qu'une maladie vient d'enlever aux affections les plus profondes, avait épousé en 1845 le duc de Berwick et d'Albe, héritier du dernier des Stuarts, et descendant du terrible capitaine de Philippe II.

Les familiers les plus intimes du palais ignoraient encore les sentiments et les projets de l'Empereur ; on avait cependant remarqué que madame la comtesse de Montijo et sa fille étaient de toutes les fêtes de la cour, soit à Paris, soit dans les autres résidences impériales.

Leur faveur apparut surtout dans le voyage de Compiègne ; elles étaient du nombre des rares privilégiés qui avaient reçu des invitations pour tout le temps des chasses ; elles y furent l'objet des plus obséquieuses prévenances et y apparurent constamment aux places d'honneur ; la comtesse de Téba, en costume cynégétique vert et or, riche tricorne à plumes flottantes, et amazone Pompadour, y eut un véritable triomphe de grâce et de beauté. L'intérêt profond que l'Empereur témoignait à ces illustres étrangères, s'était cependant renfermé constamment, aux yeux de tous, dans les plus strictes limites d'une courtoisie respectueuse ; la tenue de la jeune comtesse n'avait jamais cessé, de son côté, de relever par la dignité de la grande d'Espagne, ce que la spontanéité de son âme donnait d'intimité gracieuse à ses rapports de chaque jour.

CHAPITRE V.

Un fait révélera dans leur caractère complexe la nature de ces relations presque journalières.

On était de retour à Paris depuis quelque temps; le soir du 31 décembre, la princesse Mathilde avait réuni dans son atelier-salon, — S. A. I. possède en peinture un talent d'artiste, — une petite société, aussi resserrée qu'intime : quelques amis et huit dames, la princesse, la comtesse de Téba et sa mère comprises. Au moment où minuit sonnait, arrive subitement l'Empereur. Il rappelle gracieusement l'antique privilége de cette heure solennelle, aube d'une année naissante qu'on salue par des souhaits, et réclame le droit traditionnel d'embrasser les dames. Il commence par la princesse et suit l'ordre dans lequel elles s'offrent à lui. Mademoiselle de Montijo était la dernière.

— Sire, lui répond la jeune comtesse, lorsque s'étant approché d'elle, Napoléon lui demande la permission que lui avaient accordée ses compagnes, permettez-moi de vous faire observer que l'usage français n'est pas un usage espagnol; je ne suis pas Française et je ne puis vous donner que ceci.

Mademoiselle de Montijo, en lui adressant ces paroles, lui offre sa main avec un naturel exquis. L'Empereur appréciant la délicatesse de ses scrupules, prend la main qui lui est offerte, la porte à ses lèvres, et s'éloigne de la belle Castillane après lui avoir adressé un regard aussi tendre qu'heureux. Tout cela se passa avec une simplicité et une bonne grâce dont toutes les personnes présentes furent charmées.

Mademoiselle de Montijo n'ignorait pas cependant quelles grandeurs lui réservait un très-prochain avenir, et quelle que fût son extrême discrétion, elle n'avait pas été quelquefois sans céder à de naïves spontanéités qui, par le ton railleur et la nature des circonstances, lui avaient paru et devaient rester en effet sans danger. Ainsi visitant, près d'un mois auparavant, un des riches magasins de la rue de la Paix, où elle avait fait diverses emplettes, ses regards et son examen s'arrêtèrent sur des objets de toilette d'un goût irréprochable et d'une beauté merveilleuse.

— C'est charmant, répondit-elle à la dame de comptoir qui en vantait la perfection, mais c'est trop cher.

Et comme la dame de magasin, insistant pour les lui faire acheter, lui disait que c'était d'une richesse digne d'une reine :

— Très-bien ! lui répondit-elle en riant. Je vous les achèterai quand je serai Impératrice.

La marchande ne comprit que plus tard la portée de ces mots qui s'envolèrent pour elle comme l'expression jaseuse de l'un de ces vœux de coquette légèreté, si fréquents sur les lèvres et dans le cœur d'une jeune femme.

Ce secret ne pouvait être bien longtemps gardé ; il circulait déjà dans les salons, et trouvait de nombreux échos dans la presse étrangère, lorsque, le 16 janvier, l'organe officiel du gouvernement apprit à la France que la résolution de l'Empereur était fixée. Le bureau du Sénat, celui du Corps Législatif et le conseil d'État entier étaient convoqués, pour le 22, au Palais des Tuileries, afin d'y recevoir une communication de l'Empereur sur son mariage.

Cette annonce produisit dans l'opinion publique une impression profonde. Les membres du Corps Législatif s'empressèrent d'accourir des départements les plus éloignés pour assister à cette solennité ; les sénateurs absents de Paris arrivèrent par tous les convois des chemins de fer pour y prendre part. Le jour fixé, à onze heures du matin, une foule compacte, que n'avait pu décourager une pluie battante, se pressait sur la place du Carrousel, le long de la grille des Tuileries, et sous les arcades de la rue de Rivoli, pour voir défiler les nombreux équipages qui venaient déposer les membres des grands corps de l'État sous les voûtes du pavillon de l'Horloge. Sénateurs, députés, et conseillers d'État gagnaient alors le grand escalier, conduisant aux galeries supérieures, à travers les préparatifs du bal qui devait avoir lieu le soir même. Ils y étaient reçus par MM. les chambellans, encore en habits noirs, — leur récente nomination expliquait cette infraction au cérémonial, — et par les huissiers de la maison Impériale, en grande tenue : culotte courte et bas de soie blancs, habit à la française vert bronze; ils étaient conduits dans un salon d'attente.

A midi précis, M. de Feuillet de Conches appela successivement les trois Corps et les introduisit dans la salle du Trône ; ils y prirent place circulairement devant l'estrade où un riche fauteuil était préparé pour l'Empereur. Un silence, qui révélait une préoccupation profonde, régnait dans cette assemblée, plus nombreuse qu'on eût pu le prévoir. L'impression générale, en ce moment, était l'inquiétude et la tristesse.

On s'était fait part, confidentiellement et à voix basse, des bruits qui circulaient sur la communication qu'on allait recevoir; le nom de Mademoiselle de Montijo était sur toutes les lèvres, et sur la plupart, pour la première fois. On ignorait ce qui avait déterminé, ce qui pouvait justifier, en elle, le choix du souverain ; c'était une étrangère, c'était une Espagnole ; on parlait de la passion que l'Empereur éprouvait pour elle, et cela expliquait les respectueuses appréhensions que beaucoup concevaient, sans les exprimer, qu'il n'y eût une précipitation regrettable dans cette décision.

Les portes qui conduisaient aux appartements du Souverain s'ouvrirent presque aussitôt. Sa Majesté entra ; elle était précédée de sa maison militaire, du grand chambellan, M. le duc de Bassano et du premier chambellan, M. le comte de Baciocchi ; le roi Jérôme en uniforme de général de division et le prince Napoléon en habit noir étaient, comme d'habitude, à ses côtés ; les ministres et le maréchal Magnan s'avançaient à sa suite. Son air était calme et sa figure souriante ; elle salua à droite et à gauche, et elle alla prendre place sur les gradins qui portaient le trône où elle resta debout. Ce ne fut pas sans éprouver tout d'abord une émotion qui trahit l'accent de sa voix, qu'elle prononça le discours suivant :

« Messieurs,

» Je me rends au vœu, si souvent exprimé par le pays, en venant vous annoncer mon mariage.

» L'union que je contracte n'est pas d'accord avec les traditions de l'ancienne politique ; c'est là son avantage. La France par ses révolutions successives s'est toujours brusquement séparée du reste de l'Europe. Tout Gouvernement sensé doit chercher à la faire rentrer dans le giron de nos anciennes monarchies ; mais ce résultat sera bien plus sûrement atteint par une politique droite et franche, par la loyauté des transactions, que par des alliances royales qui créent de fausses sécurités, et substituent souvent l'intérêt de famille à l'intérêt national. D'ailleurs les exemples du passé ont laissé dans l'esprit du peuple des croyances superstitieuses ; il n'a pas oublié que, depuis soixante et dix ans, les princesses étrangères n'ont monté les degrés du trône que pour voir leur race dispersée et proscrite par la guerre, ou par la révolution.

» Une seule femme a semblé porter bonheur et vivre plus

que les autres dans le souvenir du peuple, et cette femme, épouse modeste et bonne du général Bonaparte, n'était pas issue d'un sang royal.

» Il faut cependant le reconnaître ; en 1810, le mariage de Napoléon Ier avec Marie-Louise fut un grand événement. C'était un gage pour l'avenir, une véritable satisfaction pour l'orgueil national, puisqu'on voyait l'antique et illustre maison d'Autriche, qui nous avait si longtemps fait la guerre, briguer l'alliance du chef élu d'un nouvel empire.

» Sous le dernier règne, au contraire, l'amour-propre du pays n'a-t-il pas eu à souffrir lorsque l'héritier de la couronne sollicitait infructueusement, pendant plusieurs années, l'alliance d'une maison souveraine, et obtenait enfin une princesse, accomplie sans doute, mais seulement dans des rangs secondaires et dans une autre religion.

» Quand, en face de la vieille Europe, on est porté par un nouveau principe à la hauteur des anciennes dynasties, ce n'est pas en vieillissant son blason et en cherchant à s'introduire, à tout prix, dans la famille des rois, qu'on se fait accepter. C'est bien plutôt en se souvenant toujours de son origine, en conservant son caractère propre et en prenant franchement, vis-à-vis de l'Europe, la position de parvenu, titre glorieux quand on parvient par le libre suffrage d'un grand peuple.

» Ainsi, obligé de s'écarter des précédents suivis jusqu'à ce jour, mon mariage n'était plus qu'une affaire privée. Il restait seulement le choix de la personne. Celle qui est devenue l'objet de ma préférence, est d'une naissance élevée, Française par le cœur, par l'éducation, par le souvenir du sang que versa son père pour la cause de l'empire, elle a, comme Espagnole, l'avantage de ne pas avoir en France une famille à laquelle il faille donner honneurs et dignités. Douée de toutes les qualités de l'âme, elle sera l'ornement du trône, comme au jour du danger elle deviendrait un de ses courageux appuis. Catholique et pieuse, elle adressera au ciel les mêmes prières que moi pour le bonheur de la France ; gracieuse et bonne, elle fera revivre, dans la même position, j'en ai le ferme espoir, les vertus de l'impératrice Joséphine.

» Je viens donc, Messieurs, dire à la France.... J'ai préféré une femme que j'aime et que je respecte à une femme inconnue et dont l'alliance eût eu des avantages mêlés de sacrifices. Sans témoigner de dédain pour personne, je cède à mon penchant, mais après avoir consulté ma raison et mes convictions. Enfin, en plaçant l'indépendance, les qualités du cœur, le bonheur de la famille au-dessus des préjugés dynastiques et des calculs de l'ambition, je ne serai pas moins fort, puisque je serai plus libre.

» Bientôt, en me rendant à Notre-Dame, je présenterai l'Impératrice au peuple et à l'armée. La confiance qu'ils ont eue en moi assure leur sympathie à celle que j'ai choisie. Et vous, Messieurs, en apprenant à la connaître, vous serez convaincus que, cette fois encore, j'ai été inspiré par la Providence. »

L'émotion avec laquelle l'Empereur avait commencé ce discours, n'avait pas tardé à disparaître ; à la seconde phrase, sa voix s'était déjà raffermie ; il prononça la déclaration qui la termine, avec une vibration dogmatique qui donna quelque chose de plus saisissant encore à ce qu'elle avait d'imprévu. Il sembla, dès cet instant, ressentir lui-même une soudaine réaction de l'impression qu'il avait produite ; sa parole s'anima et imprima, par l'accentuation, une puissance communicative à toutes les pensées saillantes de cette allocution d'un caractère si nouveau. L'assemblée bienveillante sans doute, mais d'abord froide, circonspecte, inquiète, se sentit rapidement gagnée par les souvenirs frappants qu'évoquait ce discours étrange, dont elle couvrit à la fin chaque phrase par ses bravos.

Ces soixante et dix ans d'expériences invoquées contre les unions souveraines avaient fait apparaître à tous les esprits les images les plus saisissantes : et ces princesses ballottées par les révolutions dans l'exil, et cette reine si intéressante et si poétique, dont la foule devait voir, pour la dernière fois, suspendue à la main de Sanson la tête charmante. Quant à la vanité politique de ces unions, quel argument plus fort que ce trône impérial croulant sous une fille des Césars, et ne laissant à son héritier qu'une tombe sans nom dans la crypte de Schœnbrunn ; quelle objection plus concluante contre leurs humiliations que cette princesse protestante, si laborieusement conquise, dans le manoir d'un Etat microscopique, par un roi présomptif des Français, et futur fils aîné de l'Église. La pensée de cette créole restée si chère au peuple n'était-elle pas la protection la plus sympathique sous laquelle la jeune Espagnole pût être présentée à la France ? Chaque phrase de ce discours avait donc sa surprise et son effet propre. Si le fier paragraphe qui s'emparait si noblement du titre de parvenu excita un frémissement général, cette déclaration qui résumait si naïvement et si énergiquement à la fois toute la situation : *je cède à mon penchant*, souleva une acclamation universelle.

L'allocution terminée, l'Empereur se retira au milieu des *vivat*, avec le même cérémonial qu'il était entré. Le jour même, deux voitures de la Cour allèrent prendre madame la comtesse de Montijo et la future impératrice des Français, à l'hôtel qu'elles habitaient, place Castiglione, pour les conduire au palais de l'Élysée, qui avait été préparé pour les recevoir. Il y eut le soir un bal très-brillant aux Tuileries, où naturellement elles ne parurent pas.

Un décret, en date du 25, fit connaître la composition de la maison de l'Impératrice. La charge de grande-maîtresse qu'y remplit madame la princesse d'Essling, n'existait pas dans celles des impératrices Joséphine et Marie-Louise. Madame la princesse d'Essling était une des plus grandes dames de la noblesse impériale, à laquelle elle appartient par son union avec le fils du vaillant duc de Rivoli, le maréchal Masséna; madame la duchesse de Bassano, issue de la famille d'Hooghvorst, l'un des noms les plus illustres de l'Armorial belge, reçut le titre et les fonctions de dame d'honneur. Les dames du palais furent madame de Montebello, femme du général de Montebello, le quatrième fils du maréchal Lannes, le seul des enfants du vainqueur du Mont-Thabor qui ait embrassé la carrière où son père a conquis un nom si glorieux; madame Feray, femme du général Feray et fille du maréchal Bugeaud; madame la comtesse Lezay-Marnezia; madame la baronne de Pierre, fille du riche Américain, le colonel Thorn, et femme de monsieur de Pierre, l'une des célébrités hippiques du monde fashionable; madame de Malaret, gracieuse Anglaise, fille de M. Macdonald, consul à Florence, et madame la marquise de Las Marismas, femme de M. Alexandre Aguado, fils aîné du célèbre banquier. L'office de grand-maître fut conféré à M. le comte Tascher de la Pagerie, sénateur; ceux de chambellan à MM. le comte Charles Tacher de la Pagerie et le vicomte Lezay-Marnezia, celui d'écuyer enfin à M. le baron de Pierre.

Pendant les quelques jours qui s'écoulèrent entre l'annonce

officielle et la célébration de son mariage, la comtesse de Téba sembla s'être réfugiée dans l'isolement et le silence ; un seul fait appela l'attention publique sur elle et donna à son nom un retentissement qui fit apprécier son caractère généreux.

L'une des habitudes traditionnelles du Conseil municipal de Paris, depuis le mariage de Henri IV avec Marie de Médicis, à qui l'échevinage parisien présenta une table en pierres dures et des vases de porphyre niellés, produits de l'industrie artistique de sa patrie, est d'offrir un brillant cadeau nuptial aux princesses qui montent sur le trône de France. Fidèle à cet usage, la municipalité parisienne avait mis à la disposition de M. le préfet de la Seine une somme de six cent mille francs qui devait être employée à l'achat d'un collier. Informée de ce vote, la future Impératrice songea à tout le bien que cette somme pouvait répandre et réaliser dans la population souffrante de Paris, et sacrifiant, avec empressement, le plaisir frivole qu'elle eût éprouvé à se parer de ce joyau, à la pensée des joyeux échos que son bonheur aurait dans tous les foyers indigents, elle s'empressa de transmettre à M. le préfet de la Seine l'expression du désir que cette pensée avait fait naître dans son cœur. Voici sa lettre :

« Monsieur le Préfet,

» Je suis bien touchée d'apprendre la généreuse décision du Conseil municipal de Paris qui manifeste ainsi son adhésion sympathique à l'union que l'Empereur contracte. J'éprouve néanmoins un sentiment pénible, en pensant que le premier acte public qui s'attache à mon nom, au moment de mon mariage, soit une dépense considérable pour la ville de Paris. Permettez-moi donc de ne pas accepter votre don, quelque flatteur qu'il soit pour moi ; vous me rendrez plus heureuse en employant, en charités, la somme que vous avez fixé pour l'achat de la parure que le Conseil municipal voulait m'offrir. Je désire que mon mariage ne soit l'occasion d'aucune charge nouvelle pour le pays auquel j'appartiens désormais, et la seule chose que j'ambitionne c'est de partager, avec l'Empereur, l'amour et l'estime du peuple français.

» Je vous prie, Monsieur le préfet, d'exprimer à votre Conseil toute ma reconnaissance, et de recevoir pour vous l'assurance de mes sentiments distingués.

» Eugénie, comtesse de Téba.

» Palais de l'Elysée, 26 janvier 1853. »

Le Conseil municipal, profondément touché par les sentiments dont cette lettre était la généreuse expression, décida que, pour se conformer à la pieuse pensée de la princesse, ces six cent mille francs seraient consacrés à la fondation d'un établissement où des jeunes filles pauvres recevraient une éducation professionnelle, et dont elles ne quitteraient l'asile hospitalier que pour occuper dans la société la position que l'institution leur aurait procurée. Il décida aussi que cet établissement porterait le nom de l'Impératrice et serait placé sous sa haute tutelle.

Ce fut le samedi, 29 janvier, qu'eut lieu la célébration solennelle du mariage civil. Deux voitures des remises impériales, attelées seulement de deux chevaux, allèrent, à huit heures du soir, prendre leurs excellences la comtesse Eugénie de Téba et madame la comtesse de Montijo, sa mère, au palais de l'Élysée, pour les transporter au château des Tuileries. Dans la première, où se trouvait M. Feuillet de Conches, maître de cérémonies, montèrent madame la princesse d'Essling et madame de Bassano, les deux premières dignitaires de la maison de l'Impératrice. La seconde, où se trouvait le premier maître des cérémonies, M. le comte de Bacciochi, reçut la comtesse de Téba, et sa mère la comtesse de Montijo, duchesse de Pénaranda.

La toilette de la future impératrice résolvait le problème de la compatibilité d'une élégance exquise et d'une extrême richesse : sa robe en satin blanc était recouverte d'une dentelle en point d'Alençon, d'un travail merveilleux et d'une élégance féerique ; elle portait un collier formé de deux rangs de grosses perles de Ceyland, d'une rare similitude et d'une perfection merveilleuse. Quelques fleurs très-simples, gracieusement posées dans ses cheveux, formaient toute sa coiffure.

Les deux équipages se dirigèrent, sous l'escorte de plusieurs compagnies de lanciers, vers le palais des Tuileries ; elles y entrèrent par les grilles du pavillon de l'Horloge. Le grand chambellan, le grand écuyer, le premier écuyer, deux chambellans de service et les officiers d'ordonnance de service vinrent recevoir la fiancée impériale à la descente de voiture ; LL. 'AA. II. le prince Jérôme Napoléon et la princesse Mathilde s'avancèrent, à sa rencontre, jusqu'à l'entrée du premier salon.

L'Empereur l'attendait dans le salon de famille, entouré du roi Jérôme son oncle, des princes Lucien et Pierre Bonaparte, du prince Murat et de ses deux sœurs la comtesse Rasponi et la marquise Pepoli, de la princesse Camerata Bacciochi et du prince Camerata son fils, maître des requêtes au conseil d'État, des plus hauts dignitaires de l'empire : cardinaux, maréchaux, amiraux et ministres, des grands officiers et des officiers de sa maison.

Le corps diplomatique assistait à cette cérémonie presque au complet. On remarquait dans ses rangs le nonce apostolique, les ministres plénipotentiaires de Russie, d'Autriche, de Prusse, MM. de Lisboa, ministre du Brésil, le prince Poniatowski, ministre de Toscane, le comte Lœvenhielm, le général Favel, M. Firmin Rogier, ambassadeurs de Suède, Hollande, de Belgique, etc. etc. ; l'absence de lord Cowley était motivée par une indisposition qui durait déjà depuis plusieurs jours.

Sa Majesté était en uniforme de général en chef. Les insignes chevaleresques dont elle était décorée, étaient comme celles de son oncle, des joyaux historiques : Le collier de la Légion d'honneur qu'elle portait était celui de Napoléon Ier ; son collier de la Toison-d'Or avait appartenu à l'empereur Charles-Quint. Le collier de la Légion d'honneur qui décorait le roi Jérôme était celui qu'il avait reçu de son frère, et son collier de la Toison-d'Or celui donné à Fernand Cortez pour récompense de la conquête du Mexique.

Sur l'avis du chambellan, marchant en tête du cortége et qui s'en détacha à cet effet, le premier chambellan annonça à l'Empereur l'approche de sa fiancée ; Napoléon s'avança alors jusqu'aux portes du salon pour la recevoir.

La comtesse de Téba éprouva une émotion qui ne put échapper aux regards concentrés en ce moment sur elle ; sa grâce et sa beauté en reçut un nouveau prestige. L'Empereur lui adressa quelques mots, et le cortége impérial se dirigea immédiatement vers la salle des maréchaux, dans l'ordre fixé par le cérémonial ; cet ordre fut observé avec la même rigueur dans l'occupation des places préparées pour les invités. Grâce à la prévoyance et à l'intelligente activité de MM. les maîtres de cérémonie, il n'y eut ni un mouvement de confusion, ni un instant d'arrêt.

Au fond de la salle, devant l'embrasure de la fenêtre du jardin, deux fauteuils avaient été placés sur une somptueuse estrade. A gauche, s'offrait une table sur laquelle avait été déposé le registre civil de la famille de l'Empereur.

Ce registre avait été retrouvé dans les archives de la secrétairerie de l'État, où il avait échappé, en 1814 et 1815, au vandalisme des réactions : le dernier acte inscrit sur ses pages et qui allait, par conséquent, précéder immédiatement celui du mariage de l'Empereur Napoléon III et de l'Impératrice Eugénie, était l'acte de naissance du roi de Rome, portant la date du 20 mars 1811. Ce registre, qui remontait à 1806, s'ouvrait par l'acte d'adoption du prince Eugène, comme fils de Napoléon Ier, sous la date du 2 mars.

Il y a d'étranges fatalités ! Ne dirait-on pas que c'était à la descendance de Joséphine que la couronne napoléonienne était providentiellement réservée. En vain la noble créole avait-elle été écartée du trône, d'abord réservé à son fils ; c'était son petit-fils qui recueillait ce diadème dans l'héritage de quatre révolutions !

L'Empereur s'assit dans le fauteuil placé à droite ; celui de gauche fut, sur son invitation, occupé par la future Impératrice. Les princes français prirent place à droite de l'estrade, la princesse Mathilde à gauche, madame la comtesse de Montijo, S. Exc. le ministre d'Espagne et les membres de la famille de l'Empereur se rangèrent en demi-cercle en arrière. Le ministre d'État assisté de son secrétaire général et du président du conseil d'État se tenaient près de la table.

— Au nom de l'Empereur ! dit à haute voix ce ministre.

Cette sommation était la première formalité de la cérémonie nuptiale.

Napoléon III et la comtesse de Téba se levèrent.

« Sire, continua le ministre d'Etat s'adressant à l'Empereur, Votre Majesté déclare-t-elle prendre en mariage Son Excellence Mademoiselle Eugénie de Montijo, comtesse de Téba, ici présente.

— Je déclare, répondit l'Empereur, prendre en mariage Son Excellence Mademoiselle Eugénie de Montijo, comtesse de Téba, ici présente.

Le ministre d'État s'adressant alors à la fiancée impériale :

— Mademoiselle Eugénie de Montijo, comtesse de Téba, lui dit-il, Votre Excellence déclare-t-elle prendre en mariage Sa Majesté l'Empereur Napoléon III, ici présent?

Et sur la réponse formelle de la jeune comtesse, le ministre reprit :

— Au nom de l'Empereur, de la Constitution et de la loi, je déclare que Sa Majesté Napoléon III, Empereur des Français, par la grâce de Dieu et la volonté nationale, et Son Excellence Mademoiselle de Montijo, comtesse de Téba, sont unis en mariage.

On procéda immédiatement à la signature de l'acte rédigé d'avance. Sur l'invitation du grand-maître, le président du conseil d'État présenta la plume à l'Empereur et à l'Impératrice, à qui le ministre de la maison impériale offrit le registre. Leurs Majestés signèrent sans quitter leurs fauteuils.

La plume fut ensuite remise par le président du conseil d'État à Son Excellence madame la comtesse de Montijo, à LL. AA. II. les princes et princesses, à S. Exc. le ministre d'Espagne et aux autres témoins désignés par l'Empereur. Ils s'approchèrent, selon leur rang, de la table où le registre avait été replacé, et y apposèrent successivement leurs signatures.

Un concert, où l'ouverture de Guillaume Tell précéda une cantate composée pour la circonstance par l'auteur de la

Muette de Portici, sur les paroles de Méry, réunit ensuite dans la salle de spectacle des Tuileries, brillamment restaurée, les augustes époux et tous les invités. La salle était éblouissante de diamants et de broderies. L'Empereur avait à sa droite, et sur le même rang, le roi Jérôme, le prince Napoléon, le prince Lucien Bonaparte, le prince Lucien Murat, et Son Excellence le marquis de Valdegamas, ambassadeur d'Espagne ; à la gauche de l'Impératrice, assise près de l'Empereur, étaient S. A. I. la princesse Mathilde, S. Exc. madame la comtesse de Montijo, lady Cowley, ambassadrice d'Angleterre, madame la comtesse Camerata Bacciochi, madame la duchesse de Bassano et madame la duchesse de Cambacérès. Le parterre était occupé par les membres des divers grands corps de l'État et les plus illustres représentants de l'armée ; les loges et les galeries par les femmes, dans les plus éclatantes toilettes.

Le concert se termina à dix heures et demie. Les vivats qui avaient accueilli l'arrivée de Leurs Majestés, saluèrent leur retraite. L'Impératrice fut reconduite à l'Élysée avec le même cérémonial qu'elle était venue, et retrouva, malgré l'heure avancée, les mêmes témoignages de sympathie sur son passage.

Le lendemain matin, il n'était pas neuf heures, que Paris entier retentissait du bruit des tambours et des sonneries des troupes de toutes armes, bataillons, escadrons, batteries, allant occuper, le long des rues, sur les places et sur les quais, les postes qui leur avaient été assignés ; ces mouvements militaires et ces appareils guerriers se croisaient avec des troupes et des pompes plus pacifiques : c'étaient les populations des communes de la banlieue, leurs maires et leurs curés en tête ; de longues files de jeunes filles vêtues de blanc, sortes de théories occidentales ; des corporations et des associations ouvrières marchant sous leurs drapeaux et portant leurs insignes, qui toutes se rendaient sur les points d'où elles devaient saluer le passage du cortége ; c'étaient aussi les divers corps constitués se rendant de leurs bureaux à la cathédrale, plusieurs sous des escortes de cavalerie.

Dès onze heures, les flots d'une foule empressée roulaient ou s'étendaient derrière la double haie formée par la garde nationale et par l'armée, sur toute la ligne que devait parcourir le cortége ; à la population parisienne s'étaient jointes plus de deux cent mille personnes que, depuis trois jours, les chemins de fer n'avaient cessé de dégorger dans les débarcadères, et qui ne formaient pas la partie la moins avide et la moins animée de ces multitudes. Toutes les fenêtres, tous les balcons, toutes les terrasses étaient occupés par une foule pressée et brillante. Les croisées de plusieurs maisons avaient été louées des prix très-élevés ; plusieurs propriétaires avaient eu l'heureuse idée d'exploiter cet empressement du public au profit de la charité. M. Piot, ancien administrateur du septième arrondissement, avait mis sa maison, située rue de Rivoli, à la disposition de M. l'abbé Gabriel, curé de Saint-Merry, pour être louée au profit des pauvres. Deux vicaires de cette paroisse, assistés de deux sœurs de charité, recevaient dix francs des personnes qui voulaient prendre place aux fenêtres. Les croisées furent occupées jusqu'aux combles.

La douceur de la température favorisait admirablement cet épanchement, cette diffusion du peuple au milieu de la cité ; si le ciel voilé, si une petite brume blanchâtre flottant sur les flots troublés de la Seine, coulant à pleins bords, étaient des traits caractéristiques de la saison ; à l'aménité de l'atmosphère, on eût pu se croire dans une douce journée de printemps ou d'automne ; pas un souffle dans l'air ; on croyait sentir la chaleur du soleil à travers les nuages qui interceptaient ses rayons. L'asphalte, les dalles, le pavé lui-même s'étaient desséchés sous les pieds des promeneurs.

La place du Louvre, la rue de Rivoli, l'Hôtel-de-Ville, le pont de Notre-Dame et les quais étaient ornés de mâts décoratifs, de banderolles de soie, de panoplies et d'écussons portant réunis les monogrammes de l'Empereur et de l'Impératrice, des inscriptions ou des devises.

A onze heures et demie, deux voitures de la cour allèrent chercher l'Impératrice et sa mère au palais de l'Élysée ; à midi précis, les salves du canon annonçaient son arrivée aux Tuileries, où elle faisait son entrée aux fanfares des clairons et au bruit des tambours battant au champ. Reçue comme la veille, par LL. AA. II. le prince Napoléon et la princesse Mathilde, Sa Majesté fut conduite au salon de l'Empereur ; ce prince, la prenant par la main, la présenta au balcon, où leur apparition fut saluée par de longues acclamations. Les voitures de gala étaient venues pendant ce temps se ranger près du pavillon de l'Horloge dans l'ordre fixé par le programme ; Leurs Majestés quittèrent les appartements impériaux avec leur suite et descendirent y prendre place.

Le cortége se mit aussitôt en mouvement. Un escadron de guides ouvrait la marche. Venaient ensuite la voiture de la maison de S. A. I. Madame la princesse Mathilde, celles des dames du Palais et du grand chambellan de l'Impératrice, celles des officiers civils de la maison de l'Empereur et quatre voitures des ministres secrétaires d'État. Enfin s'avançaient trois voitures de la Cour attelées de six chevaux, précédant la voiture impériale. Si les premiers équipages étaient à la fois élégants et riches, ces derniers étaient d'une magnificence que l'on ne trouvait dans les souvenirs qu'en franchissant le règne de Louis-Philippe pour remonter aux somptuosités du sacre de Charles X, ou aux pompes les plus solennelles du premier empire. Les spectateurs regardaient émerveillés ces splendides voitures, doublées de satin blanc, où tout était surchargé d'or depuis les roues complétement dorées jusqu'aux riches galeries et aux éclatants emblèmes qui les couronnaient. La voiture impériale était particulièrement d'un luxe éblouissant. Elle remontait cependant au premier empire, on n'avait fait que la remettre à neuf, mais elle avait été alors exécutée sur les dessins et sous la savante direction de Prudhon. C'était son crayon ingénieux qui avait tracé la gracieuse ornementation reliant, en galeries, les quatre aigles essorant aux angles, c'était lui également qui avait dessiné les génies supportant la couronne impériale qui surmonte cet équipage magnifique, et quelque habiles que fussent nos artistes, il est permis de douter qu'ils eussent pu concevoir une décoration d'un plus grand et plus bel effet.

Cette voiture était attelée de huit chevaux empanachés que des valets en riches livrées conduisaient en laisse; l'Empereur assis à droite avait près de lui l'Impératrice noyée dans des dentelles que semblaient aviver le scintillement des diamants. A la portière de droite se tenait le maréchal de France, grand écuyer de l'Empereur, et le général commandant supérieur de la garde nationale de Paris; à la portière de gauche chevauchait le maréchal de France, grand-veneur, et le premier écuyer de l'Empereur.

Sur tout son parcours le cortège fut salué par des acclamations, acclamations très-calmes, disons-le, évidemment dues au charme qu'exerçait la vue de l'Impératrice. L'ardeur et l'élan manquaient à ces manifestations populaires. Le cortége arriva, vers une heure, sur le parvis de Notre-Dame.

La cathédrale avait reçu une magnifique décoration, en harmonie avec sa richesse architecturale. Au sommet des tours, au milieu de quatre grands aigles d'or aux ailes ouvertes, flottaient deux immenses bannières tricolores constellées d'étoiles d'or. La grande galerie à jour, revêtue d'une tenture de velours vert, à semis d'abeilles, était surmontée de drapeaux aux armes de nos quatre-vingt-six départements. Devant le portail avait été élevé un élégant porche de style gothique, dont les panneaux simulant des tentures en tapisseries représentaient des figures de saints et de rois de France. Les statues équestres de Charlemagne et de Napoléon surmontaient les deux principaux pilastres.

Le son du bourdon dans la tour, et le bruit des tambours sur la place, ayant annoncé au chapitre métropolitain l'arrivée du cortége impérial, Mgr l'archevêque, la mître au front, s'avança jusqu'au portail, suivi d'un clergé nombreux pour y recevoir Leurs Majestés Impériales. Les portières formées de bandes alternatives de velours niellé en or et d'étoffes d'or plein, bordées d'énormes franges et de glands également en or s'ouvrirent ; l'Empereur et l'Impératrice venaient de descendre sous le porche ogival, où l'archevêque leur offrit l'eau bénite et l'encens. Le cortége entra au bruit d'une marche instrumentale d'un caractère large et majestueux, exécutée par un orchestre de cinq cents virtuoses dans la noble basilique, dont les hautes voûtes et les arceaux profonds offraient en cet instant le plus splendide aspect. La pierre sculptée de la vieille cathédrale avait disparu sous les plus brillantes étoffes. Entre les bas côtés de la nef et ses galeries, convertis les uns et les autres en vastes tribunes, animées par une assistance d'élite, régnaient de somptueuses draperies en velours cramoisi, aux pans doublés d'hermine, portant les armoiries impériales au-dessus d'une large bordure en or, formée par des rameaux de laurier et d'olivier enlacés et de longues franges. Au-dessus se déployaient de riches draperies à la couleur impériale, où les chiffres de l'Empereur et de l'Impératrice avaient été brodés dans des couronnes, au milieu d'un semis d'abeilles, le tout en or. Des guirlandes de roses, courant sur ses riches ornements, rappelaient que la cérémonie était une solennité nuptiale. De la voûte enfin tombaient des oriflammes multicolores, déployant dans leurs plis chatoyants les armoiries et les noms des principales villes de France. De longues lignes, de grands lustres en cristal chargés de quinze mille bougies allumées, donnaient à cette décoration un éclat féerique.

Leurs Majestés entrèrent, l'Empereur tenant la main de l'Impératrice. Elles étaient entourées d'un flot de hauts dignitaires où se détachaient, sur un fond miroitant de costumes variés de couleurs et égaux de magnificence, les habits de velours cramoisi des préfets du palais, les uniformes écarlates des écuyers; elles s'avancèrent vers le transept où avait été élevé un élégant autel gothique, en avant d'une tenture en drap d'or qui séparait l'abside du reste du monument.

Devant l'autel avait été dressée une estrade élevée d'un degré seulement, et recouverte d'un tapis d'hermine; au-dessus planait un dais magnifique, dont cinq aigles d'or surmontaient le baldaquin en velours vert à arabesques d'or, d'où tombaient quatre immenses rideaux en velours cramoisi constellés d'abeilles d'or et doublés d'hermine; sur cette estrade et sous ce dais avaient été préparés deux fauteuils et deux prie-Dieu. Leurs Majestés y prirent place.

L'Empereur portait l'uniforme de général en chef, comme la veille. Il était décoré des mêmes colliers. La toilette de l'Impératrice, d'une richesse suprême, était en même temps d'un goût parfait. Sa robe montante à basques, en velours épinglé blanc, formait un fond doux et éclatant à la tunique de point d'Alençon qui retombait sur elle avec une grâce infinie. Cette tunique était un chef-d'œuvre d'art et d'industrie, de dessin et de travail. Elle avait été payée trente-six mille francs. Le voile qui tombait sur ses épaules d'une double couronne de fleurs d'oranger et de brillants, surpassait encore en perfection cette tunique. L'Impératrice était littéralement ruisselante de diamants. Le diadème, la ceinture, etc., étaient bien ceux qu'avait portés Marie-Louise lors de son couronnement, mais les trois grands joailliers de Paris, Fossin, Lemonnier et Moïana, tout en conservant leur style général, en avaient modifié et complété les détails de manière à leur donner une toute nouvelle splendeur.

LL. AA. II. le prince Jérôme Napoléon, le prince Napoléon et la princesse Mathilde, occupèrent les tabourets placés à droite de l'Empereur; deux des princes de la famille de l'Empereur et madame la comtesse de Montijo prirent ceux qui étaient placés à la gauche de l'Impératrice.

Aussitôt que le cortége fut en place, l'archevêque, averti par le grand maître de cérémonies, se tourna vers Leurs Majestés, et fit une inclination profonde; l'Empereur et l'Impératrice se levèrent et s'avancèrent jusqu'au pied de l'autel.

— Vous vous présentez ici pour contracter mariage en présence de la sainte Église, leur dit alors le prélat.

— Oui, Monsieur, répondirent successivement Leurs Majestés.

Le premier aumônier de l'Empereur, Mgr l'évêque de Nancy, se dirigea alors vers l'autel, y prit un plateau de vermeil sur lequel il déposa les pièces d'or figuratives de la dot, et l'anneau nuptial. Il le présenta ensuite à l'archevêque. Le prélat métropolitain, ayant béni ces monnaies et l'alliance, se tourna vers l'Empereur.

— Sire, lui demanda-t-il, vous reconnaissez devant Dieu et en face de sa sainte Église que vous prenez maintenant pour votre femme et légitime épouse madame Eugénie de Montijo, comtesse de Téba, ici présente?

— Oui, Monsieur, répondit l'Empereur.

— Vous promettez et jurez, continua l'officiant, de lui garder fidélité en toutes choses, comme un fidèle époux doit à son épouse, selon le commandement de Dieu !

— Oui, Monsieur, répondit de nouveau Sa Majesté.

L'Impératrice ayant fait des réponses identiques aux interpellations analogues que lui adressa le prélat, celui-ci remit à l'Empereur les deniers et l'anneau bénit.

— Recevez, dit l'Empereur à l'Impératrice en lui donnant les pièces d'or, le signe des conventions matrimoniales faites entre vous et moi.

Il lui plaça ensuite l'anneau au doigt en ajoutant :

— Je vous donne cet anneau en signe du mariage que nous contractons.

Leurs Majestés s'étant alors mises à genoux, l'archevêque étendit ses mains sur elles, et prononça la bénédiction sacramentelle. L'Empereur et l'Impératrice retournèrent ensuite à leur estrade, où elles assistèrent à la messe.

Ce ne fut qu'après une brillante exécution du *Te Deum* de Lesueur que le prélat officiant, accompagné du curé de Saint-Germain-l'Auxerrois, paroisse de Leurs Majestés, présenta à leur signature le registre où l'acte de leur mariage religieux était inséré. Les témoins qui y apposèrent leurs signatures, furent, pour l'Empereur : S. M. le roi Jérôme Bonaparte et S. A. I. le prince Napoléon ; pour l'Impératrice : S. Exc. le marquis de Valdegamas, envoyé extraordinaire et ministre plénipotentiaire de S. M. la reine d'Espagne ; le marquis de Bedmar, grand d'Espagne ; le comte d'Assuna, et le général Alvares Toledo.

La cérémonie était accomplie ; pendant que toutes les masses vocales et instrumentales unissaient leurs plus ardentes sonorités dans l'exécution de l'*Urbs beata* de Lesueur, l'archevêque et son chapitre reconduisirent Leurs Majestés, jusque sous la baie du portail, où la foule, dont les flots pressés inondaient le parvis, les salua de ses acclamations.

Nous l'avons dit déjà, quoique bienveillante, l'attitude du peuple, durant toute cette journée, fut bien plus celle de la curiosité que de l'enthousiasme. Il y avait loin de ces manifestations calmes et contenues à l'ardeur bruyante que l'Empereur avait vu éclater durant ses voyages dans l'Est et dans le Midi. Ce n'était plus les populations impressionnables et expansives de nos départements, et surtout de nos départements méridionaux, qu'il avait vu se presser autour de sa voiture. Ç'avait été ces masses complexes, ce peuple Parisien si éprouvé, ce peuple sur lequel ont passé tant de révolutions, que la commotion des plus grands spectacles ne suffit plus pour l'ébranler ; que le souffle des circonstances les plus solennelles suffit à peine pour lui imprimer des ondulations et lui arracher de vagues murmures. Il eût fallu quelque acte d'une action plus forte et plus frappante pour le faire tressaillir et bruire, et cet acte n'était pas seulement dans l'attente générale, il était dans les traditions.

Une scène du plus touchant symbolisme s'accomplissait sous les voûtes de la cathédrale lorsque les reines de France la visitaient dans leur entrée solennelle à Paris : « Là à grand'peine, rapporte un de nos vieux chroniqueurs, les oyseleurs rassembloient tous les oysels qu'ils avoient pu trouver en toute la contrée, et, à l'entrée du roy et de la roysne, toutes ces pauvres petites créatures estoient eslaschées par l'église et beaucoup à travers les fenestres ouvertes cuydaient regagner leurs nids. »

C'était une mesure générale d'effacement et d'oubli qu'espérait le peuple ; or, le *Moniteur* était resté muet à cet égard. On citait bien des inspirations de bienfaisance, des faits de générosité. Nous avons parlé du noble refus fait par la fiancée impériale du collier de six cent mille francs que devait lui offrir la municipalité. On en citait d'autres : on racontait que parmi les objets composant la corbeille nuptiale, l'Empereur avait fait placer, au lieu de la bourse d'usage, un portefeuille renfermant deux cent cinquante mille francs; que l'Impératrice, en trouvant ce portefeuille, avait décidé que cette somme serait employée tout entière à des œuvres de charité; qu'en conséquence, elle en avait attribué de suite cent mille francs aux *Sociétés maternelles*, sociétés dont le but est de secourir les femmes indigentes en couches, et que les cent cinquante mille francs complémentaires étaient destinés à fonder de nouveaux lits à l'hospice des Incurables, en faveur des pauvres infirmes des deux sexes.

On ajoutait que la seule part de pouvoir qu'eût sollicitée cette princesse, était le protectorat des associations de charité. C'était bien, sans doute ; c'étaient là les mouvements d'une âme généreuse et d'un noble cœur, ce n'était cependant pas assez.

Il y avait mieux à faire; il y avait une grande mesure réparatrice à inspirer et à conquérir. Or, cette grande mesure, on l'espérait encore en vain. Le décret du 2 février en devait être plutôt la négation que l'octroi.

CHAPITRE VI.

AFFAIRE DES LIEUX-SAINTS.

1850-1853

SOMMAIRE.

La Russie. — Le tsar Pierre. — L'empereur Nicolas. — Ses projets. — Le Monténégro. — Les lieux-saints. — Protectorat de la France en Orient. — Eginard. — Charlemagne et Haroun-al-Raschild. — Les Francs. — Usurpation du clergé grec. — L'étoile de Bethléem. — M. Batta. — Le général Aupick. — Les sanctuaires. — Firmans et traités. — Jurisprudence et droit public. — Opinion de l'ambassadeur britannique. — Noble héritage. — Arrière-pensée. — La Russie. — L'Autriche. — Napoléon Ier. — La royauté d'Algérie et le protectorat des Lieux-Saints. — Revendication officielle. — Aali-Pacha. — Commission mixte. — *Memorandum*. — Protestation. — Composition de la commission. — Le logothète. — L'esprit d'intrigue. — *Deus ex machinâ*. — Comité d'enquête. — Projet de transaction. — Solution. — La coupole du Saint-Sépulcre. — Le sanctuaire du tombeau de la Vierge. — La clef de l'église de Bethléem. — Acceptation par la France. — Nouveau firman. — Ordre d'exécution. — Violation des engagements pris par le divan. — Modération du ministre français. — Exigences et concessions. — Bruits de guerre. — Mouvements dans l'armée russe. — Prétentions de la Russie. — Vanité de ses droits. — Politique des autres puissances. — Belles dépêches du cabinet anglais. — Son aveuglement diplomatique. — Offre des négociations à Saint-Pétersbourg.

L'insistance et l'activité déployée par la Russie, dans son opposition à la reconnaissance de l'Empire français, avaient fait soupçonner aux esprits les plus pénétrants, l'existence de quelque motif secret, de quelque ardeur mystérieuse dans ce redoublement de zèle pour les principes et les intérêts conservateurs de l'Europe. Leur perspicacité n'était pas en défaut : ce motif mystérieux était très-réel.

La politique de la Russie depuis le règne de Pierre le Grand a toujours été de s'étendre vers le Midi, vers la Turquie et vers la Perse. Saint-Pétersbourg était à peine sortie, à sa voix, des marais de la Newa, qu'il avait senti que si cette place, par son importante position au fond du golfe de Finlande, était le port, l'arsenal et le boulevard septentrional de ses Etats, elle n'en pouvait être que provisoirement ou accessoirement la capitale ; ce n'était pas une ville sans avenir monumental, une ville dont le climat implacable oxide, ronge, désagrège, en un siècle, jusqu'au granit, qui pouvait devenir le siége de la domination des tsars ; il fallait une autre succursale, sinon une autre héritière à la vieille Moscou, la capitale antique, et cette ville, aux destinées puissantes et glorieuses, devait s'étendre et comme s'épanouir sur des bords riants et féconds, sous un soleil généreux, sous des cieux amis. Le Bosphore était la rive attractive de ces développements; Constantinople en était le pôle radieux.

« Approcher le plus possible de Constantinople et des Indes, » voilà le but que dresse Pierre Ier, *l'objectif* qu'il pose aux conquêtes de ses héritiers.

On sait s'ils ont été fidèles à ces instructions posthumes : Nicolas n'avait-il pas déjà fait s'abattre ses aigles jusque dans les plaines d'Andrinople. S'il s'était contenté en 1829 du protectorat des provinces danubiennes, il s'était empressé de les occuper de rechef en 1848 ; s'il en retirait ses troupes en 1851, ce retrait était celui du flot montant qui doit revenir aussitôt, plus développé et plus violent ; il songeait dès 1850 à profiter des commotions dont l'Europe était menacée, pour accomplir un nouveau pas dans la carrière ouverte à son ambition par le grand tsar.

L'insurrection du Monténégro pouvait lui offrir l'occasion d'une intervention nouvelle. Ce fut sous son inspiration que le cabinet de Schœnbrunn envoya à la Porte l'ambassadeur extraordinaire dont les intimations arrogantes semblaient devoir amener une rupture et allumer une conflagration. La Porte Ottomane trompa son espoir. Satisfaite du rôle généreux, qu'elle venait de jouer devant l'Europe dans la question des réfugiés hongrois qu'elle avait couverts de son hospitalité magnanime, elle crut devoir céder aux exigences récriminatoires et vindicatives de la puissance à laquelle, dans cette négociation, elle avait imprimé un stigmate honteux. On ne peut douter que l'Autriche n'eût alors derrière elle l'empereur Nicolas. Sa Majesté parla du Monténégro, disant qu'elle approuvait l'attitude prise par le cabinet autrichien, déclarait quelque temps après lord Seymour, ambassadeur d'Angleterre à la cour de Russie, dans une dépêche à lord Clarendon.

La tension menaçante que le coup d'Etat du 2 décembre avait donnée à la politique se relâchant en 1852, les symptômes d'agitation convulsive s'effaçant, chaque jour, en France comme à l'étranger, l'Empereur Nicolas songea à saisir, à défaut d'un motif, un prétexte de réaliser ses projets ; ce prétexte il le trouva dans la question des Lieux-Saints.

La question des intérêts non-seulement catholiques, mais chrétiens que la France exerce dans le Levant remonte aux premiers temps de notre monarchie. Eginard rapporte que

Haroun-al-Raschid, V° calife de la race des Abbassides fit déclarer à Charlemagne qu'il lui cédait la souveraineté de la montagne, arrosée par le sang divin, et qu'il lui en fît remettre pour gage les clefs et l'étendard de l'Eglise du Saint-Sépulcre. Notre protectorat tout-puissant, sur les plages syriennes, du temps des Croisades, y survécut à la monarchie qu'elles y avaient fondée ; c'est tellement sous l'abri tutélaire du nom et du prestige de la France que les pèlerins ont toujours depuis visité les lieux consacrés par les grands mystères de la Rédemption humaine, que tous les chrétiens, catholiques, ou schismatiques, n'étaient désignés sur ces bords que par le nom de *Francs*. Aussi était-ce presque universellement à des prêtres ou à des ordres religieux du rit latin, qu'appartenaient les sanctuaires élevés sur tous les points de cette terre illustrée par la naissance, la vie et la mort du divin Médiateur ; ce n'est qu'à une époque relativement moderne que les Grecs ont obtenu quelques-uns des sanctuaires et des établissements qu'ils occupent aujourd'hui.

Les guerres qui éclatèrent entre le directoire, le premier empire et la Turquie, favorisèrent puissamment leurs usurpations ; la Restauration avait songé à rendre à ses pavillons consulaires l'autorité dont ils étaient anciennement entourés sur ces bords. Les spoliations subies par ses nationaux et ses coreligionnaires allaient être réparées lorsque le retentissement du canon de Navarin vint couvrir ces réclamations.

Cette question, d'un caractère spécialement religieux, n'était pas de nature à inspirer un intérêt bien puissant à la diplomatie un peu voltairienne de la monarchie de Juillet, surtout au milieu des préoccupations et des dangers qui assaillirent ses premières années, cependant la conquête de la

Syrie par Ibrahim-Pacha, en fixant très-fortement l'attention de l'Europe entière sur cette contrée, avait révélé trop manifestement l'autorité séculaire dont, grâce à ce passé protecteur, le nom français jouissait dans tout le Levant, pour ne pas appeler notre cabinet à en recueillir l'héritage. Il était temps qu'une intervention énergique vînt arrêter les envahissements que ne cessaient d'opérer les prêtres grecs, puissamment secondés par l'or et l'influence de la Russie ; notre spoliation n'eût pas tardé à être complète. Une tentative d'usurpation nouvelle amena cette intervention.

L'église et le monastère élevés à Bethléem, sur le lieu même où naquit le Sauveur, étaient un des édifices sacrés dont les catholiques regrettaient le plus vivement la perte ; ils n'avaient conservé d'autres droits sur le sanctuaire que la propriété d'une crypte construite sur le lieu même où reposa la crèche divine et le droit d'y accéder par le portail et la nef de l'église. Ce droit était attesté par une inscription gravée sur une étoile en argent fixée au mur.

Cette étoile fut enlevée par les moines grecs en 1847. Les réclamations des Pères de la communion latine furent d'autant plus vives que cette soustraction matérielle annonçait évidemment l'intention d'une suppression de droits.

Un autre fait imprima encore plus d'énergie à leurs protestations. La profanation se joignait à la spoliation pour rendre les usurpations des Grecs plus odieuses : les tombeaux de Godefroi de Bouillon et des autres rois croisés, abandonnés aux ravages du temps, étaient menacés d'une destruction prochaine ; l'un d'eux venait de disparaître sous des marteaux sacrilèges, dans la basilique même du Calvaire.

L'ambassadeur de France à Constantinople reçut l'ordre

de réclamer de la Porte-Ottomane la réparation de ces actes de spoliation et de vandalisme. Le cabinet des Tuileries ne négligea rien, de son côté, pour faire appuyer la démarche de son ministre par les représentants de toutes les puissances catholiques auprès du Divan. Il espérait comprimer les représentations de la Russie sous cette imposante simultanéité.

La Révolution de février 1848 avait éclaté sur ces entrefaites, et ces réclamations de notre ambassadeur semblaient avoir été emportées par cet ouragan populaire, lorsqu'en 1850 le nouveau gouvernement français reprit cette affaire avec une activité et un zèle qui présageaient une solution rapide. La réclamation était si évidemment juste qu'elle ne semblait pouvoir soulever aucune difficulté sérieuse. M. Botta, consul de France à Jérusalem, reçut l'ordre de recueillir les pièces justificatives de cette revendication, et d'aller les remettre lui-même, avec tous les documents et tous les renseignements à l'appui, qu'il aurait pu recueillir, à M. le général Aupick, ministre du Prince-Président auprès du sultan.

La question n'était certainement pas sans gravité : des dix-neuf sanctuaires élevés et longtemps possédés par les Francs, neuf étaient complétement au pouvoir des Grecs qui en avaient exclu les titulaires légitimes, et trois autres étaient en jouissance commune entre les deux communions. Parmi ces édifices, il en était plusieurs de l'ordre le plus élevé et de l'intérêt le plus profond et le plus vif pour tout esprit, pour tout cœur qu'éclairait et qu'embrasait la foi. Nous avons déjà parlé de la grande église de Bethléem. Nous devons citer encore le sanctuaire du tombeau de la Sainte Vierge et la coupole du Saint-Sépulcre.

Cette revendication cependant, avons-nous dit, ne comportait point de longs débats. Si l'affaire eût été placée sous l'empire des firmans sollicités et obtenus par les deux cultes, la question eût été de la solution la plus difficile, en présence des concessions les plus contradictoires ; on sait avec quelle facilité la chancellerie ottomane accordait de ces priviléges aux ambassadeurs qui, à la faveur de quelque heureuse éventualité ou de quelque combinaison habile, en sollicitaient la concession gratuite de la bienveillance du sultan.

Mais la France avait un fondement plus solide, un titre plus sérieux pour porter ses réclamations. Ce titre était contenu dans un traité intervenu entre la France et la Turquie sous les règnes de François Ier et de *Soleyman*. Le puissant Padischah reconnaissait aux latins et leur confirmait la propriété des lieux d'adoration qu'ils occupaient *ab antiquo*. Ces droits avaient été de plus ratifiés par un autre traité conclu entre les mêmes puissances en 1740 : l'article 33 porte que « les religieux latins qui résident présentement, comme de tout temps, en dehors et en dedans de Jérusalem et dans l'église du Saint-Sépulcre, dite *Camamé*, resteront en possession des lieux de pèlerinage qu'ils ont de la même manière qu'ils les ont possédés par le passé. »

Ces titres, on le voit, étaient aussi précis que décisifs. Ils constituaient un lieu international que des concessions auxquelles la France était restée étrangère, et, à plus forte raison, que des firmans de simple faveur n'avaient pu ni dénouer ni relâcher. C'était une question de propriété, dont la solution ressortait claire et formelle de la jurisprudence du droit public.

Elle ne parut pas aussi simple à sir Stratford Canning, depuis lord Stratford de Redcliffe, ambassadeur britannique à Constantinople, à qui le ministre plénipotentiaire français en parla avant de la soumettre au Divan.

« Une question qui excitera vraisemblablement beaucoup de discussions et d'irritation, écrivait le représentant du gouvernement anglais à lord Palmerston, est sur le point de s'élever entre les intérêts rivaux des Eglises latine et grecque dans ce pays. Le point en litige est le droit à la possession de certaines parties de l'église du Saint-Sépulcre à Jérusalem. On accuse les Grecs d'avoir usurpé des propriétés qui appartiennent de droit aux catholiques romains et d'avoir à dessein laissé tomber en ruines les chapelles et particulièrement les tombeaux de Godefroy de Bouillon et de Guy de Lusignan. La légation française croit être autorisée par traité, — le traité, je crois, de 1740, — à entreprendre la revendication des droits enlevés à l'Eglise latine. Le consul français à Jérusalem, M. Botta, a été récemment ici et part pour seconder cette cause; le général Aupick qui a reçu des instructions de Paris, et à qui je suis redevable d'une ouverture verbale à ce sujet, a réclamé une conférence, dans l'intention probablement de mettre cette affaire sous les yeux du gouvernement turc. Il paraît que l'on a porté le Pape à employer son influence en faveur des vues adoptées par la France, et que toutes les puissances catholiques seront exhortées, par Sa Sainteté, à agir dans le même sens.

» Le général Aupick m'assure qu'il s'agit simplement d'une question de propriété et d'une stipulation expresse de traité; mais il est difficile de séparer une pareille question des considérations politiques; et une lutte d'influence générale, surtout si la Russie, comme on peut s'y attendre, intervient en faveur de l'Eglise grecque, sortira probablement de la discussion imminente.

» La Porte, à mon avis, fera bien d'éviter de se commettre

dans un sens ou dans l'autre, sans la plus mûre délibération (1). »

Sir Stratford Canning ne dissimula point à l'ambassadeur français les appréhensions que lui causait sa mission, ni les complications diplomatiques qui, d'après toutes les prévisions, devaient sortir du conflit. Ce conflit n'en fut pas moins soulevé.

Cette initiative de la France porte assurément sa justification en elle-même. C'était un devoir sacré pour elle de revendiquer et de faire respecter en Orient cet antique protectorat, l'une des plus glorieuses traditions de sa diplomatie; elle ne pouvait, héritière indigne, renoncer au noble legs de ce passé chevaleresque qui, durant tant de siècles, plaça sous sa bannière la tutelle de toutes les saintes faiblesses et la protection de tous les sentiments généreux. Cependant, en se reportant aux circonstances difficiles au milieu desquelles se produisit cette initiative ; en songeant à la crise profonde qu'elle provoqua, n'est-on point porté à se demander si quelque autre considération, si quelque spéculation accessoire ne vinrent pas précipiter l'accomplissement de ce devoir.

Quelques polémistes ont parlé du désir qu'eût éprouvé le gouvernement de faire un acte agréable aux populations catholiques et de donner une preuve nouvelle de dévouement sympathique au clergé. Sans refuser toute influence à cette pensée, nous croyons pourtant devoir reproduire un bruit qui circula alors dans les salons les mieux informés. Ce bruit se rapporte d'ailleurs à l'intention qui fut, à **la même**

(1) Sir Stratford Canning to viscount Palmerston, may 20 1850. — *Correspondence respecting the rights and privileges of the Latin or Greek Churches on Turkey*, part. I, n° 1.

époque attribuée au gouvernement, d'ériger l'Algérie en vice-royauté, née, comme lui, des combinaisons que suscitait dès lors la transformation de la république en empire.

Le mot Empire, comme toute expression, répond à une idée spéciale : il est au royaume ce que le royaume est au département, à la province, ou au comté : une agglomération ; il ne s'applique, dans sa signification rigoureuse, qu'à un Etat formé d'une réunion de souverainetés sous un seul sceptre, comme l'empire de toutes les Russies, ou composé de nationalités diverses contenues par un seul gouvernement, comme l'empire d'Autriche. Napoléon Ier l'avait compris ainsi ; à part l'extension qu'il avait donnée à la France impériale, il suffirait, pour le prouver, des titres dont il avait relevé son pouvoir.

Au moment, ou du moins dans l'éventualité de la restauration de l'empire, le Prince-Président aurait eu la pensée d'imiter ce qu'avait fait son glorieux fondateur. D'après ce bruit, dont nous avons cherché en vain des traces officielles, Napoléon III eût songé à prendre, avec le titre d'Empereur des Français, ceux de Roi d'Algérie et de Protecteur des Lieux-Saints ; il n'aurait abandonné plus tard cette combinaison que pour ne pas soulever les complications qu'elle menaçait de provoquer, et ne pas jeter, en quelque sorte, à un souffle de vanité la paix de l'Europe et les destinées du monde ; quoi qu'il en fût, le général Aupick remit à la Porte une note où, après avoir énoncé et justifié le droit des catholiques, il réclamait pour eux la restitution des sanctuaires usurpés.

Aali-Pacha, ministre des affaires étrangères du sultan, sonda tout d'abord les dispositions des Grecs au Phanar et à Jérusalem ; ce fut à la suite de cette enquête que, le 30 décembre 1850, il répondit à la revendication du ministre français par un mémorandum où il déclarait qu'une commission mixte serait chargée d'examiner les réclamations de la France.

Une phrase de cette pièce diplomatique souleva une protestation formelle du général ambassadeur; le diplomate ottoman, parlant des droits en conflit, opposait aux réclamations de la France, basées sur les stipulations expresses d'un traité, les prétentions des Grecs appuyées par de simples firmans et mettait *ces firmans et autres pièces authentiques et valables qui auraient été donnés, soit avant, soit après le traité*, au même niveau obligatoire que les capitulations de 1740. Une pareille assimilation était le bouleversement de tous les principes internationaux; c'eût été dépouiller les conventions les plus solennelles de toute autorité; mettre à néant la foi des traités, et admettre qu'une puissance pouvait, au mépris de ses engagements, dépouiller un État des concessions qu'elle lui aurait consenties, pour transférer légalement ces concessions à un autre État.

« La France n'a pas à examiner, déclarait le général Aupick, dans une note du 23 février 1851, les concessions et les droits octroyés, de sa pleine autorité, par le sultan; il s'agit purement et simplement pour elle de savoir si la Porte se considère encore comme liée à son égard par les capitulations de 1740, alors qu'il est parfaitement établi qu'aucun acte auquel la France ait pris part n'en a infirmé la valeur. » Le gouvernement français ne pouvait que sanctionner cette énergique protestation, il le fit avec une netteté qui n'admettait aucunes observations dilatoires.

M. le général Aupick ayant été remplacé à cette époque par M. de Lavalette, celui-ci, peu après son arrivée à Constantinople, reçut d'Aali-Pacha la réponse satisfaisante qu'avait réclamée son prédécesseur. Une commission mixte fut aussitôt nommée, elle fut composée de membres français et grecs, en nombre égal, sous la présidence d'Emin-Effendi; mais par suite du système de bascule au moyen duquel la diplomatie ottomane s'efforce généralement, grâce à des compensations alternées, de ménager les intérêts en désaccord, le ministre turc fit entrer dans la composition de la commission le logothète, c'est-à-dire le conseiller du patriarche grec, M. Aristarchi, religionnaire zélé, caractère entreprenant, esprit subtil, réunissant par conséquent tout ce qui, dans une tête grecque, constitue au plus haut degré le talent de l'intrigue. Les représentations de M. de Lavalette, l'observation surtout que M. Aristarchi se trouvait juge dans sa propre cause ne peut faire revenir le ministre ottoman sur ce choix.

La commission se mit à l'œuvre avec une bonne foi contre laquelle ne purent prévaloir l'activité et l'habileté du zélé logothète. Éclairée par les documents produits par notre légation, cette commission dut se rendre à l'autorité des titres qui établissaient et sanctionnaient nos droits. Ces sentiments de justice trouvèrent dans notre ambassadeur la réciprocité la plus généreuse : « Les conférences de la commission mixte avaient établi, écrivait l'ambassadeur anglais sir Stratford Canning, le droit des Latins à l'occupation exclusive de sanctuaires au nombre de dix, dont la plupart sont présentement possédés conjointement par les deux communions, et d'autres exclusivement par les Grecs ; M. de Lavalette, au lieu de pousser son droit à l'extrême, avait pris sur lui la responsabilité de déclarer qu'il était prêt à étendre le principe de la possession en commun à tous ces sanctuaires. En agissant ainsi, il devançait les instructions de son gouvernement, et s'exposait au blâme de Rome et de certains partis en France. »

La commission allait donc consacrer par sa décision les points les plus importants de notre revendication, lorsque l'Empereur Nicolas, prévenu par Aristarchi de l'imminence et du caractère de la solution, jugea le moment venu d'intervenir personnellement et d'une manière officielle : *Deus ex machina*. Il adressa une lettre autographe au sultan Abdul-Medjid.

Cette lettre est le premier acte du tzar dans cette affaire où les intérêts russes se sont qu'indirectement et très-légèrement froissés, et cependant l'on y sent déjà frémir cette irritation arrogante qui doit éclater plus tard dans la voix du prince Menschikoff, et avoir pour écho le canon de Sébastopol. Le tzar blâme énergiquement la conduite des ministres de la Porte, réclame impérieusement le maintien du *statu quo* dans la possession des Lieux-Saints, protestant d'avance contre toute solution contraire. Etrange aveuglement de la passion! Ce qui motivait les plus violentes récriminations de l'autocrate, c'était la reconnaissance par le ministre du sultan de l'autorité des capitulations de 1740, comme si la foi des traités n'était pas la religion des souverains!

Les déclarations de M. de Titoff n'étaient pas moins menaçantes. Il fit connaître au Divan que tout changement au *statu quo* serait regardé par son maître comme une offense personnelle, et mettrait la légation russe dans la nécessité de quitter Constantinople, dans les vingt-quatre heures.

La Porte crut devoir céder à ces intimations comminatoires ; la commission mixte fut dissoute et remplacée par un comité d'enquête exclusivement formé d'ulémas et de fonctionnaires ottomans.

T. I.

Cependant le Divan crut prévenir, par une transaction, toute discussion nouvelle ; avant même que le comité ne fût constitué, il proposa aux parties litigeantes de développer les priviléges des sanctuaires dont elles se disputaient la possession, et de les rendre communs à toutes les communions chrétiennes. Cet accord ayant été repoussé, les nouveaux commissaires reçurent l'ordre de préparer les bases d'une solution.

Ce fut sur leur travail que la Porte rendit une décision qui jugeait moins la contestation qu'elle ne la tranchait : la grande coupole du Saint-Sépulcre était déclarée commune aux deux communions ; les Latins étaient admis à officier dans le sanctuaire du tombeau de la Vierge, qui, par une anomalie dont le secret est dans l'intolérance haineuse des sectes, leur était fermé lorsque les Grecs y admettaient les Arméniens, les Coptes, les Abyssins et jusqu'aux Musulmans. Quant à l'église de Bethléem, quoiqu'elle eût été bâtie et possédée originairement par les Latins, elle était conservée aux Grecs, le Divan ne croyant pas devoir les dépouiller du privilége d'une possession séculaire. Il accorda toutefois aux Latins une clef de la grande porte de cette église, non pour leur donner le droit d'officier dans cette basilique, mais seulement, comme nous l'avons dit, pour leur assurer une voie d'accession à la crypte de la Nativité, chapelle souterraine construite sous l'église et où les Latins avaient deux sanctuaires. Une étoile d'argent devait être rétablie par le gouvernement ottoman lui-même à la place où était fixée l'ancienne, comme symbole et expression de ce droit. En compensation de ces restitutions faites aux catholiques, la Porte accordait aux Grecs le droit d'officier dans la mosquée appelée *Coupole de l'Ascension*, privilége dont jusqu'alors avaient exclusivement joui les Latins.

Cette décision, nous l'avons dit, n'était pas pour la France un jugement, c'était tout au plus une transaction. Ses droits étaient manifestement sacrifiés; elle ne la combattit pas cependant. Devant les exigences de la Russie et la surexcitation croissante que semblait souffler aux Grecs une influence inconnue, M. de Lavalette, sur son départ pour Paris, accepta cet arrangement; il réserva expressément toutefois les droits de la France résultant des traités, mais il promit de les laisser provisoirement sommeiller couverts par cette protestation.

Le divan consacra cette solution par un firman, non pourtant sans l'avoir gravement modifiée par les termes dans lesquels ce firman fut formulé sous la pression de M. de Titoff; contrairement à ce qui avait été promis au ministre plénipotentiaire français, les réclamations des Latins y étaient flétries de qualifications injurieuses, le *statu quo* des Lieux-Saints y était sanctionné, et par suite les capitulations de 1740 frappées de déchéance.

Là ne s'était pas arrêté le succès du représentant du tzar: il avait arraché à la Porte une lettre visirielle qui lui promettait que la clef du portail de l'église de Bethléem ne serait pas remise aux R. R. P. P. latins. Ainsi, en fait, les principales concessions accordées à la France lui étaient enlevées; en droit, les immunités assurées à cette puissance par les capitulations étaient invalidées par le firman.

Ce fut dans cet état de cause que le divan chargea son vice-président, Lekdjid-Bey, de porter ce firman à Jérusalem, et de procéder lui-même à son exécution. Telle fut la résistance qu'il éprouva de la part de ceux-là même qui eussent dû accueillir cette décision avec empressement et reconnaissance, qu'il lui fallut en référer au conseil des ministres; la Porte, après une séance du ministère à laquelle furent appelés les ulémas, membres du comité d'enquête, ordonna à son commissaire de passer outre à l'opposition des Grecs, et de terminer cette affaire au plus tôt.

Le retour de M. de Lavalette à Constantinople suspendit de nouveau cette issue. La violation des engagements pris par le divan envers la France était flagrante et manifeste. Nul doute que son ambassadeur ne fût pleinement en droit de protester et de réclamer l'abrogation d'un firman qui violait et supprimait les stipulations d'un traité; une fois encore le représentant de la France prouva à la Porte et à la Russie les sacrifices que son gouvernement était résolu à faire à la paix du monde; conciliant autant que possible la situation délicate et difficile où les violences morales de la Russie avaient refoulé la Porte avec les obligations qu'imposait à la France le sentiment de sa dignité, M. de Lavalette demanda que l'on ne donnât au firman que la publicité nécessaire à sa validité. Ainsi il consentait à ce que cette pièce fût enregistrée comme le portait son texte, ce qui suffisait pour lui assurer le caractère et l'autorité d'une loi; il demandait seulement qu'elle ne fût pas lue publiquement à Jérusalem en présence des Eglises rassemblées.

Le divan se fût rendu avec empressement à cette réclamation aussi juste que modérée; la Russie refusa d'y souscrire.

Ce n'était pas assez pour elle de la réalité des avantages qui lui étaient concédés par ce règlement; elle voulut pour le prestige de son autorité et pour la vanité de ses coreligionnaires, le retentissement du triomphe; elle exigea l'envoi à Jérusalem et la lecture solennelle du firman.

Le ministère de France devait donner une nouvelle preuve de condescendance. L'année 1852 touchait à sa fin; Fuad-

Effendi, voulant sortir du cercle de difficultés où cette affaire enfermait le ministère turc, résolut de la terminer. La base qu'il adopta fut l'arrangement arrêté au mois de février précédent, qu'atténuèrent même encore des tempéraments inspirés par le désir de ménager les susceptibilités de la Russie, il décida en conséquence que le firman, avant d'être enregistré, serait lu devant le patriarche grec de Jérusalem, et les principaux dignitaires ottomans de cette place : le pacha, le mufti et le cadi.

Voici en quels termes le chargé d'affaires britannique a Constantinople, le colonel Rose, exprimait au comte de Malmesbury son opinion sur la conduite de la Turquie et sur les dispositions de la France : « En agissant ainsi, la Porte a fait une grande concession à la Russie et offensé l'ambassadeur français, qui avait insisté pour que le firman ne fût pas lu tout haut, mais simplement enregistré. Cependant, Fuad-Effendi m'assure que M. de Lavalette, par esprit de conciliation, fermera les yeux à cette lecture, et n'en fera pas un sujet de querelle avec la Porte (1). »

Toutes ces concessions ne semblaient qu'exalter davantage les prétentions des Grecs; et leurs réclamations se grossissaient encore dans les échos qu'elles trouvaient à la cour de Russie. A Saint-Pétersbourg, les voix se passionnaient, et à leurs intonations menaçantes commençaient à se mêler des bruits d'armes.

L'ambassadeur britannique auprès du tzar écrivait, le 6 janvier, à John Russell, que le cinquième corps de l'armée russe, commandé par le général Lüders, avait reçu l'ordre de compléter son effectif et de se porter sur les provinces da-

---

(1) Colonel Rose to the earl of Malmesbury. *Correspond.*, part. I, n° 60.

nubiennes, et le 7, que le quatrième corps, sous les ordres du général Dannenberg, se préparait à suivre ce mouvement; c'était une concentration de cent quarante mille hommes qui s'opérait sur les rives du Pruth.

Cependant le représentant de la Russie à Constantinople, M. d'Oseroff, avait, à la suite de la décision de Fuad-Effendi, manifesté au colonel Rose sa satisfaction d'un résultat qui, s'il n'égalait pas ses vœux, dépassait évidemment les droits de son pays.

La France, on le voit, était restée fidèle jusqu'à la fin à la modération et à la condescendance dont n'avaient cessé, dans toute cette négociation, d'être animés ses notes, ses paroles et ses actes. Le caractère étrange qu'offrait la conduite de son adversaire, lui en avait fait un devoir plus strict. Il y avait quelque chose de si peu logique dans son intervention, plus que contestable en principe, dans l'irritation et la violence dont elle avait tout d'abord pris l'accent, dans l'inflexibilité de ses exigences et jusque dans le ton absolu de toutes ses communications avec le divan, que M. de Lavalette y avait soupçonné tout d'abord quelque arrière-pensée secrète, quelque mystère. Il n'avait pas tardé à reconnaître qu'il s'agissait bien moins pour le tzar de son désaccord avec la France sur la question particulière des Lieux-Saints, que du droit de protection qu'il voulait s'arroger sur les sujets du sultan professant le christianisme du rit grec, c'est-à-dire un droit d'ingérance qui lui permît d'intervenir à son gré dans l'administration intérieure de la Turquie.

Le tzar, en effet, était sans titre particulier pour intervenir dans la question spéciale des Lieux-Saints; il ne pouvait invoquer, et n'invoquait encore qu'en le dénaturant, l'article 7 du traité de Koutchouk-Kaïnardji, conçu en ces termes :

« La Porte promet de protéger la religion chrétienne et ses églises, et *il sera libre* aux ministres de Russie de faire des représentations en faveur de la nouvelle Église dont il est parlé dans l'article 14. Or, que porte l'article 14? On en peut juger par le texte littéral : « Il est permis à la cour de Russie, outre la chapelle bâtie dans la maison du ministre, de construire dans un quartier de Galata, dans la rue Bey-Oglou, une église publique du rit grec, qui sera toujours sous la protection du ministre russe et à l'abri de toute gêne et avanie. »

Cette disposition est d'une précision qui ne peut donner lieu à aucune équivoque. Il s'agit d'un protectorat spécial et expressément défini ; il s'attache à une église unique. On ne pouvait donc l'égarer dans l'interprétation jusqu'à le faire planer sur les Lieux-Saints, sans le transformer en un protectorat général, et c'était ce que les diplomates russes allaient tenter en se prévalant des premiers mots de l'article 7. « La Porte promet de protéger la religion chrétienne. » L'ambassade française ne manqua point, dès l'origine du conflit, de signaler aux autres légations, et particulièrement à celle d'Angleterre, cette injustifiable prétention et les dangers dont elle était remplie.

La plupart des puissances catholiques : l'Espagne, Naples, le Piémont appuyèrent auprès du divan les réclamations de la France; l'Autriche invoquait en faveur des Latins les droits qui résultaient de ses propres traités; la Belgique demandait la restauration du tombeau de Godefroy de Bouillon ; la Grande-Bretagne, elle, s'efforçait de garder la neutralité dans une question où elle voyait le conflit de deux communions rivales, élevé à la hauteur de débat entre deux gouvernements, et qu'elle eût pour organe, au Foreign-Office, lord Palmerston, lord Granville, lord Malmesbury ou lord John Russell, elle recommandait, dans les termes souvent le plus élevés, cette attitude à ses agents. « Pour un gouvernement qui envisage avec impartialité ces contestations, mandait lord John Russell à lord Cowley, ministre d'Angleterre à Paris, une attitude des deux côtés si menaçante paraît lamentable. Nous regretterons profondément une dispute qui pourrait aboutir à un conflit entre deux grandes puissances européennes; mais quand nous songeons que cette querelle a pour motif des priviléges exclusifs sur les lieux sur lesquels l'Homme-Dieu est venu annoncer la paix aux hommes de bonne volonté, lorsque nous voyons des Églises rivales combattre pour la domination à l'endroit même où le Christ est mort pour l'humanité, nous ne pouvons assister sans tristesse à un pareil spectacle. Votre Excellence comprendra donc : 1° que le gouvernement de Sa Majesté n'a pas à entrer dans le fond de ce débat; 2° que le gouvernement de Sa Majesté désapprouve toute menace et encore plus l'emploi immédiat de la force ; 3° qu'il faut dire aux deux parties que si elles sont sincères dans le désir qu'elles proclament de maintenir l'indépendance de la Porte, elles doivent s'abstenir d'employer des moyens propres à montrer la faiblesse de l'empire ottoman. Par-dessus tout, elles doivent s'abstenir de mettre en mouvement des armées et des flottes pour faire de la tombe du Christ un sujet de guerre entre chrétiens. »

Ni les représentations si justes du ministère français à Constantinople, ni les déclarations de M. de Titoff, chef de la légation russe près du divan, et de M. d'Ozeroff, son successeur, n'avaient pu éclairer le cabinet de Saint-James sur les secrètes intentions de l'Empereur Nicolas. Vainement le co-

lonel Rose écrivait-il sur la fin de 1852 à lord Malmesbury :
« M. d'Ozeroff a beaucoup compromis sa position, dans ce moment critique, en déclarant formellement à l'ambassadeur français que la Russie, en vertu du traité de Koutchouk-Kainardji, protége la religion orthodoxe grecque en Turquie. M. de Lavalette prend la chose d'autant plus à cœur qu'il a récemment déclaré formellement lui-même que la France n'élève pas de prétention à la protection des catholiques romains, sujets de la Turquie. Il a fait connaître la déclaration de M. d'Ozeroff à ses collègues et à la Porte. Le divan a appris, avec un mécontentement non dissimulé, cette prétention avouée des Russes à protéger les intérêts religieux de dix ou douze millions de ses sujets. » Le ministère anglais n'en persistait pas moins dans son opinion dont la sécurité résista même au bruit des pas qui ébranlaient les rives du Pruth. Le 6 février, lord John Russell écrivait encore à sir G. Hamilton-Seymour : « Il s'est élevé des difficultés au sujet des Lieux-Saints, mais ces difficultés sont en dehors des affaires intérieures du gouvernement turc, et concernent plutôt la Russie et la France que la Sublime-Porte. » Il fallait que la foudre éclatât pour éclairer le cabinet britannique.

Cependant, au moment où le débat semblait se précipiter vers une crise violente, au milieu de ces récriminations et de ces bruits de guerre, la question autour de laquelle ils retentissaient parut entrer dans une phase nouvelle, et cette fois dans une phase de pacification et d'apaisement. A la fin de décembre 1852, M. Drouyn de l'Huys, cédant à une suggestion de l'ambassadeur d'Angleterre à la cour de France, écrivit à M. de Lavalette de se mettre en rapport direct avec le chargé d'affaires russe à Constantinople, et annonça à lord Cowley qu'il se proposait de donner à M. de Castelbajac des instructions pour traiter l'affaire des Lieux-Saints avec la chancellerie russe à Saint-Pétersbourg.

C'était entrer entièrement dans les vues de l'Angleterre ; si elles étaient justes, avec les dispositions conciliatrices de la France, une solution pacifique devait assurément et promptement en sortir. Rien de plus naturel du reste, rien de plus loyal et de plus logique : le désaccord existait entre la France et la Russie ; pourquoi en faire peser les embarras et la responsabilité sur le gouvernement ottoman, étranger à cette querelle, et qui, malgré son désir de donner toute satisfaction aux deux rivaux, pris ainsi, malgré lui, entre l'enclume française et le marteau russe, se trouvait menacé fatalement d'être brisé ? N'était-il pas beaucoup plus digne des deux grandes puissances qui pouvaient se prévaloir d'une civilisation plus élevée, et d'une religion plus sainte, de s'expliquer entre elles, de discuter leurs droits, et de demander le dénoûment de cette complication à la modération et à la justice ?

Dès les premiers jours de janvier, M. Drouyn de l'Huys exprimait ce désir à M. de Kisselef, bien que ce diplomate n'eût encore aucun caractère officiel auprès de l'Empereur. « Le gouvernement français, lui disait-il, ne veut pas pousser son droit à l'extrême, et si le gouvernement russe veut se réunir à lui, dans le même esprit de conciliation, il ne voit pas de raison pour que l'affaire ne s'arrange point amicalement entre eux. » Ces ouvertures, accueillies avec une satisfaction apparente par M. de Nesselrode et avec courtoisie par le tzar, devaient rester des actes de haute comédie dans ce drame, dont les scènes allaient prendre décidément un caractère plus dramatique et se jeter dans les catastrophes.

Une solution pacifique n'entrait pas dans les combinaisons du tzar. La chancellerie russe applaudit à ces ouvertures de la France, mais avec la résolution arrêtée d'écarter diplomatiquement cette proposition de négociation directe. — Pourquoi se rejeter dans les embarras d'une discussion qui touche à son terme, demandait M. de Nesselrode à sir Hamilton-Seymour, s'enquérant si la question serait traitée à Saint-Pétersbourg, ou à Constantinople ; il vaut infiniment mieux, ajoutait-il, qu'elle s'achève là où elle a été ouverte : auprès du gouvernement turc.

Une dépêche de sa cour, en date du 8 février, annonçait à M. de Kisselef, que c'était auprès du divan, que dans les dispositions conciliatrices où se trouvaient la France et la Russie, la contestation avait les meilleures chances d'un dénoûment rapide. « Le cabinet impérial ne négligera aucun moyen, portait-elle, pour faciliter une conclusion désirable sous tant de rapports, et à laquelle la Russie entière prend le plus sérieux et le plus légitime intérêt. Il se plaît à compter sur les dispositions et le concours de la France.

« *C'est dans ce sens,* poursuivait-elle, *que nous allons faire à Constantinople de nouvelles et énergiques démarches qui, tout en rappelant à la Porte ses engagements vis-à-vis de nous, la convaincront, il faut l'espérer, qu'il n'y a, en réalité, ni antagonisme, ni conflit entre nous et la France, aujourd'hui pas plus qu'à d'autres époques, pour ce qui concerne l'ordre de choses établi depuis des siècles dans les lieux vénérés de la Palestine.*

Dès le 4, le grand chancellier annonçait à sir Hamilton-Seymour la mission extraordinaire du prince Mentchikoff à la cour ottomane.

CHAPITRE VII.

LE CLERGÉ ET L'EMPIRE.

1853

SOMMAIRE.

Solennités religieuses. — Le sacre. — Bruits des salons. — Chroniques. — Voyage du souverain Pontife à Paris. — Impression générale. — Trois causes de légitimité. — La révolution de février. — Droit commun. — Question des classiques. — Intervention pontificale. — La philosophie et l'histoire. — La grande école catholique. — Les traditionalistes. — Les miracles. — Harmonie providentielle. — Décision de la congrégation de l'Index. — Politique et religion. — Aube sereine et orages. — Opinions politiques du clergé en France. — Un manifeste. — Les évêques et les apôtres. — N.-S. Jésus. — César et Dieu. — Saint Paul et le respect dû aux princes. — Tibère et Néron. — Mgr Dupanloup et Napoléon III. — Le Panthéon rendu au culte. — Singulière destinée. — La châsse de sainte Geneviève. — Le temple de la gloire humaine. — La tombe et l'immortalité. — Inauguration. — Discours de l'archevêque de Paris. — Conséquence funeste de l'immixtion du temporel et du spirituel. — Constantin et Constance. — Temps modernes. — La Restauration et le clergé. — Opposition terrible. — Sages paroles. — Déclamation sinistre. — Le fronton de David. — Les tombeaux de J.-J. Rousseau et de Voltaire. — Négociations. — Le mariage civil. — M. Sauzet. — M. de Vatimesnil. — Note du *Moniteur*. — Polémique passionnée.

La magnificence dont l'Empereur avait entouré son mariage, sous les voûtes de Notre-Dame, fit songer à d'autres pompes dont la vieille et sainte basilique pouvait être appelée à voir se renouveler les splendeurs. Les fêtes d'un prochain sacre devinrent le texte favori des conversations dans les soirées des faubourgs Saint-Germain et Saint-Honoré.

Les bruits des salons éveillent toujours extérieurement des échos. La presse étrangère surtout répercuta ces rumeurs ; elle annonça un prochain voyage du Souverain-Pontife à Paris. D'après ces bruits, Pie IX devait venir bénir lui-même la couronne du prince qui avait restauré la sienne.

Ce fait parut si naturel que plusieurs journaux l'annoncèrent comme devant s'accomplir dès le printemps : c'était, d'après ces feuilles, de la part du suprême Pontife de l'Eglise universelle un juste retour de reconnaissance ; le chef spirituel pouvait-il refuser d'acquitter la dette du chef temporel envers le souverain dont l'épée avait relevé son trône ? C'était, d'un autre côté, pour le nouvel Empereur, imprimer une seconde consécration au diadème qu'il tenait du peuple. Et ces correspondances, sans cesse répétées, ne rencontraient nulle part de contradicteurs, ni en Belgique, ni en Angleterre, ni en Italie, ni en France.

Personne ne pouvait douter de l'importance que ce prince attachait à cette bénédiction du vicaire de Jésus-Christ. Pour s'en convaincre, il suffisait de reporter ses souvenirs au discours qu'il avait prononcé à Lyon, au début de son voyage dans le Midi :

« Qui fut plus légitime que l'Empereur, s'écriait-il en parlant de Napoléon Ier, devant sa statue équestre, élu trois fois par le peuple, *sacré par le chef de la religion*, reconnu par toutes les puissances continentales de l'Europe. »

Il avait obtenu deux de ces légitimités, ne devait-il pas ambitionner pour lui et sa dynastie la troisième.

Les correspondances italiennes annoncèrent bientôt que des négociations étaient ouvertes, mais on ne tarda pas à apprendre qu'elles rencontraient des obstacles imprévus. Pour apprécier la gravité de ces obstacles, il importe de se rendre compte de l'attitude que, depuis la révolution de février, avait prise une partie importante du clergé catholique et de la situation nouvelle faite officiellement à ses membres par l'État.

Que la République, dans une généreuse application de ses principes, lui eût rendu spontanément et de fait toutes les libertés de droit commun dont l'avait dépouillé la réaction d'un philosophisme aveugle et passionné sous les gouvernements précédents, quoi de plus juste?

Pourquoi me dépouiller d'un droit quand le motif de spoliation que vous invoquez est au contraire une garantie pour la société, que je puis exercer ce droit utilement pour tous et spécialement pour elle?

Mes croyances, ou si vous aimez mieux mes principes, ma *règle*, mon *observance*, ou si vous aimez mieux ma conduite, vous attestent ma moralité poussée jusqu'à l'austérité, et vous me refusez le droit de dispenser à l'enfance le pain de la vie morale : l'éducation!

Mes études, mes connaissances vous démontrent ma capacité, et vous me refusez le droit d'instruire, d'éclairer les ignorants.

Pourquoi enlèverait-on le droit de prier en commun, de travailler en commun, d'instruire, de secourir, de faire le bien en commun, à des hommes, à des prêtres, à ces cénobites dont on reconnaît le dévouement; à ces religieuses dont on proclame l'héroïsme ? Est-ce que les vertus qui font les saints ne sont pas, à un degré surnaturel, les vertus qui font les grands citoyens ? Où trouverez-vous plus de dévouement que dans le cœur d'une sœur de charité ? Où trouverez-vous plus de générosité fraternelle que dans l'âme d'un apôtre ?

Loin de tomber dans l'erreur ancienne, le nouveau pouvoir se jeta dans la voie contraire. Il ne se contenta point de respecter les libertés restituées au monde religieux, il alla plus loin ; il associa le clergé à l'administration ; il fit même à ses hauts dignitaires une part dans le gouvernement de l'État. N'était-ce pas là tomber dans un autre excès ? Cette immixtion du temporel et du spirituel n'était-elle pas une combinaison contre nature qui ne pouvait avoir que des conséquences funestes ?

Le royaume de Dieu n'est pas de ce monde, de ce monde extérieur ; du monde de la force, de la puissance, de la grandeur, des pompes mondaines ; du monde de Satan !... Son monde, à lui, est tout le contraire ; son monde est intérieur ; c'est le monde des compatissants, des humbles, des petits ; c'est le monde de la douceur, de la persuasion, de l'amour ; il est dans les consciences, il est dans les âmes ; c'est le monde des cœurs. Voilà exclusivement le monde du prêtre. Ne lui faudrait-il pas sortir du sanctuaire pour entrer dans les commissions et les sénats ? Quittera-t-il Jésus pour César ?

Que l'on cite ce qu'ont jamais gagné les disciples du Christ en se faisant les complaisants ou les protégés du pouvoir ? et ce qu'ont gagné en eux les deux maîtres dont contre l'ordre évangélique ils se sont simultanément fait les serviteurs ? Il est des choses si opposées de leur nature, qu'excellentes isolées, elles ne peuvent se réunir sans dévenir pernicieuses. L'oxygène, ce principe vital de l'air que nous respirons, combiné au cuivre, ce métal si utile, devient un poison terrible. Il en est de même des choses de César et des choses de Dieu.

La première conséquence, la conséquence immédiate de cette immixtion fatale, fut de développer, dans un grand nombre d'imaginations ardentes, une avidité de domination qui éclata en une exagération d'opinions, en une violence de polémique dont se sentirent d'autant plus attristés les meilleurs esprits, que le zèle dont ces déclamations revêtaient les apparences, dont elles étaient même souvent l'expression, les rendait plus dangereuses pour les têtes faibles et les âmes naïves.

Le passé n'offrit pas d'inspirations extravagantes, de doctrines insensées qu'on ne tentât d'imposer, au nom de cette religion sainte, dont l'esprit et tous les textes étaient les condamnations lumineuses de ces sinistres élucubrations. Ces discussions éclatèrent, à la fois, dans toutes les matières : dans l'éducation, dans la philosophie, dans l'histoire, dans la politique, dans tout et partout.

Dans l'éducation, où toutes les méthodes étaient attaquées à la fois, le choc de cette irruption vint se heurter particulièrement contre les auteurs classiques. Qu'on eût demandé que, dans les humanités, les règlements universitaires fissent une juste part aux lettres sacrées, on n'eût fait que s'associer à une réclamation générale, dont l'administration était saisie, et à laquelle elle avait déjà déclaré qu'elle ferait justice ; mais ce n'était pas là ce que réclamaient ces ultra-zélés que l'on est convenu d'appeler le parti ultramontain, c'était contre tous les auteurs païens que tonnait leur haro ! M. l'abbé Gaume s'était fait le héraut de cette croisade, dont le *ver rongeur* fut la plus éclatante fanfare. Quelques esprits ardents, ou d'une éducation aussi fausse qu'incomplète, séduits par le rayonnement qu'a toujours, dans de telles conditions, le faux éclat d'un paradoxe, se posèrent ses séides, sans songer qu'ils déchiraient un des titres de gloire du christianisme.

Ne sont-ce pas nos cloîtres qui ont été les arches sacrées où les chefs-d'œuvre d'Athènes et de Rome, objets de l'admiration des Pères de l'Église et de ses puissants docteurs, ont échappé aux dévastations de la barbarie? Cette horreur du beau idéal de l'antiquité leur faisait-elle oublier ce qu'offre de providentiel l'élaboration par tant de génies: poëtes, historiens et philosophes, de ces deux langues qui devaient être un jour les souples et clairs organes par lesquels la bonne nouvelle se répandrait, à flots harmonieux, sur le monde.

Des voix éloquentes protestèrent contre ces étranges doctrines, étranges surtout dans cette France, où la chaire catholique avait les magnifiques reflets du xviie siècle, et le clergé les grandes traditions des Massillon, des Bourdaloue, des Fénelon et des Bossuet.

M. l'évêque d'Orléans, que son ouvrage sur l'*Education* désignait comme le justicier de ces coupables nouveautés, lança contre elles un mandement célèbre, aux condamnations duquel s'empressèrent d'adhérer quarante-quatre de ses collègues de l'épiscopat. Le Saint-Siége lui-même crut devoir au noble héritage des Léon X et des Sixte-Quint, de frapper, de ses condamnations, ces compromettantes innovations, ces paradoxes criminels.

Il en fut de même en philosophie et en histoire. Là encore de ces écrivains excessifs dans qui la passion fausse et corrompt la vertu même, avaient pris l'impétuosité pour du zèle, l'exagération pour de la grandeur, et remplacé par les ténèbres d'un aveuglement volontaire les révélations de la raison et l'illumination de la foi. A la grande école catholique, dont les doctrines, s'éclairant de toutes les lumières, demandent avec saint Paul, à la conscience du chrétien, un hommage intelligent, *rationabile obsequium;* à cette école qui s'est perpétuée, à travers le moyen âge, dans tous les grands philosophes de l'Église, dans saint Bonaventure, traçant l'itinéraire de l'âme à Dieu : *itinerarium mentis, ad Deum*; dans saint Thomas d'Aquin, déclarant, avec cette autorité qu'ont sanctionnée les Conciles, que la foi suppose la connaissance naturelle, comme la grâce la nature : *fides præsupponit cognitionem naturalem, sicut gratia naturam,* tentait de se substituer une coterie remuante, atrabilaire, emportée, ne supportant aucune contradiction, répondant à tout argument par un anathème, ou par une injure.

A la première noblement représentée dans l'épiscopat par NN. SS. Dupanloup, Jacques Daniel et Sibour, etc., dans la compagnie de Jésus par les PP. Félix et Lavigne, dans l'ordre dominicain par les PP. Lacordaire et Monsabré, à l'Oratoire par les PP. Petetot et Gratry, à la Sorbonne par MM. les abbés Bautain et Maret, dans les lettres mondaines par MM. de Montalembert et de Falloux, la seconde opposait des groupes où se distinguaient bien quelques esprits remarquables, mais formés en général d'une foule sans nom et sans caractère, remplaçant le talent par l'audace, le zèle par la passion, l'autorité par la turbulence; se croyant forte dès qu'elle était parvenue à être violente et poussant la violence à ses derniers excès.

La première, tout en conservant, avec piété, l'héritage de la tradition, n'en acceptait pas avec moins de respect les enseignements de la raison, cette révélation intérieure qui, selon saint Jean, illumine tout homme venant en ce monde, et les clartés de la science qui, comme toutes les clartés, ont pour foyer originaire celui qui est le foyer de toute lumière. « Ah! ce n'est pas trop, s'écriait l'archevêque de Paris, de toutes les lumières réunies de la foi et de la science pour dissiper les épaisses ténèbres qui nous environnent, et nous faire sortir du dédale dans lequel nous nous trouvons enfermés, et cependant quand nous n'aurions pas trop des deux grands flambeaux du monde des esprits pour trouver une voie de salut dans cet inextricable labyrinthe, d'où vient la demeure qui nous porte à les séparer; que dis-je? à les opposer entre eux, et à chercher à les éteindre l'un par l'autre? Pourquoi ces préventions, ces défiances, cet éloignement, cette lutte insensée entre les hommes de la science et les hommes de la foi? Le flambeau de la science et le flambeau de la foi ne sont-ils pas allumés au même foyer? Leur éclat ne part-il pas de la même source, du père de toutes les lumières naturelles et surnaturelles, du foyer éternel des intelligences?... »

L'école nouvelle ne voulait d'autre règle de foi que la tradition extérieure..., la tradition...! c'était le Nil mystérieux aux ondes duquel elle voulait que les lèvres s'abreuvassent, sans que la raison osât en rechercher la source.

Son intolérance n'était pas moins opiniâtre en matière d'histoire. Ce qu'elle y voyait uniquement, ce qu'elle y recherchait avec une complaisance exclusive, c'était le merveilleux; quelle que fût sa base, quel que fût son caractère, elle l'acceptait, il lui fallait partout un fait surnaturel, un fait divin. Certes, pour celui qui s'élève, dans la contemplation de l'histoire, à une hauteur d'où il peut la saisir dans ses causes et dans ses effets, nul doute que le regard de son esprit ne reconnaisse la force surnaturelle qui l'anime, la domine, et qui en coordonne les développements; c'est dans cette contemplation, — celle de Bossuet—qu'en éclatent toutes les harmonies : les hommes s'agitent, comme a dit Guizot après le grand évêque de Meaux, et Dieu les mène.

Que l'historien religieux recueille même avec un soin pieux les faits particuliers dans lesquels des témoignages sérieux, où des écrivains graves par leur caractère, et par leur talent consacrent cette intervention divine, rien de si respectable, rien de si louable même ; mais que dans l'ardeur de rencontrer partout cette immixtion directe et actuelle de la divinité dans la marche des événements humains, on attribue au Dieu prévoyant, qui a mis tant de régularité dans l'évolution des milliers de mouvements dont se constitue la marche complexe de la nature, une versatilité éclatant dans la perturbation continuelle de l'ordre général ; dans le bouleversement incessant de ses lois, et cela, pour les causes, par les moyens et pour les résultats les plus puérils, n'est-ce pas profaner dans des rêveries sacriléges ce qu'il y a de plus auguste et de plus saint : la Majesté divine ? N'est-ce pas opérer le contraire du résultat auquel on aspire, en compromettant la foi due aux vrais miracles par le doute que jette sur eux l'incertitude qui s'élève de la fausseté des miracles apocryphes.

Tous les esprits vraiment religieux s'alarmèrent de pareilles prétentions, s'affligèrent de semblables débats. Les voix les plus autorisées intervinrent et les condamnèrent sans pouvoir les suspendre ni les modérer ; mais ces voix montèrent plus haut que la sphère où retentissaient ces débats, et devaient faire descendre une condamnation plus efficace : le verdict de Rome. « Quoique la foi soit, par son
» essence, au-dessus de la raison, déclara une décision for-
» mulée par la Congrégation de l'*Index* : ni dissentiment, ni
» désaccord, ne peut éclater entre elles ; l'une et l'autre, dé-

» coulant de l'éternelle source de vérité, du Dieu très-
» grand et très-bon, et ne pouvant par conséquent que se
» prêter un mutuel secours... L'usage de la raison, ajoutait la
» décision, précède la foi; il y conduit l'homme par la lu-
» mière de la révélation et l'impulsion de la grâce » (1).

Il en fut bien différemment en politique; ni à Rome, ni en France, les passions ne pouvaient rencontrer le même frein. Les circonstances l'expliquent.

A Rome, on n'était plus à cette époque où la voix généreuse de Pie IX octroyait des institutions représentatives à ses peuples; où le saint Pontife se plaçait à la tête du mouvement national en Italie, à la tête du mouvement réformateur dans le monde. Toutes les espérances de régénération avaient disparu dans le sang de Rossi. Un changement complet s'était opéré dans l'esprit qui dirigeait le cabinet du Quirinal. Le vent était passé de la liberté au despotisme.

En France, par un aveuglement providentiel qui semble atteindre le prêtre, dès qu'il sort du sanctuaire pour entrer dans la sphère des intérêts et des passions temporels, une partie très-considérable du clergé est demeurée légitimiste, c'est-à-dire dévouée aux idées absolutistes les plus opposées aux principes d'égalité et de fraternité qui sont l'esprit divin du christianisme. Le concours que le sacerdoce avait prêté au mouvement conservateur d'où était sortie la restauration napoléonienne, était beaucoup plus réactionnaire qu'impérialiste; aussi, à quelques exceptions près, proportionnellement beaucoup plus nombreux parmi les prélats que dans le clergé

(1) *Etsi fides sit supra rationem, nulla tamen dissensio, nullum dissidium inter ipsas inveniri unquam potest cum ambæ ab uno eodemque immortali veritatis fonte: Deo optimo maximo oriantur, atque ita mutuam opem ferant. Rationis usus fidem præcedit et ad eam hominem, ope revelationis et gratiæ, conducit.*

inférieur, était-il resté étranger au mouvement préparatoire des comices des 21 et 22 novembre.

Le trône impérial fut à peine relevé, que l'on vit ses chefs dicter et tenter d'imposer au nouveau pouvoir les conditions de leur accession à sa politique. L'évêque d'Orléans prit la parole, dans cette circonstance, avec une autorité que sa voix ne devait pas seulement à sa réputation et à son talent, mais qu'elle empruntait encore à l'adhésion qu'avait donnée à l'un de ses précédents mandements un grand nombre de ses collègues de l'épiscopat. Sa lettre pastorale eut le retentissement d'un manifeste.

Certes, au point de vue religieux, c'était là un fait grave, moins encore par les conditions qu'il formulait que par la signification qu'il empruntait au caractère que lui imprimait son auteur; c'était la première fois que notre clergé prenait cette attitude, et dictait avec cette netteté au pouvoir les conditions de son concours. On était loin des préceptes par lesquels le Seigneur Jésus et le grand apôtre des Gentils proclamaient l'obéissance et le respect dus aux souverains quels qu'ils soient, quelque vils qu'ils apparaissent par leur origine, quelque infâmes qu'ils puissent être par leurs crimes et leurs excès; mais parce qu'ils sont et parce que le fait seul du pouvoir, déposé dans leurs mains, les érige en représentants de Dieu : que ce pouvoir soit le sceptre ou la verge ; la houlette ou le couteau. Lorsque le Sauveur répond aux envoyés de la synagogue : « Rendez à César ce qui est à César, » comme lorsque saint Paul écrit aux Romains : « Que tout le monde soit soumis aux puissances supérieures, car il n'y a point de puissance qui ne vienne de Dieu, » et deux versets plus bas : « Le prince est le ministre de Dieu... » on ne saurait attribuer à leurs paroles une autre signification que celle que nous leur donnons. Ce n'est point une consécration imprimée au dépositaire de la puissance, c'est uniquement un ordre de soumission au chef, quel qu'il soit, que Dieu a armé de l'autorité. Pour en rester convaincu, il suffit de se reporter aux temps où ces paroles furent prononcées ou écrites.

Quel était en effet le César dont parlait Jésus-Christ? C'était le monstre de Caprée, ce Tibère qui tenait dans ses mains sanglantes le sceptre le plus écrasant qui eût jamais pesé sur le monde... Quel était l'Empereur qui régnait, lorsqu'en l'an 48 de l'ère chrétienne saint Paul adressait de Corinthe où il était alors, sa belle épître dogmatique aux Romains? C'était un prince dont on ne prononce le nom qu'avec horreur; dont le nom est resté une flétrissure pour les tyrans les plus féroces; ce Néron imposé aux nations par une Agrippine et quelques cohortes de prétoriens.

Or, c'étaient les conditions de cette soumission au pouvoir de fait, même dans ses plus exécrables personnifications, si expressément prescrite par le divin Maître et le grand apôtre, qu'un des premiers prélats de l'Eglise de France dictait au prince à qui le Souverain-Pontife devait le rétablissement de son autorité, et dont le clergé catholique n'avait reçu que des faveurs.

Tels n'étaient pas les sentiments de tous les pontifes. Nous avons déjà vu l'évêque de Rennes appuyer énergiquement, auprès de son clergé, l'adoption du sénatus-consulte qui devait transformer le fauteuil présidentiel en trône. Une des premières solennités religieuses de l'Empire restauré en donna un nouvel exemple : cette solennité fut la restitution au culte de l'église de Sainte-Geneviève.

Etrange coïncidence des événements! le hasard ne semblet-il pas s'être plu à associer cet édifice à toutes les crises, à toutes les vicissitudes, à toutes les fluctuations de la société moderne. C'est sous l'invocation de la sainte bergère de Nanterre que son dôme élève originairement au-dessus de Paris sa croix d'or. Il est à peine achevé que le signe de la Rédemption tombe de sa coupole, et que ce sanctuaire encore vide de Dieu, du Dieu fait chair, voit les tombes de Voltaire et de Rousseau remplacer sous ses voûtes silencieuses la châsse de Sainte-Geneviève, *œuvre*, comme le déclare en son style peu français certain procès-verbal de 1793, *du ci-devant soi-disant saint Eloi, orfèvre et évêque de Paris*.

La gloire humaine tente alors de s'en faire un temple. Vanité de l'orgueil ! un temple dont les autels étaient des tombeaux, et des tombeaux dont une philosophie aveuglée par la passion avait éteint la lampe sainte. Aux grands hommes la patrie reconnaissante ! Oh ! qu'ils y reposent, non dans cette ombre glaciale où ne brille aucune espérance, mais sous les bras de cette croix radieuse, qui reflète sur la tombe un éclat immortel ; sous la garde de cette religion sainte qui mêle aux cendres de la chair l'encens de la prière et la myrrhe des divins espoirs.

Ce fut le 3 janvier 1853 que la pieuse bergère prit de nouveau possession de la noble basilique dont l'avait déjà expulsée deux fois une réaction victorieuse. Dès neuf heures du matin la foule accourue des quartiers les plus éloignés se pressait autour du monument, avide de pénétrer dans son enceinte.

Le bourdon de Notre-Dame, les carillons de Saint-Etienne-du-Mont, de Saint-Nicolas du Chardonnet et de Saint-Sulpice annoncèrent la sortie de l'antique cathédrale du cortége accompagnant les reliques de la sainte. La châsse portée sur leurs épaules par quatre jeunes séminaristes, vêtus d'aubes de dentelles et de dalmatiques en drap d'or, était précédée du clergé métropolitain, des chanoines honoraires, des supérieurs des séminaires diocésain, irlandais et du Saint-Esprit, des Pères dominicains, et d'un grand nombre de membres du clergé régulier et séculier ; plusieurs associations ouvrières, des congrégations religieuses et des sociétés de bienfaisance ouvraient la marche, leurs bannières en tête.

La procession prit le pont de l'Archevêché, suivit les rues des Bernardins, Saint-Victor et de la Montagne-Sainte-Geneviève, recevant les hommages et l'encens des églises qui se trouvaient sur son passage, fit le tour de la place et vint reprendre solennellement possession du sanctuaire, reconquis par une humble houlette. Entre la messe, où il pontifia, et le *Te Deum*, chanté par un chœur d'élite, l'archevêque monta en chaire et prononça le discours auquel nous faisions allusion à l'instant.

Dans l'historique rapide qu'il traça des vicissitudes traversées par cette église monumentale, il révéla les dangers de l'immixtion de la religion aux passions mondaines, et signala, comme l'une des causes, sinon comme la cause unique, des malheurs et des profanations qui avaient frappé ce sanctuaire, l'imprudence avec laquelle les ministres de Dieu avaient associé, sous le règne des Bourbons de la branche aînée, les intérêts impérissables du ciel aux intérêts transitoires de la terre et du temps. « L'autel et le trône, s'écria-t-il, furent trop solidaires. Ces tendances eurent aussi leur expression dans cette enceinte ; elles préparèrent de nouveaux malheurs à la royauté, à la Religion et à cette sainte Basilique. En sévissant contre la Religion, on crut briser un instrument de la politique humaine. »

C'était là de l'histoire, de l'histoire toute récente; mais les enseignements en étaient si généralement méconnus, qu'il était peu de vérités qui pussent être invoquées avec une utilité plus flagrante. Jamais cette pernicieuse promiscuité de principes et d'intérêts incompatibles n'avait plus ardemment enfiévré les esprits, et pourtant il eût suffi d'arrêter ses regards sur le passé pour voir, à toutes les époques, l'influence désastreuse de cette union adultère arrêter les développements du christianisme et altérer la pureté de sa pratique, jusque dans les cloîtres les plus austères et sur les siéges les plus élevés; ce n'était pas l'histoire d'une année, ni l'histoire d'un siècle; c'était l'histoire du catholicisme, depuis le premier empereur qui se proclama son protecteur en se faisant son catéchumène.

Combien cette protection ne fut-elle pas funeste au christianisme? Jusqu'alors son expansion dans le monde païen avait été si rapide et si triomphale qu'elle s'offre encore comme l'un des plus éclatants miracles qui démontrent sa divinité; les hérésies qui avaient tenté de corrompre son dogme, les schismes qui avaient tenté de déchirer ses entrailles, étaient aussitôt tombés devant la sainteté de ses pontifes et sous l'éloquence de ses docteurs. Constantin place le signe du salut au-dessus de ses étendards, mais il prend place dans les conciles et l'on ne tarde pas à reconnaître, à ses fruits, le caractère de cette sacrilége ingérance. La faveur des évêques ariens: Eusèbe de Nicomédie et Téognis de Nicée, la persécution dirigée contre saint Eustache d'Antioche et contre les évêques de Syrie les plus révérés, l'exil de saint Athanase, la disgrâce de saint Alexandre, les iniquités des faux conciles de Tyr, de Jérusalem et de Constantinople, présagent et préparent les malheurs dont, sous Constance, l'arianisme va désoler l'Église du Christ.

Mais sans remonter aux temps anciens, ce siècle ne nous offre-t-il pas une démonstration frappante des dangers de cette immixtion adultère, et en avons-nous besoin d'une preuve plus convaincante que celle que nous trouvons dans les paroles de l'archevêque de Paris. Son prédécesseur, Mgr Affre, le prélat martyr, avait déjà dit : « Le jour où un évêque prêchera une politique, même raisonnable, sa parole deviendra un objet de contradiction et sa personne un objet de haine et de dédain. » Mgr Sibour, sortant de la généralité axiomatique de cette assertion, en citait un exemple sous les voûtes mêmes du temple auguste qui avaient vu la Croix quitter le dôme d'où elle appelait les bénédictions du ciel sur Paris.

S'il était un gouvernement auquel semblât devoir s'associer naturellement le catholicisme, c'était assurément celui des Bourbons. Leur passé se confondait dans la même grandeur. Si le trône avait donné des saints et des saintes à l'Église, l'autel avait donné à l'État d'habiles conseillers et de glorieux ministres.

Quel fut pourtant le résultat de cette union?

Elle souleva une répulsion universelle ; elle suscita autant de récriminations contre la Religion que d'hostilités contre le pouvoir. La protection gouvernementale ne se fut pas plutôt étendue sur la première qu'elle en eut compromis l'autorité sainte. Le mouvement des cœurs et des esprits qui s'était reporté de nouveau vers elle, se trouva brusquement interrompu.

C'est que, il faut bien le reconnaître, la conscience humaine a des délicatesses suprêmes. Ce n'est que librement qu'il peut jaillir de ses profondeurs son acquiescement à la vérité : l'ombre même de la coercition l'y refoule ; elle se redresse, sous la contrainte, avec une raideur indomptable ; elle s'incline, on ne la courbe pas.

Aussi vit-on la réaction la plus violente éclater contre l'Église. Le XVIIIe siècle fut évoqué, fut exhumé contre elle. On lui demanda toutes ses armes ; on s'empara de toutes ses haines ; jamais les œuvres de sa philosophie négative n'avaient obtenu plus d'éditions ; l'incrédulité monta dans tous les esprits comme un vertige. Telle fut l'ensemble et la violence de l'opposition, que le gouvernement vit, à raison même du dévouement qu'on lui connaissait, sa faveur pour l'Église réduite à la plus complète impuissance.

La Religion ne recueillit de cette protection stérile que des haines et des outrages ; et quand l'heure des désastres eut sonné pour la vieille race des Capétiens, la vengeance populaire frappa à la fois l'Église et le château ; la destruction se promena de la résidence de la royauté, au temple de Dieu et au palais de l'épiscopat ; la robe du lévite, proscrite dans Paris, devint un objet d'insulte jusque dans nos campagnes ; et la persécution fut atteindre, dans l'oubli de leurs cloîtres, de pieux solitaires qui, passant leur vie entre la bienfaisance et le travail, ne songeaient au monde que pour appeler sur lui la bénédiction et le pardon.

Si un revirement salutaire s'opéra par la suite dans les esprits ; si une autre révolution vit la foule, dans toute l'ardeur de la lutte, entourer de sa vénération les emblèmes religieux qu'elle avait jadis assaillis de ses outrages ; si le peuple convia, avec un pieux respect, les ministres de la Religion à venir bénir les arbres de liberté que, dans son poétique enthousiasme, il plantait sur toutes nos places publiques, à quelle cause attribuer ce changement profond qui fit resplendir d'un doux rayonnement la croix du grand libérateur, si ce n'est à l'abstention des agitations politiques où, depuis 1830, s'était réfugié le prêtre ? Voilà ce que la voix de l'archevêque de Paris rappelait, dans cette solennité, avec une haute raison.

Mais, hélas ! sa voix ne devait soulever que le dédain et les récriminations du parti turbulent qui n'ouvrait son oreille qu'aux cris de la passion. Aussi vit-on la mesure réparatrice qui devait être à la fois une satisfaction pour les cœurs et un enseignement pour les esprits, n'exciter dans ces âmes ardentes que les joies réactionnaires des factions victorieuses ; les ressentiments prirent leur essor dans l'exaltation du triomphe ; dénaturant, ou plutôt oubliant la parole sacrée : *Abyssus abyssum invocat*, on voulut répondre à la profanation par du vandalisme ; on demanda, à grands cris, que le chef-d'œuvre de sculpture qui décore le fronton du temple fût brisé, que les cendres de Voltaire et de Rousseau, qui reposent dans les caveaux funèbres, fussent troublées dans le repos de la mort.

Voltaire surtout souleva les déclamations de ces esprits dont l'ignorance égale presque toujours le fanatisme. Ils ne savaient pas que l'hospitalité pieuse dont jouissaient ces restes illustres était protégée par cette religion même qu'outrageait leur intolérance ; que cette mère indulgente dont le calice, dans la minute suprême, peut, au toucher de la Grâce sur un cœur, épancher en reversibilité sur ce cœur tout le sang d'un Dieu, les avait reçus, dès 1778, dans sa terre bénie ; que le cercueil de l'auteur de *Zaïre* avait été inhumé, à cette époque, par les moines cisterciens de Sellières, dans le chœur de leur chapelle abbatiale; que plus tard, en 1791, il avait été déposé, sur un catafalque ardent, dans l'église de Romilly; qu'enfin la Basilique de Sainte-Geneviève, encore placée sous le vocable de la bergère de Nanterre, l'avait reçu, la même année, dans sa crypte sainte. Son droit à cet asile, avait donc obtenu, dès cette époque, une triple consécration.

Si cette tombe n'était pas protégée par cette prescription sacrée, il n'y avait plus de raison pour que la faction intolérante ne vînt au même titre attaquer chaque jour, dans l'inviolabilité des tombeaux, nos morts les plus glorieux; arracher les cendres de Pierre Corneille à sa tombe de Saint-Roch, celle de Lulli à Notre-Dame des Victoires, celles de Racine, de Boileau et de Pascal à Saint-Étienne du Mont, celles de Quinault à Saint-Louis-de-l'Ile, celles de Descartes à Saint-Germain des Prés, et tant d'autres qui attendent le suprême arrêt d'un juge plus miséricordieux à l'ombre de la Croix. Le pouvoir laissa retomber et mourir dans leur impuissance ces réclamations sans échos sérieux.

La fermeté du gouvernement était mise à une plus rude épreuve dans ses négociations avec le Saint-Siége. On n'ignorait pas au Vatican toute l'importance que l'Empereur devait attacher à ce que la voix et la main du Souverain Pontife appelassent la bénédiction du ciel sur sa couronne. C'était un moyen facile de s'acquitter de la dette contractée par la papauté envers la France, dont l'épée seule maintenait sur le front du saint Pontife, au prix de dix à douze millions par an, le diadême qu'elle lui avait reconquis.

Ce ne fut pas précisément ce dont se préoccupa son conseil. S'il songea au prix que le gouvernement français attachait au voyage de Pie IX à Paris, ce fut pour mesurer sur ce prix l'importance des concessions que l'on pouvait en réclamer et en obtenir. Les ouvertures que notre ambassadeur fit à cet effet, assure-t-on, au cabinet romain n'auraient pourtant rencontré d'abord que des protestations du désir qu'éprouvait le Saint-Père de se rendre aux vœux d'un prince vers lequel le portaient tous ses meilleurs sentiments, mais derrière cette déclaration sympathique seraient apparus aussitôt les motifs diplomatiques qui, à son vif regret, ne permettaient point au chef suprême de la Catholicité de se rendre à ce mouvement de son cœur.

Le cabinet du Vatican, selon la même version, préparait ainsi la base sur laquelle devait s'asseoir sa résistance ; cette résistance ne fut pas telle toutefois que son ton absolu pût désespérer les attaques ; il fut facile au contraire de reconnaître tout d'abord que son ambition était beaucoup plus les avantages d'une capitulation féconde, que le vain honneur d'une palme stérile.

Les objections se tempérèrent devant les observations qu'appelait cette réponse. Ce que l'on réclamait du Pape était une faveur si exceptionnelle, que de grands avantages religieux, qu'un intérêt catholique considérable pouvaient seuls le justifier aux yeux du monde catholique. Le voile de cette déclaration nouvelle était trop transparent pour que l'œil perçant d'un diplomate habile ne reconnût pas les intentions qu'il enveloppait.

Rome négociait, en ce moment, des concordats avec plusieurs puissances catholiques ; elle voulait évidemment ouvrir, avec la France, l'élaboration d'un traité de cette nature. Quelques droits de l'Etat, quelques libertés gallicanes sacrifiés à la suzeraineté pontificale seraient pour Pie IX la justification de sa complaisance partiale envers le fils aîné de l'Église. Telles furent du moins les rumeurs qui retentirent dans les palais de l'aristocratie romaine, et que recueillirent les correspondances pour les transmettre à la presse européenne.

Les discussions qui s'agitèrent dans les journaux signalèrent bientôt les chefs sur lesquels le principal secrétaire d'État de Sa Sainteté avait demandé, ou devait demander des concessions. Le point principal était la révision des dispositions du code Napoléon qui obligeaient le prêtre à ne procéder à l'accomplissement du mariage religieux que sur le certificat attestant la célébration du mariage civil, c'est-à-dire, par voie de conséquences logiques, la restitution des registres de l'état civil au clergé.

Cette question devait avoir une importance d'autant plus capitale pour la cour de Rome, qu'elle était, à cette époque, l'un des points les plus graves de ses dissentiments avec le Piémont. Cet État en effet, fort du précédent que lui offraient nos codes, couverts, sur ce point, par la sanction apostolique, voulait réaliser, dans sa législation, l'innovation opérée dans la nôtre. Quelle opposition rationnelle le Vatican pouvait-il faire à cette réforme? Ce qui était légitime au delà des Alpes pouvait-il ne pas l'être en deçà? La situation devenait bien différente si le Pape obtenait, du nouvel empereur, l'abandon de cette conquête, et le retour de la France aux us antiques.

Les dispositions de l'opinion publique en France ne pouvaient être l'objet d'un doute. Peu de tentatives étaient de nature à soulever une opposition plus énergique ; les masses populaires n'y eussent pas été moins répulsives que les classes lettrées et les légistes. Il se trouva cependant quelques hommes, aussi distingués par le talent que par le caractère, qui se crurent de force à refouler ce courant des esprits. Une brochure publiée par M. Sauzet, et un travail de M. de Vatimesnil vinrent appuyer cette thèse dont le triomphe eût été encore plus funeste à la Religion qu'à l'État.

Quelles étranges complications, en effet, n'eût pas soulevées l'application de la législation ainsi modifiée dans notre société formée d'éléments religieux si divers. Eût-on forcé tous les citoyens, quelles que fussent leurs croyances, à aller faire célébrer leur mariage par les prêtres catholiques? Quelles perturbations ne fussent pas nées de cette violation des consciences! Les ministres de chaque culte eussent-ils été investis du droit de former les unions matrimoniales de leurs coreligionnaires? Quelles difficultés alors dans la constatation de l'état civil des citoyens et dans l'établissement des lignes héréditaires?

Avait-on même réfléchi à la situation pénible que l'on créait au Sacerdoce? On sait quel nombre et quelle diversité de causes d'opposition les lois canoniques et les lois civiles créent à la célébration des mariages; quand le prêtre, obéissant à l'inspiration de sa conscience, aurait refusé de célébrer un mariage, qui aurait été juge de la question? Les tribunaux assurément. Qu'eût fait alors le prêtre devant une décision judiciaire qui l'eût placé entre le cri de sa conviction et l'arrêt de la justice? N'eût-on pas vu se renouveler le décret de prise de corps lancé par le parlement contre le curé de Saint-Etienne du Mont pour refus de sacrements.

On n'eut pas longtemps à craindre ce retour offensif du passé. On doit rendre cette justice au gouvernement que, quels que fussent ses vœux dans ses négociations inconnues avec le cabinet du Quirinal, il n'éprouva pas un instant d'indécision en présence de telles prétentions. Une note brève, nette et précise, publiée dans le *Moniteur*, ne laissa pas se prolonger ce débat. Le gouvernement déclarait qu'il n'était jamais entré dans sa pensée de modifier les conditions du mariage civil, édictées par nos codes, et dont une expérience de soixante ans avait démontré la sagesse.

Ces questions, soulevées par les esprits graves du parti, peuvent faire supposer à quelles extrémités devaient se porter les enfants perdus de sa polémique. Jamais le journalisme, même dans ses jours les plus mauvais, ne s'était laissé emporter à de telles violences. Il n'était pas de gloire nationale qui ne trouvât chaque jour un insulteur prêt à lui jeter la boue ou la pierre ; pas de question répulsive, odieuse, condamnée par la logique ou par l'histoire, qui ne trouvât incontinent un panégyriste ; les conquêtes du droit civil les plus chères à la société entière étaient attaquées, condamnées et flétries, chaque matin, avec une ignorance de la matière qui n'avait d'égale que la brutalité de l'expression ; l'égalité des partages entre les enfants était elle-même l'objet de l'anathème et des objurgations de cette polémique insensée ; oui, l'égalité dans la famille, l'égalité au foyer domestique, cette égalité sainte devant le cœur du père, — cette fraternité des âmes consacrée par la fraternité des intérêts, — n'était pas restée en dehors de cette impiété sacrilège ; et c'était, en engageant implicitement la responsabilité de la religion dans ces discussions étranges, qu'on se faisait les séides de telles énormités.

Cette polémique, ou plutôt ce pugilat littéraire, où l'insulte s'unissait à la violence, attristait d'autant plus profondément les cœurs vraiment chrétiens qu'il n'était pas seulement stérile, mais qu'il était d'un effet désastreux pour la religion sur l'esprit de tous ceux qui assistaient à ces luttes ; et c'était cette considération qui rendait plus sévères le blâme et les condamnations dont les meilleurs esprits frappaient les écrivains zélés, sans nul doute, mais passionnés et imprudents, qui se ruaient dans ces regrettables assauts.

A qui, en effet, pouvaient être utiles ces discussions dont l'accent était toujours celui de l'ironie, ou de la colère ?

Certes, ce n'était pas à leurs adversaires : on cherchait beaucoup moins à les convaincre qu'à les blesser. A cet égard les effets ont été des plus déplorables ; les discussions religieuses ont pris une âpreté dont les violences s'étaient évanouies dans dix-huit années d'apaisement ; beaucoup d'esprits élevés que les affinités morales faisaient glisser sur les pentes de la démocratie vers le christianisme ; des intelligences de la valeur de celles de Henri Martin, Jean Renaud, Louis Jourdan, Jules Simon, Eugène Pelletan et tant d'autres ont été violemment repoussées par ces intempérances, ces emportements et les sinistres évocations des préjugés les plus odieux. Auxiliaires précieux de la cause de la vérité, ils en sont devenus des ennemis redoutables. Singulier apostolat vraiment que celui de missionnaires se redressant l'œil en feu, l'écume à la bouche et les poings serrés.

Etait-ce à leurs partisans ? Quelle utilité pouvaient-ils retirer de pareils spectacles et de tels débats. Ils ne pouvaient y puiser aucun enseignement ; y trouvaient-ils quelque plaisir ? Oui, quelques-uns, mais un plaisir dangereux, une satisfaction malsaine ; car rien assurément n'était plus contradictoire au sentiment et à l'esprit chrétiens ; sentiment d'indulgence et d'amour, esprit de douceur et d'humilité. Quel abîme entre cette passion bruyante et ces saintes aspirations du solitaire : « Otez de nos cœurs, ô mon Dieu ! le soupçon, l'aigreur et la colère, tout ce qui divise, tout ce qui peut altérer la charité et diminuer l'amour fraternel (1). »

Cette violence de critique ne s'attaquait pas seulement aux écrivains rationalistes ou libéraux, elle se prenait parfois, et avec non moins d'acrimonie, aux écrivains religieux eux-mêmes. M. Gaduel, vicaire général d'Orléans, ayant publié une étude sur les ouvrages de Donozo Cortez, et ayant démontré l'existence de nombreuses hérésies dans les œuvres du fougueux panégyriste espagnol, M. Louis Veuillot lui répondit par un article tel que M. l'abbé Gaduel ne voulant pas engager la lutte dans une pareille lice, déféra cette agression à la haute juridiction de Mgr l'archevêque de Paris.

Le mandement dont Mgr Sibour frappa l'*Univers* fut tout un événement. Les motifs de cette condamnation étaient aussi graves que sévères, on en pourra juger par ces extraits : « Considérant, disait l'illustre prélat, que l'*Univers* a scandaleusement méconnu les règles de la controverse religieuse, de la charité chrétienne et même de la simple honnêteté ; qu'au lieu de discuter, selon la parole des souverains Pontifes, avec mesure et modération pour établir ses opinions et ses doctrines, il a eu recours aux facéties, au persiflage le plus insultant pour déconsidérer les personnes ; qu'il a jeté le ridicule sur le langage et la méthode des théologiens, comme si la raillerie et le mépris étaient une raison et ne pouvaient provenir aussi bien de l'ignorance que de la science...

» Considérant que si l'Eglise de France, qui se relevait tranquillement de ses ruines par les efforts unanimes de l'épiscopat et sous la haute et paternelle direction du saint-siége, est livrée depuis quelque temps à l'agitation et au trouble, si les vaines contentions et les disputes violentes y ont pris la place des controverses pacifiques et des discus-

(1) *Imitation de J.-C.*, liv. IV, ch. 9.

sions pleines de science et de charité ; si les habitudes d'irrévérence et de mépris qui prévalent dans le siècle ont fini par s'installer dans l'Eglise et y porter le désordre, on le doit surtout à cet esprit d'exagération et à cette polémique irritante...»
Ces motifs étaient suivis d'un dispositif où l'archevêque, après avoir renouvelé à l'*Univers* l'avertissement qu'il lui avait déjà donné en 1850, défendait la lecture de ce journal à tous les prêtres et à toutes les communautés religieuses de son diocèse.

Au moment où la feuille ultramontaine fut atteinte par cette sentence, son rédacteur en chef, M. Louis Veuillot, était à Rome, où l'appel devait être et fut porté devant le saint-siége. On attendit avec un impatient intérêt la décision apostolique qui allait trancher ce grave débat ; chacun savait que M. Louis Veuillot avait trouvé dans plusieurs cardinaux des protecteurs ardents et dévoués ; le pape céderait-il à ces influences et casserait-il la condamnation de l'un des plus hauts dignitaires de l'Eglise, agissant et prononçant dans la sphère de ses attributions pontificales ? C'était là ce que l'on se demandait avec anxiété.

Pie IX ne crut pas devoir rendre un arrêt. Il adressa aux évêques de France une bulle qui voulait ménager les deux parties en cause ; en recommandant la douceur, la bienveillance et la modération dans les discussions politiques, philosophiques et religieuses, il semblait sanctionner l'esprit du mandement archiépiscopal, mais il reconnaissait aussi et louait les importants services rendus à la religion par le talent, l'éloquence et l'érudition des écrivains laïcs, et donnait ainsi une satisfaction indirecte à l'*Univers* et à ses rédacteurs.

Devant cette bulle Mgr l'archevêque de Paris leva l'interdit qu'il avait lancé sur cette feuille.

CHAPITRE VIII.

AMBASSADE DU PRINCE MENSCHIKOFF.

1853

SOMMAIRE.

Le cabinet des Tuileries et la chancellerie russe. — Le ministère anglais. — Aveugles préventions. — Un bal chez la grande-duchesse Hélène. — Le tsar et sir Hamilton Seymour. — Confidences. — Rêves de Catherine. — Devoir onéreux. — La Turquie agonisante. — Nécessité de s'entendre. — Hypothèse comminatoire du tsar. — Discussion. — Arguments historiques. — Nouvelles conversations du tsar et de l'ambassadeur britannique. — Partage de l'empire turc. — L'Egypte et Candie. — La mine. — Ambassade du prince Menschikoff. — Lord Clarendon. — Lord Stratford Redcliffe. — Ses instructions. — Caractère de l'ambassadeur extraordinaire du tsar. — Portrait. — Arrivée triomphale du prince de Constantinople. — Ses visites. — Le grand visir. — Fuad-Effendi. — Scandale. — Démission. — Notice biographique. — Rifaat-Pacha. — Impression profonde. — Indignation du sultan. — Consternation du Divan. — Légations occidentales. — Demande de secours. — Paris et Londres. — Départ de la flotte française. — Immobilité de l'escadre britannique. — Négociations mystérieuses entre le prince Menschikoff et le Divan. — Arrivée des ambassadeurs de France et d'Angleterre à Constantinople. — Négociations. — Solution. — Nouvelles prétentions de la Russie. — Protectorat russe des sujets grecs du sultan. — Ultimatum. — Crise ministérielle à Constantinople. — Un nouveau cabinet. — Arrogance et intrigues. — Brusque visite du prince au sérail. — Noble fermeté du jeune sultan. — L'ambassade russe quitte Constantinople.

Le cabinet des Tuileries n'avait pas reçu, sans y attacher une importance sérieuse, la communication que lui avait faite la chancellerie de Saint-Pétersbourg, par l'intermédiaire de son ambassadeur à Paris; il ne s'était pas seulement demandé ce que pouvaient être ces nouvelles et énergiques démarches que le gouvernement russe pouvait faire auprès de la Porte, après la lettre arrogante du tsar au padischah, et les déclarations menaçantes de ses représentants au Divan; il porta cette communication à la connaissance du ministère britannique, en appelant son attention sur la nature et sur la portée probables des projets de la Russie.

Le cabinet de Saint-James ne partagea pas ses alarmes. Les prévenances et les protestations de l'empereur Nicolas lui avaient inspiré une confiance qui touchait presque à l'aveuglement. Et pourtant, la lumière se faisait chaque jour autour de lui jusqu'à lui brûler les yeux. Qu'il eût traité avec légèreté les incidents, si caractérisés pourtant par leurs principes et par leurs formes, de l'intrigue diplomatique qui s'agitait à Constantinople, on le conçoit jusqu'à un certain point, en songeant aux préventions que pouvait susciter dans son esprit l'hostilité de l'Angleterre contre l'influence de la France dans le Levant; mais qu'au milieu des confidences dont sir H. Seymour était alors l'organe entre la cour de Saint-Pétersbourg et le *Foreign-Office*, il conservât sa sécurité, c'est ce qui est beaucoup plus difficile à concilier avec l'habileté défiante de la diplomatie britannique. Arrêtons-nous un instant sur ce grave épisode de la question d'Orient, dont l'Angleterre fit, jusqu'en 1854, un mystère à la France, comme à l'Autriche et à la Prusse.

C'était au moment même où la Prusse et l'Autriche venaient de se dérober aux efforts de la chancellerie russe pour les empêcher de reconnaître le gouvernement impérial. La grande-duchesse Hélène donnait, le 9 janvier 1853, un bal intime au tsar et à sa cour. Elle reçut, sans l'avoir sollicitée, une autorisation impériale d'inviter lord et lady Seymour. Au milieu de l'éclat des lustres et des fleurs, qui sont la splendeur des fêtes dans ces climats glacés, l'empereur se dirigea gracieusement vers l'ambassadeur britannique, et après les assurances de son affection pour le comte d'Aberdeen :

— Vous connaissez, lui dit-il, mes sentiments pour l'Angleterre. Ce que je vous ai déclaré, je vous le répète : c'est toujours mon intention que les deux pays soient dans les termes d'une amitié intime (*close amity*), et je suis sûr qu'ils continueront d'être dans les mêmes sentiments. Vous êtes ici depuis quelque temps, et, comme vous l'avez vu, il n'y a que fort peu de points sur lesquels nous n'ayons point été d'accord; nos intérêts au fait sont dans presque toutes les questions les mêmes.

Puis interrompant la conversation au moment où, sur une observation du diplomate anglais, elle allait se porter de ces généralités sur une question précise : l'attitude prise par la Russie vis-à-vis l'empire français.

— Cela, reprit-il, demanderait de longues explications; je n'en parlerai donc pas pour le moment; je serais pourtant bien aise que vous entendissiez ce que j'ai à dire là-dessus; je vous prierai donc de venir me voir un matin, lorsque je serai un peu plus libre.

Cette nouvelle entrevue eut lieu le 14 janvier. Sir Hamilton Seymour, sur une invitation impériale, se rendit au palais d'hiver. L'empereur l'attendait dans son cabinet particulier, pièce d'un aspect et d'un ameublement sévères, où tout annonçait des habitudes laborieuses et stoïques; il le reçut avec la courtoisie la plus bienveillante.

Le tsar entra de suite en matière.

— Vous n'ignorez pas, dit-il à l'ambassadeur, aussitôt que, sur son invitation, il se fut assis, les rêves et les plans dans lesquels se complaisait l'impératrice Catherine. Ils ont été transmis jusqu'à nos jours. Quant à moi, héritier de ses immenses possessions territoriales, je n'ai pas hérité de ses visions, ou de ses projets, si vous voulez. Au contraire, mon empire est si vaste, placé, sous tous les rapports, si heureusement, que ce serait déraisonnable de ma part de désirer plus de territoire ou de pouvoir que je n'en possède. Je suis le premier à vous dire que notre grand, peut-être notre seul danger naîtrait d'une extension nouvelle donnée à un empire déjà trop grand.

Le ministre plénipotentiaire répondit par une inclination d'assentiment, où la conviction entrait moins que la politesse ; c'était pour lui de ces généralités préparatoires, antinomies diplomatiques, dans la pensée contradictoire desquelles il faut chercher la vérité. Elles indiquaient le sujet sur lequel l'Empereur désirait porter l'entretien : la Turquie.

Il l'aborda de suite et de front :

— Dans l'empire ottoman, poursuivit-il, *il y a plusieurs millions de Chrétiens sur les intérêts desquels je suis appelé à veiller,* pendant que d'un autre côté, *le droit de le faire m'est garanti par des traités.* Je puis dire, en toute vérité, que je fais un usage modéré de mon droit, et j'avouerai franchement que c'est un droit accompagné quelquefois de devoirs bien gênants. Mais je ne peux pas me soustraire à l'accomplissement d'un devoir positif. Notre religion, telle qu'elle est établie dans ce pays, nous est venue d'Orient, et il y a des sentiments et des obligations qu'on ne saurait perdre de vue.

L'Empereur abordait cette fois la question avec une franchise qui ne semblait permettre aucune indécision à l'ambassadeur britannique ; la question des Lieux-Saints se trouvait enfin franchement écartée ; les prétentions de la Russie se dégageaient du nuage des complications et du vague des réticences. Ce qu'il réclamait, pour son gouvernement, c'était bien le droit d'intervention dans l'administration intérieure des États de la Porte, le protectorat positif de la majorité des sujets européens du sultan. L'ambassadeur anglais ne semble pas cependant frappé de cette énormité, qui eût mis entre les mains du tsar les destinées de l'empire d'Osman. Il y acquiesce, et l'accepte par son silence.

L'autocrate va plus loin.

« Cette puissance, poursuit-il, pour tout esprit clairvoyant qui suit attentivement sa décadence, tombe graduellement, est tombée même dans un état de décrépitude tel que, comme je vous l'ai dit l'autre jour, si désireux que nous soyons de prolonger l'existence du malade (et je vous prie de croire que je désire autant que vous qu'il continue à vivre), il peut subitement mourir et nous rester sur les bras ; nous ne pouvons pas ressusciter ce qui est mort. Si l'empire turc tombe, il tombera pour ne plus se relever. Je vous demande alors s'il ne vaut pas mieux être préparé à une telle éventualité que de s'exposer au chaos, à la confusion et à la certitude d'une guerre européenne ; or, tout cela devra accompagner la catastrophe, si elle a lieu inopinément et avant qu'on ait tracé quelque plan ultérieur. Voilà le point sur lequel je désire appeler l'attention de votre gouvernement. »

Certes, le tsar ne pouvait proposer, en termes plus nets, le démembrement de la Turquie ; le sultan est un allié sans doute, mais on le suppose mourant, l'on se porte ses héritiers, et son empire n'est plus qu'une masse successorale que l'on va se partager.

Sir Hamilton Seymour semble d'abord, il est vrai, reculer devant ce rôle odieux.

— Sire, répond-il, Votre Majesté est si franche avec moi qu'elle aura la bonté de me permettre de lui parler avec la même franchise. Je lui ferai donc observer que, quelque déplorable que soit la situation de la Turquie, c'est un pays qui a, depuis longtemps, traversé des crises que beaucoup d'excellents esprits croyaient insurmontables.

Mais il avait soin d'ajouter aussitôt, ménageant ainsi à son gouvernement une complète liberté d'action par l'élasticité des restrictions qu'il glissait habilement dans sa réponse :

— Quant aux arrangements à prendre, le gouvernement de la Reine, comme Votre Majesté le sait bien, est opposé, *en règle générale*, à contracter des engagements en vue d'éventualités, et serait *peut-être* peu disposé, en particulier, à en contracter dans cette question ; si je puis m'exprimer ainsi, on éprouve toujours, en Angleterre, beaucoup de répugnance *à escompter la succession* d'un ancien ami et allié.

L'ambassadeur n'acceptait pas, c'est vrai ; mais repoussait-il cette proposition spoliatrice ? Poser une règle générale, c'est admettre implicitement les exceptions, et le *peut-être* habilement ou imprudemment jeté dans la phrase suivante devait laisser essorer l'espérance.

L'Empereur le comprit ainsi : il comprit que sir Hamilton Seymour voulait placer l'Angleterre dans une position où elle pût stipuler avec plus d'avantage les conditions auxquelles on requérait son assentiment et son concours. Dans cette hypothèse, il précisa davantage sa pensée et finit par peser sur l'indécision britannique de toutes les forces comminatoires de cette déclaration :

— Il pourrait se faire que les circonstances me missent dans le cas d'occuper Constantinople, *si rien n'est prévu, si l'on doit tout laisser au hasard*.

Pour s'expliquer le sang-froid avec lequel il reçoit une communication aussi contraire aux intérêts vitaux et à la politique traditionnelle de son pays, il faut admettre que l'ambassadeur britannique ne vit dans cette communication qu'une éventualité lointaine, ou du moins qu'il n'en saisit ni le caractère ni la portée. On en trouverait la preuve dans ce passage de la dépêche, qu'à la suite de cette entrevue il adressa à lord John Russell :

« Quant aux ouvertures auxquelles se rapporte la présente, je ferai observer à Votre Seigneurie que, comme il est de mon devoir de reproduire aussi bien mes impressions que des faits et des déclarations, je suis obligé de dire que si les paroles, le ton, les gestes peuvent servir de critérium des intentions, l'Empereur me paraît disposé à agir avec loyauté et franchise avec le gouvernement de Sa Majesté. L'Empereur a, sans aucun doute, ses propres objets en vue, et, dans mon opinion, il croit trop fortement à l'imminence des dangers qui menacent la Turquie. Je suis toutefois convaincu que pour accomplir ses vues, comme pour se prémunir contre ces dangers, l'Empereur désire sincèrement agir de concert avec le gouvernement de Sa Majesté la Reine. »

On le voit, la confiance que la parole du tsar inspire au diplomate anglais est égale à celle que ressent pour lui le cabinet de Saint-James. Elle ne peut être ébranlée par les

suggestions les plus suspectes, ni par les propositions les
plus compromettantes. On croit à sa loyauté, à sa franchise,
à ses sympathies. On ne doute ni de la sincérité de ses confidences, ni de la réalité de ses déclarations. John Russell
répond sous l'empire des mêmes impressions. Il discute les
affirmations du tsar, comme si ce prince cherchait dans les
faits qu'il énonce, dans les affirmations qu'il pose, autre
chose qu'un prétexte à ses conclusions. Le *leader* discute les
causes de désorganisation dont l'empire ottoman subirait le
travail dissolvant; il le défend des dangers dont on le re-
présente assailli. « L'éventualité que l'on prévoit, déclare
cette dépêche, n'est nullement fixée quant au temps. Lorsque
Guillaume III et Louis XIV disposaient, par traité, de la succession de Charles II d'Espagne, ils pourvoyaient à une éventualité qui ne pouvait pas être éloignée; les infirmités du roi
d'Espagne et le terme certain de toute vie humaine rendaient
cette éventualité à la fois sûre et prochaine. La mort du roi
d'Espagne n'a pas été accélérée par le traité de partage.
On peut en dire autant des dispositions prises d'avance,
dans le siècle dernier, au sujet de la Toscane, en prévision
de la mort du dernier prince de la maison de Médicis. Mais
la perspective de la dissolution de l'empire ottoman est d'un
tout autre genre : elle peut se réaliser dans vingt, dans cinquante, dans cent ans. En de telles circonstances, il serait
peu compatible avec les dispositions qui animent l'empereur de Russie, non moins que Sa Majesté la reine de la
Grande-Bretagne à l'égard du sultan de disposer à l'avance
de ses provinces. »

Il fallut une nouvelle conversation entre l'autocrate et
l'ambassadeur pour dessiller enfin les yeux du diplomate; ce
fut encore au milieu de l'éclat prestigieux d'une fête russe,

dans les somptueux salons de la grande-duchesse, femme du tsarewitch, qu'eut lieu cet important colloque; mais le ton de l'empereur fut cette fois si tranchant, si formel, si absolu, que sir Hamilton Seymour terminait en ces termes la lettre dans laquelle il en rendait compte à lord John Russell :

« — J'ai à peine besoin de faire observer à Votre Seigneurie que cette courte conversation fournit un sujet aux plus sérieuses réflexions.

» Il ne saurait y avoir de doute qu'un souverain qui insiste avec une telle opiniâtreté sur la chute imminente d'un État voisin, n'ait arrêté dans son esprit que l'heure est venue, *non pas d'attendre sa dissolution, mais de la provoquer.* »

Et, en effet, dans l'entrevue qui eut lieu le lendemain dans le cabinet de l'empereur, ce prince, rejetant tout euphémisme diplomatique et tous ambages, abordait résolument la grande question qu'il avait laissée jusque-là flotter dans le vague des possibilités, et jetait au Cerbère britannique ses gâteaux de miel. « Les principautés danubiennes, disait-il, sont en fait un État indépendant sous ma protection; cela peut continuer ainsi. La Servie peut prendre la même forme de gouvernement. Il en est de même pour la Bulgarie. Il n'y a pas de raison, ce me semble, pour que cette province ne forme pas un État indépendant. Quant à l'Égypte, je comprends tout à fait l'importance que ce pays a pour l'Angleterre; je puis donc dire seulement que *si, dans l'éventualité d'un partage de la succession ottomane*, à la chute de cet empire, vous preniez possession de l'Égypte, je n'aurais pas d'objections à faire. Je dirais la même chose de Candie; cette île peut vous convenir, et je ne vois pas pourquoi elle ne deviendrait pas une possession anglaise. »

La proposition était formelle jusqu'à la brutalité ; qu'elle fût acceptée, l'heure de la catastrophe sonnait. La succession allait s'ouvrir par un assassinat. C'était manifeste ; tout était préparé pour cette exécution funèbre : le prétexte on le trouvait dans la question des Lieux-Saints ; les moyens de perpétration, on les avait dans les corps d'invasion déjà massés au pied des Karpathes, et sur les plateaux de la Tauride. La pointe des poignards était sur la gorge et sur le cœur de la victime.

Cela ne frappa point ainsi le cabinet anglais. On discuta cette proposition comme une question toute à part de celle des sanctuaires syriens. C'était la vision séculaire, le rêve périodique de l'autocratie russe ; soumis en 1844 à lord Wellington par l'empereur Nicolas lui-même, il était évoqué de nouveau en 1853 pour retomber, dix années encore, dans l'oubli. Le ministère britannique n'aperçut point le lien de connexité qui unissait le conflit de Constantinople aux propositions de Saint-Pétersbourg ; il ne comprit pas que l'intervention moscovite, dans le désaccord des Latins et des Grecs, était la mèche attachée à la mine dont l'explosion allait renverser le vieil édifice de Mahomet pour que l'on pût s'en partager les ruines.

Ce fut au milieu de ces discussions que le prince Menschikoff, grand amiral et ministre de la marine russe, fut chargé de porter à Constantinople l'ultimatúm du tsar. Le ministère anglais, sur la déclaration de M. de Nesselrode, que les instructions du prince ambassadeur étaient de la nature la plus conciliante, et que le plénipotentiaire, quoique militaire, était animé des intentions les plus pacifiques, écrivait, le 16 février, au colonel Rose : « Vous aurez à tenir au ministre du sultan, au prince Menschikoff et au ministre français, un langage propre à ramener la question au point où elle était au 14 février de l'année dernière. »

Lord Clarendon ayant, sur ces entrefaites, remplacé lord John Russell à la tête du *Foreign-Office*, le caractère de la politique du cabinet de Saint-James n'en subit aucune modification. Lord Stratford de Redcliffe emporta, en retournant à Constantinople, des instructions animées du même esprit que celles adressées par son prédécesseur au chef de la légation britannique auprès du Divan.

Il devait, en se rendant à son poste, passer à Paris et à Vienne pour y avoir des entrevues avec MM. Drouyn de Lhuys, et de Buol. Ses instructions lui prescrivaient d'assurer au premier, tout en lui recommandant de la modération dans la question des Lieux-Saints, la coopération cordiale de l'Angleterre pour le maintien de l'intégrité et de l'indépendance de la Turquie, et d'attacher aussi étroitement que possible le second à la politique conservatrice en Orient. Enfin, dans ses rapports avec la Porte, il devait représenter au sultan et à ses ministres, avec tous les ménagements qu'imposent la dignité et l'indépendance d'un souverain, la nécessité d'adopter et de suivre une politique progressive et tolérante qui assurât, à toute l'étendue de l'empire, une administration juste, économe et paternelle, et qui en même temps l'affranchît des intimations violentes dont elle avait eu à subir l'injure.

Ces instructions offraient cependant une différence très-appréciable avec celles émanées de l'administration précédente. Un léger sentiment de défiance circulait à travers leurs dispositions, dont le caractère général n'avait pas cependant cessé d'être une sécurité profonde dans l'avenir; ainsi lord Clarendon y prévoyait, à plusieurs reprises, la possibilité de démonstrations militaires de nature à menacer l'indépendance et la sûreté de la Turquie, et particulièrement de Constantinople; dans le cas même où l'existence de l'empire Ottoman aurait pu être mise en danger, il avait l'autorisation d'envoyer l'ordre à l'escadre de Malte de se tenir prête à prendre la mer, au premier signal; il ne devait pas cependant l'appeler dans les Dardanelles sans avoir reçu des instructions nouvelles et positives de son gouvernement.

C'était cependant vers Constantinople que convergeaient l'attention et les regards de l'Europe entière ; c'était là que s'amoncelaient les nuages, et que chacun pressentait qu'allait éclater l'orage. Le fait culminant était la mission de l'envoyé extraordinaire du tsar. La Russie ne négligea rien, du reste, pour donner le caractère et l'appareil le plus menaçant à cette ambassade.

Le choix seul du plénipotentiaire révélait les intentions et l'objet de l'Empereur. Le prince Menschikoff n'était pas seulement un des dignitaires de l'empire russe, tenant à la haute administration par son titre de ministre, et relevant ce titre par le prestige militaire de son grade d'amiral; c'était encore, quoique petit-fils du pâtissier Danielowitch Menschikoff, favori du tsar Pierre, un des plus grands seigneurs de la cour de Russie, et de plus un très-habile diplomate. La chancellerie russe ne pouvait offrir à l'empereur Nicolas un négociateur plus en rapport avec le mandat confié à son énergie et à sa finesse. Esprit souple et fécond, aucun brusque revirement, aucun incident imprévu ne saurait le trouver en défaut; à toute objection il a une réponse : si ce n'est un argument, c'est un paradoxe, ou un sophisme ; caractère plein de fougue et d'audace, hors le regard et la parole du maître, aucune voix ne saurait couvrir la sienne, aucun regard ne peut faire ciller ses yeux. C'est le fils des steppes moscovites élevé à l'école des Metternich; une greffe de la diplomatie autrichienne entée sur un tronc sarmate.

Son extérieur et son aspect sont, du reste, en correspondance complète avec cette nature intérieure. Sa tête haute et fortement attachée, son visage carré comme toutes les faces slaves, son front arrondi et découvert, donneraient à son air quelque chose de violent et de brutal si la mobilité de ses traits, l'éclat intelligent de ses yeux n'éclairaient sa physionomie d'une expression où se tempèrent l'esprit de l'homme du monde et la dignité du boyard.

Le prince Menschikoff arriva le 28 février à Constantinople. Tout avait été préparé, par la légation russe, dans le but de faire de son débarquement un triomphe pour l'envoyé du tsar, un événement pour la capitale ottomane. Mille rumeurs exagéraient les mouvements de troupes qui s'opéraient dans la Bessarabie. Le prince Menschikoff était venu s'embarquer à Sébastopol, ce puissant arsenal maritime et militaire de la Russie méridionale, et là, il avait d'abord inspecté, en grand appareil, l'escadre de guerre réunie sur sa rade, et le corps d'armée massé sur ses hauteurs. Ce fut sur le vapeur de guerre *le Foudroyant* qu'il vint descendre dans la Corne-d'Or, accompagné d'un personnel qui constituait plutôt l'état-major d'un général d'armée que la suite d'un ambassadeur; on remarquait parmi les officiers supérieurs dont il était presque exclusivement composé, le prince Galitzin, aide de camp de l'empereur, le comte Dimitri de Nesselrode, fils du chancelier, à qui vinrent se joindre deux jours après le vice-amiral Korniloff, adjudant-général du tsar, commandant les forces navales de la Russie dans la mer Noire, le général Nikapotchenski, commandant en chef de l'armée

qui se réunissait sur le Pruth, etc. Tout le personnel de la
légation russe, en grand costume, était venu l'attendre et le
recevoir au débarcadère de Top-Hané; dix à douze mille
Grecs, attirés par les plus actives invitations, y étaient accourus saluer, dans son illustre représentant, le protecteur de
la sainte orthodoxie. Ce fut à la tête de ce bruyant et tumul-
tueux cortége qu'il se dirigea vers le palais de l'ambassade
russe. Cette retentissante démonstration jeta la terreur dans
Constantinople, où tous les bruits de guerre répandus par la
population grecque ne cessaient de propager les évaluations
les plus exagérées des forces militaires du tsar. On attendit
avec anxiété les actes du nouvel ambassadeur.

Le prince envoya, dès le lendemain, ses lettres de créance
au ministre des affaires étrangères. Le jour suivant il se
rendit à la Porte. Le grand visir, qu'il avait fait prévenir de
sa visite, l'accueillit avec tout le cérémonial dont s'entoure,
en Turquie, la réception des ambassadeurs.

Le plus haut dignitaire de l'empire ottoman, ce pays de la
pompe et des démonstrations extérieures, ne fut pas médio-
crement surpris en voyant le plénipotentiaire impérial entrer
en simple paletot, sans rubans, ni insigne, en chapeau rond...
Il comprima le premier mouvement d'étonnement indigné
que lui causa cette outrageante violation des convenances, et
ne voulut voir, dans l'arrogant visiteur, que le représentant
d'une puissance alliée. Cette première visite, où la rudesse
du diplomate moscovite échoua contre la froide dignité du
vizir musulman, ne dura que quelques instants.

Lorsque le prince se retira, l'introducteur des ambassadeurs l'avertit qu'il était de règle invariable que tout nouvel
ambassadeur auprès du sultan se présentât chez le ministre
des affaires étrangères, immédiatement après sa visite au

grand vizir. Fuad-Effendi, conformément à cet usage, s'était rendu dans ses appartements, où, toutes les portes ouvertes, il attendait l'ambassadeur russe, entouré de tous les employés supérieurs de ses bureaux.

— Je n'ai pas de visite à faire à Fuad-Effendi, répondit le prince à voix haute. Ses manques de foi seuls ont produit les difficultés que je viens terminer à Constantinople. Je ne veux avoir aucun rapport avec lui.

Et traversant la haie de kavas, rangés devant l'entrée des appartements de Fuad-Effendi, situés près de ceux du grand vizir, il se dirigea vers la porte du sérail. Les préparatifs faits pour la réception donnaient une telle publicité à cet outrage, que le ministre ottoman crut devoir déposer sa démission, faisant tomber par cet acte de modération et d'habileté une complication qui ne pouvait que soulever de nouvelles difficultés dans des difficultés déjà inextricables.

L'éloignement de Fuad-Effendi fut une perte très-regrettable pour le ministère ottoman. Fuad, poëte et savant, mais très-habile administrateur avant tout, est un des esprits les plus distingués que le mouvement régénérateur de la Turquie ait porté à la tête des affaires. Il est fils du célèbre uléma Izzet-Mola, dont les poésies sont populaires dans tout l'Orient. D'une taille haute et souple, alliant dans ses manières la grâce à la dignité, comme dans sa conversation l'érudition à l'esprit, cet homme d'État a su se concilier l'estime et les sympathies partout où il a été appelé à prendre part à la représentation diplomatique de son pays. Le duc de Montpensier sollicita, en personne, et obtint pour lui le collier de commandeur de la Légion-d'Honneur, pendant qu'il remplissait, en 1845, les fonctions de premier drogman de l'ambassade ottomane à Paris. Employé successivement en Espagne, en

Égypte et en Russie, il a fait preuve, dans ces diverses circonstances, d'un caractère élevé, d'un esprit pénétrant et d'une raison droite et pratique.

La clairvoyance avec laquelle il étudia les forces et les ressources de la Russie, pendant la mission dont il avait été chargé à Saint-Pétersbourg, lui permettait d'apporter une lumière précieuse dans les délibérations du Divan, et d'y dissiper bien des illusions sur l'idée que le tsar avait su si généralement inspirer de sa puissance. C'était ce que le prince Menschikoff lui pardonnait moins encore que la protection qu'il avait donnée aux droits des catholiques dans la question des Lieux-Saints. Sa démission fut un triomphe pour l'ambassade russe.

Son portefeuille passa aux mains de Rifaat-Pacha. Fonctionnaire intelligent et caractère honorable, Rifaat-Pacha avait un grand défaut dans les circonstances difficiles où il venait recueillir la succession administrative de Fuad : c'était son inexpérience diplomatique. Il eût fallu un esprit exercé et rompu à toutes les intrigues des chancelleries tudesques pour lutter avec les subtilités et les audaces de la politique moscovite, et lui n'avait à lui opposer que de la fermeté et de la droiture.

La conduite du prince Menschikoff produisit dans Constantinople l'impression la plus profonde. Pendant que les Grecs exaltaient la puissance du tsar, qui pouvait atteindre ses ennemis jusqu'au sein du Divan, on se demandait dans toutes les légations si les scènes dont la Porte Ottomane venait d'être le théâtre n'étaient pas une violation flagrante du droit public et une atteinte brutale à l'indépendance d'un souverain allié. Le jeune sultan avait appris cet outrage avec une indignation qu'avaient partagée tous ses ministres.

Le grand vizir, aussi consterné qu'irrité, appela les chargés d'affaires de la France et de l'Angleterre dans le Divan. Il leur déclara que Constantinople était menacée et les pria d'appeler sans retard leurs escadres nationales à Vourla. M. Benedetti, chef de la légation française en l'absence de l'ambassadeur, et le colonel Rose, assurèrent ce haut fonctionnaire de l'empressement qu'ils allaient mettre à solliciter de leurs gouvernements l'envoi immédiat des flottes. Le vizir fut effrayé des conséquences que pouvaient amener ces délais.

— Avant que les ordres soient arrivés, s'écria-t-il, la Turquie sera perdue !

Le colonel Rose crut devoir céder à ses instances. Informé des ordres donnés par l'empereur Nicolas aux généraux des corps d'armée réunis sur la frontière des provinces danubiennes, et des approvisionnements qu'il faisait réunir dans ces contrées, il ne douta pas que la démarche de l'ambassadeur russe ne révélât les projets les plus violents, il expédia en conséquence un aviso à l'amiral Dundas, en l'invitant à conduire son escadre de Malte à l'entrée des Dardanelles.

L'impression que ces nouvelles produisirent à Paris et à Londres fut bien différente. Le gouvernement français ne balança pas à transmettre l'ordre à l'escadre de Toulon de faire voile pour la mer Egée; d'y rallier l'escadre anglaise, et d'y combiner avec elle son mouvement ultérieur vers le détroit des Dardanelles.

L'amiral de La Susse détacha un steamer léger, à l'amiral Dundas, dont l'escadre était mouillée dans la rade de Malte, pour le prévenir de son mouvement, et donna aussitôt l'ordre à ses vaisseaux de mettre à la voile.

Il fut rejoint dans l'Archipel par son aviso. L'amiral Dundas n'avait pas cru devoir obtempérer à l'appel du colonel

Rose, sans en avoir reçu la confirmation de l'amirauté britannique. L'escadre française alla jeter l'ancre dans les eaux de Salamine pour y attendre de nouveaux ordres.

Le ministère anglais se trouva d'abord divisé d'opinion ; ce furent les préventions favorables à la Russie qui finirent par triompher dans ses conseils. Loin de ratifier l'initiative énergique prise par son chargé d'affaires à Constantinople, il approuva l'amiral Dundas de ne s'être pas rendu à la réquisition du colonel Rose. « Le gouvernement de Sa Majesté, répondait lord Clarendon aux représentations de l'ambassadeur de France le comte Walewski, est disposé à se fier à l'Empereur de Russie de qui nous avons reçu les assurances les plus solennelles que c'est à la fois son intérêt et son intention de maintenir l'empire turc, et que s'il s'opérait un changement dans ses vues à cet égard, il nous en ferait part immédiatement, sans hésitation et sans réserve. Aucune communication de ce genre ne nous ayant été faite, nous sommes tenus de croire, jusqu'à preuve contraire, que la mission du prince Menschikoff n'a pas un caractère menaçant pour l'indépendance et l'intégrité de la Turquie (1). »

Cependant l'ambassadeur russe avait ouvert ses conférences avec la Porte. Sa visite officielle à Rifaat-Pacha avait eu lieu le 17 mars. Les chargés de France et d'Angleterre ne tardèrent pas à s'apercevoir des efforts que faisait l'envoyé extraordinaire de la cour de Russie, pour envelopper d'un voile mystérieux les négociations qu'il voulait nouer avec le Divan. Le colonel Rose parvint à en obtenir la confidence du grand visir. « Le prince Menschikoff a eu une conférence avec Rifaat-Pacha, il y a deux jours, lit-on dans une

(1) The earl of Clarendon to lord Cowley, march 22 1853. *Corresp.*, part. I, n° 111.

dépêche de ce diplomate. Dans cette conférence il lui a dit qu'avant de faire connaître à la Sublime Porte la nature de sa mission, il demandait à Rifaat-Pacha la promesse formelle de la Porte qu'elle ne communiquera ni au représentant de l'Angleterre, ni à celui de la France absolument rien de ce qu'il a à lui demander, ou à lui proposer; qu'il voulait que cela eût à se passer sous le sceau du plus grand secret, sans quoi il ne voulait point entrer en matière. »

Sur le refus du ministre ottoman de s'imposer une telle réserve envers des puissances qui n'avaient donné à la Turquie que des témoignages de sympathie et des preuves d'intérêt, cette confidence fut ajournée ; Rifaat ne la reçut que dans l'entrevue suivante : elle consistait dans un projet d'alliance défensive dont la Porte eût payé l'obtention par une addition secrète au traité de Kainardji. La Russie proposait au sultan de mettre à sa disposition une armée de quatre cent mille hommes et une flotte s'il avait jamais besoin de secours contre les puissances occidentales; elle demandait en compensation que les chrétiens du rit grec, habitant les Etats du sultan, fussent placés sous la protection du tsar, leur chef religieux. Cette proposition souleva une telle opposition dans le ministère ottoman, que le grand vizir déclarait au colonel Rose qu'il était bien décidé à résilier ses pouvoirs plutôt que d'accepter cette proposition fatale.

La mission du prince Menschikoff n'en était encore qu'à ce point, le 5 avril, à l'arrivée de lord Stratford de Redcliffe à Constantinople ; il ne précéda que d'un jour le nouvel ambassadeur français, M. de Lacour. La présence de ces deux diplomates imprima plus d'activité aux négociations. Pendant que le ministre de France reprenait l'affaire des Lieux-Saints, pour l'examen de laquelle on attendait son retour, lord

Stratford, déjà prévenu par M. Drouyn de Lhuys et par l'ambassadeur de France, apprenait des ministres ottomans que c'était bien moins cette question que les nouvelles propositions du prince russe qui excitaient leur anxiété.

Le Divan ne pouvait réclamer les conseils d'un homme d'État plus habile ; connaissance approfondie des hommes et des choses, pénétration des sentiments secrets, sûreté des appréciations, expérience des difficultés, perception lucide des ressources, rapidité des résolutions, il possédait à un haut degré toutes les qualités dont le Divan avait un urgent besoin dans ces circonstances critiques. « Efforcez-vous, lui dit-il, de séparer l'affaire des Lieux-Saints des autres propositions de la Russie ; poursuivez-en la solution avec toute la célérité possible. Ce point réglé, vous devenez moralement maître de la situation. Si le prince Menschikoff vous fait des propositions nouvelles, il les pose et les justifie; vous les pesez et les jugez. Dans le cas où, après un sérieux examen, vous penseriez que ces propositions seraient de nature à établir, en faveur de la Russie, une influence sur les sujets de la Porte, qui pourrait devenir dangereuse, ou embarrassante pour l'exercice de l'autorité légitime du sultan, on ne saurait contester aux ministres de Sa Hautesse le droit de les repousser. Il n'y a pas à craindre que l'empereur Nicolas tente de vous imposer ses propositions par la force. Son caractère personnel, ses obligations vis-à-vis des autres grandes puissances chrétiennes, ses fréquentes déclarations, touchant l'indépendance de l'empire turc, repoussent un pareil soupçon. Il ne pourrait jeter le masque et contraindre la Porte à accepter des propositions qui affecteraient matériellement les relations du sultan avec une portion considérable de ses sujets sans encourir un blâme sévère, sans compromettre grandement ses intérêts.

Si pourtant les prévisions les plus raisonnables étaient déjouées; si son ambassadeur était autorisé à pousser les choses aux dernières extrémités, il resterait encore à la Porte la ressource de réserver son consentement jusqu'à ce qu'elle eût consulté ceux de ses alliés qui sont, conjointement avec la Russie, parties au traité de 1841 (1). »

Ces conseils furent suivis. Le ministre ottoman seconda de tout son zèle l'ardeur de M. de Lacour à presser la solution des difficultés pendantes entre la Russie et la France. La plus grave était dans l'application accomplie à Jérusalem, à la fin de 1852, du règlement arrêté par la Porte au mois de février précédent; il fut aisé de démontrer au prince Menschikoff que les concessions faites aux Latins étaient parfaitement compatibles avec la situation acquise par les Grecs, et qui leur était assurée par le firman rendu au mois de mars.

Trois notes furent adressées à ce sujet au Divan, sous les dates du 16, du 22 mars et du 19 avril. Leur ensemble forma un commentaire des dispositions arrêtées par le sultan en faveur des deux communions; les Grecs y trouvaient une garantie contre toute tentative d'usurpation des Latins, qui n'y perdaient aucun des priviléges qui leur avaient été rendus. Ce commentaire, ayant reçu l'approbation de l'ambassadeur russe, fut revêtu de la forme des firmans. Il devint donc exécutoire sans rien enlever de leur force aux droits que la France tire des capitulations.

La question des Lieux-Saints était enfin résolue.

C'était un pas immense. Mais la Russie l'avait prévu ; et, deux jours avant le mémorandum du 17, le prince Menschikoff avait remis à Rifaat-Pacha une nouvelle plainte et des

(1) Lord Stratford de Redcliffe to the earl of Clarendon, april 6 1853, *Corresp.*, part. I, n° 150.

réclamations nouvelles. Dans cette note, du caractère le plus injurieux et le plus violent, l'arrogant diplomate, après avoir accusé de *duplicité* le prédécesseur du ministre ottoman, et ses collègues de *mauvaise foi*, démasquait enfin la pensée réelle de son maître. Il déclarait que le tsar voulait bien jeter le voile de l'oubli sur le passé, mais que s'il se contentait pour toute réparation du renvoi d'un *ministre fallacieux*, il exigeait des garanties solides pour l'avenir, et ces garanties, ajoutait-il, « il les veut formelles, positives et assurant l'inviolabilité du culte professé par la majorité des sujets chrétiens de la Sublime Porte, culte qui est celui de l'empereur et aussi celui de la majorité de ses sujets. » Il ne peut en vouloir d'autres, poursuivait-il, que celles qu'il trouvera désormais dans un acte équivalent à un traité, ou un traité, et à l'abri des interprétations d'un mandataire *malavisé* ou *peu consciencieux*.

Il ne pouvait rester aucun doute sur les projets de l'autocrate. La question accidentelle des Lieux-Saints s'effaçait pour laisser apparaître, dans toute son ampleur, l'idée séculaire de la politique russe. Ce que réclamait le tsar, c'était le droit de protéger, dans toutes les parties de l'empire ottoman, sous le sceptre des sultans, leurs sujets professant la religion chrétienne du rit grec, c'est-à-dire le droit d'intervenir entre douze mille sujets ottomans et leur souverain national, et par conséquent un droit supérieur à celui de ce souverain, sur lequel il eût plané de toute la supériorité du contrôle, et pesé de toute la puissance du redressement. Les sultans n'eussent plus été que ce à quoi semblait déjà les réduire l'insultante intervention de cet envoyé suzerain dans leur capitale, les vassaux des tsars.

Le Divan le comprit avec une sûreté d'appréciation et une

énergie de résolution que ne purent faire fléchir ni les séductions, ni les ruses, ni les menaces. Abandonnée par les ambassadeurs européens à ses propres inspirations, la Porte déclara résolument au prince diplomate qu'elle était prête à accorder à sa puissante alliée tout ce qui ne serait pas de nature à mettre en péril sa dignité et son indépendance; qu'elle s'empressait en conséquence de lui donner toute assurance à cet égard en déclarant solennellement, en face du monde entier, que les priviléges religieux des sujets ottomans chrétiens, et particulièrement de ceux appartenant à l'Église grecque, seraient à jamais scrupuleusement observés et garantis de toute injure. « Quant à conclure avec la Russie un traité à ce sujet, affirmait Rifaat-Pacha, la Porte ne pourrait jamais y consentir sans compromettre les principes fondamentaux de son indépendance et de sa souveraineté. »

Le prince Menschikoff, de son côté, pour ne laisser au padischah et à ses ministres aucun motif de supposer qu'il eût renoncé au point capital de ses réclamations, en acceptant les bases des firmans relatifs au règlement du conflit soulevé en Palestine, adressait à la Porte, le jour même où ces firmans devaient lui être remis, une nouvelle note où il lui déclarait que « n'ayant obtenu jusqu'alors aucune réponse au troisième et au plus important point de ses réclamations, la nécessité de garantir pour l'avenir les droits de la Russie, il se voyait dans l'obligation de s'adresser à Son Excellence le ministre des affaires étrangères, en renfermant cette fois ses réclamations dans les dernières limites des directions supérieures.

« Les bases de l'arrangement qu'il était chargé d'obtenir restaient dans le fond les mêmes.

» Le culte orthodoxe d'Orient, son clergé et ses possessions jouiront dans l'avenir, sans aucune atteinte, sous l'égide de S. H. le sultan, des priviléges et immunités qui leur sont accordés *ab antiquo*, et, dans un principe de haute équité, participeront aux avantages accordés aux rites chrétiens..... »

Ces points, indiqués ici sommairement, formeront l'objet d'un *sened*.

Le projet de ce *sened* était joint à cet acte, dont les derniers mots prenaient le caractère et le ton menaçant d'un *ultimatum :* « *L'ambassadeur prie S. Exc. Rifaat-Pacha de vouloir bien faire parvenir cette réponse* AVANT LE MARDI SUIVANT (10 mai). *Il ne pourrait considérer un plus long délai* QUE COMME UN MANQUE DE PROCÉDÉS ENVERS SON GOUVERNEMENT, *ce qui lui imposerait* LES PLUS PÉNIBLES OBLIGATIONS. »

Cette sommation à bref délai répandit dans le Divan la consternation qu'y avait déjà jetée l'arrivée du prince Menschikoff à Constantinople. Rifaat-Pacha s'empressa de la porter à la connaissance des ambassadeurs de France et d'Angleterre.

L'opinion de M. de Lacour n'avait pas besoin de ce nouvel incident pour être éclairée. Ce diplomate avait déjà signalé aux représentants des grandes cours européennes ce que les prétentions de la Russie avaient d'attentatoire à la souveraineté du sultan, et de menaçant pour l'équilibre du monde.

Lord Redcliffe, sous l'influence des déclarations de son cabinet, s'obstina encore à ne voir, dans ce mémorandum et dans ce projet de *sened*, qu'une question secondaire au fond, dont l'exaltation d'une forme passionnée exagérait seule la nature et le caractère.

La conviction du ministère ottoman ne put être ébranlée par cet optimisme. Reculant devant la responsabilité de la crise profonde où un refus précipitait la Turquie, mais ne pouvant conseiller l'acceptation d'un traité qu'il regardait comme destructeur de l'indépendance de son pays, il donna sa démission en masse; il voulut que le jeune sultan n'adoptât une résolution, dans des circonstances aussi critiques, qu'après s'être éclairé des lumières d'un Divan dégagé de tout antécédent et de toute prévention qui pesassent sur ses conseils.

Le choix des nouveaux hommes d'État qu'Abdul-Medjid appela dans son conseil fut fait avec autant de bonheur que de sagesse. Leurs noms offraient simultanément des garanties à l'Europe et à l'islamisme; ils représentaient à la fois la civilisation, dans ses tentatives de régénération de l'empire, et la nationalité ottomane, dans ses mœurs traditionnelles et dans sa foi. Si l'avenir y était représenté par le ministre des affaires étrangères, Rechid-Pacha, initié aux principes et aux sentiments des sociétés modernes par les trois ambassades qu'il avait remplies à Paris et à Londres; le passé osmanlis s'y personnifiait dans le grand vizir Mustapha-Pacha, dont la dignité extérieure, la modération et la fermeté offraient un des plus beaux types produits par les mœurs musulmanes. Gouverneur de l'île de Candie, il avait su s'y concilier la reconnaissance des chrétiens et le respect des ulémas les plus fanatiques.

Le nouveau ministère ne fut constitué que le 13; les délais imposés par l'ambassadeur russe étaient expirés le 10 mai. Le 15, Rechid-Pacha écrivit au prince Menschikoff pour réclamer un surcis de cinq jours, qui permit à la nouvelle administration de prendre connaissance de sa note.

Le représentant du tsar affecta de ne voir, dans cette demande, qu'un moyen dilatoire, qui ne pouvait modifier en aucune manière sa détermination. « L'ensemble des communications de la Sublime Porte, disait-il dans sa réponse, ayant convaincu le soussigné de l'inanité de ses efforts pour atteindre une solution conforme à la dignité de son auguste maître, il se trouvait appelé à déclarer qu'il considérait sa mission comme terminée. »

Il ajoutait même : « que la cour impériale de Russie ne pourrait pas, sans déroger à sa dignité et sans s'exposer à de nouvelles insultes, conserver une légation à Constantinople, et maintenir sur l'ancien pied des relations politiques avec le gouvernement turc; qu'en conséquence, et en vertu des pleins pouvoirs dont il était porteur, il quitterait Constantinople, emmenant avec lui tout le personnel de la légation impériale, à l'exception du directeur de la chancellerie commerciale, qui, avec ses employés, continuerait de protéger les intérêts des sujets russes et leur marine marchande. »

L'intervention des ambassadeurs de France, d'Angleterre, de Prusse et d'Autriche, ne put le faire revenir sur sa résolution.

Cette inflexibilité n'était du reste qu'un calcul dont les combinaisons tendaient par tous les moyens, ruses ou violences, à obtenir l'objet essentiel de sa mission... un traité qui eût ouvert les frontières de l'empire ottoman aux armées moscovites. Retiré ainsi sous sa tente, en attendant qu'il se retirât dans la dunette d'un vaisseau russe, il n'avait pas cessé de mettre en mouvement et en intrigue ses influences ottomanes et étrangères pour obtenir cet acte qui conférât au tsar un droit d'intervention dans les affaires intérieures de la Turquie, acte pour lequel, à la fin, il renonçait à la solennité d'un *sened*, et se contentait des stipulations d'une simple note. Peu lui importait la forme, pourvu qu'il obtînt le droit d'ingérence administrative qu'il réclamait; l'invasion de l'administration pouvant toujours amener l'invasion des provinces.

Réchid refusa la note comme Rifaat avait refusé le sened. Le prince Menschikoff n'avait pas cependant encore perdu tout espoir; il devait avoir, avant de partir, une dernière conférence avec les ministres. Cette conférence, fixée au 20 mai, devait avoir lieu au sérail d'été, situé sur le bord méridional du Bosphore, dans le site riant et pittoresque des Eaux-Douces. Il s'y rendait sur *le Foudroyant,* resté à sa disposition dans la Corne-d'Or, au mouillage de Top-Hané, lorsqu'une nouvelle résolution naquit soudainement dans son esprit. Sur son ordre le steamer russe précipita sa marche; il passa à toute vapeur sous les terrasses du sérail, où l'attendaient les ministres. Il se dirige vers la résidence du sultan. Le prince descend à l'improviste au débarcadère des jardins, et, sans placet préalable, demande à être reçu par Sa Hautesse.

On ne saurait s'imaginer la confusion qu'une semblable énormité jeta dans le palais, qu'en songeant au mystère dont s'enveloppe l'existence privée en Turquie, et au cérémonial presque religieux dont s'entoure la vie des padischahs. Telle était aussi l'anxiété causée par l'ambassade russe, que l'on crut devoir prévenir Abdul-Medjid de cette visite imprévue. Le jeune sultan en fut aussi blessé que surpris.

— « C'est bien !... répondit-il après un instant d'indécision, je vais recevoir le prince. Il est bon qu'il apprenne de ma bouche que mes ministres ont été les organes de mes résolutions, et que dans cette affaire mes résolutions sont inébranlables. »

Les réclamations de l'audacieux ministre vinrent se briser contre la fermeté du jeune souverain.

Le prince Menschikoff s'embarqua le lendemain avec sa

suite et le personnel de la légation russe. Son départ de Constantinople y laissa une nouvelle surprise dans la protestation suivante.

Buyukdéré, 21 mai 1853.

« Au moment de quitter Constantinople, le soussigné, ambassadeur extraordinaire de S. M. l'empereur de toutes les Russies, a appris que la Sublime Porte manifestait l'intention de proclamer une garantie pour l'exercice des droits spirituels dont se trouve investi le clergé de l'Eglise d'Orient, ce qui de fait rendrait douteux le maintien des autres priviléges dont il jouit.

» Quel que puisse être le motif de cette détermination, le soussigné se trouve dans la nécessité de faire connaître à Son Excellence le ministre des affaires étrangères qu'une déclaration, ou tout autre acte qui tendrait, tout en maintenant l'intégrité des droits purement spirituels de l'Eglise orthodoxe d'Orient, à invalider les autres droits, priviléges et immunités accordés au culte orthodoxe et à son clergé, depuis les temps les plus anciens et dont ils jouissent actuellement, serait considéré, par le cabinet impérial, comme un acte hostile à la Russie et à sa religion.

» Signé : MENSCHIKOFF. »

CHAPITRE IX.

SESSION LÉGISLATIVE.

1853

SOMMAIRE.

Convocation du sénat et du corps législatif. — Nomination de leurs dignitaires. — Les Tuileries. — Dispositions faites pour la cérémonie. — Entrée de l'Impératrice. — Arrivée de l'Empereur. — Ouverture de la séance. — Discours de Napoléon III. — Prestations de serment. — Promesses de liberté. — Aspirations du pays. — Le corps législatif. — Modifications réglementaires. — Demi-publicité. — Travaux législatifs. — Pensions civiles. — Historique de leur réglementation. — Nouveau projet. — Son mécanisme. — Son caractère. — Opposition imprévue. — Système de la commission. — Amendements. — Vote de la loi. — Loi relative au cadre de l'état-major de l'armée navale. — Unité. — Opposition. — Vieux amiraux, jeunes capitaines. — Vote du projet. — Caractère général de cette session. — Modifications judiciaires. — Loi du jury. — Ses variations. — Modifications nouvelles. — Listes des jurés. — Majorité. — Opinion des criminalistes. — Possibilité des erreurs. — Majorité simple. — Projet de loi sur le pourvoi contre les arrêts en matière pénale. — Conseils des prud'hommes. — Leur objet. — Système d'élection. — Ses modifications. — Sa constitution nouvelle. — Caisse de retraite pour la vieillesse. — Ses bienfaits. — Ses inconvénients. — Projet nouveau et amendements. — Caisse d'épargne. — Réduction de l'intérêt. — Rachat des actions de jouissance des canaux. — Budget. — Discussion. — Habile élaboration du projet. — Equilibre. — La commission. — Réductions. — Incident passionné. — M. de Montalembert. — Adoption. — Statistique de la session.

La session législative s'ouvrit avec une solennité inaccoutumée. Le Sénat et le Corps législatif avaient été convoqués, pour le 14 février 1853, par décret du 25 janvier précédent.

Ces grands corps avaient reçu leurs plus hauts dignitaires. De deux autres décrets du même jour, l'un nommait M. Mesnard premier vice-président, et M. Drouyn de Lhuys, M. le général Baraguay-d'Hilliers et M. le général comte Regnaud de Saint-Jean-d'Angély vice-présidents du Sénat; l'autre nommait M. Billault président, MM. Schneider et Reveil vice-présidents, M. le général Wast-Wimeux et M. Hébert questeurs du Corps législatif.

Le jour fixé par le premier décret, les bureaux des deux chambres arrivaient, à midi et demi, dans la cour des Tuileries, sous une nombreuse escorte de cavalerie, et au milieu d'un grand concours populaire, que n'avait pu décourager un froid assez vif et une atmosphère brumeuse, se changeant progressivement en pluie pénétrante.

Les voitures des sénateurs et des députés arrivaient isolément; elles se dirigeaient vers le pavillon de l'Horloge. Ils montaient aux galeries du premier étage, par le grand escalier d'honneur. De nombreuses députations du clergé et de la magistrature, le Conseil d'État au complet, et les officiers généraux, présents dans la capitale, y étaient déjà réunis.

Les grands corps et les députations furent introduits, à midi trois quarts, dans la salle des maréchaux, où une estrade portant un trône avait été adossée aux magnifiques cariatides dorées qui ornent cette pièce, du côté des jardins. Des banquettes en velours cramoisi, garnies de passementerie d'or, faisant face au trône, étaient réservées, à droite pour le Sénat, à gauche pour le Corps législatif. Des fauteuils pour les membres du corps diplomatique étaient placés en avant, entre des lignes de banquettes destinées au Conseil d'État. D'autres banquettes, destinées aux députations, occupaient le reste de la salle.

A une heure moins cinq minutes, un aide des cérémonies annonça l'Impératrice. Sa Majesté, précédée par son écuyer, ses chambellans, les dames du palais hors de service, sa dame d'honneur, et suivie par le grand maître, la grande maîtresse et les dames du palais de service, se dirigea, au milieu des acclamations, vers l'escalier de la galerie, où elle prit place, S. A. I. la princesse Mathilde à sa droite et S. Exc. madame la comtesse de Montijo à sa gauche ; puis LL. AA. mesdames les princesses de la famille de l'Empereur et madame la marquise de Bartolini. Les autres places de la galerie étaient occupées par la maison des princesses et par les femmes de hauts dignitaires de l'État.

Une salve de cent un coups de canon annonça, en cet instant, que l'Empereur sortait de son appartement. Son cortége entra dans la salle dans l'ordre suivant : huissiers, aides de cérémonies, officiers d'ordonnance et écuyers, préfets du palais et chambellans, maîtres des cérémonies, aides de camp, préfet du palais, grand maître des cérémonies, le grand veneur, le grand écuyer, le grand chambellan, les ministres et secrétaires d'État, Napoléon III.

Sa Majesté était en uniforme de général de division ; elle portait le grand cordon de la Légion-d'Honneur en sautoir, et sur la poitrine la simple croix de légionnaire et la médaille militaire. Elle était suivie par le grand maréchal du palais, le premier aumônier, le premier préfet du palais, le premier écuyer, le premier veneur. Le cortége s'avança vers l'estrade au bruit d'une longue acclamation ; une large nef lui avait été ménagée entre les banquettes.

Sa Majesté s'arrêta devant le trône, ayant le roi Jérôme à sa droite et le prince Napoléon à sa gauche. Des pliants avaient été réservés aux princes de la famille de l'Empereur derrière le trône, en avant des officiers de la maison impériale, et des deux côtés pour les ministres, le président, les vice-présidents et les présidents de sections du Conseil d'État. L'Empereur prit place sur le trône et dit, en s'adressant à l'assemblée debout et découverte :

« Messieurs, asseyez-vous ! »

Cet ordre exécuté, il prononça le discours suivant :

« Messieurs les sénateurs, messieurs les députés,

» Il y a un an, je vous réunissais dans cette enceinte pour
» inaugurer la Constitution promulguée en vertu des pouvoirs
» que le Peuple m'avait confiés. Depuis cette époque, le
» calme n'a pas été troublé. La loi, en reprenant son em-
» pire, a permis de rendre à leurs foyers une partie des hom-
» mes frappés par une rigueur nécessaire. La richesse na-
» tionale s'est élevée à un tel point, que la partie mobilière
» dont on peut chaque jour apprécier la valeur, s'est accrue
» à elle seule de deux milliards.

» L'activité du travail s'est développée dans toutes les in-
» dustries. Les mêmes progrès se réalisent en Afrique, où
» notre armée vient de se distinguer par d'héroïques succès.
» La forme du gouvernement s'est modifiée légalement, et
» sans secousse par le libre suffrage du peuple. De grands
» travaux ont été entrepris sans la création d'aucun impôt
» et sans emprunt. La paix a été maintenue sans faiblesse.
» Toutes les puissances ont reconnu le nouveau Gouverne-
» ment. La France a aujourd'hui des institutions qui peu-
» vent se défendre d'elles-mêmes, et dont la stabilité ne dé-
» pend pas de la vie d'un homme.

» Ces résultats n'ont pas coûté de grands efforts, parce qu'ils
» étaient dans l'esprit et dans les intérêts de tous. A ceux
» qui méconnaîtraient leur importance je répondrais qu'il

» y a quatorze mois à peine, le pays était livré aux hasards de
» l'anarchie. A ceux qui regretteraient qu'une part plus large
» n'ait pas été faite à la liberté, je répondrais : La liberté n'a
» jamais aidé à fonder d'édifice politique durable : elle le
» couronne quand le temps l'a consolidé. N'oublions pas
» d'ailleurs que si l'immense majorité du pays a confiance
» dans le présent et foi dans l'avenir, il reste toujours des
» individus incorrigibles qui, oublieux de leur propre expé-
» rience, de leurs terreurs passées, de leurs désappointements,
» s'obstinent à ne tenir aucun compte de la volonté natio-
» nale, nient impudemment la réalité des faits, et au milieu
» d'une mer qui s'apaise chaque jour davantage, appellent
» des tempêtes qui les engloutiraient les premiers.

» Les menées occultes des divers partis ne servent à cha-
» que occasion qu'à constater leur impuissance, et le Gou-
» vernement au lieu de s'en inquiéter, cherche, avant tout,
» à bien administrer la France et à rassurer l'Europe. Dans
» ce double but, il a la ferme volonté de diminuer les dépen-
» ses et les armements, de consacrer à des applications utiles
» toutes les ressources du pays, d'entretenir loyalement les
» rapports internationaux, afin de prouver aux plus incrédules,
» que lorsque la France exprime l'intention formelle de de-
» meurer en paix, il faut la croire, car elle est assez forte pour
» ne craindre et par conséquent pour ne tromper personne. »

La voix de Napoléon III fut couverte par des cris de *vive l'Empereur !* prolongés. Il continua dès que le silence fut assez rétabli pour que ses paroles pussent être entendues.

« Vous verrez, Messieurs, par le budget qui vous sera pré-
» senté, que notre position financière n'a jamais été meil-
» leure depuis vingt années, et que les revenus publics ont
» augmenté au delà de toutes les prévisions.

» Néanmoins l'effectif de l'armée déjà réduit de trente
» mille hommes dans le cours de l'année dernière, va l'être
» immédiatement encore de vingt mille.

» La plupart des lois qu'on vous présentera ne sortiront
» pas du cercle des exigences accoutumées ; c'est là l'in-
» dice le plus favorable de notre situation. Les peuples sont
» heureux quand les gouvernements n'ont pas besoin de
» recourir à des mesures extraordinaires.

» Remercions donc la Providence de la protection visible
» qu'elle a accordée à nos efforts ; persévérons dans cette
» voie de fermeté et de modération qui rassure sans irriter,
» qui conduit au bien sans violence, et prévient ainsi toute
» réaction. Comptons toujours sur Dieu et sur nous-mêmes,
» comme sur l'appui mutuel que nous nous devons ; et
» soyons fier de voir en si peu de temps ce grand pays pacifié,
» prospère au dedans, honoré au dehors. »

Ce discours, interrompu plusieurs fois par des manifestations sympathiques, fut suivi de longs vivats où le nom de l'Impératrice se trouva mêlé à celui de l'Empereur.

Dès que le silence se fut rétabli, le grand maître des cérémonies prit les ordres de Sa Majesté. Il les transmit aussitôt au ministre d'État qui se leva, et dit en s'adressant aux membres du parlement :

« — Messieurs les sénateurs, Messieurs les députés,

» Par ordre de l'Empereur, vous êtes admis à prêter, entre les
» mains de Sa Majesté, le serment prescrit par la Constitution.

» Je vais avoir l'honneur de donner lecture de la formule de
» ce serment. »

Il la lut :

« *Je jure obéissance à la Constitution et fidélité à l'Empereur.* »

Et il ajouta :

« A l'appel de son nom, chacun de MM. les sénateurs et de
» MM. les députés répondra :

» *Je le jure.* »

Il fit immédiatement l'appel nominal dans l'ordre suivant :
pour le sénat, les membres du bureau, les cardinaux, les
maréchaux, les amiraux et les autres membres de cette assemblée. Pour le corps législatif, les membres du bureau,
les questeurs, les députés.

On remarqua le silence qui suivit l'appel des noms de plusieurs députés ; surtout de ceux de MM. de Montalembert, de
Mérode, Bouhier de l'Ecluse et le duc d'Uzès.

MM. Belmontet et Véron ne répondirent pas également à
leurs noms. Pour le premier une indisposition, malgré les
rumeurs qui avaient circulé, était seule la cause de son absence. M. Véron avait des griefs contre l'administration. Il
était resté sous sa tente... pour un jour. Quant aux quatre
autres députés, c'était une démonstration d'opposition d'où
sortirent une démission, celle de M. de Mérode, et un refus
de serment, celui de M. Bouhier de l'Ecluse.

LL. AA. II. le prince Jérôme et le prince Napoléon, les
présidents du sénat et du corps législatif avaient prêté serment entre les mains de l'Empereur avant la cérémonie.

Le ministre d'Etat déclara ouverte la session législative de
1853, et invita le sénat et le corps législatif à se réunir le
lendemain, dans les locaux respectifs de leurs séances, pour
procéder aux opérations préalables de leur organisation et y
commencer leurs travaux. L'Empereur, et après lui l'Impératrice, se retirèrent au milieu d'acclamations qui ne cessèrent que lorsque Leurs Majestés eurent disparu.

Le discours du Trône, net, précis, substantiel, produisit un effet profond que n'exerçait pas d'habitude la phraséologie discrète des adresses descendant des trônes. Il embrassait à la fois le passé, le présent et l'avenir. Quant au changement qu'il constatait dans la situation du pays, on ne pouvait méconnaître un mouvement de recrudescence dans le travail, comme dans la richesse; dans le bien-être populaire, comme dans la prospérité publique. L'agitation dans le présent qu'il accusait, en l'attribuant aux vieux partis, était largement compensée par les dispositions sympathiques et bienveillantes que la politique de la France rencontrait auprès des puissances étrangères, dispositions que n'attestaient pas seulement de vagues déclarations, mais un fait positif, une preuve réelle : une nouvelle réduction dans l'effectif de l'armée. Enfin, il montrait dans l'avenir le rétablissement des libertés publiques, comme le couronnement de l'état social dont le plébiscite de novembre avait relevé l'édifice.

Certes, l'opinion libérale pouvait, avec toute raison, contester la nécessité de la suspension prolongée de ces principes de la vie morale des sociétés, et demander, au nouveau pouvoir, comment ces libertés qui pouvaient entrer utilement dans le couronnement de l'édifice n'offriraient pas un élément salutaire à ses bases; mais au milieu des déclamations réactionnaires qui s'attaquaient, chaque jour, aux plus précieuses conquêtes de la civilisation moderne, l'opinion publique prit acte, avec résignation, de cette déclaration impériale, où elle trouvait à la fois une reconnaissance et une promesse; le *Siècle* surtout se fit, non sans fermeté, l'organe de ce sentiment du pays.

Les modifications subies par les attributions du Corps législatif ne soulevèrent aucune opposition dans son sein. Si un grand nombre de ses membres regrettaient l'intervention dans l'administration financière du pays, que leur enlevait le mode de votation prescrit pour la discussion du budget, ils trouvaient une diversion dans l'exercice des nouveaux pouvoirs qui leur avaient été conférés pour la nomination des présidents de bureaux et dans la publicité dont les procès-verbaux, destinés à être publiés par le *Moniteur*, allaient faire pénétrer le demi-jour dans leurs débats. Ces résumés, soumis à l'approbation d'une commission spéciale, sur la formation de laquelle l'assemblée était toute-puissante, puisqu'elle devait être formée du président du Corps législatif et des sept présidents choisis par les bureaux, devaient dès lors être des reflets aussi vifs et aussi fidèles que le permettraient les règlements, de ces discussions dont tout le rayonnement s'était jusqu'alors éteint dans une obscurité complète.

A tous égards ce changement était une innovation heureuse et vivement désirée, surtout par les orateurs de cette assemblée législative. Il y avait sans doute encore loin de cette publicité crépusculaire au soleil du Forum qui éclairait naguère les grands intérêts publics; cependant, pour le pays lui-même, c'était un progrès.

Le premier mois de la session fut absorbé par les travaux préparatoires des bureaux ; vers le milieu du mois de mars seulement, les séances publiques de la chambre commencèrent à s'animer et à appeler l'attention sur leurs débats; le gouvernement avait fait préparer de nombreux projets de lois, dont plusieurs touchaient aux intérêts moraux et matériels, les plus graves du pays. Le plus important, au point de vue financier, était assurément le projet de loi sur les pensions civiles.

Cette juste et pieuse sollicitude sociale, qui s'étend sur la vieillesse des fonctionnaires publics, et qui entoure de sécurité et de bien-être, durant ses années d'infirmité et d'impuissance, le vieillard qui voua et usa son activité et son intelligence au service du pays, est une des généreuses inspirations, une des institutions précieuses que la France doit à la révolution de 89.

La loi du 3 août de l'année suivante est le premier monument de la reconnaissance publique qui accorde des pensions de retraite aux vieux serviteurs de l'État. Il fut élevé avec cette fermeté et cette circonspection que commande la prudence, lors même qu'elle réalise les œuvres réparatrices de la justice. Dix millions furent affectés au payement de ces pensions, mais avec la clause expresse que cette somme ne serait dépassée sous aucun prétexte. Ce fut contre cette digue que vint bientôt se briser le flot des plus justes réclamations. On eut beau fixer, avec rigidité, les conditions à remplir pour avoir droit à ces pensions de retraite ; n'accorder ces annuités viagères qu'à l'employé comptant au moins cinquante années d'âge et trente ans de services effectifs : l'insuffisance de l'allocation originaire fut immédiatement constatée.

Il fallut avoir recours à d'autres moyens pour donner à cette précieuse institution les développements qu'elle réclamait. Un arrêté du mois de brumaire an IV prescrivit une retenue, de un pour cent, sur les traitements des employés de l'enregistrement et des domaines, afin de constituer le capital de leurs pensions de retraite. Plusieurs autres administrations suivirent cet exemple ; les pensions civiles formèrent dès lors deux catégories. La dernière se généralisa tellement qu'il n'y eut bientôt plus qu'un nombre très-restreint de pensions civiles placées sous l'empire de la loi de 1790. Ce chapitre n'offrait, en 1853, que quatre cent quatre-vingt-onze pensions, dont le chiffre annuel s'élevait à 731,500 francs. N'étaient pas comprises, dans ces chiffres, les pensions allouées aux armées de terre et de mer; celles de l'armée de terre, servies directement par l'État, dépassent à elles seules trente-quatre millions.

Mais, dès 1817, les caisses des retenues cessèrent de pouvoir faire face au payement des pensions qu'elles devaient solder. L'administration dut intervenir et assurer, par une allocation temporaire de un million soixante-six mille cinq cents francs, le service de ces pensions doublement obligatoire pour le pays. Cette allocation fut portée, en 1818, à un million neuf cent cinquante-huit mille cinq cents francs, à la condition, il est vrai, qu'elle décroîtrait chaque année d'un vingtième. Vaine stipulation! les charges que ces caisses firent peser sur le trésor ne firent que s'accroître; au moment où s'ouvrit la discussion de la loi elles dépassaient quatorze millions. L'inutilité des efforts pour les restreindre avait fait sentir la nécessité d'une nouvelle législation qui réglementât la matière; le gouvernement de juillet, comme celui de la république, avait mis cet important sujet à l'étude.

Le projet de loi soumis à la discussion s'était inspiré de cette expérience, et éclairé de ces travaux; il s'était posé un but quadruple. Il ramenait d'abord la liquidation des pensions à des bases uniformes; il s'efforçait d'exonérer le trésor des charges que lui eût imposées le nombre et le taux antérieurs des pensions, en abaissant leurs quotités et en aggravant les conditions de service et d'âge qui ouvraient aux fonctionnaires publics le droit à la retraite; il généralisait le nouveau système à tous les fonctionnaires et employés dont il élevait le chiffre de soixante-dix-sept mille quatre cent soixante-quatorze, à cent cinquante-huit mille deux cent vingt-sept; enfin, il supprimait toutes les caisses spéciales de retraite, et centralisait au trésor toutes les recettes et les dépenses relatives aux pensions.

On ne peut méconnaître l'esprit économique et libéral qui caractérisait ce projet de loi; il se résumait en deux traits : l'abaissement du chiffre de chaque pension et l'extension du bienfait des retraites à un grand nombre de petits employés dont il protégeait les vieux jours contre la misère, conciliant ainsi, dans des mesures de prudence, les droits de la justice et de l'humanité avec les nécessités financières du pays.

C'était une des lois les plus démocratiques qui depuis longtemps eussent été présentées à un parlement. La chambre ne sembla pas comprendre le caractère élevé de ce projet d'une si prudente prévoyance et d'une application si pratique et si juste. Il y souleva une opposition aussi étrange qu'imprévue.

M. Gouin, rapporteur de la commission chargée de la discussion préparatoire de cette loi, la critiqua très-vivement dans son principe et dans ses dispositions les plus essentielles au point de vue de l'intérêt général des finances publiques : « Nous ne pouvons pas perdre de vue, dit-il, qu'il s'agit de fonder un avenir, de créer sur le trésor des droits définitifs dont l'importance sera considérable si nous n'avons pas la sagesse de les limiter, ainsi que l'ont constamment exigé les législateurs qui se sont occupés de cette matière depuis 1790. Mieux vaudrait un ajournement d'une année que de voter la loi avec la conviction qu'elle renferme des périls pour nos finances. »

La commission avait repoussé ce système, qui rendait le trésor *débiteur principal* de toutes les pensions, comme s'il n'était pas aussi juste que naturel que le pays se fît le dépositaire et le garant du gage de sécurité, du pain, que ses vieux serviteurs s'étaient réservé pour leurs derniers jours. Elle consentait bien à la suppression de toutes les caisses particulières de pensions administratives, et acceptait bien leur concentration dans une caisse commune, placée sous la direction du ministre des finances et alimentée par des retenues, mais elle n'entendait obliger le trésor que pour une somme fixe. Une loi postérieure eût déterminé ce concours. C'était un tout autre système que celui émané de la pensée impériale et de l'élaboration du Conseil d'État.

D'un autre côté, les fonctionnaires, et tout particulièrement les plus élevés dans l'ordre hiérarchique, regardaient le projet de l'administration comme attentatoire à leurs droits.

Les orateurs du Gouvernement défendirent énergiquement l'ensemble économique de la loi, qui triompha, mais non sans avoir rencontré dans le scrutin la vive opposition qu'elle avait soulevée dans l'assemblée. Cette loi ne passa qu'à la majorité de 154 suffrages contre 76. Le premier article n'en avait même obtenu que 132. La minorité avait réuni cent voix ; elle était parvenue cependant à faire admettre une disposition additionnelle qui n'était pas sans importance ; elle forme en ces termes l'art. 21 de la loi :

« Il sera rendu compte annuellement, lors de la présentation de la loi du budget, des pensions de retraite concédées et inscrites en vertu de la présente loi, en distinguant les charges antérieures de celles postérieures au 1er janvier 1854. »

La discussion de la loi relative au cadre de l'état-major de l'armée navale amena également des débats très-animés. La loi du 17 juin 1841, élevait à soixante-cinq ans pour les contre-amiraux et à soixante-huit pour les vice-amiraux l'âge où ces officiers généraux passaient de la section d'activité dans la section de réserve, tandis que la loi du 4 août 1839 fixait cet âge à soixante-deux ans pour les généraux de brigade et à soixante-cinq ans pour les généraux de division. L'objet de la loi nouvelle était de soumettre la retraite des officiers de terre et de mer à la même règle, en abaissant l'âge de non-activité des officiers généraux de la flotte à celui des officiers généraux de l'armée proprement dite.

Les adversaires du projet soutenaient que l'assimilation entre les états-majors des deux armées répugnait à la nature spéciale de leur mode d'activité; que l'amiral, monté sur son banc de quart, pouvait posséder toutes les qualités du chef d'escadre, quand l'âge ne laissait plus au général ni la force, ni l'activité nécessaires pour tenir la campagne et conduire ses troupes au combat; que l'âge même impliquait seul la longue expérience de la mer, qui forme un des éléments les plus précieux de la science du chef destiné à diriger les grands mouvements maritimes; que c'est là une vérité que résume aphoristiquement cette maxime de nos voisins : *vieux amiraux, jeunes capitaines*. La sanction législative consacra le projet du Gouvernement, mais après deux séances de discussion très-animées, et devant une opposition de trente et une voix.

Le caractère principal de cette session fut une réaction assez vive contre les innovations réalisées dans la loi, ou dans la vie civile, sous l'empire des idées et de l'enthousiasme qui avaient triomphé en 1848. Ce dont le gouvernement nouveau semblait se préoccuper avant tout, c'était de rendre, partout, au principe de l'autorité, sa force et son prestige.

Notre législation criminelle subit plusieurs graves modifications en ce sens, l'institution du jury surtout.

C'est à la législation anglaise que la France moderne a emprunté cette institution dont la Grande-Bretagne avait elle-même reçu la tradition de notre vieille coutume de Normandie. Mais cette institution, fermement assise, de l'autre côté du détroit, sur les bases antiques de ses mœurs dont elle semble partager l'immutabilité, a été soumise dans notre pays à toutes les fluctuations de la vie politique. De tous les gouvernements qui se sont succédé depuis 1792, il n'en est aucun qui n'ait songé à faire de cette institution l'expression de ses principes.

La monarchie de juillet avait voulu y combiner, dans une pondération que pût régler l'intervention du pouvoir, l'élément administratif et l'élément censitaire ; la révolution n'y avait vu, comme l'Angleterre, qu'une application de la souveraineté populaire à l'administration de la justice.

Le décret du 7 août 1848 disposait que la liste générale des citoyens appelés à l'exercice de cette magistrature populaire serait dressée, dans chaque commune, par le maire, sur celle des électeurs. La liste annuelle devait être arrêtée par une commission cantonale, composée du juge de paix et de délégués des conseils municipaux, sous la présidence du membre du conseil général représentant le canton.

On voit la large part que cette organisation faisait à l'élément démocratique ; le pouvoir impérial songea à la modifier dans le sens gouvernemental. La réduction du nombre des électeurs lui sembla un des éléments de la solution qu'il cherchait. Il ne jugea pas moins utile un changement complet dans la formation des listes ; des commissions cantonales formées de tous les maires de la circonscription, sous la présidence du juge de paix, devaient dresser les listes préparatoires, et la liste définitive devait être arrêtée, sur ces premières listes, par une commission supérieure formée, dans chaque arrondissement, du procureur impérial et de tous les juges de paix, sous la présidence du préfet, ou du sous-préfet.

Tel fut le projet de loi soumis au Corps législatif. Cette assemblée tenta vainement de maintenir d'une manière honoraire, sinon utile, le principe électoral dans l'organisation nouvelle, en conservant à la tête des commissions cantonales les membres des conseils généraux ; cet amendement fut repoussé catégoriquement par le conseil d'Etat. En vain M. Langlais revint-il à la charge, lors de la discussion, et représentant que cette loi aurait un caractère de réaction, ajoutait-il : « En 1848 le pouvoir électif a chassé le gouvernement, aujourd'hui le gouvernement évince le pouvoir électif; c'est une sorte de revanche qu'il prend, » la loi fut votée dans les dispositions que nous avons résumées, dispositions qui transformaient la nature et le caractère de l'institution ancienne; elles reportaient, sur le pouvoir, toute la responsabilité de l'application de l'institution nouvelle comme conséquence de la puissance exclusive qu'elles lui conféraient dans son organisation. La mission de juré cessait d'être un droit, elle devenait une fonction, et une fonction relevant du pouvoir administratif.

Ce retour vers le principe de l'autorité inspira une nouvelle et non moins grave modification à la même spécialité de notre législation criminelle : l'assemblée fut saisie d'un projet de loi relatif à la déclaration du jury.

Un des points les plus controversés, entre les criminalistes et les philosophes, est la majorité à laquelle doit être prononcée une condamnation. Si le verdict sur lequel un criminel est mis en liberté est pour la société un sujet d'inquiétude, l'erreur qui entraîne la condamnation d'un innocent est, pour les consciences et pour les cœurs, une cause d'affliction et de deuil. C'est entre ces deux écueils que la loi doit chercher l'application de ses arrêts. Or, la simple majorité peut-elle être regardée, dans les causes criminelles, comme suffisante pour déterminer une condamnation ? Prononcée à la simple majorité, la condamnation, qui parfois est une condamnation irréparable, qui peut commander le coup de hache devant trancher une existence humaine, n'est en réalité prononcée que par une seule voix. Quand il y a égalité, six voix contre six voix, les déclarations se neutralisent ; une voix se détache de celles qui absolvent et s'unit à celles qui condamnent, et à cette voix le triangle d'acier tombe en sifflant, et une tête humaine est tranchée. A cette voix le bourreau a obéi.

La plupart des criminalistes modernes se sont élevés contre ces condamnations ; ils ont calculé les nombreuses causes d'erreur qui peuvent naître de l'apparence accusatrice des circonstances, et ont effrayé l'opinion publique des flots de sang innocent, des torrents de larmes imméritées qui, d'après leurs raisonnements, doivent couler sous de pareils arrêts.

Ce fut sous l'empire de ces considérations que, pendant le gouvernement de juillet, la loi exigeait pour la condamnation une majorité de huit voix. Le décret du 6 mars 1848 avait été plus loin, il avait exigé une majorité de neuf voix ; mais, dès la même année, la législation était revenue, par le décret du 18 octobre, à la majorité de huit voix. Le nouveau décret qu'adopta le Corps législatif établit que la décision du jury, tant contre l'accusé, que sur les circonstances atténuantes, serait prise à la simple majorité, et comme s'il eût prévu l'émotion que pouvait jeter dans la conscience publique une condamnation grave, un arrêt de mort prononcé à cette simple majorité, le texte ajoutait : la déclaration du jury constate cette majorité, sans que le nombre des voix puisse y être exprimé.

Le projet de loi sur les pourvois en matière pénale, voté par la chambre, sur le rapport de M. Favart, appartenait au même ordre d'idées. Il avait pour objet la restriction de l'effet suspensif que les condamnés trouvaient dans les articles 296 et 373 du code d'instruction criminelle contre l'exécution des arrêts.

Ce fut également un retour contre l'esprit que la révolution de février avait fait prévaloir dans les lois qui soumit aux débats de l'assemblée les dispositions qui constituent la législation des conseils de prud'hommes.

On connaît l'objet de ces conseils. Ce sont des tribunaux spéciaux institués pour terminer par voie conciliatrice, ou par décisions judiciaires dans des limites strictement tracées, les différends qui s'élèvent entre les fabricants et les chefs d'atelier, ouvriers compagnons ou apprentis. La constatation de certaines contraventions industrielles et la conservation des échantillons destinés à sauvegarder la propriété des dessins et marques de fabrique sont également dans leurs attributions.

D'après leur constitution primitive, le droit de vote pour l'élection des prud'hommes n'appartenait qu'aux ouvriers patentés, et assurait aux patrons, à qui la présidence du conseil était dévolue de droit, l'avantage numérique dans la composition de ces conseils; la révolution de février fit naturellement prévaloir un système qui porta la prépondérance du côté des ouvriers; aussi les réclamations des patrons ne tardèrent-elles pas à s'élever, avec une si ardente unanimité contre ce nouveau régime, que sa réglementation dut être soumise à une révision.

Le système que le Gouvernement soumit au Corps législatif s'efforçait d'équilibrer les divers intérêts que ces arbitrages spéciaux avaient mission de concilier. Ces conseils, établis après avis des chambres de commerce, ou des chambres consultatives des arts et manufactures, doivent être composés de six membres au moins, compris les présidents et les vice-présidents, dont la nomination est réservée à l'Empereur. Sont électeurs les patrons âgés de vingt-cinq ans, patentés depuis cinq ans au moins, et depuis trois ans dans la circonscription du conseil. Ils nomment directement les patrons prud'hommes. Sont également électeurs les chefs d'atelier, contre-maîtres et ouvriers, âgés de vingt-cinq ans, exerçant leur industrie depuis cinq ans au moins, et depuis trois ans dans la circonscription; ils nomment les prud'hommes ouvriers, en nombre égal à celui des prud'hommes patrons. Tout électeur âgé de trente ans, sachant lire et écrire, est éligible. Les conseils, élus pour six années, sont rééligibles par moitié tous les trois ans. Ils peuvent être dissous par un décret de l'Empereur. Leurs jugements sont sans appel sur toutes les demandes qui n'excèdent pas un capital de deux cents francs.

Tel fut l'ensemble de la loi qu'adopta le Corps législatif; c'était le projet du Gouvernement modifié dans quelques dispositions accessoires par les amendements de la Chambre et de la Commission.

Les modifications qu'eurent à subir les lois sur la caisse de retraite pour la vieillesse et sur les caisses d'épargne étaient nécessitées par l'entraînement avec lequel avait été voté, en 1848, tout ce qui paraissait être avantageux à ces salutaires institutions. Inspirée par une pensée toute philanthropique, la caisse de retraite pour la vieillesse avait été accueillie par tous les partis avec un élan sympathique qui avait fait oublier complétement les intérêts financiers de l'Etat.

On conçoit cet accueil, dès qu'on connaît l'objet de cette fondation, que M. Jules Ouvrard, son rapporteur, exposait en ces termes : « remédier à la misère par le travail et l'économie ; offrir au pauvre, à l'ouvrier, les moyens d'assurer le repos de ses vieux jours par ses propres efforts, par l'épargne quotidienne sur le produit de ses labeurs, n'est-ce pas tout à la fois cicatriser une plaie profonde et moraliser la nature humaine en relevant sa dignité, en excitant l'émulation du bien? »

Le législateur avait, du reste, compris que dans une matière aussi nouvelle il ne pouvait que poser les bases provisoires d'une œuvre dont, après trois années d'expérience, une révision devrait poser les assises définitives. Cette expérience avait suffi pour démontrer les abus contre lesquels il fallait défendre cette institution précieuse.

Le vice principal du système était le taux de cinq pour cent assuré aux sommes déposées, et qui avait eu pour résultat d'appeler, dans cette caisse, des capitaux auxquels étaient ouverts de tout autres emplois. Pour déjouer ces spéculations, l'article 6 du projet fixait à trois mille francs, que la Commission fit réduire à deux mille, le maximum des versements annuels de chaque déposant.

Le projet de loi, très-habilement discuté par le rapporteur et modifié sur plusieurs points par les amendements de la Commission, fut voté à une majorité imposante. Il réduisait l'intérêt de 5 p. 100 à 4 et demi.

Une réduction plus considérable fut opérée sur l'intérêt

des caisses d'épargne. Cet intérêt fixé, dans l'origine, à 4 p. 100, avait été élevé à 5 par la Révolution de février; mais une loi du 30 juin 1851 l'avait abaissé à 4 et demi sans effacer sa supériorité sur le taux normal des placements solides. Le nouveau projet proposa de réduire cet intérêt à 4.

La chambre compensa cette réduction en introduisant dans la loi nouvelle plusieurs avantages en faveur des déposants. Ainsi elle étendit aux pièces, que leurs héritiers sont obligés de produire pour constater leurs droits, les immunités consacrées par la loi du 8 floréal an VII aux transferts de rentes. Les débats, éclairés par un lumineux rapport de M. Louvet, furent clos et la loi votée après un seul discours.

Cette session fut encore marquée par plusieurs lois de finances d'un haut intérêt et d'une grande portée.

L'une des principales fut celle relative au rachat des actions de jouissance des compagnies du canal du Rhône au Rhin, du canal de Bourgogne et des Quatre-Canaux. Par leur traité avec l'État, ces compagnies s'étaient engagées en 1821 et 1822 à dépenser à l'entretien et à l'exploitation de ces canaux un capital de 126 millions cent mille francs, que le Trésor devait leur avoir remboursé progressivement en 1870, tout en leur servant l'intérêt des sommes dues au taux de 5 à 6 pour cent, avec une prime de 1 à 2 pour cent, prélevée sur les produits bruts; ces compagnies devaient enfin partager avec l'Etat les bénéfices de l'exploitation de ces canaux pendant des délais dont quelques-uns se prolongeaient jusqu'en 1926; enfin le pouvoir s'était interdit le droit de modifier les tarifs sans l'assentiment des compagnies.

Cette interdiction et ces délais de jouissance pour les bénéfices desquels les compagnies avaient émis des actions, plaçaient l'État, pendant encore près de trois quarts de siècle, dans une impuissance absolue relativement aux mesures à prendre pour obtenir de l'exploitation tous les avantages que pouvait en tirer l'intérêt public; aussi, dès 1845 une loi accorda-t-elle à l'Etat, pour cause d'utilité publique, la faculté de racheter ces actions de jouissance, d'après l'estimation d'une commission arbitrale. Les prix de rachat fixés par cette commission étaient soumis à l'homologation de l'Assemblée législative, lorsqu'elle fut dissoute par le coup d'Etat du 2 décembre.

Ces prix furent sanctionnés par le Corps législatif, sur le rapport clair et précis de M. Paul de Richemont; ils formaient une somme totale de vingt-trois millions deux cent quatre-vingt mille sept cent quarante-deux francs, payable en trente annuités. Si ce vote ne mettait pas l'État en possession immédiate des mille neuf cent soixante-dix kilomètres de canaux, qui forment le principal réseau de notre navigation intérieure, il la lui assurait dans un avenir assez voisin, et l'affranchissait des obligations à longs termes qui eussent pesé sur lui et lui eussent ravi toute liberté d'exploitation.

La discussion du budget ne pouvait avoir ni le retentissement, ni l'intérêt qu'elle offrait à l'époque des débats parlementaires où elle constituait la grande lice, dans laquelle le ministère et l'opposition multipliaient leurs passes d'armes. Dans la certitude où l'on était que, quel que fût le dissentiment du Corps législatif sur un article quelconque du budget, jamais l'esprit d'opposition ne serait porté dans cette assemblée jusqu'à refuser l'ensemble des dépenses affectées à un département ministériel, la discussion se trouvait dépouillée de tout intérêt. Le pouvoir que s'était réservé l'Empereur par les droits de répartition et de virement des crédits, de modifier, de concert avec le Conseil d'Etat, les dispositions du budget rendait même purement illusoire la discussion des chapitres. Aussi fut-ce uniquement sur l'établissement même du budget que se porta l'attention publique.

Il avait été fait avec un soin et une habileté remarquables. L'Empereur y avait attaché une importance attestée par l'assiduité avec laquelle il avait présidé lui-même, aux Tuileries, presque toutes les séances dans lesquelles les propositions des divers ministères avaient été examinées par le conseil d'État.

L'exposé des motifs avait été rédigé, avec concision et lucidité, par MM. de Parieu, Stourm et Vuitry. L'ensemble des recettes, pour l'exercice de 1854, évalué à 1,520,639,572 francs, et celui des dépenses, estimé à 1,519,250,942 francs, se balançaient par un excédant de recettes de 1,388,630 francs. L'équilibre si longtemps et si vainement cherché était donc obtenu, et il était à remarquer encore que l'importante réduction opérée sur le ministère de la guerre avait été reportée sur celui des travaux publics.

Le travail de la commission ne put proposer que de très-faibles économies sur cet immense contexte d'allocations, il parvint cependant à élever l'excédant au chiffre de 3,467,630 francs. Son habile rapporteur put donc terminer son travail en ces termes : « Nous nous croyons dès lors autorisés à dire avec conviction que le budget de 1854 est en équilibre, et que cet équilibre doit passer des prévisions dans la réalité des faits, si le pays, comme nous n'en pouvons douter, continue à jouir de la même prospérité, et s'il ne survient point des événements imprévus qui motivent exceptionnellement des crédits extraordinaires pour une somme supérieure à l'excédant des prévisions. »

Les débats s'ouvrirent le 18 mai. La discussion générale

n'occupa qu'un seul jour. Les dépenses de tous les ministères furent votées dans la séance du 19; quelques orateurs se firent entendre au milieu de ces votes rapides : la situation politique et religieuse de la Suisse, la transformation du casuel perçu par les fabriques, enfin la part à faire aux notions des industries rurales dans l'enseignement primaire, furent l'objet d'observations que présentèrent successivement MM. de La Tour, Monnier de la Sizeranne et Duplan ; mais les séances ne prirent de l'animation que dans la discussion du budget des recettes. M. le comte de Montalembert ayant pris la parole, les débats se passionnèrent.

Les attaques que, dans la session précédente, il avait dirigées avec une extrême vivacité contre les décrets relatifs aux biens de la famille d'Orléans, éclatèrent avec une énergie nouvelle, malgré les interruptions du président. M. Baroche opposa à cette nouvelle philippique la souveraineté constituante et le plébiscite de novembre, qui couvraient d'une double sanction les actes qu'il attaquait, et les plaçaient légalement au-dessus de toute critique, et la discussion reprit sa marche calme et expéditive. Le budget fut adopté, dans la séance du 20, par deux cent trente-trois voix contre quatre.

La session, qui avait été prorogée de quinze jours, se termina le 28 mai.

Elle avait compté quarante-deux séances publiques et cent quatre réunions des bureaux et des commissions; cent soixante-quatorze projets de loi, dont soixante et un d'intérêt général et cent treize d'intérêt local ou privé, lui avaient été soumis; deux avaient été retirés; dix n'avaient pu se produire aux débats; cent soixante-deux avaient été discutés et votés. Le nombre des amendements présentés par le Corps législatif s'était élevé à cent trois; le conseil d'État en avait admis soixante-quatorze s'appliquant à vingt et une lois.

Quant à la part prise par le Sénat aux travaux de la session législative, elle était restée, au vœu de ses statuts, ensevelie dans le silence et le mystère de son palais. Aucune loi du Corps législatif ne l'avait forcé d'user du véto dont l'a armé la constitution.

CHAPITRE X.

LA DIPLOMATIE IMPÉRIALE.

1853

SOMMAIRE.

Clairvoyance de la diplomatie française dans la question d'Orient. — Prévention du Foreign-Office. — Désillusion. — Ordres transmis aux escadres. — Nature du désaccord entre le tsar et le sultan. — Conseil de la France à Abdul Medjid. — Un firman. — Joie des chrétiens du rit grec. — Nouvel ultimatum de la Russie. — Indignation du cabinet britannique. — Dépêche de lord Clarendon. — Réponse de lord Seymour. — Récriminations de la Russie. — Rapprochement de l'Angleterre et de la France. — La diplomatie française auprès des deux grandes cours germaniques. — Liens dynastiques. — Politique commune. — Reconnaissance. — Une conversation diplomatique. — Représentations. — Dangers d'une crise en Orient pour l'Autriche. — Intérêt de la Prusse. — Triomphe de l'intervention diplomatique de la France. — Circulaire adressée par la Russie à ses agents diplomatiques. — Son effet en Europe. — Note nouvelle. — Ordre de passer le Pruth donné aux troupes russes. — Etrange justification. — Réponse de la France. — Inexactitude des faits invoqués par la Russie. — Note de l'Angleterre. — *Alea jacta.* — Invasion des provinces moldo-valaques.

Le grand mérite de la diplomatie française fut de voir clair dans les ombres dont la politique russe s'efforça d'envelopper la question d'Orient; dès le mois de janvier 1853, dès les premiers jours du nouvel empire, elle avait entrevu que, derrière l'affaire des Lieux-Saints, la cour de Peterhoff cachait une autre pensée. L'intérêt que la Russie devait porter à cet incident religieux ne justifiait pas logiquement l'importance que sa diplomatie avait subitement attachée à cette négociation et l'ardeur dont elle l'avait aussitôt passionnée ; ses intrigues diplomatiques dans l'Europe centrale, pour faire prendre à l'Allemagne une attitude hostile à l'empire français, avaient confirmé le cabinet des Tuileries dans ses défiances, que chaque jour, que chaque fait étaient venus depuis justifier et développer.

Nous avons vu que le ministre britannique, malgré les ouvertures confidentielles du tsar, de nature pourtant à l'éclairer, n'avait point partagé ces soupçons. Quelque graves qu'eussent été les communications de M. Drouyn de Lhuys, quelque significatifs que fussent les faits sur lesquels il avait appelé son attention, le Foreign-Office avait conservé ses illusions. « Nous ne nous exagérons pas la situation, lui mandait cependant le ministre de l'Empereur, par l'intermédiaire de notre ambassadeur, M. le comte Walewski, nous la voyons telle qu'elle est. La mission de M. le prince Menchikoff à Constantinople serait déjà par elle-même un fait considérable ; mais la réunion de trois corps d'armée dans la Russie méridionale et les préparatifs qui se font à Sébastopol indiquent que si l'empereur Nicolas espère intimider la Porte, il accepte pourtant aussi l'éventualité d'une guerre avec elle. »

La gravité de ces faits ne put prévaloir ni contre la confiance dont l'apparente loyauté du tsar animait lord Aberdeen, ni contre l'influence que ce conseiller de Sa Majesté britannique exerçait sur ses collègues. Il fallut les importantes nouvelles que lord Stratford de Redcliffe transmit de Constantinople pour faire sentir au gouvernement anglais que sa bonne foi pouvait être trompée, et qu'il ne devait pas se laisser surprendre par des événements aussi graves que ceux qui menaçaient d'éclater en Orient.

A la nouvelle du brusque départ du prince Menschikoff, à la réception de la note où cet ambassadeur, en annonçant au Divan que sa mission était terminée, lui déclarait que le gouvernement du tsar *se voyait dans la nécessité de chercher, dans sa propre force*, les garanties que la Porte lui refusait, le ministère britannique adressa enfin à son ministre à Constantinople une dépêche qui mettait la flotte de Malte à sa disposition; le lendemain, il transmettait à l'amiral Dundas des instructions pour qu'il se transportât, avec les forces navales réunies sous son pavillon, à l'entrée des Dardanelles, et qu'il s'y mît en communication avec l'ambassadeur d'Angleterre auprès du sultan.

Le Gouvernement français adressa une dépêche semblable à l'amiral de la Susse, dont l'escadre était à l'ancre sur le mouillage de Salamine.

Les ordres de l'amirauté étaient conçus en termes si précis, que lord Dundas mit précipitamment à la voile, sans prendre même le temps de compléter les approvisionnements de ses vaisseaux. L'amiral français n'apporta pas la même ardeur à exécuter ses ordres; aussi trouva-t-il en arrivant à Bésica, petite baie de falaises et de sables, à la hauteur de l'île de Ténédos, sur cette côte de l'Anatolie si riche en grands souvenirs, l'escadre anglaise établie sur le mouillage, où depuis vingt-quatre heures flottaient ses pavillons. L'amiral Hamelin vint peu après prendre le commandement de notre escadre.

L'appel à la tête de nos forces navales en Orient, de cet officier, dont le nom rappelait les plus glorieux exploits de notre marine impériale, fut une nouvelle preuve de la gravité que le gouvernement français attachait aux projets de la Russie.

L'Angleterre était ébranlée, elle n'était pas encore convaincue; les représentations de la France se perdaient au milieu des assurances renouvelées de la chancellerie russe, des protestations de M. de Brunow, ambassadeur du tsar à Londres, et des déclarations affectueuses de ce prince à lord Seymour pour les membres du cabinet de Saint-James. On n'en pouvait douter à la circonspection qu'elle prescrivait à lord Redcliffe. L'attitude énergique qu'elle avait cru devoir prendre était une attitude de prudence, dont elle espérait n'être pas forcée de sortir. «Elle ne pouvait pas douter, répétait-elle sans cesse, après les déclarations qu'elle avait reçues de l'empereur Nicolas et de ses ministres, que le prince Menschikoff n'eût excédé ses instructions et que le conflit oriental ne reprît le caractère d'incident religieux qu'il avait à son origine. »

Tous les documents diplomatiques émanés du Foreign-Office, à cette époque, ne laissent aucun doute sur ce point. « J'ai dit aussi au baron de Brunow, écrivait lord Clarendon à sir Hamilton Seymour, que, dans l'opinion du gouvernement de Sa Majesté, le prince Menschikoff ne pouvait être autorisé par la cour à chercher à étendre l'influence religieuse, et, par ce moyen, la puissance politique de la Russie en Turquie, attendu que M. le comte de Nesselrode nous avait informé qu'une fois sa question des Lieux-Saints arrangée, le prince Menschikoff n'aurait plus à traiter que des affaires ordinaires, et de plus, que nous possédions les vues de l'empereur sur la nécessité de maintenir l'indépendance du sultan. Le gouvernement de Sa Majesté se trouvait donc placé dans la nécessité *ou de croire que le prince avait dé-*

passé ses instructions, ou de douter des assurances qu'il avait reçues; mais il ne s'était pas arrêté à cette dernière alternative (1). »

La France sentit qu'il importait de dissiper tous les nuages qui pouvaient encore rester sur les intentions de la Russie et de faire apparaître les prétentions de cette puissance dans tout ce qu'elles avaient de menaçant pour l'Europe. M. de Lacour reçut l'ordre d'obtenir de la Porte l'exécution immédiate d'un projet que lui avait déjà suggéré ce diplomate.

Ce qui arrêtait le Divan dans ses négociations avec le tsar, ce n'était pas la confirmation des immunités religieuses que les sultans avaient accordées à leurs sujets grecs; non-seulement Abdul-Medjid était prêt à les reconnaître, mais il était tout disposé à les développer; ce qui soulevait la répugnance et l'opposition de ce prince et de ses conseillers, c'était le caractère de l'acte où Nicolas Ier exigeait que fût déposée cette sanction, acte synallagmatique qui eût engagé l'empire ottoman envers la Russie et qui eût, par conséquent, attribué au tsar le droit de veiller à son exécution, c'est-à-dire le contrôle des actes de souveraineté du sultan dans ses États.

Mais pourquoi Abdul-Medjid n'eût-il pas prévenu cette ingérence en la rendant sans objet? Pourquoi n'eût-il pas fait spontanément, complétement et plus largement encore que n'eût pu l'exiger l'autocrate russe ce que réclamait cet impérieux voisin; que le jeune sultan confirmât, qu'il étendît même les priviléges concédés par lui et ses prédécesseurs à l'Église grecque dans tout l'empire ottoman; que les sujets bénéficiaires de ces firmans acceptassent, avec empresse-

---

(1) Correspond. comm. au Parl. Brit., part. I, n° 176.

ment et reconnaissance, comme cela serait, cet acte de générosité et de clémence, les prétentions de la Russie ne tombaient-elles pas devant cet édit de libérale souveraineté. A quel titre et sous quel prétexte pourrait-elle intervenir entre le prince magnanime et ses sujets reconnaissants ? Dans quel but d'ailleurs, puisque ce qu'elle réclamerait et plus qu'elle ne réclamerait aurait déjà été accordé ?

Le ministère ottoman comprit toute l'importance de ce conseil et ne balança pas à le suivre. Quelques jours après, le sultan, réalisant cette pensée, adressait au moine Germanos, patriarche de l'Église grecque à Constantinople, un firman qui fut communiqué à toutes les ambassades et légations étrangères.

Le prince, après avoir rappelé les actes de clémence et de générosité par lesquels il s'était constamment efforcé, depuis le commencement de son règne, d'accomplir les obligations que lui imposaient les devoirs impérieux de la royauté et les saintes obligations du califat, ajoutait : « Le plus cher de mes vœux étant de faire disparaître certains abus que la négligence et l'incurie ont peu à peu enracinés, et d'en éviter le retour pour l'avenir, je veux et désire vivement préserver, dans toutes les circonstances, de toute atteinte les priviléges particuliers que nos glorieux prédécesseurs ont octroyés aux pasteurs sacerdotaux de ceux de mes fidèles sujets qui professent la religion grecque, priviléges qui leur ont été reconnus et sanctionnés par ma personne impériale ; conserver intacts les églises et couvents grecs situés dans mes États, avec les biens, immeubles et établissements ecclésiastiques qui en dépendent ; garantir le maintien des droits et des immunités dont jouissent ces objets sacrés et leurs clercs ; en un mot, maintenir les priviléges et les concessions de ce genre formulés dans les *bérats* des patriarches et des métropolitains qui contiennent les anciennes conditions de leur investiture. »

Suivaient les prescriptions administratives qui devaient assurer l'exécution de ce décret.

La joie que ce firman excita parmi les Grecs fut d'autant plus profonde, que la position que leur avaient faite l'arrogante mission et le brusque départ du prince de Menschikoff, était plus fausse et plus critique. Cette pièce ne leur rendait pas seulement la sécurité, elle leur assurait des droits et des avantages beaucoup plus étendus qu'ils n'eussent pu en espérer du gouvernement du tsar.

Aussi cette joie se traduisit dans une adresse dont les sentiments et l'expression n'ont pour défaut que leur exagération tout orientale. « Il est hors du cercle de la possibilité, répondait au padischah le patriarche grec de Constantinople, de faire, en actes ou en paroles, les remercîments dus pour une seule des bontés, priviléges et concessions accordés à notre humble nation d'une manière propre à attirer la jalousie des autres nations et faire la gloire de la nôtre, suivant la munificence ordinaire de Sa Majesté impériale, le très-auguste et très-puissant sultan, miséricordieux envers tous, loué pour ses actions, bienfaiteur du monde, notre bienfaiteur particulier, ornement de la couronne des sultans, et faisant l'admiration des souverains du temps et de la terre par ses bontés et par ses perfections. »

Cette adresse du patriarche était, dans son enthousiasme hyperbolique, qu'expliquent le langage et les mœurs de l'Orient, l'expression sincère des sentiments que provoqua dans le cœur de tous les Grecs cette charte de leurs droits religieux. Les prévisions et les vœux de l'ambassadeur de France étaient remplis.

Cet accord complet, rétabli entre le gouvernement turc et ses sujets du rit grec, achevait de dissiper les derniers nuages dont le tsar s'était efforcé de voiler ses projets. Son désaccord avec la France, au sujet des sanctuaires de Jérusalem et de Bethléem, avait reçu une solution qu'avaient approuvée MM. Menschikoff et de Nesselrode; ses prétentions au protectorat des sujets ottomans appartenant au culte grec venaient d'être prévenus par un acte émané spontanément de la générosité du sultan, pouvait-il se montrer plus exigeant que les chrétiens grecs, revêtus des plus hautes fonctions sacerdotales, qui se déclaraient hautement reconnaissants et satisfaits.

Dans ces conjonctures un courrier russe apportait à la Porte une dépêche de M. de Nesselrode qui devait dissiper les dernières illusions des hommes d'Etat anglais dont l'empereur Nicolas avait su captiver la confiance. L'espoir qu'ils avaient fondé sur le désaveu, par la cour de Russie, de l'ultimatum arrogant du prince Menschikoff s'évanouit; non-seulement sa conduite et ses exigences furent approuvées, mais les expressions vagues des violences comminatoires renfermées dans les dernières communications de l'ambassadeur extraordinaire prenaient dans la dépêche du comte de Nesselrode un sens précis qui ne laissait aucun doute sur la destination des masses militaires concentrées sur le Pruth : « Votre Excellence est trop éclairée, mandait à Rechid-Pacha le grand chancelier de l'empire russe, pour ne pas prévoir les conséquences de l'interruption de nos relations avec le gouvernement de Sa Hautesse; elle est trop dévouée aux intérêts véritables et permanents de son souverain et de son empire pour ne pas éprouver un profond regret, *en prévision des événements qui peuvent éclater,* et dont la responsabilité pèsera tout entière sur ceux qui les provoquent. »

Et pour ne laisser les prévisions du ministre flotter dans aucune incertitude il ajoutait enfin :

« *Dans quelques semaines*, des troupes recevront l'ordre de passer les frontières de l'empire, non pas pour faire la guerre qu'il répugne à Sa Majesté d'entreprendre contre un souverain qu'elle s'est toujours plu à considérer comme un allié sincère, mais pour avoir des garanties matérielles jusqu'au moment où, ramené à des sentiments plus équitables, le gouvernement ottoman donnera à la Russie les sûretés morales qu'elle a demandées en vain, depuis deux ans, par ses représentants à Constantinople et, en dernier lieu, par son ambassadeur. » Il ne restait au Divan qu'un seul moyen de conjurer ce danger, et la dépêche le lui déclarait avec une brutalité qui dépouillait toutes les formes diplomatiques. C'était de signer la note remise par le prince Menschikoff, et de *la signer sans variantes*.

Cette dépêche que lord Stratford s'empressa de transmettre à son cabinet excita la plus vive indignation dans tous les membres du ministère britannique. L'irritation contre l'autocrate et sa diplomatie fut d'autant plus profonde que, grâce à l'intervention de lord Aberdeen, tous les ministres de la Reine s'étaient laissé plus complétement gagner par les protestations et les assurances sans cesse renouvelées du tsar et de ses ministres.

Sous l'empire de ces sentiments, lord Clarendon adressa au ministre britannique à Saint-Pétersbourg une longue dépêche destinée à être communiquée à M. de Nesselrode, où se trouvaient résumées, avec une émotion contenue dont les termes diplomatiques n'étaient pas sans amertume, toutes les déclarations que le gouvernement anglais avait reçues, dans cette question, de l'administration russe. Un trait en dessinera le caractère : du 8 janvier au 19 mai le grand chancelier de l'empire, d'aprè scette note, avait affirmé, à quinze reprises différentes, au cabinet britannique ou à ses représentants, que l'objet unique de la mission du prince Menschikoff était le règlement de la question des Lieux-Saints, et cette parole quinze fois donnée se trouvait brusquement et violemment reprise !

La réponse de lord Seymour à lord Clarendon mérite d'être recueillie par l'histoire. « Ç'a été, je puis l'affirmer à Votre Seigneurie, déclare l'ambassadeur au ministre, un grand soulagement pour moi d'apprendre que si mes rapports ont contribué à égarer le gouvernement de Sa Majesté touchant les intentions du cabinet impérial sur la Turquie, la faute ne peut en être attribuée à mon inexactitude. J'aurais pu me méprendre sur les explications et les assurances de M. de Nesselrode, si elles ne m'eussent été données qu'une fois ; mais on imaginera difficilement que j'aie pu me méprendre sur le sens de ses protestations répétées sans cesse, et l'hypothèse de ma méprise devient inadmissible lorsqu'on voit que la série des déclarations faites à l'envoyé britannique par le cabinet russe est successivement répétée au secrétaire d'Etat des affaires étrangères de Sa Majesté par le ministre russe à Londres. Je veux bien cependant avouer à Votre Seigneurie que j'ai encouru tout le blâme qui peut s'attacher à la foi complète donnée des assurances solennelles, et que ç'a été mon malheur, comme mon devoir, d'exprimer au gouvernement de Sa Majesté la confiance que m'inspiraient ces assurances.

Le revirement ne fut pas moins complet à Saint-Pétersbourg qu'à Londres; prise en flagrant délit de dissimulation préméditée, de haute astuce, la politique russe, loin de courber la tête sous les récriminations, se redressa fièrement devant la diplomatie anglaise, et, changeant de ton comme de langage, lui reprocha les démarches et les intrigues de son ambassadeur à Constantinople. Lord Stratford, selon elle, était l'auteur de tout le mal ; c'était son incurable défiance, son activité passionnée qui avaient envenimé la plaie en repoussant le baume du *sened,* ou de la note internationale qui pouvaient la guérir. Quant à la conduite du tsar, elle était au-dessus de toute insinuation défavorable, il avait la conscience d'être resté fidèle à toutes les déclarations qu'il avait faites au gouvernement anglais ; n'avait-il pas poussé la modération à ses dernières limites comme il en avait donné sa promesse ; mais en portant à la connaissance du cabinet de Londres les préparatifs militaires qui coïncidaient avec l'ouverture des négociations, il n'avait pu s'imaginer que ses hommes d'Etat pussent croire qu'il ne pourrait arriver aucun moment où il se verrait contraint d'y avoir recours. »

Il est facile maintenant de comprendre la virulence des expressions dont lord Palmerston et lord John Russell devaient caractériser la politique russe. Le gouvernement anglais était enfin éclairé. Il se rapprocha de la France avec un empressement égal à la circonspection avec laquelle il avait reçu jusqu'alors ses propositions de concert. C'était un immense avantage pour la diplomatie impériale, à laquelle l'intimité de Londres et de Saint-Pétersbourg en présence des complications de Constantinople devait faire redouter quelque intrigue mystérieuse dont l'avenir devait en effet montrer la réalité. Avec l'alliance britannique, la France dominait la situation ; quels que fussent les événements que dût faire éclater l'avenir, elle qui seule avait vaincu l'Europe, elle les attendait avec confiance : ils ne pouvaient que la grandir.

Forte de ce premier succès, elle ne s'en occupa que plus activement de le développer, en l'étendant aux deux autres puissances que la Russie avait tenté de liguer contre elle. Dès le mois de mars, en présence des mouvements militaires qui s'opéraient dans la Bessarabie, M. Drouyn de Lhuys avait chargé les légations françaises à Vienne et à Berlin, de sonder les dispositions des deux grands cabinets allemands, sur les éventualités que ces concentrations de troupes rendaient possibles, sinon menaçantes. Nos représentants avaient trouvé partout les sentiments les plus cordiaux pour la Russie et la confiance la plus absolue dans ses déclarations. Les cours de Schœnbrunn et de Postdam, comme leurs deux ministères, ne doutaient pas que la question des sanctuaires syriens ne fût la seule difficulté dont le prince Menschikoff poursuivît la solution auprès de la Porte, et dans ce conflit, l'Autriche, comme puissance catholique, confirma à la France l'assurance de son concours; mais le cabinet de Vienne, pas plus que celui de Berlin, ne put admettre que la Russie eût sur la Turquie des projets autres que ceux qu'affirmait le tsar.

On ne pouvait guère alors insister plus que ne fit la France auprès de ces gouvernements, unis à la Russie par la plupart des liens qui font les alliances intimes : les nœuds dynastiques d'abord ; si le roi Frédéric-Guillaume était le beau-frère du tsar Nicolas, l'empereur François-Joseph était leur neveu à l'un et à l'autre, sa mère l'archiduchesse Sophie étant, comme la tsarine, une princesse de la famille royale de Prusse; c'était là une cause d'alliance étroite entre leurs trois gouvernements.

Une autre cause non moins puissante était leur communauté de principes politiques. Depuis que la France de 1830 avait, du contre-coup de sa révolution, brisé la Sainte-Alliance, le pouvoir absolu avait été représenté en Europe par ces trois puissances que le sol de la Pologne soudait les unes aux autres comme un crampon d'airain ; unis par la solidarité de ce grand meurtre national, elles l'étaient encore par la pression matérielle, sinon par l'autorité morale, que la masse de leurs populations leur permettait d'exercer sur les destinées de l'Europe, et par suite sur les destinées du monde. Un dernier lien enchaînait encore l'Autriche à la Russie, celui de la reconnaissance. L'heure fatale des jours suprêmes semblait avoir sonné pour l'héritier de la maison de Habsbourg ; la pourpre de son manteau royal s'en allait par lambeaux au vent des révolutions, lorsque la Russie accourut et raffermit la couronne, au moment même où elle tombait de sa tête.

Malgré cela, l'ambassadeur de France se rappelant le mot prophétique du prince Schwarzenberg : « L'Autriche effrayera le monde par son ingratitude, » et faisant allusion aux dangers que susciterait à cette puissance une crise en Orient, crut devoir produire comme une hypothèse un secret que le gouvernement français avait deviné.

— Et si la Russie, demanda à M. le comte de Buol M. de Bourqueney, voulait provoquer une crise en Orient pour pouvoir opérer un démembrement de la Turquie ; si elle se concertait même avec un autre gouvernement ?...

— Oh ! répondit le ministre autrichien, ce n'est point là une question à trancher à un, ni à deux, c'est une solution à régler entre cinq.

L'ambassadeur de France en était resté là.

Mais les événements avaient marché depuis. A Vienne et à Berlin comme à Londres, les faits étaient venus dissiper la confiance que l'on avait donnée aux déclarations de l'empereur Nicolas. Grâce à l'habileté avec laquelle notre diplomatie avait élucidé le problème, en en dégageant l'affaire des Lieux-Saints et en éliminant les griefs des chrétiens grecs, les intentions du cabinet de Saint-Pétersbourg étaient devenues évidentes, ses projets manifestes. Ce qu'il exigeait de la Turquie c'était la constitution d'un droit qui lui permît d'intervenir dans son administration intérieure, véritable droit de suzeraineté d'où la Russie eût pu faire sortir à son gré un prétexte de guerre.

Ce fut ce que la légation française reçut l'ordre de signaler au cabinet de Vienne, en lui démontrant les dangers de tels projets pour l'empire ottoman et par suite pour l'Autriche elle-même. Nulle puissance, en effet, n'avait un intérêt plus absolu qu'elle au maintien du *statu quo*. Une crise en Orient la menaçait presque autant que la Turquie. Un démembrement de cet Etat devait nécessairement lui être fatal à elle-même. Elle n'avait rien à y gagner : elle avait tout à y perdre.

Evidemment l'empire russe s'emparerait des provinces danubiennes dont il s'était déjà arrogé le protectorat, et qui d'ailleurs lui étaient nécessaires pour s'étendre vers Constantinople. L'Autriche obtiendrait-elle comme compensation les territoires que baigne à l'est l'Adriatique ; mais, indépendamment de l'insuffisance, de la nullité de cette compensation, Slaves par leur origine, les populations de cette contrée appartiennent par leur croyance au rit grec ; ne seraient-elles pas nécessairement emportées vers la Russie par ces énergies d'assimilation ; quel effet aurait alors sur les populations méridionales de l'Autriche ce grand mouvement de réorganisation de race. Comment ces populations, de provenance slave elles-mêmes, ne seraient-elles pas irrésistiblement emportées par l'explosion de toutes leurs affinités de nature, de tous leurs instincts de nationalité. Le démembrement de l'empire autrichien serait donc une conséquence presque fatale du démembrement de l'empire turc.

Il n'était besoin que d'indiquer de telles considérations pour qu'elles fussent aussitôt comprises. M. de Buol chargea l'ambassadeur d'Autriche à la cour de Peterhoff de faire les représentations les plus sérieuses à M. de Nesselrode sur les exigences et les procédés du prince de Menschikoff, et de demander des explications sur des actes en contradiction si formelle avec les assurances que le cabinet de Vienne avait reçues de celui de Saint-Pétersbourg.

L'ambassadeur de France trouva, dans le ministère prussien, le même empressement à s'associer à ces remontrances. M. de Manteuffel fit déclarer à l'empereur Nicolas, par l'ambassadeur de Prusse, que le protectorat des chrétiens grecs réclamé du sultan par le prince ambassadeur, était, dans l'opinion du cabinet de Berlin, incompatible avec l'indépendance de la Turquie. Tout événement de nature à provoquer des complications dans la question orientale, et par suite à amener la dissolution de la Turquie, devait en effet rencontrer la plus vive opposition en Prusse.

Par sa position géographique, cette puissance ne pouvait prendre aucune part dans un démembrement de l'empire ottoman, et ce démembrement, développant nécessairement en populations, en territoire et en richesse des États rivaux, lui infligeait une infériorité relative et menaçait de la précipiter du rang de grande puissance, dont les priviléges encore récents pourraient lui être contestés.

En dehors et au-dessus de cette considération de politique européenne, il en était une autre plus spéciale et non moins impérieuse pour l'arrière-descendant des électeurs de Brandebourg que l'ambassadeur de France n'invoqua pas avec moins de puissance : ce fut celle de l'intérêt germanique ngagé dans les complications dont la Russie menaçait la paix du monde.

Le Danube, en réalité, est bien moins un fleuve autrichien qu'un fleuve allemand. Qu'est-il, en effet, sinon la grande artère de l'Europe centrale ; le canal de circulation où battent les plus larges pulsations de sa vie mercantile ; n'est-ce pas ce fleuve dont le cours charrie une importante partie des denrées étrangères nécessaires à ses besoins, et dont les flots exportent une partie importante de ses produits ? Pouvait-elle laisser la Russie s'emparer de ce fleuve dont l'occupation de la Moldavie et de la Valachie lui livrait déjà tout le cours inférieur. Abandonner à l'Autriche la revendication et la défense des intérêts germaniques dans cette grave question, n'était-ce pas lui abandonner, logiquement et de fait, les priviléges de la suprématie protectrice dont elle acceptait les charges ?

Cette considération fut décisive. Tous les désirs, toutes les sympathies de Frédéric-Guillaume durent fléchir sous cette nécessité.

La France pouvait être fière de ce concert diplomatique de l'Europe, car c'était à elle qu'en revenait tout l'honneur. C'était elle qui avait deviné, pénétré, découvert les projets de la Russie ; elle qui avait signalé le danger qui menaçait l'équilibre européen ; qui, résolue à jeter son épée entre les armées russes et Constantinople, avait envoyé sa flotte dans la mer Egée, quand la Grande-Bretagne retenait obstinément la sienne dans les eaux de Malte ; et si la Grande-Bretagne, l'Autriche et la Prusse, ralliées à la cause de la paix et du droit, faisaient, en cet instant, retentir de leurs protestations la chancellerie russe, ces protestations n'étaient que les échos de sa voix.

Le tsar sentit tout ce qu'avait de grave cette unanimité de réclamations; il comprit les difficultés que soulevait, devant ses projets, cette coalition imprévue, où figuraient ses plus intimes alliés; quelle que fût sa confiance dans les forces de son vaste empire, quelle que fût l'inflexibilité de ses résolutions, il n'hésita pas à employer tous les moyens d'influence et d'intrigue pour briser cette alliance. Une circulaire, rédigée par M. de Nesselrode, fut adressée à tous les agents diplomatiques de la Russie pour leur recommander de réagir contre l'impression produite sur l'opinion européenne par la mission du prince de Menschikoff, par un exposé justificatif de cette ambassade dont il leur envoyait le récit; c'était de ce document qu'un ancien chancelier d'Angleterre, l'un des chefs les plus considérés du vieux parti tory, lord Lyndhurst disait à la tribune : « Si la circulaire du comte de Nesselrode est authentique, je n'hésite pas à le déclarer, c'est un des documents les plus fallacieux, les plus illogiques et les plus insultants que j'aie jamais eu le malheur de lire. »

Disons-le, cette appréciation était plus que sévère. Il y aurait de l'injustice à refuser à ce mémorandum une remarquable habileté; c'était à la fois un historique partial de l'affaire des Lieux-Saints et un plaidoyer dont l'auteur convertissait les vœux en faits, pour les ériger en arguments. Ainsi par exemple le protectorat des Grecs qu'il réclamait pour le tsar, appartenait, soutenait-il, à ce prince par les traités de Kaïnardji et d'Andrinople. Alors pourquoi réclamer dans la forme d'un *sened*, ou même d'une simple note, ce qui était revêtu de l'expression bien plus solennellement obligatoire d'un double traité.

Opposant ensuite aux injustes défiances, dont il prétendait que la cour de Saint-Pétersbourg était l'objet, la modération avec laquelle elle avait usé de ce droit apocryphe, il poursuivait :

« Voilà donc, de fait, près de quatre-vingts ans que nous possédons, par écrit, le droit même que l'on nous conteste, et dont on regarde la mention qui en serait faite aujourd'hui comme devant apporter une révolution dans nos rapports avec la Porte-Ottomane, en nous conférant la souveraineté effective de l'immense majorité de ses sujets.

» Certes ! durant ce laps de temps, si nous avions été disposés à en abuser, comme d'incurables défiances le supposent, les occasions ne nous auraient pas manqué, dans les derniers temps surtout, où l'Europe, livrée à l'anarchie, les gouvernements, impuissants contre la discorde intérieure, étaient absorbés, ou distraits par les révolutions de l'Occident, et laissaient, en Orient, libre carrière aux vues ambitieuses qu'on nous prête.

» Si nous avions les intentions qu'on se plaît à nous supposer, aurions-nous attendu pour les mettre à exécution que la paix fût rétablie en Europe ? Aurions-nous disposé nos forces de manière à en offrir à nos voisins le secours moral et matériel ? Aurions-nous travaillé avec zèle, comme nous l'avons fait, à réconcilier nos alliés, à écarter tout ce qui pouvait nuire à l'union intime des puissances ? Au contraire nous aurions chercher à perpétuer leur désaccord.

» Nous aurions laissé les gouvernements européens se débattre entre eux et avec leurs peuples en révolte, et, profitant de leurs embarras, nous aurions volé sans obstacle au but de ce qu'on persiste à nommer notre politique envahissante. »

C'était ainsi que l'autocrate de toutes les Russies exhalait ses regrets et ses récriminations ; s'armant d'un passé dont il regrettait la faveur évanouie, il frappait de ses reproches la Prusse dont il s'était fait le médiateur et le patron, et de son *tu quoque*, cette Autriche, dont il avait étayé et restauré le trône croulant. Mais, après cet exposé, où les brutalités et les violences de son ambassadeur extraordinaire disparaissaient dans les protestations de la bienveillance, de la longanimité la plus généreuse, dans les sentiments les plus magnanimes, il n'en conclut pas moins en déclarant que « *quelque effort qu'il en coûtât à ses dispositions conciliantes, il se verrait bien forcé d'aviser aux moyens de se procurer, par une attitude plus prononcée, la satisfaction qu'il avait vainement essayé d'obtenir par des voies pacifiques.* »

Cette circulaire, lue avec froideur ou indignation à Paris et à Londres, fut accueillie avec bienveillance à Vienne et à Berlin ; les menaces d'exécutions violentes n'y apparaissaient qu'à travers un vague d'expressions qui semblait les faire reculer dans un lointain hypothétique, quand les déclarations expresses du 31 mai les avaient fait planer sur le terrain des événements. Le ministre autrichien ne perdit pas l'espérance de les dissiper complétement, de les faire s'évanouir.

Ce fut aussi l'objet des efforts de la diplomatie française. Tandis que M. Drouyn de Lhuys représentait à M. de Kisselef que le gouvernement russe, en recourant à la force, quand la discussion pouvait encore tout résoudre, éloignerait de lui toutes les présomptions de modération et de justice ; quand il le prévenait que l'occupation dont la Russie menaçait les principautés danubiennes ne pourrait être envisagée par la France que comme une violation de l'intégrité et de l'indépendance de la Turquie, M. le général de Castelbajac était chargé de faire entendre les mêmes avertissements à Saint-Pétersbourg.

Toutes ces démarches, tous ces avis furent inutiles; la faveur qu'avait obtenue en Allemagne la première circulaire de M. de Nesselrode avait rendu toute sa résolution au tsar. Une seconde note du grand chancelier de Russie vint annoncer à l'Europe que le sort en était jeté; que des ordres étaient donnés aux troupes russes; que le Pruth allait être franchi, le territoire ottoman violé, les provinces danubiennes envahies, et, par une prestesse de discussion qui, déplaçant les questions et dénaturant les faits, déconcerte toute logique, c'était la France et l'Angleterre qu'elle accusait d'avoir commencé les hostilités qu'elle allait ouvrir.

« En posant un ultimatum à la Porte, disait le diplomate russe, nous avions plus particulièrement informé les grands cabinets de nos intentions. Nous avions engagé nommément la France et la Grande-Bretagne à ne pas compliquer par leur attitude les difficultés de la situation; à ne pas prendre trop tôt des mesures qui, d'un côté, auraient pour effet d'encourager l'opposition de la Porte, de l'autre, engageaient plus avant qu'ils ne l'étaient dans la question l'honneur et la dignité de l'empereur.

» J'ai le regret de vous anoncer aujourd'hui que cette tentative a malheureusement été vaine.

» Les deux puissances maritimes n'ont pas cru devoir déférer aux considérations que nous avions recommandées à leur sérieuse attention. Prenant avant nous l'initiative, elles ont jugé indispensable de devancer immédiatement, par une mesure effective, celles que nous ne leur avions annoncées que comme purement éventuelles, puisque nous en subordonnions la mise à effet aux résolutions finales de la Porte, et qu'au moment même où j'écris l'exécution n'en a pas encore commencé. Elles ont sur-le-champ envoyé leurs flottes dans les parages de Constantinople. Elles occupent déjà les eaux et ports de la domination ottomane à portée des Dardanelles. Par cette attitude avancée, les deux puissances nous ont placés sous le poids d'une démonstration comminatoire, qui, comme nous le leur avions fait pressentir, devait ajouter à la crise de nouvelles complications.

» En présence du refus de la Porte, appuyé par la manifestation de la France et de l'Angleterre, il nous devient plus que jamais impossible de modifier les résolutions qu'en avait fait dépendre l'empereur.

» En conséquence, Sa Majesté Impériale vient d'envoyer au corps de nos troupes, stationné en ce moment en Bessarabie, l'ordre de passer la frontière pour occuper les Principautés.

» Elles y entrent non pour faire à la Porte une guerre offensive, que nous éviterons au contraire de tout notre pouvoir, aussi longtemps qu'elle ne nous y forcera pas, mais parce que la Porte, en persistant à nous refuser la garantie morale que nous avions droit d'attendre, nous oblige à y substituer provisoirement une garantie matérielle ; parce que la position qu'ont prise les deux puissances dans les ports et eaux de son empire, en vue même de sa capitale, ne pouvant être envisagée par nous, dans les circonstances actuelles, que comme une occupation maritime, nous donne en outre une raison de rétablir l'équilibre des situations réciproques moyennant une prise de position militaire. »

Il était trop facile de démontrer la fausseté de toutes les assertions dont la Russie faisait les bases de la justification de son invasion d'un territoire allié, pour qu'il fût habile de donner à une allégation si inconsistante des fondements aussi fragiles ; c'était assurer à ses adversaires l'avantage de la renverser sur elle de toute la gravité qu'elle avait attachée à cette élucubration justificative. Ce fut ce que ne manquèrent pas de faire la France et la Grande-Bretagne, avec autant de force que de modération.

La première, après avoir fait observer que ce n'avait été que lorsque la Russie avait rendu la situation trop menaçante pour ne pas être surveillée, que les escadres de France et d'Angleterre avaient reçu l'ordre de venir jeter l'ancre dans les eaux, parfaitement libres, de la baie de Besika, déclarait que cette mesure de prévoyance n'avait aucun caractère hostile pour la Russie; qu'elle était impérieusement commandée par la gravité des circonstances et amplement justifiée par les préparatifs de guerre, qui, depuis plusieurs mois, se faisaient en Bessarabie et sur la rade de Sébastopol.

Elle ajoutait que le motif antérieur de rupture entre le cabinet de Saint-Pétersbourg et la Porte avait, pour ainsi dire, disparu; que la question qui pouvait se poser à l'improviste à Constantinople était celle de l'existence même de l'empire ottoman ; or, que jamais le gouvernement de l'empereur Napoléon n'admettrait que de vastes intérêts se trouvassent en jeu sans revendiquer aussitôt, au nom de la France, la part d'influence et d'action qui appartient à sa puissance et à son rang dans le monde.

Passant de cette justification péremptoire à la démonstration de l'inexactitude des allégations de la Russie, il prouvait, par le rapprochement de quelques dates, que la présence des flottes dans les eaux de la Troade n'avait pu exercer aucune influence sur la décision de la Russie. C'était, en effet, par sa dépêche du 31 mai, que le comte de Nesselrode déclarait à la Porte que, sur le rejet de la note du prince Menschikoff, les troupes russes franchiraient la frontière turque,

Réception de M. de Lacour par le Sultan.

et c'était le 15 juin que les deux escadres venaient jeter leurs ancres sur leur mouillage asiatique ; qu'alors même que l'empereur Nicolas faisait annoncer à l'Europe, par une circulaire diplomatique, cette invasion du territoire ottoman, la flotte française était encore dans la baie de Salamine, et l'escadre anglaise sur la rade de Malte.

Une note de lord Clarendon complétait cette réfutation avec autant de justesse que de vigueur ; répondant à l'allégation de M. de Nesselrode, que l'occupation des ports et des eaux de la Turquie par la flotte gallo-britannique ne pouvait être balancée que par une occupation militaire de la part de la Russie : « Le gouvernement de Sa Majesté Britannique, disait-il, doit protester contre cette assertion dans les termes les plus énergiques. Il nie qu'il y ait aucune ressemblance entre la position des flottes combinées dans la baie de Besika et celle des armées russes dans les Principautés. Les flottes ont aussi bien le droit de mouiller dans la baie de Besika que dans un mouillage quelconque de la Méditerranée. Leur présence dans ces eaux n'est interdite par aucun traité ; elle ne viole aucun territoire, et n'est contraire à aucun principe du droit des gens ; elle ne menace point l'indépendance de l'empire ottoman, et assurément la Russie ne devrait pas y voir une offense.

» Au contraire, l'occupation des Principautés par la Russie constitue une violation du territoire du sultan et du traité spécial relatif à cette partie de son empire ; elle constitue une infraction au principe du droit des gens et un acte d'hostilité directe contre la Turquie, auquel cette puissance aurait le droit de répondre par une déclaration de guerre et par une réquisition aux flottes alliées de s'avancer vers Constantinople pour la défendre.

Mais ces protestations ne pouvaient faire revenir la Russie sur la grave résolution qu'elle avait prise. Les ordres qu'elle avait donnés à ses généraux étaient exécutés ; son armée de Bessarabie, forte de cent cinquante mille hommes, divisée en deux corps, s'était ébranlée à la fois. Le 3 juillet, ses têtes de colonnes avaient franchi le Pruth sur deux ponts, et ses nombreux bataillons avaient débouché dans les plaines de la Valachie. La violation du territoire ottoman était consommée et la question d'Orient transportée dans la sphère des faits de guerre.

CHAPITRE XI.

SURVEILLANCE ET RÉPRESSION POLITIQUES.

—

1853

—

SOMMAIRE.

Changements administratifs. — Ministères d'Etat, de l'intérieur, des finances, de la marine et des travaux publics. — Conseil d'Etat. — Nouvelle organisation de la police. — Ministère spécial. — Son objet. — Théorie et pratique. — Direction de la sûreté générale. — Commissaires de police de canton et de département. — Calme du pays. — La presse en France. — Journaux étrangers. — Indiscrétions. — Sarcasmes et calomnies. — Spéculations et intrigues. — Razzia de chroniqueurs. — Note menaçante. — Les méprises. — M. de Saint-Priest. — M. le comte de Mirabeau. — Les enfants du général Savary. — Un complot démocratique. — Les dangers de diner chez un ami suspect. — Une lettre de Charles Monselet. — M. d'Haussonville. — Symptômes. — Bruits sinistres. — Brutus et César. — Sophisme antisocial. — Lois providentielles des empires. — Sociétés secrètes. — Louis Foliet. — Le professeur de langues. — Le tailleur de pierres. — Un projet de barricades. — Séances de société secrète. — — Permanence décrétée. — Attentat. — L'Hippodrome. — Insuccès. — Conspiration nouvelle. — Les fortifications de Saint-Mandé. — Attentat de l'Opéra-Comique. — Arrestations. — Débats de l'affaire. — Système de l'accusation. — La défense. — Verdict. — Autres poursuites. — Arrestation de MM. Goudchaux et Marchais. — Arrêt de non-lieu. — L'ancien et le nouveau ministre dans un convoi funèbre.

Le pouvoir comme la noblesse oblige. L'effet inévitable, comme la conséquence logique du développement de la puissance, c'est le développement de la responsabilité ; le second empire sentit cette nécessité et dut prendre les dispositions convenables pour en accomplir les devoirs ; les changements politiques entraînèrent donc conséquemment des changements administratifs. Il n'y eut pas de ministère qui n'éprouvât les siens.

La division des beaux-arts et la division des archives impériales furent enlevées au ministère de l'intérieur et attribuées au ministère d'Etat.

Le premier reçut, en compensation, la direction des bâtiments civils, distraite du ministère des travaux publics. D'un autre côté, le service des lignes télégraphiques, qui avait pris depuis quelques années tant de développements, fut érigé en direction. Il reçut enfin des inspecteurs de préfectures.

Au ministère des finances, la réunion des douanes et des contributions indirectes, qu'un décret de 1852 avait placées dans une seule direction générale, nécessita de nombreuses mesures destinées à régler et à fusionner ces services. La direction des contributions directes dut être érigée en direction générale.

Un corps d'inspecteurs, dont les membres étaient choisis dans le commissariat, fut créé au ministère de la marine pour contrôler la comptabilité et le matériel des arsenaux.

Un décret du 14 novembre reconstitua les divers services du ministère des travaux publics : l'importance prise par les chemins de fer transforma leur direction en direction générale ; la division des mines devint une direction ; une nouvelle direction fut créée dans les ponts-et-chaussées pour les divisions des routes et de la navigation.

Ces réformes dont l'objet était de mettre les rouages et les ressorts de l'administration en rapport avec l'extension de ses fonctions s'étendirent ainsi à presque tous les ministères. Le conseil d'Etat en éprouva lui-même d'essentielles, puisées à peu près exclusivement dans l'arrêté du 19 germinal an XI, constitutif des conseillers auditeurs.

Mais cette concentration et ce développement de l'autorité que nous retrouvons partout dans les institutions nouvelles, comme leur pensée génératrice, le gouvernement impérial l'avait tout particulièrement demandée à l'organisation de la police judiciaire, administrative et politique. Le décret du 30 janvier 1852, en étendant son action centralisée à tout le territoire de l'empire, en avait fait un ministère spécial dont la charge avait été conférée à M. de Maupas.

Avant cette institution, le chef du pouvoir trouvait ses moyens officiels d'informations, de contrôle et de répression complétement insuffisants; il ignorait comment fonctionnaient les divers rouages de l'administration, comment et dans quel esprit s'exécutaient les mesures arrêtées avec ses ministres, l'impression qu'elles excitaient dans l'opinion publique, les écarts à réprimer, les négligences à stimuler, les améliorations à introduire, ou du moins il ne les connaissait que par des voix intéressées et, par ce fait seul, souvent partiales, toujours suspectes.

La surveillance, à son avis, était frappée de cécité et d'impuissance par l'étroitesse de ses ressorts, et l'indépendance de ses agents. Il fallait à tous ses fonctionnaires un lien direct avec le pouvoir central, pour assurer l'efficacité de leurs mesures de prévention, ou leur action répressive, surtout dans la sphère des crimes et des délits politiques. La création du ministère de la police avait eu pour objet de faire disparaître ces inconvénients; par ses neuf inspecteurs généraux et ses douze inspecteurs spéciaux dans les chefs-lieux des divisions militaires, il était l'œil du pouvoir ouvert sur tout le pays ; il devait, aux termes de la lettre adressée par le prince président au nouveau ministre, « surveiller tout sans rien administrer. »

Le grand écueil des théories, c'est l'application ; celle-ci souleva tant d'antipathies, de répulsions, éprouva et causa tant de froissements, aboutit à tant de mécomptes divers, qu'une année suffit pour la faire disparaître, pièce à pièce, sous le choc des faits, comme ces radeaux mal assemblés que les lames emportent épave par épave.

Le 21 juin, en même temps qu'un décret, considérant que le calme et la sécurité qui régnaient dans le pays permettaient de supprimer le ministère de la police générale dont l'institution avait été motivée par des circonstances exceptionnelles, en réunissait les fonctions à celles du ministère de l'intérieur, un autre décret établissait, dans ce dernier département, une direction de la sûreté générale dont les attributions comprenaient la correspondance générale, la police générale et spéciale, la presse, l'imprimerie et la librairie, enfin les archives de la police. M. Collet Meygret, préfet du département de l'Aube, était chargé de cette direction.

Le ministère de l'intérieur recueillait, par ce décret, l'héritage d'une organisation très-complexe, car l'institution éphémère dont il lui transportait les spécialités diverses n'avait pas été sans remplacer ceux de ses éléments primitifs dont l'expérience lui avait imposé le sacrifice ; à ces inspecteurs avait été substituée une hiérarchie de fonctionnaires et d'agents municipaux, dont le réseau couvrait toutes les parties de l'empire. Un décret du 17 janvier 1853, créant des commissaires de police cantonaux, avait été complété par un second décret en date du 5 mars, établissant, dans chaque chef-lieu de département, un commissaire général de police chargé, sous l'autorité préfectorale, de diriger et centraliser la surveillance et l'action de tous ces fonctionnaires inférieurs. La police générale s'était trouvée investie, par ce système et ce personnel de surveillance et d'action, d'une puissance dont elle n'avait jamais été armée sous aucun pouvoir.

Jamais d'un autre côté le pays n'avait été plus calme. La presse elle-même était presque silencieuse ; il ne fallait rien moins que la violence avec laquelle quelques-uns de ses organes, ceux-là même à qui la sainteté de la cause dont ils se proclamaient les défenseurs eût dû imposer le plus de modération et d'aménité, s'attaquaient à tout ce qui était le plus cher à l'opinion publique dans les institutions et dans les gloires du pays, pour passionner cette politique atone, pour galvaniser cette polémique mourante.

Il est vrai que si la discussion, pâle et languissante, expirait dans les feuilles françaises, elle prenait, chaque jour, des revanches animées dans les principaux journaux étrangers ; c'était là que la critique retrouvait ses franchises, que la satire décochait ses épigrammes, que la chronique publiait ses mordantes indiscrétions ; si les ridicules des cercles mondains les plus élevés y avaient leurs Horaces, les scandales de la spéculation y trouvaient leurs Juvénals ; c'était un tourbillon d'étincelles et d'éclairs, qui ne jetaient pas le jour le plus favorable, ou le plus bienveillant sur tous les points où il prétendait porter la lumière ; ni la bourse, ni les cabinets ministériels, ni les salons princiers ne semblaient fermés à ces visiteurs indiscrets. On y conduisait la médisance à grandes guides et la calomnie n'était pas souvent sans y faire claquer son fouet.

On s'en donnait d'autant plus librement à cœur joie, que le mystère de l'anonyme couvrait le nom et la responsabilité des auteurs. On connaissait bien les correspondants et les chroniqueurs les plus célèbres ; mais ce n'étaient pas ceux-là qui étaient les plus vifs, ou les plus violents; les épingles envenimées et les dagues barbelées étaient tenues généralement par des mains inconnues; l'opinion en était réduite, à leur égard, aux soupçons et aux hypothèses; les écrivains sur qui planaient les conjectures étaient pour la plupart les pseudo Saint-Simon et les Tallemant des Réaux apocryphes de la petite presse légitimiste, à qui l'on ajoutait un appoint de Grimm universitaires.

Le pouvoir, irrité par les bruits parisiens que lui jetaient chaque jour tous les échos de l'étranger, finit par vouloir couper court à cette polémique diffamatoire et provoquante. La police reçut l'ordre de mettre ses plus fins limiers en quête, et un beau soir une rafle générale fut opérée simultanément à la poste et aux chemins de fer. Tous les paquets de cette correspondance étrangère furent saisis ; dès l'aube tous les goums de la police étaient en campagne, et une razzia d'écrivains, opérée à domicile, aux premières lueurs du jour, allait terminer ses rêves dorés du premier matin dans les salles de dépôt de la Préfecture de police et dans les cellules de la prison Mazas. MM. Virmaitre, de Coëtlogon, de Rovigo, de Lapierre, de Villemessant, ex-rédacteurs du *Corsaire;* Pagès Duport, le neveu du savant et vénérable évêque de Calcédoine et l'un des rédacteurs de l'*Union,* M. Charreau père, attaché à l'*Estafette;* Pelloquet, ancien rédacteur du *National*; un rédacteur du *Journal des Débats*, le capitaine Tanski, auteur humoristique d'un livre tout pétillant d'observations piquantes, publié en 1847, sous le titre : *Voyage d'un blanc autour de la chambre des députés*, MM. Hermann, Gérard et Lowenfelds, dont les noms révèlent la nationalité ; M. Chatard, M. le comte de Mirabeau, M. le général comte de Saint-Priest, l'un des chefs de la majorité dans la dernière assemblée législative, furent compris dans cette mesure imprévue.

Une feuille semi-officielle annonça cette exécution avec une sévérité d'expressions, qui inspira les craintes les plus sérieuses aux nombreux amis des écrivains et des hommes politiques, sur qui s'était si brusquement portée la main de la justice.

« Un certain nombre d'agences secrètes, déclarait-elle, et de correspondances politiques s'étaient depuis longtemps formées à Paris, sous l'inspiration des anciens partis, et de ces centres de diffamation et d'anarchie partaient tous les jours, par des voies détournées, ces infâmes et odieux libelles, qui déshonorent une partie de la presse étrangère et qui tendraient à appeler le mépris de l'Europe abusée sur le gouvernement que la France s'est librement donné.

» Le gouvernement, qui était au courant de ces menées, ne pouvait pas tolérer plus longtemps un pareil système de dénigrement et d'injures.

» Plusieurs personnes, parmi celles qui dirigeaient, ou qui alimentaient cette correspondance diffamatoire et anarchique, ont été arrêtées cette nuit et leurs papiers saisis. L'examen des pièces saisies à leurs domiciles dictera au gouvernement les mesures de juste sévérité que lui impose l'intérêt de la paix publique. »

Les noms cités font comprendre la gravité de l'impression dont le ton irrité et menaçant de cette note frappa l'opinion publique. La mise en liberté rapide de la plupart des prévenus ne tarda pas à en affaiblir l'effet, qui finit par s'effacer presque sous le récit des incidents de plusieurs de ces arrestations.

L'un des premiers épisodes dont la narration retentit des salons du faubourg Saint-Germain jusque dans la presse anglaise, russe et belge, fut celui qui retint tout un jour dans la solitude claustrale d'une prison cellulaire l'un des chefs les plus honorés de l'Assemblée législative, M. le comte de Saint-Priest. Le vieux général avait été arrêté pour son fils.

L'obscurité était encore complète, lorsque le 6 février, avant sept heures du matin, plusieurs agents de police pénètrent dans la chambre à coucher où il reposait. Cette visite, à coup sûr très-imprévue, l'arrache brusquement à son sommeil.

« Qu'y a-t-il? qu'y a-t-il? s'écrie le général étonné.

— Vous êtes M. de Saint-Priest? lui demande celui des agents qui commandait l'escouade, M. Charles de Saint-Priest? » répète-t-il.

A ce nom, Charles de Saint-Priest, le comte tressaillit, mais se remettant aussitôt, il répondit avec autant de calme que de naturel :

« M. de Saint-Priest?... C'est moi!... Que désirez-vous?

— Veuillez vous lever, Monsieur, nous allons vous le dire.

— C'est bien... à l'instant. »

Et s'adressant à son valet de chambre qui était entré tout effaré :

« Donne-moi mes vêtements, » lui dit-il.

Le général, en s'habillant à la hâte, échangea, avec son domestique, quelques mots en langue étrangère. Celui-ci sortit aussitôt. Un instant après, Charles de Saint-Priest était en sûreté ; et le comte, après avoir assisté à une visite de ses papiers, était conduit, dans sa propre voiture, à Mazas.

Son arrestation ne pouvait être de longue durée ; elle se prolongea cependant tout un jour. Il avait été arrêté à l'aube ; il fut relâché au crépuscule. Sa captivité eut, du reste, un avantage : les explications qu'il donna à la justice firent tomber les poursuites dirigées contre son fils.

Les épisodes de l'incarcération et de la mise en liberté de M. le comte de Mirabeau ne sont pas moins singuliers. La maison comtale de Mirabeau est représentée par deux frères : le comte de Mirabeau, impérialiste dévoué, et le vicomte de Mirabeau, assez ardent légitimiste.

C'était naturellement le légitimiste que cherchait la police ; ce fut l'impérialiste qu'elle arrêta. Mais le légitimiste était si fort de la conscience de son innocuité, qu'il n'eut pas plus tôt connu la méprise, que ce fut lui-même qui se rendit à la préfecture de police pour réclamer son frère, à qui, après de courtes explications, il fut rendu.

M. le comte de Mirabeau était invité à passer la soirée dans un salon quasi-impérial. On conçoit qu'après l'incident il ne put s'y rendre que fort tard. Interrogé vivement par une princesse sur la cause de son arrivée si tardive :

« Votre Altesse, répondit-il, voudra bien me la pardonner, en apprenant que je sors de prison.

— De prison ! »

A cette exclamation on entoure le comte.

« Oui, de prison, Madame... de Mazas !... Mais, ajouta-t-il en indiquant un ministre qui s'approchait du groupe, voici Son Excellence, qui va peut-être pouvoir nous expliquer la cause de mon arrestation, dont je suis encore dans une ignorance parfaite.»

M. de Rovigo fut également relâché le soir même.

Étrange exemple des contrastes que les opinions politiques créent dans les familles. Le jour où M. René de Rovigo était arrêté comme légitimiste, le *Moniteur* annonçait que sa sœur, Mme de Sercey, seconde fille du général Savary, duc de Rovigo, était nommée dame d'honneur de la princesse Mathilde.

La police ne se montra pas de si facile composition pour tous les détenus ; en vain M. le comte Walewski intervint-il en faveur de son compatriote, M. Tanski, avec la chaleur d'âme que l'on met à servir un vieil et intime ami ; en vain un riche banquier, à qui sa position exceptionnelle assure une égale influence dans le monde financier et dans le monde politique, M. de Rothschild, joignit-il l'autorité de ses recommandations et de ses démarches à celles du puissant diplomate, il leur fut inflexiblement répondu :

La justice est saisie, il faut qu'elle prononce.

Et M. Tanski ne recouvra la liberté que plusieurs jours après ; encore ne fut-ce que sous caution. Et pourtant l'affaire perdit chaque jour de son importance, et fut s'évanouir presque dans le prétoire de la justice, réalisant ces derniers mots d'un piquant proverbe dramatique : beaucoup de bruit pour rien.

Pardon ! il en resta quelque chose. La jurisprudence doit à ces poursuites un de ces monuments judiciaires qui entourent d'un rayonnement d'indépendance, d'autorité et de vénération, cette haute juridiction de la magistrature française où notre première Assemblée constituante a placé le pouvoir régulateur de la justice.

MM. Vermaitre, Flandin, de Coëtlogon et de Planhol, condamnés en premier ressort et en Cour d'appel, se pourvurent en Cour de cassation contre l'arrêt dont ils avaient été frappés. La base de leur pourvoi était dans l'illégalité des mesures qui avaient fourni à la justice les éléments de leur condamnation ; c'était en effet dans les lettres saisies à la poste et ouvertes par M. le préfet de police, que les juges avaient puisé les motifs de leurs sentences.

La Cour suprême cassa l'arrêt, « attendu que si des considérations d'ordre public et d'intérêt social autorisent la justice, dans des cas graves, à ne point se laisser arrêter dans les investigations par l'application du principe de l'inviolabilité du secret des lettres, et s'il lui est permis de faire saisir, même dans les bureaux de la poste, et ouvrir les lettres et paquets qui peuvent contenir des papiers et effets utiles à la manifestation de la vérité, un tel pouvoir n'appartient qu'au juge d'instruction, à qui l'article 88 du Code d'instruction criminelle attribue un droit général de perquisition en tous lieux, et n'a été conféré au préfet de police de la Seine par aucune disposition législative. »

Elle en concluait en effet « qu'en jugeant, dans la cause, que les perquisitions faites dans les bureaux des postes en vertu de mandats de ce fonctionnaire étaient régulières, et en se fondant sur les résultats des saisies, ainsi opérées, pour déclarer la culpabilité des prévenus et prononcer leur condamnation, l'arrêt avait faussement interprété et par suite violé les articles 10, 88 et 154 du code précité. »

A la même époque des poursuites furent dirigées contre un autre complot. Quelques arrestations eurent lieu. C'était cette fois une conspiration démocratique que prétendait avoir découverte la police, et pourtant cette poursuite ne devait laisser d'autre trace que la lettre spirituelle de l'un des prévenus, un des esprits les plus originaux et des philosophes sensualistes les plus verveux des lettres légères : Charles Monselet.

« Monsieur, écrivait-il, sous la date du 12 février, au rédacteur en chef de l'Assemblée Nationale, les motifs de mon arrestation ayant été diversement interprétés, je tiens à rétablir les faits.

» Je dînais tranquillement, dimanche dernier, chez un de mes amis, en compagnie de plusieurs personnes estimables, lorsque, vers le milieu du dessert, un commissaire de police se présenta escorté de ses agents.

» Le commissaire de police procéda, séance tenante, à une perquisition minutieuse.

» Il trouva chez notre ami deux pistolets en mauvais état, un fusil sans batterie, des brochures politiques, achetées, — du temps où il y avait des brochures politiques, — et une statuette de la liberté, — petit modèle... pas autre chose.

» Lorsque des personnes que je connais pour être parfaitement honorables m'invitent à dîner, je n'ai pas l'habitude de m'enquérir de leurs opinions ; si elles sont ou ne sont pas bonapartistes. On m'a prouvé que c'était un tort.

» En dépit du mince résultat de la saisie, nous fûmes conduits à la préfecture de police ; nous y passâmes la nuit dans un couloir dallé.

» Le lendemain matin, M. Boudrot, commissaire des délégations, me conduisit, en voiture, à mon domicile, afin que je fusse témoin des recherches qu'on voulait y faire. Décidément moi, l'auteur de dix ouvrages réactionnaires, j'étais suspecté de démagogie.

» Les premiers objets qui frappèrent la vue du commissaire furent une copie du dernier appel des Victimes de la Terreur de Charles Müller, et le portrait de Grétry.

» Sur le bureau étaient éparpillées mes épreuves de l'*Histoire du tribunal révolutionnaire*, et les lecteurs de l'Assemblée Nationale savent l'esprit qui a dicté cette histoire.

» Cela n'empêcha pas M. le commissaire des délégations de se livrer à des recherches minutieuses, qui amenèrent la découverte d'une lettre de M. de Lamartine, me remerciant d'un article publié par moi dans la *Revue de Paris*, et d'une foule d'autres lettres autographiques signées Cuvilhier-Fleury, Sainte-Beuve, Arsène Houssaye, Philarète Chasles, etc.

» Ces deux heures de remue-ménage passées, je crus à ma mise en liberté immédiate, d'autant plus que j'avais écrit le matin à M. le préfet de police pour me réclamer de sa bienveillance très-connue, et lui offrir les plus honorables cautions.

» Il faut croire que la bienveillance de M. le préfet de police a été empêchée dans cette circonstance ; car incarcéré le dimanche je ne suis sorti que le vendredi de la Conciergerie, après une instruction de cinq minutes.

» J'ai appris que les *conspirateurs* mes coaccusés avaient également été mis en liberté le même jour.

» Je n'ai rien à ajouter, Monsieur, à la narration de cet événement singulier auquel j'accorderais volontiers le titre de mystification, si les temps prêtaient davantage à la plaisanterie.

» Recevez, Monsieur le rédacteur, mes compliments empressés. CHARLES MONSELET. »

La police ne fut pas plus heureuse dans l'arrestation qu'elle fit le même jour de M. d'Haussonville. L'honorable gendre de M. le duc de Broglie conduisait, en cabriolet, son fils, enfant de dix ans, à une séance d'enseignement religieux ; rencontrant un défilé de voiture sur un point où venait de passer le cortége impérial, il lança son cheval dans une lacune pour franchir la ligne ; son fils l'ayant averti de la défense que lui adressait un sergent de ville, M. d'Haussonville aurait répondu par quelques paroles peu respectueuses pour l'Empereur.

Sur ces paroles, malsonnantes à ses oreilles, l'agent de la force publique l'arrêta, et le conduisit devant un commissaire de police où, après des explications assez vives, l'ancien représentant fut remis en liberté. Procès-verbal n'en fut pas moins rédigé, mais il alla s'abîmer dans les cartons du palais de justice. On le voit, la main de la police ne jouait pas de bonheur.

Cette recrudescence de zèle, cette vigilance inquiète étaient des symptômes ; de vagues rumeurs, des bruits sinistres circulaient dans ce milieu indéfinissable de propos, de sentiments, de bruits divers, qui constituent, en quelque sorte, l'atmosphère morale des grandes villes, et que l'on nomme l'opinion publique. On parlait de menées politiques, d'agitations mystérieuses, de complots ; les mots de projets d'attentat contre l'empereur étaient prononcés ; on citait même le lieu, le jour, l'heure où il eût pu être frappé ; c'était, disait-on, le jour de son mariage, au milieu de la France officielle, sous le portail de la vieille basilique où il allait appeler sur son union la bénédiction divine. Projet ajourné, disait-on, mais prêt à éclater, à la première occasion favorable, en une irruption d'hommes armés.

On se demandait si ces bruits murmurés en secret, si ces confidences mystérieuses avaient bien quelques bases réelles, et l'opinion ne s'en alarmait pas moins ; les esprits et les cœurs les moins sympathiques au nouveau pouvoir, mais les cœurs loyaux et les esprits droits s'inquiétaient eux-mêmes à la pensée de ce retour des partis aux violences individuelles, à l'arme flétrie des minorités impuissantes : au poignard.

La démocratie n'était-elle pas échappée à ces sombres inspirations qui semblèrent quelque temps, sous le règne de Louis-Philippe, avoir justifié pour quelques esprits une phrase célèbre de Saint-Just : « Nous avons sur Louis le droit de Brutus sur César. »

Phrase sophistique, phrase antisociale et pleine de périls, dans notre pays où les mots sonores ont un si dangereux prestige. Qu'on admette ce droit de Brutus ; qu'on admette qu'un homme puisse trouver un pareil droit dans sa conscience ; qu'il puisse s'autoriser, dans le mystère de son cœur, à se lever en accusateur, à siéger en juge et à frapper en bourreau ; quelle société sera possible avec un droit pareil ?

Concevez-vous un chef d'État, empereur, roi ou président, régnant sur un peuple où il ne se trouvera point une tête, une conscience convaincue que ce souverain, quelque vertueux, quelque grand que vous le supposiez, soit un oppresseur, un usurpateur ou un tyran ; un Ravaillac ou une Charlotte Corday, un Alibaud ou un Cadoudal, une main prête à se saisir de ce droit sinistre, et derrière elle des Carrier, ou des Trestaillons avides d'exploiter son œuvre sanglante ?

Non, un homme ne peut se donner un droit sur la vie d'un homme, et Brutus n'avait sur César que le droit de l'assassin sur sa victime !

Aussi la vraie démocratie déclarait-elle par la voix de M. Bastide, que si l'assassinat était funeste, c'était surtout aux partis qui s'en servaient.

Si l'assassinat est funeste, il est encore inutile. A quoi ont servi tant d'attentats dirigés contre le roi Louis-Philippe, sinon à mettre en lumière cette vérité : c'est que la vie des sociétés, comme la marche des mondes, a ses lois suprêmes, et qu'il n'appartient pas au bras d'un fanatique d'en changer le cours? Une révolution n'est jamais sortie qu'occasionnellement d'un complot ou d'un crime, elle naît des événements, elle en jaillit avec une spontanéité telle que les moins surpris de leur gloire et de son triomphe ne sont jamais ses héros.

Mais ces bruits qui agitaient l'opinion publique et qui suscitaient ces mesures anxieuses de la police étaient-ils bien sérieux? Que quelques jeunes imaginations ardentes et enthousiastes, ou que quelques-unes de ces vieilles têtes, rebelles à l'expérience, dont le temps ne change que l'épaisseur et la couleur des cheveux, songeassent à renouer ces trames des sociétés secrètes, toujours si laborieusement ourdies et toujours si facilement rompues, ce ne pouvait être pour personne l'objet d'un doute : on eût pu dire, comme Royer Collard le déclarait, sous la Restauration, du haut de la tribune : « Je l'ignore, mais je l'affirme! »

Mais qu'il existât sous la surface calme et plane de la société, au sein de ces classes, s'agitant dans le travail, ou courbées sur l'étude, de ces associations mystérieuses, passionnées et inflexiblement résolues d'où peut sortir le régicide, c'est ce dont voulait douter la conscience de tous, pour l'honneur de nos mœurs politiques.

Cependant, disons-le, ces rumeurs et les symptômes d'agitation dont elles étaient nées, suffisaient pour expliquer la vigilance et la préoccupation de la police et justifier les inquiétudes qu'inspirait à beaucoup de personnes la sécurité avec laquelle l'Empereur et l'Impératrice se rendaient aux spectacles, ou circulaient dans les rues, sur les boulevards et sur les routes, presque toujours sans suite et souvent sans escorte.

Fréquemment, en effet, on apprenait, par les journaux, que l'Empereur était sorti seul ; un jour qu'il avait visité les travaux du nouveau Louvre, ou parcouru une rue récemment ouverte ; un autre jour qu'il avait été rencontré, à son retour du bois, par un détachement de gardes nationaux à qui il avait adressé familièrement des paroles bienveillantes. C'était tout au plus s'il avait alors près de lui une ou deux personnes de sa maison.

Le préfet de police fut assez longtemps sans pouvoir trouver et saisir les traces des sociétés secrètes, dont plusieurs révélations lui avaient signalé l'existence et les projets ; ces révélations avaient cependant un caractère d'unité qui, joint à la gravité suprême du but qu'on leur attribuait, ne permettait pas de leur refuser une attention sérieuse. Ces associations n'avaient pas pour objet de tenter un soulèvement en se jetant en armes au milieu du peuple ; elles devaient se tenir prêtes à descendre dans la rue, au moment où une insurrection royaliste, peut-être même un coup de main tenté sur l'Empereur, — enlèvement ou assassinat, — aurait jeté la désorganisation dans le pouvoir, et profiter de la confusion pour substituer la république à l'Empire.

Et, en effet, plusieurs dénonciations lui avaient signalé des attaques préparées contre l'Empereur, soit sur la route de Saint-Cloud à Paris, soit dans les Champs-Elysées ou à l'entrée de quelque théâtre. Les symptômes observés par ses agents, sur ces points divers, étaient, il est vrai, restés sans gravité. Quelques promeneurs circulant deux à deux, quelques oisifs lisant, ou couchés sur les gazons bordant les routes, étaient les seuls indices qu'ils avaient pu recueillir; encore s'étaient-ils évanouis sans laisser des points de repaire à ses recherches et à ses conjectures.

A quelles causes attribuer la nullité de ces résultats? A l'absence de faits criminels, ou à l'habileté des coupables? La police était-elle le jouet de fausses déclarations; ou les factieux, formés à la longue aux mystères des conspirations, étaient-ils parvenus à échapper à ses recherches et à tromper sa vigilance? Telle était son inquiétude, lorsque des faits plus précis et plus significatifs vinrent donner une nouvelle activité à ses démarches.

Un employé au chemin de fer du Nord, Louis Folliet, lui avait été signalé comme le chef de l'un de ces complots. Les antécédents de Folliet étaient de nature à justifier les soupçons que cette dénonciation faisait peser sur lui.

En 1836, il avait été prévenu d'affiliation à la société des Saisons. Son nom figurait, en première ligne, sur une liste surprise sur l'un des accusés. Deux ans plus tard, sur la découverte, à son domicile, de douze cents cartouches, il avait été condamné pour détention de munitions de guerre.

Il fut soumis à une surveillance très-active, et la police fut bientôt sur la voie de quelques-uns des prévenus qui devaient venir s'asseoir, avec lui, sur les bancs de la justice.

Le 2 juin 1853, Louis Folliet se dirigeait, avec Jules Alix, vers la maison n° 5 de la rue de Jussienne, où habitait un tailleur, Joseph Gérard, à la fille duquel Alix donnait des leçons. Jules Alix, professeur de langues et de sciences, bien qu'arrêté le 24 juin 1848, par suite de sa présence chez un ami suspect, était sans antécédents politiques; le seul fait qui dominât dans sa vie était une spéculation où il avait fait des pertes assez considérables, et dont l'objet était l'exploitation des escargots sympathiques.

Sa réunion à Louis Folliet n'eût donc pu exciter de défiance, s'il n'était venu, après quelques instants d'absence, rejoindre ce dernier resté à la porte du n° 5, et venu avec Gérard et Joseph Buaud, que le ministère public devait signaler comme deux chefs de sociétés secrètes. Buaud, quoique ouvrier tailleur de pierres, était un homme d'une intelligence remarquable et d'une rare fermeté de caractère. Tous les quatre se dirigèrent vers le Palais-Royal, où Alix, en se promenant sous la galerie d'Orléans, leur soumit un plan de barricade, combiné pour servir de base à une insurrection.

Telle était, d'après l'accusation, la première séance du drame qui devait se dénouer en cour d'assises.

La seconde nous conduit à la Chapelle-Saint-Denis, rue Marcadet, n° 37, chez un tonnelier, Paul Decroix, transporté de juin, à qui Louis-Napoléon avait rouvert les portes de la France. Hâtons-nous de dire que si Decroix assista à cette séance, c'était à son insu qu'elle avait été convoquée, et que, postérieurement, l'accusation ne signale point sa présence sur les lieux où devait s'accomplir l'attentat.

Cette réunion était formée par des membres d'une société secrète connue sous le nom du *Cordon sanitaire*, et destinée à prendre les armes pour proclamer la république à la suite d'un mouvement insurrectionnel, dont un attentat contre la personne de l'Empereur devait être le signal. Elle en formait une des sections. Son président était Louis Folliet.

L'imminence de l'événement fut annoncée dans cette séance. Folliet exposa ensuite le plan de barricade qu'Alix lui avait proposé la veille, et l'on se quitta impatient d'agir.

Une réunion beaucoup plus importante, une réunion des chefs de groupe eut lieu le lendemain. Comprenant les dangers de rassembler dans un appartement, sur lequel peut s'abaisser brusquement la main de la police, tant d'hommes que doivent suivre ses regards, ils avaient fixé leur rendez-vous dans les fortifications de la plaine des Vertus; ils s'y rendirent isolément, par couples ou par compagnies peu nombreuses, pendant que des vigies placées en observation sur les points les plus élevés en éclairaient les environs. Folliet, Gérard, Buaud, Alix, etc., étaient présents.

La permanence de l'association fut déclarée à partir du lendemain. Chaque section dut se tenir groupée et prête au premier signal à intervenir en armes, pour entraîner le peuple dans un soulèvement. Le rôle de la société du *Cordon sanitaire* était cette expectative. C'était une autre société qui devait prendre l'initiative et ouvrir l'action par un coup décisif. Cette autre société était celle des *Conseils du Peuple*.

Lux et Joseph Buaud en étaient représentés par l'accusation l'un comme le chef militaire, l'autre comme l'organisateur; cette association, que l'on nommait aussi, du nombre de ses membres, la *Société des Deux cents*, était composée de vingt escouades de dix hommes chaque. C'était l'élite ou du moins la force, les hommes les plus jeunes, les plus ardents et les plus résolus du parti; son plan était celui de Georges Cadoudal: se jeter sur la voiture impériale, culbuter son escorte, s'emparer de Napoléon III, ou l'assassiner.

Le 7 juin, dès le matin, chaque section de la société du *Cordon sanitaire* s'établissait, en permanence, chez son chef, ou dans le lieu qu'il avait désigné.

La permanence était ouverte; on attendait en armes le

signal d'agir ; pour beaucoup de conjurés, ce signal était une prise d'armes des légitimistes et des orléanistes fusionnés, auxquels ils devaient enlever la victoire. Pour les plus avancés dans les plans de la conspiration, c'était un attentat sur la personne de l'Empereur. La *Société des Deux cents* devait l'accomplir.

Vers deux heures de l'après-midi, Lux et Joseph Buaud sortirent de chez Folliet, et se rendirent, par un détour destiné à dévoyer les agents de police qui eussent pu être sur leurs traces, dans la maison d'un ami, d'un affidé : Delbos. La veille, Josson y avait reçu un pistolet et un poignard ; ils venaient s'y armer eux-mêmes. Ils se dirigèrent de là vers la station de fiacres de la rue Lafayette.

Plusieurs voitures fermées y attendaient à la file ; une seule avait, dans le derrière de la caisse, un vasistas ; ce fut celle-là qu'ils choisirent.

Elle partit d'un trot rapide ; un petit rideau de soie rouge qui voilait le vasistas fut écarté plusieurs fois, et l'agent qui suivait la voiture, avec la rapidité et les précautions que lui inspirait l'expérience de ces pistes, aperçut chaque fois derrière la glace la figure de Buaud, qui cherchait à s'assurer si personne n'était sur ses traces. Lux et Buaud quittèrent leur voiture place de la Madeleine, se jetèrent dans un passage, gagnèrent rapidement les Champs-Élysées, et se portèrent vers l'Hippodrome en échangeant des avertissements et des ordres avec quelques hommes qu'ils rencontrèrent sur leur passage.

Les environs de ce théâtre présentaient une animation inaccoutumée. Un nombre inusité de spectateurs stationnaient sur le pourtour, circulaient dans les allées, ou étaient attablés chez les marchands de vins et dans les cafés voisins ;

Joseph Buaud et Lux se mirent aussitôt en rapport avec les principaux groupes, et l'on vit s'établir, entre les divers noyaux de cette multitude éparse, une circulation qui sembla lui communiquer une vie commune.

Qui pouvait motiver ce concours inusité? L'Empereur devait ce jour assister à la représentation de l'Hippodrome, où les exercices de *l'homme volant* attiraient la foule; il arriva en effet à trois heures, après avoir traversé le bois de Boulogne. Un groupe armé, où l'accusation signalait la présence de Joiron et de Commés, avait été remarqué sur son passage.

L'aspect des environs de l'Hippodrome resta le même pendant la représentation. Vers cinq heures et demie, les sergents de ville ayant fait ranger le public comme pour la sortie de l'Empereur, sur un cri de Lux et un claquement de mains, un mouvement général éclata parmi tous ces hommes groupés, assis, ou épars; tous se portèrent sur le parcours que devait suivre l'équipage impérial; mais pendant ce temps Sa Majesté, informée de ce qui se passait à l'entrée du spectacle, sortait par l'issue opposée et regagnait paisiblement le palais de Saint-Cloud. Tel était le récit de l'accusation. Une remarque importante c'est qu'aucune arrestation ne fut opérée ce jour. La police répondit à la défense qu'elle avait eu à sauvegarder la vie de l'Empereur.

Reprenons cette narration empruntée à l'enquête de la justice.

Le complot avait manqué. Cet échec ne découragea point ses auteurs. Dès le lendemain, Buaud s'occupait d'en reprendre et d'en fortifier la trame. Dans la matinée, il se rendait avec Eugène Copinot, Gustave Mariet et Joiron, dans le jardin du Luxembourg, où il rencontrait trois étudiants:

Ribault de Laugardière, Arthur Rauc et Laflise, que la police avait distingués la veille circulant dans les groupes.

La pensée de cette réunion était d'arrêter une combinaison pour remplacer celle qui venait de s'évanouir. Il fallait saisir une occasion prochaine pour pouvoir profiter de la permanence commencée la veille. L'exposition d'horticulture allait s'ouvrir; l'Empereur ne pouvait manquer de la visiter. On convint de profiter de cette visite pour s'assurer de sa personne; mais le lendemain, Buaud, Alix, Folliet et plusieurs autres conjurés étaient entre les mains de la justice.

Ces arrestations ne désorganisèrent pas le complot; les vides furent comblés par de nouvelles recrues; de nouveaux chefs se levèrent à la place des chefs perdus. Gérard, d'un rang secondaire passa en première ligne; un Belge, de Méren, forcé de quitter son pays à la suite de la mutilation d'une statue religieuse, lui prêta le plus actif concours; la société des étudiants joignit les forces ardentes de sa jeunesse aux éléments les plus violents de l'explosion; un mois ne s'est pas écoulé que de nouveau tout est prêt pour la lutte.

Les chefs d'associations se réunissent, le dimanche 2 juillet, sur la place de la Bastille; le rendez-vous est donné dans les fortifications de Saint-Mandé; les conjurés s'y dirigent isolément, ou par couples. Là une nouvelle permanence est prescrite. On se retrouve à la veille d'une crise. Tous doivent être prêts à se jeter armés dans cette convulsion sanglante, d'où la république peut se relever victorieuse. Les chefs se quittent pour porter cet ordre à leurs associations.

Deux jours après, le mardi 5 juillet, à six heures du soir,

le boulevard des Italiens et les approches du théâtre Favard présentaient le même aspect qu'offraient, le 7 juin, les abords de l'Hippodrome : même affluence, même animation mystérieuse, mêmes groupes, mêmes physionomies. Le café moresque du grand balcon semblait être devenu le centre du mouvement, et en quelque sorte le quartier général de cette insurrection en expectative. Gérard, de Méren, Eugène Copinot, de Laugardière, Gustave Mariet, Arthur Rauc, Laffisc, Martin, etc., s'y étaient rencontrés.

A l'arrivée de l'Empereur, tous étaient à leur poste ; tous y étaient en armes, prêts à agir, prêts à frapper au signal que devait donner de Méren. « Jamais, dit l'accusation, le souverain n'avait couru un plus grand danger. » Danger suprême, sans nul doute, si la narration réquisitoriale est l'expression de la réalité ; car la voiture de l'Empereur passa presque à toucher ce de Meren, chargé de donner le signal, et pour signal il devait, d'après l'accusation, décharger sur l'Empereur les deux pistolets dont il était armé.

Alors que faisait la police, qui, informée du complot, et depuis plus d'un mois sur les traces et à la poursuite des conspirateurs, laissait ainsi deux fois à la Providence le soin de sauver la vie de l'Empereur ?

L'ignorance et l'inaction de l'administration sont inexplicables ; le jour même elle avait reçu de nouvelles révélations qui lui signalaient l'attentat du soir. La police veillait donc. Elle ne s'occupa cependant de s'assurer des conspirateurs que pendant la représentation ; or, c'était avant la représentation que l'attentat devait ou pouvait s'accomplir.

Tels étaient les faits, sous l'inculpation desquels vingt-six prévenus comparaissaient, le 7 novembre 1853, devant la justice du pays. On remarquait sur les bancs de la défense

MM. Jules Favre, Lachaud, et Laflise père, du barreau de Nancy, venu pour présenter la défense de son fils.

La plupart des prévenus opposaient à l'accusation des dénégations absolues ; d'autres reconnaissaient qu'ils avaient bien fait partie d'une association politique, mais ils affirmaient que cette association ne devait, en aucun cas, prendre l'initiative d'une insurrection ; que son objet était bien d'assurer le triomphe de la république, mais dans le cas seulement où une tentative de restauration monarchique eût mis en péril, avec l'empire, les principes de 89, et exposé la civilisation à un retour hostile et brutal du passé. Le caractère, la position et les habitudes sociales de plusieurs des derniers accusés élevaient, en faveur de cette interprétation, des considérations puissantes ; et, il faut le dire, si l'accusation invoquait, à l'appui de son système, des présomptions d'une imposante gravité, l'instruction l'avait laissée sans preuves positives, précises, formelles.

A cette objection elle répondait que le caractère imprimé par une longue expérience des complots à ces sociétés les rendait d'autant plus dangereuses qu'elles étaient devenues presque insaisissables ; instruites par le passé, disait-elle, mettant à profit l'expérience d'hommes, conspirateurs de profession, les sociétés secrètes ont rejeté les formules d'autrefois : les procès-verbaux, les correspondances, les réunions, à jours fixes, dans des lieux déterminés. Aujourd'hui, elles n'ont pas le plus souvent d'organisation régulière, matérielle.

On les voit divisées en groupes de dix personnes commandées par un chef ; les chefs de groupes correspondent ensemble dans les rues, dans les réunions publiques, au moyen de paroles dont le sens, à l'avance convenu, est compris seulement par les sociétaires. Quant aux affiliations, elles sont faites la plupart du temps par des chefs de groupes, par les membres les plus influents qui s'engagent, à un jour donné, à fournir un certain nombre d'hommes dévoués et résolus.

Des réunions sont-elles nécessaires? ajoutait-elle, un rendez-vous est assigné dans un lieu public. Là seulement les chefs font connaître le siége de la réunion. C'est d'habitude un lieu solitaire. On s'y rend par groupes de deux ou trois personnes. On marche avec précaution, sans avoir l'air de se connaître. On se retourne de temps en temps pour voir si l'on est surveillé ou suivi. Des sentinelles sont placées pour protéger les délibérations et donner l'alarme en cas de besoin. La délibération terminée, les sociétaires s'éloignent dans différentes directions et font connaître plus tard à leurs complices les résolutions qui ont été arrêtées. Puis, à un moment indiqué, les différentes sociétés se réunissent au moyen d'une fusion habilement ménagée, et fournissent une armée nombreuse à l'insurrection, ou au complot. Quels vestiges accusateurs peuvent laisser ces machinations conçues dans le mystère, tramées dans l'ombre? Demander des preuves réelles pour les atteindre, pour les frapper, ne serait-ce pas ériger leur habileté machiavélique en immunité?

La conscience du jury puisa ses motifs de conviction dans les deux systèmes. Son verdict, affirmatif pour vingt et un prévenus, admit des circonstances atténuantes pour onze. Les peines pour quatorze varièrent de trois ans d'emprisonnement à huit ans de bannissement; sept furent frappés de la transportation; six : Bratiano, Thirez, Daudy, Laflize, Rauc et Martin, déclarés non coupables, furent rendus à la liberté.

Pendant l'instruction de ce procès une autre affaire d'association secrète et d'excitation à la haine et au mépris du gouvernement impérial était portée devant la 6ᵉ chambre de la police correctionnelle. L'importance des poursuites dirigées contre l'association la Commune Révolutionnaire était principalement dans les noms des prévenus que l'accusation signalait comme les chefs. C'étaient Marc Caussidière, ancien préfet de police, Félix Pyat et Boichot, anciens représentants du peuple, Félix Avril, ancien commissaire de la République dans les départements de la Seine-Inférieure et du Calvados, Rougée, Bravard et Berlier. Un jugement du 22 juillet condamna les cinq premiers à dix ans d'emprisonnement et à 6,000 francs d'amende.

Les poursuites politiques, en se multipliant, semblèrent quelque temps annoncer le réveil des sociétés secrètes. Ce procès et celui du complot de l'Hippodrome et de l'Opéra-Comique pendaient encore devant la justice que la police accomplissait de nouvelles arrestations. Prévenue de l'arrivée de Londres à Paris de M. Delécluse, elle ne douta pas, en s'assurant de la personne de l'ancien commissaire du gouvernement provisoire dans le département du Nord, nommé représentant du peuple à l'assemblée constituante et condamné depuis au bannissement, par arrêt de la haute cour de justice siégeant à Versailles, qu'elle n'eût prévenu quelque complot près d'éclater.

La présence de Charles Delécluse à Paris avait à ses yeux une importance qui permettait de lui attribuer les plus graves projets : les lettres que l'on saisit chez lui motivèrent de nombreuses arrestations à Orléans, à Tours, à Nantes, et particulièrement à Paris. Une visite domiciliaire minutieuse fut pratiquée chez M. Bastide, ancien ministre des affaires étrangères, sous le gouvernement républicain. M. Goudchaux, ancien ministre des finances, M. Marchais, commissaire de la république dans les départements, furent du nombre des personnes arrêtées. L'honorable M. Goudchaux, qui, par un pieux dévouement que l'on ne saurait trop admirer, s'était fait le frère quêteur, et la Providence des misères de l'exil et particulièrement des souffrances des pauvres femmes et des orphelins que la transportation de leurs maris et de leurs pères avait plongés dans le dénûment le plus douloureux, était accusé d'affiliation à des sociétés secrètes, de détention d'armes de guerre, de complot contre la sûreté de l'Etat.

Sur ses explications le magistrat instructeur ordonna sa mise en liberté.

Quelques jours après, par un de ces rapprochements fréquents dans notre société si divisée, M. Goudchaux assistait à un convoi funèbre presque à côté du ministre d'Etat. Ce convoi était celui d'une tante de M. Havin, ancien vice-président de l'Assemblée législative et directeur du *Siècle*, de madame Carbonnel, dans les salons de laquelle se réunissaient, comme sur un terrain neutralisé par la courtoisie, les sommités du monde intelligent : des lettres, des arts et de la politique.

CHAPITRE XII.

COLONIES FRANÇAISES.

1853

SOMMAIRE.

La transportation. Les économistes et les philanthropes. — Colonies pénitentiaires. — Gouvernement de juillet. — Les circumnavigations. — Les îles Marquises. — Les nouveaux Prométhées. — Coup d'Etat de décembre. — La Guyane. — Sa constitution géologique. — Les transportés politiques et les forçats. — La fièvre jaune. — Lambessa. — Progrès de la civilisation en Algérie. — Développement de la juridiction civile. — Progrès agricoles et industriels. — Culture du coton. — Immigrations. — Surveillance militaire. — Le fanatisme musulman. — Le schérif d'Ouargla. — Irruption des goums sahariens. — Une pointe dans le désert. — Soumissions. — Cheiks hostiles. — Les tribus nomades. — Les Kabyles. — Les aigles romaines et les aigles françaises. — Kabylie indépendante; nécessité de sa conquête. — Obstacles. — Expéditions contre les tribus des Babors. — Campagne de 1853. — Le gouverneur général. — Division Bosquet. — Attaque des Djermouna. — Incendie des douars des Rhahamin. — Enlèvement du col de Tesi-Sakka. — Châtiment des Beni-Tesi. — Division Mac-Mahon. — Enlèvement du village des Aïn-Si-Tellout. — Beni-Menalla et Beni-Dracen. — Combat aérien. — Destruction du village des Krerrata. — Engagement imprévu. — La revanche. — Découragement des Kabyles. — Soumissions. — Investiture officielle des cheiks. — Dernières opérations. — Les légions romaines et nos soldats. — Travaux publics. — Mission providentielle. — Le Sénégal. — Expéditions militaires. — Mer des Indes. — Antilles. — Océanie. — Occupation de la Nouvelle-Calédonie.

Nous avons écrit le mot *transportation*, dans le précédent chapitre ; ce mot appelle naturellement notre attention sur nos colonies.

La pensée de substituer au bagne, ce débris d'une société

barbare, des colonies pénitentiaires, où le condamné, placé sous les salutaires influences d'une administration prévoyante, se moralisât par l'instruction et le travail, et pût recommencer une vie nouvelle dans l'honneur et le bien-être, préoccupait depuis longtemps l'esprit de nos économistes et de nos philanthropes. Il y avait là évidemment quelque chose à faire; un ulcère social à assainir.

Personne ne niait que les bagnes ne fussent de hautes écoles de crime, d'où le condamné, entré coupable, sortait presque toujours pervers. Le nombre des récidives prouvait de quel danger était pour la société la présence, dans son sein, des forçats libérés; surveillance de la police et rigueurs du ban; mesures impuissantes! dans tous les grands crimes on était sûr de rencontrer quelques-uns de ces Nestors de chiourme, toujours prêts à tremper leurs couteaux dans le sang.

Le gouvernement de Louis-Philippe avait mis la question à l'étude et avait préparé, en attendant la solution, les moyens de la réaliser. Les instructions de presque tous nos circumnavigateurs leur prescrivaient de chercher sur les mers lointaines des terres convenables à l'établissement d'un Botany-Bay français; cette mission, confiée tout spécialement au commandant Dupetit-Thouars, avait donné lieu à la prise de possession à l'atollon des Marquises; mais ces îlots, sans étendue et sans fertilité, se refusaient, malgré l'assignation de la loi du 8 juin 1850, à la création d'une colonie pénale; c'était tout au plus des Sainte-Hélène, des Caucases perdus au bout du monde, où enchaîner quelques nouveaux Prométhées sous le bec inassouvi du vautour de l'exil.

Le pouvoir sorti du coup d'Etat de décembre songea à réaliser ce projet. Il l'appliqua simultanément, par une mesure que nous rappelons sans la juger, à des transportés politiques et à des forçats. Les deux colonies qu'il assigna pour son exécution furent la Guyane française et l'Algérie, mais spécialement la Guyane française.

Ces choix étaient malheureux, particulièrement le dernier. Les conditions hygiéniques dans lesquelles devaient être tentés ces établissements ne pouvaient, quels que fussent les efforts de l'administration, qu'en compromettre le succès.

Il est peu de contrées au monde plus insalubres que la Guyane. Des notes que nous tenons de M. l'amiral Willaumez lui-même, et que cet illustre officier avait recueillies et écrites sur les lieux, confirment à cet égard les témoignages de l'histoire, et l'histoire ne nous montre aucune grande tentative de colonisation sur ces rives fécondes qui ne se soit évanouie dans un désastre. Pour le faire comprendre, il suffira d'une observation puisée dans la constitution géologique de ce pays.

On sait qu'il existe à l'embouchure de presque tous les grands fleuves des deltas, formés par le dépôt séculaire des vases qu'ils charrient, et que la quantité de ces vases est en rapport avec le développement des contrées qui constituent leur enveloppe ou leur bassin; or, la chaîne des Andes, qui forme en quelque sorte l'arête vertébrale de l'Amérique du Sud, longeant presque le rivage occidental, c'est vers l'est que par les larges artères des fleuves qui en découlent, se déversent dans l'Atlantique presque toutes les eaux de cette importante partie du Nouveau Monde. On peut juger par ce fait quelle est la masse de fange que ces grands canaux dégorgent dans la mer. Ces vases, portées par les courants et poussées par les vagues, ont formé la lisière de vingt à trente kilomètres, qui s'étend le long des côtes de la Guyane, entre le littoral actuel et la ligne de hauteurs, antiques falaises, que battaient les lames de l'Océan, lors de la formation du continent transatlantique.

C'est dans le voisinage de ces terrains marécageux, où mille hideux reptiles grouillent dans la végétation plantureuse qu'y développent les ardeurs d'un ciel intertropical, c'est dans l'atmosphère de miasmes qui s'en exhale, que sont situés Cayenne et les îlots de la Mère, de Saint-Joseph et du Salut, où l'on déposa d'abord les transportés politiques, comme les galériens extraits des bagnes. On ne doit donc éprouver aucune surprise de la quantité de victimes que les maladies épidémiques, la fièvre jaune, la dyssenterie, etc., firent parmi ces agglomérations d'hommes jetées subitement sous ces influences délétères.

L'administration locale investie nécessairement d'une grande autorité et soustraite, par l'éloignement, à toute surveillance immédiate et à tout contrôle positif, ne fut pas étrangère au développement de ces fléaux. On comprendra toute la responsabilité que fait peser sur elle cet extrait d'une lettre du gouverneur, sous la date du 3 juin 1855 : « Le lieu-
» tenant de vaisseau Laricherie, arrivé aux îles du Salut,
» au *milieu d'une démoralisation générale, a établi partout la*
» *discipline, la propreté, l'ordre matériel et administratif.*
» Aujourd'hui son dépôt est organisé comme un vaisseau. »

On lit encore dans un rapport du gouverneur, sous la date du 18 mai : « L'œuvre de la moralisation a fait jusqu'à ce jour peu de progrès. *Il n'en pouvait être autrement au milieu du tumulte et du désordre qui régnaient dans tous les établissements.* J'espère que les efforts des aumôniers seront à l'avenir moins stériles. »

Ce fut là une première phase de la colonisation que le

gouvernement ferma par la révocation du fonctionnaire responsable. M. Sarda Carriga fut remplacé par M. Fourrichon, à la correspondance duquel sont empruntés les fragments que nous venons de citer. Cette nouvelle période devait-elle être plus heureuse? On en pouvait douter sur les premiers résultats constatés. L'état sanitaire, disait le nouveau gouverneur, était satisfaisant; et cependant il accusait deux cent trente-sept malades et le double de convalescents, sur deux mille cent quarante-six transportés. Devant ces chiffres M. Lelut, membre de l'Institut et député au Corps législatif, écrivait, dans une lettre adressée au *Journal des Débats*, qu'avec une telle mortalité cette colonie pénitentiaire deviendrait tout simplement une colonie mortuaire.

Cependant les documents publiés par l'administration affirment un changement notable, opéré dans l'état de la colonie pénale, à partir de cette époque. Tous les efforts du gouverneur tendirent à rétablir partout l'ordre et la discipline, et à donner aux bras dont il disposait un emploi qui exonérât le pays des dépenses que nécessitait la création de cette institution nouvelle. Une exploitation coloniale de la nature de celle qui avait été entreprise à l'embouchure de l'Oyapock, sur les versants de la Montagne d'Argent, fut tentée à l'extrémité opposée de la colonie, au Maroni, dans la plaine alluvionnelle qui s'étend près du bourg de Massa. C'étaient là des essais dont la situation et la nature des terrains révèlent seules tous les dangers.

Le registre obituaire de l'établissement en était la preuve. A la Guyane, il n'y a d'exploitation coloniale possible que dans le haut pays; là seulement cette belle et féconde contrée offre, à des populations concentrées surtout, des conditions de salubrité désirables. M. Fourrichon finit par le comprendre, et ne tarda pas à ne voir dans l'exploitation agricole de la Montagne d'Argent qu'une station intermédiaire entre les îles du Salut et les établissements qu'il se proposa de fonder sur le cours supérieur de l'Oyapock ; un premier hameau fut créé près du poste fortifié de Carfesoca, où une superficie de deux cents hectares défrichés sur la rive gauche du fleuve fut expropriée pour la somme de 2,000 fr.

A la fin de 1853, le nombre des détenus était d'après les états administratifs de deux mille trois cent quatre-vingt-deux, dont deux cent quarante-trois transportés politiques.

Nous avons également cité l'Algérie comme lieu de transportation. Les colons destinés à ce pénitentiaire étaient presque exclusivement des prévenus politiques ; ils furent d'abord renfermés dans la Casbah d'Oran, pendant que l'on construisait la maison de détention où ils devaient être enfermés à Lambessa ; mais les effets terribles produits par cette détention, sous l'influence des chaleurs caniculaires d'un tel exil, devaient, après un essai regrettable, faire revenir l'administration sur un tel projet. Les ruines modernes de la citadelle pénale inachevée se confondent maintenant avec les antiques décombres de la vieille cité numido-romaine.

Passons donc à la colonisation proprement dite.

L'Afrique française ne resta point en dehors des sollicitudes de l'administration métropolitaine, ni du mouvement de travail et de prospérité si rapidement développé dans la mère patrie. Les nombreux décrets qui se succédèrent dans le *Moniteur*, en développant et régularisant, dans cette belle colonie, la vie civile, agricole et commerciale, donnèrent de nouvelles garanties de sécurité à son avenir. Ainsi, par un décret impérial, rendu sur le rapport du ministre secrétaire d'Etat au département de la guerre, M. le maréchal Saint-Arnaud, une partie des localités classées jusqu'à cette époque dans le territoire militaire furent placées sous l'empire de la juridiction civile ; des justices de paix furent érigées à Batna, à Aumale et à Sidi-Bel-Abbès.

Le gouvernement ne perdait pas de vue que l'Algérie devait être pour la France une grande colonie agricole, destinée à lui fournir tous les produits méridionaux, nécessaires à sa consommation et à son industrie. En même temps qu'il y créait, par décision du 22 avril, une chambre consultative de l'agriculture, ses concessions de terrains appelaient les bras et le fer des travailleurs dans ses belles plaines et dans ses vallées fertiles, qui ne demandaient que l'intervention de l'industrie humaine pour transformer leurs halliers épineux en plants féconds et en riches récoltes.

La plus importante fut celle accordée, par un décret du 26 avril, à une société de capitalistes et de propriétaires genévois.

Cette concession portait sur des terrains d'une superficie de vingt mille hectares, situés dans les environs de Sétif. Ils étaient divisés en deux sections égales ; la compagnie avait pris l'obligation de faire construire un village de cinquante maisons sur chacune d'elles, et de les livrer à des colons suisses qui en exploitassent les terres, sous de brefs délais.

La compagnie s'était mise immédiatement à l'œuvre : dès avant la fin de 1853, un des villages était construit ; le second était en pleine exécution. C'était là une initiative heureuse. La spéculation et l'industrie française avaient besoin d'une impulsion et d'un exemple ; l'exemple et l'impulsion étaient donnés.

Le pouvoir ne s'était pas contenté de cette incitation générale, il n'avait pas négligé d'éclairer et de guider dans leur application les efforts de nos travailleurs. Un des produits coloniaux les plus recherchés, celui qui fait la richesse de tous les Etats méridionaux de l'Union américaine, le coton, avait été l'objet d'études expérimentales, faites avec tout le soin que recommandait l'importance de ces essais.

On peut juger de cette importance par les faits suivants : L'Angleterre industria, en 1853, dans ses fabriques, deux millions deux cent soixante-quatre mille balles de coton, pesant environ trois cent cinquante millions de kilogrammes ; la France, quatre cent soixante mille balles, du poids total de soixante-neuf millions de kilogrammes. La consommation des autres Etats européens, pendant la même année, avait été de huit cent mille balles ; soit cent vingt millions de kilogrammes.

Cette énorme quantité de matière première avait été presque exclusivement produite par les provinces méridionales des Etats-Unis. Le cotonnier, qui n'y était cultivé en 1736 que comme un végétal d'agrément, dont les plants offraient à peine à l'exportation, en 1790, quatre-vingts balles de leurs produits, y donne aujourd'hui une récolte de trois millions deux cent mille balles.

Or, sa culture est exclusivement faite par la population noire, dont la prohibition de la traite empêche, ou du moins entrave très-gravement le renouvellement. Une autre cause contribue à augmenter le prix des cotons. Les Etats-Unis ont créé des filatures et des fabriques, où ils emploient une partie importante de la matière première qu'ils livraient exclusivement autrefois à l'exportation. Que l'on ajoute à ces causes de l'élévation sans cesse progressive du prix des cotons livrés au commerce européen, la double menace d'une guerre servile, ou de la suppression de l'esclavage prononcée par le parlement, ou opérée violemment par les Etats du Nord, et que l'on juge de la prospérité dont la culture du coton pourrait devenir la source pour nos possessions mauritaniennes.

Les constatations opérées par les cultures libres, ainsi que par les études expérimentales ordonnées par le gouvernement, ont justement établi, que non-seulement l'exploitation agricole du coton est parfaitement en rapport avec la nature du terroir, et la température du climat dans le nord de l'Afrique, mais que les espèces dont la culture s'y montre la plus prospère, sont les deux variétés les plus précieuses : l'une parce que son rendement est le plus riche ; l'autre parce qu'elle est la plus rare, les Etats-Unis pouvant à peine en fournir annuellement trente mille balles. C'est ainsi que la main de la Providence s'est montrée doublement libérale en dotant notre colonie africaine de la puissance productive de ce précieux produit.

L'administration ne pouvait négliger aucun moyen de creuser et d'aviver cette importante source de richesse. Deux décrets, en date du 16 octobre, lui donnaient de puissants encouragements; des primes annuelles de 2,000, 3,000 et 5,000 fr. étaient accordées dans chaque province aux colons dont les habiles travaux avaient obtenu le plus de succès dans ces cultures; un prix de 20,000 fr. était fondé pendant cinq années consécutives par l'Empereur, pour le planteur des trois provinces qui serait jugé avoir récolté, sur la plus vaste échelle, les meilleurs produits.

Plusieurs autres industries étaient en progrès dans notre grande colonie africaine; la production de la garance, l'éducation de la cochenille et l'élève des abeilles y donnaient chaque année de plus abondants profits ; la culture des tabacs y prenait des développements rapides : les dix-sept cent cinquante-deux planteurs qui cultivaient cette plante, en 1853, sur deux mille deux cent soixante-dix-sept hectares, versèrent dans les magasins de la régie un million quatre cent vingt mille kilogrammes de feuilles, qui ne représentaient encore qu'une partie de leurs récoltes.

L'exportation des céréales ne s'éleva pas à moins d'un million d'hectolitres. Dans la crise alimentaire que traversait la France, ces grains avaient été un supplément précieux à nos moissons, et une révélation des secours que, dans des années calamiteuses semblables, nous pourrions à l'avenir tirer de cette colonie. L'agriculture avait encore livré au commerce et à l'exportation des quantités assez considérables de laines, d'huile et de peaux.

Parmi les richesses naturelles de l'Algérie, relevant de l'industrie, figuraient de plus les concessions de mines et de forêts, qui donnèrent, en cette année, des résultats favorables et en préparèrent de plus importants. Des douze cent mille hectares qui composent le domaine forestier de l'Algérie, douze mille plantés de chênes-liége avaient été cédés à diverses compagnies qui en poursuivaient l'exploitation.

Une industrie dont nous ne pouvons passer les développements sous silence est la pêche du corail. Bone et la Calle ne virent pas moins de cent cinquante-six bateaux, en cette année, sillonner leurs eaux. La récolte du corail s'éleva à trente-cinq mille kilogrammes. Cette précieuse matière plastique, livrée au commerce à 60 francs le kilogramme, produisit donc aux pêcheurs 2,000,000 de francs.

Ainsi les forces productives de la colonisation étaient en pleine activité sur cette terre, où les fruits de la civilisation légitimaient, même pour les populations soumises, les violences de la conquête. Aux bruits joyeux de la ferme et de l'usine, aux bêlements des troupeaux dans les vallées, au bruit de la cognée dans la montagne, à celui de la pioche et du marteau dans les entrailles de la terre, à toutes ces harmonies pacifiques et triomphantes du travail, les populations accouraient sur ces plages, où le vent du désert faisait ondoyer les plants d'olivier, les récoltes industrielles et les moissons dans les plaines brûlées, où son souffle ne rencontrait naguères que des broussailles et des herbes arides.

Dès le commencement de 1854, la population européenne s'élevait à trente-six mille cinq cent cinquante-un habitants dans la province d'Alger; à vingt-un mille neuf cent quarante-cinq dans la province d'Oran; à dix-huit mille cent trente-trois dans la province de Constantine : dans toute la colonie à cent trente-sept mille deux cent soixante-cinq. Cette population comptait quarante-neuf mille cent dix-sept hommes; trente-neuf mille cent trente une femmes; quarante-neuf mille dix-sept enfants, appartenant à tous les Etats européens; les pays qui, après la France représentée par trente-sept mille neuf cent huit de ses enfants, y avaient envoyé le plus de colons, étaient l'Italie qui comptait sept mille six cent soixante-cinq de ses nationaux; Malte cinq mille neuf cent quatre-vingt-dix, et l'Allemagne cinq mille cent soixante-deux.

La création de monts-de-piété, d'orphelinats, de caisses de secours mutuels et d'autres institutions de bienfaisance, encouragea les efforts de cette population, et lui prouva que l'œil et la sollicitude de la mère patrie veillaient sur elle, et voulaient enfin assurer son avenir. Tels étaient les heureux effets de la pacification.

Cette pacification n'était pas telle pourtant que la France n'eût pas besoin pour la consolider et pour l'étendre de maintenir aux yeux des Arabes soumis le prestige de ses armes, et d'en faire sentir le poids et la portée à ceux qui résistaient encore à leur puissance. Nous avons vu, dans les premiers chapitres de cette histoire, la prise de Laghouat enlever au fanatisme musulman un des repaires, d'où il s'était flatté de porter le ravage et la mort dans notre conquête, en attendant que la guerre sacrée pût rejeter nos drapeaux au delà des mers. Repoussé de cette oasis, il avait reculé dans les sables de ses solitudes ardentes, sans se laisser abattre ni décourager par ses défaites.

Le chérif d'Ouargla, le farouche Mahomed-Ben-Abdallah, qui, gravement blessé dans la défense de Laghouat, était parvenu dans la nuit qui suivit la prise de cette oasis à couper notre ligne de surveillance, avec un groupe de cavaliers, et à s'enfoncer dans le désert, ne cessait d'ameuter contre nous les tribus sahariennes et de tenir nos possessions méridionales sous la terreur de ses menaces. Il avait même, dès les premiers jours de mars, remonté vers le nord avec des *goums* réunis parmi ces populations nomades, et était tombé à l'improviste sur nos douars du Rahsman, pour disparaître de nouveau, après cette irruption sanglante, dans les profondeurs du désert.

Le gouverneur comprit tout le danger que présentait l'impunité de pareilles agressions. Elles ébranlaient la fidélité des tribus soumises qu'elles mettaient en droit de douter de l'efficacité de notre protection ; elles rendaient hésitantes les résolutions de celles à qui la terreur dont les avait frappées coup sur coup le siége de Zaatcha, d'importantes razzias sur les hordes nomades les plus hostiles, la prise de Laghouat avait fait demander l'aman.

En effet les Ouled-Sacy ajournaient leur soumission; les sept villes du M'zab semblaient reculer elles-mêmes devant les conditions qui leur avaient été imposées. On sentait que les espoirs de leur nationalité abattue renaissaient dans l'esprit de ces populations, et que leurs volontés flottaient entre ces illusions et les souvenirs sanglants de nos victoires. Il était donc nécessaire de fixer leurs dispositions, et si la France ne devait pas songer à poursuivre, pour le moment, l'audacieux chérif jusque dans son lointain repaire, de montrer au moins nos drapeaux aux bourgades les plus reculées du Sahara algérien.

Une pointe dans ces plaines sablonneuses devait avoir un autre résultat; un des chefs de ces contrées qui s'était soumis à la France, Selman, cheik de Tuggurth, ne pouvait avoir ignoré les préparatifs hostiles et l'excursion du chérif d'Ouargla, et cependant il n'en avait donné aucun avis aux commandants des postes français les plus voisins. Sa connivence avec Mohamed-Ben-Abdallah était donc sinon évidente, au moins probable; il importait à la sécurité de notre frontière qu'il se prononçât.

Ce fut sous l'empire de ces considérations que le gouverneur français ordonna la formation d'une colonne expéditionnaire sur la frontière du Tell. Ce corps se réunit à Biskara, où sur la fin de mars arrivèrent, avec les contingents des garnisons, les goums des tribus les plus voisines. Le colonel Desvaux en prit le commandement.

Il se porta d'abord sur les bords de l'Oued-Tell; ayant fait prendre à sa troupe un approvisionnement de vivres et d'eau, il franchit la rivière et pénétra résolument dans ces plaines sablonneuses où toute végétation expire sous les ardeurs d'un ciel implacable: trois jours de marche forcée dans ces mornes régions portèrent la colonne jusqu'à Dzioüa, groupe de huttes dont la population misérable n'a d'autre industrie que de puiser l'eau des caravanes, qui viennent remplir leurs outres dans les puits profonds creusés dans ce sol calciné. Quelques poignées de grain et de dattes forment son salaire et constituent toutes ses ressources.

Le commandant français y reçut une députation des Ouled-Sacy, accourus pour lui demander l'aman. Il y apprit que Selman, se croyant menacé par l'expédition, s'était enfermé dans Tuggurth après avoir fait arrêter et mettre à mort le cheik des Ouled-Moulet, El-Oumbark, connu par son dévouement à la France.

Les résultats que le gouverneur s'était proposés de cette pointe dans le désert étaient obtenus. La colonne se reploya sur l'Oued-Tell, et rentra dans Biskara sans avoir brûlé une amorce.

Cette expédition et un coup de main aussi heureux que rapide, frappé sur les Ouled-Nayls, près Sziga, à plus de quatre-vingts kilomètres au sud de Ksar-el-Airan, par notre allié Si-Bel-Arche, triomphèrent des hésitations de la confédération de M'zab. Ses envoyés arrivèrent à Alger, avant la fin d'avril, et offrirent au gouverneur ses excuses de la part qu'elle avait prise à l'insurrection des oasis, et les sept chevaux que les villes de Bir-Rayane, Beni-Isguen, Guerrara, Mellika, Ghardaya, El-Attaf et Bou-Noura lui envoyaient, selon l'usage, comme symboles de leur soumission. Elles acceptaient toutes les conditions que leur avait dictées le gouverneur de nos possessions africaines.

Mohamed-Ben-Abdallah et le cheik de Tuggurth restèrent ainsi isolés dans leur hostilité contre la France. La seule considération qui, dans cet abandon des tribus les plus nombreuses et les plus riches du Sahara septentrional, leur laissait quelque autorité sur les populations errantes dans le désert, était celle du succès avec lequel les tribus de la Kabylie restées libres dans leurs montagnes inquiétaient les garnisons de nos places jusque derrière leurs remparts. Des derviches et des marabouts, parcourant ces plaines brûlantes, allaient, de tribus en tribus, fomenter le fanatisme. Le plus léger conflit, le moindre pillage, un meurtre, un incendie, un vol, opérés par ces montagnards turbulents, se transformaient, dans leurs récits enthousiastes, en triomphe, en exploit ou en razzia; et ces peuplades crédules se voyaient arrivées à l'heure de la vengeance.

Lorsque, à cette époque, les yeux se promenaient sur une carte de l'Algérie, ce n'était pas sans étonnement qu'en parcourant cette vaste contrée où l'Atlas avec ses chaînes de montagnes, le Tell avec ses vallées rocailleuses et ses plaines de sable, n'avaient pu arrêter nos drapeaux flottants jusque sur les oasis du Sahara, ils rencontraient une contrée spacieuse se développant entre Alger et Bône, presque sur le littoral, où ils lisaient : Kabylie indépendante. C'était un lacis ou plutôt un massif de pics escarpés, de crêtes abruptes, d'étroites vallées et d'âpres montagnes dont, au sud, les sables du désert, au nord, les flots bleus de la Méditerranée baignaient les pieds de granit et de basalte.

Les Kabyles sont la race aborigène de cette contrée de l'Afrique, ces Berbères qu'on aperçoit, du moins, sur ces côtes, aux premières lueurs des temps historiques. Population fière, laborieuse, intrépide, elle a su échapper à toutes les dominations que la conquête a fait peser sur le pays, en cherchant un refuge dans les montagnes. Ni l'épée des Romains, ni le cimeterre des Arabes ne purent la forcer dans ces retraites inaccessibles. Si elle y accepta la religion des conquérants : le christianisme des Romains, l'islamisme de l'invasion sarrasine, elle y conserva, comme dernières épaves de sa nationalité naufragée, la pureté de son sang et son indépendance politique.

Ce que n'avaient pu ni les aigles romaines ni les croissants turcs avait été commencé par nos armes. Elles avaient forcé ces populations altières à reconnaître l'autorité de la France. Celles du Terrara et du Dahra sur le rivage de la Méditerranée, entre Alger et Oran, celle de l'Ouarensenis dans l'intérieur du pays, les peuplades enfin du Djebel-Amour et de l'Aurès sur les limites du Sahara, avaient été domptées et soumises. Seul l'entassement de montagnes compris entre Dellys, Bougie, havres dangereux de cette mer inhospitalière, l'*importuosum mare* de Salluste, Setif et Aumale avaient résisté à nos efforts.

Plusieurs expéditions, une surtout dirigée par le général Bugeaud en personne, avait bien porté nos drapeaux jusqu'au cœur de leurs rocs, mais la crainte d'engager la France dans une guerre meurtrière et dispendieuse, et par suite de compromettre la colonisation de l'Algérie en la compliquant de nouvelles dépenses et de nouveaux dangers, avait toujours armé les chambres contre sa conquête.

Cependant ce pays était sans cesse une cause de troubles et de conflits. C'était l'asile où se réfugiaient tous les marabouts et tous les chérifs dont les prédications fanatiques soulevaient continuellement les tribus arabes contre nous. C'était de là qu'ils se précipitaient à la tête de bandes exaltées, et qu'ils fondaient contre nos postes, ou sur nos douars alliés, pour les saccager et les piller. La prospérité ne pouvait renaître dans les villes du littoral, toujours harcelées et presque continuellement bloquées par les tribus des montagnes voisines. Tous les administrateurs et les colons partageaient à la fin l'opinion des hommes de guerre qu'il était temps d'en finir avec ces populations dont les hostilités ne pouvaient qu'être une source incessante d'inquiétudes, de dangers et de collisions. La position complexe où, depuis 1848, s'était trouvée la puissance métropolitaine avait été un obstacle à la guerre qui devait réaliser la conquête de ce pays.

Cependant il était urgent de dégager notre littoral et d'assurer, à l'est, nos communications avec l'intérieur du pays. L'obstacle qui s'opposait à une attaque des peuplades du Jurjura, la grande Kabylie, n'existait pas pour une expédition contre les tribus des Babors, petite Kabylie, dont nous avions à réprimer et à châtier les agressions incessantes.

Le général Saint-Arnaud avait accompli cette tâche en 1851, tout ce pays avait été soumis après plusieurs combats acharnés; le chérif Bou-Seba l'ayant soulevé l'année suivante, le général Mac-Mahon, sorti de Constantine avec sept mille baïonnettes, avait étouffé la révolte et tenté de dompter ces populations turbulentes par l'incendie de leurs villages et la destruction de leurs moissons, rigueurs regrettables sans doute, mais que le général Bugeaud, dont nul ne conteste le caractère humain, avait jugées lui-même nécessaires contre ces sauvages montagnards. Ce fut dans cette même contrée, dans la région de Djelli et de Collo, toujours hostile, que la France dut encore porter ses armes en 1853.

Le 18 mai, le gouverneur sortit du camp de Setif, à la tête de deux divisions, l'une sous les ordres du général Mac-Mahon, l'autre sous ceux du général Bosquet. Ces deux corps se séparèrent aussitôt pour se porter, le premier, sur l'Oued-Berd, le second, placé sous le commandement supérieur du gouverneur général, sur l'Oued-Draouais. L'un et l'autre étaient éloignés de leur destination de deux jours de marche.

Les deux divisions atteignirent les points qui leur étaient assignés dans la soirée du 19. Au moment où la division Mac-Mahon établissait ses bivouacs à Merouaha, sur les bords de l'Oued-Berd, le général en chef prenait position sur les rives de l'Oued-Draouais, en face du versant sud de l'une des chaînes de montagnes occupées par les tribus kabyles.

Plusieurs de ces tribus lui avaient envoyé des députations chargées de faire leur soumission ; seuls des peuplades voisines, les Djermouna, avaient conservé une attitude hostile. Du camp on apercevait leurs villages, situés dans les anfractuosités de la montagne, entre les pics de Takoucht et le sommet sourcilleux de l'Amar-Kreddon. L'escarpement de ces bourgades attachées comme des nids d'aigles aux flancs de ces roches imposantes expliquait la confiance orgueilleuse que leur inspiraient les positions inaccessibles de ces aires.

Le soleil était encore élevé au-dessus de l'horizon, le gouverneur général pensa que les quelques heures de jour qui restaient encore suffisaient pour leur donner une leçon sévère. Un bataillon du 3e zouaves et un bataillon du 20e de ligne reçurent l'ordre de déposer leurs sacs et d'enlever ces villages.

Ces deux troupes intrépides s'élancèrent, à l'envi l'une de l'autre, sur ces escarpements où broussaillaient toutes les plantes touffues ou épineuses, cactus, aloës, myrtes et lentisques qui forment la végétation de ces climats méridionaux. On les vit disparaître d'abord dans les fourrés qui couvraient la base ondulée de ces pentes, puis on les aperçut rampant sur ces déclivités abruptes, gravir les rochers, s'élever de saillies en saillies, s'aidant des arbres, des arbrisseaux, des plantes flottantes, de tout ce qui offrait quelque appui à leur pied, quelque résistance à leur main.

Les Kabyles les contemplaient avec effroi, osant à peine en croire leurs yeux. Quelques-uns tentèrent de les arrêter en faisant rouler sur eux des quartiers de rochers qui blessèrent seulement quelques-uns de nos soldats. Bientôt une légère fusillade éclata; mais l'engagement n'eut rien de sérieux; la plupart des Kabyles s'étaient rejetés sur leurs villages. Telle était la confiance que leur inspiraient les défenses naturelles de ces positions, à leurs yeux inaccessibles, qu'ils n'avaient pas même songé à mettre en sûreté ce qu'ils avaient de précieux dans leurs gourbis; tous ne pensèrent dans cet instant qu'à précipiter la fuite de leurs familles et de leurs troupeaux.

Les colonnes de fumée qui, aux rayons du soleil couchant, s'élevèrent de toutes ces bourgades, annoncèrent que les ordres donnés à nos deux bataillons étaient accomplis. Ils regagnèrent le camp sans que l'ennemi songeât à inquiéter leur retour.

Le lendemain vit s'engager un combat un peu plus f, sans devenir pour cela plus douteux, ce fut sur la fraction des Rhahamin, dont les bourgades groupent pittoresquement, sur le versant sud-ouest du Takoucht, leurs toits de chaume et leurs bouquets de figuiers, autour de la coupole de leurs marabouts, que porta notre attaque. Le 2ᵉ zouaves, un bataillon du 68ᵉ et le 7ᵉ bataillon de chasseurs à pied, furent chargés de cette exécution, qui coûta à l'ennemi neuf hommes tués, un grand nombre de blessés et l'incendie de tous ses villages.

La journée du 21 pouvait laisser à notre armée de sanglants souvenirs. La position qu'il fallait enlever, offrait de tels avantages à la défense, et à l'attaque de si formidables difficultés, que le triomphe de nos soldats pouvait être payé par de cruels sacrifices.

Cette position était le col de Tisi-Sakka. Il coupait la crête la plus élevée de cette chaîne de montagnes. Il en était le point culminant et formait pour ainsi dire le nœud de ses contre-forts et de ses radiations. Là se trouvait la naissance de toutes les vallées qui descendent vers la mer. Ce pays si tourmenté, si bouleversé par les convulsions originelles du globe, ouvrait donc toutes ses voies, toutes ses routes naturelles aux forces maîtresses de cette hauteur.

L'ennemi l'avait compris, aussi avait-il tenté de développer par quelques travaux de fortifications les obstacles créés et réunis sur ce point par la nature : des abattis d'arbres et des murs de pierres sèches, destinés à rompre l'élan de nos troupes et à couvrir ses tirailleurs.

Le général en chef se porta avec toutes ses forces sur ce col, où les contingents des tribus soulevées semblaient préparés à opposer une vigoureuse résistance. Les tirailleurs que l'on voyait s'agiter dans les escarpements, lui firent jeter sur les flancs quelques compagnies prêtes à les couvrir d'un rideau de tirailleurs.

Le projet de ces rassemblements était en effet de se précipiter des deux côtés sur notre colonne d'attaque, dès qu'elle se serait élancée dans la gorge où elle devait rencontrer une résistance désespérée. Mais l'ennemi déjà déconcerté par les échecs des jours précédents fut si effrayé de la rapidité et de la vigueur avec lesquelles il fut abordé par le 2ᵉ zouaves, qu'il lâcha pied après la plus faible résistance.

Son effort sur la droite fut exécuté avec plus de résolution. Un détachement de spahis dut reculer devant son irruption; une compagnie du 7ᵉ chasseurs à pied et un détachement de sapeurs du génie s'étant élancés à leur secours, se virent subitement enveloppés par une fusillade si vive, que le colonel Périgot dut lancer, au pas de course, une compagnie de voltigeurs du 68ᵉ pour les dégager. Les Kabyles attaqués à la baïonnette furent rejetés dans un ravin. Ils disparurent précipitamment dans les broussailles, laissant sept cadavres sur le terrain.

A onze heures du matin nos troupes étaient maîtresses de toutes les hauteurs, d'où leur camp, véritable citadelle inaccessible, dominait tout le pays. Dès le soir même, la flamme dévorait les villages des Beni-Tezi, les plus voisins de ces cimes.

Les Beni-Tezi, tribu nombreuse et puissante, étaient la tête et l'âme de la révolte. C'était sur eux particulièrement que le gouverneur voulait faire tomber la répression et en faire un exemple qui effrayât ces populations turbulentes. L'arrivée immédiate de leurs cheiks eût pu seule conjurer les sévérités de cette répression; ils se contentèrent d'envoyer quelques agents secondaires, dont la démarche pouvait n'être qu'une feinte pour couvrir leur fuite.

Le général Randon n'hésita pas à donner l'ordre d'attaquer le gros de leurs douars. Pendant que trois bataillons sans sacs, descendant par le lit profond et raviné de l'Ighzer-Zakka, ruisseau presque desséché dès le printemps, mais que l'automne et l'hiver transforment en torrent impétueux, se portaient sur ces villages, le général Bosquet, suivant avec deux autres bataillons, également sans sacs, un contrefort du Tarazist, se jetait entre ces bourgades et la mer, et leur coupait ainsi la retraite. Les populations, dans leur fuite éperdue devant l'attaque directe, tombant ainsi à l'improviste sur nos baïonnettes avec leurs bagages et leurs troupeaux, furent frappées d'une telle épouvante qu'elles se précipitèrent à travers les rochers et les ravins, cherchant leur salut par des voies presque infranchissables.

Cette journée porta un coup décisif à la rébellion. Dès le lendemain les cheiks des principales tribus environnantes, ceux des Beni-Ismaïl, des Beni-Bou-Aïsse, des Beni-Melloul et des Aïl-Aouaret, accoururent faire leur soumission à la France, déclarant qu'ils accepteraient les conditions que leur imposerait le gouverneur; les Djermouna et les Beni-Tezi, qu'avaient frappés si rigoureusement les désastres de cette guerre, envoyèrent eux-mêmes implorer la merci du vainqueur.

Les combats engagés par la division du général Mac-Mahon avaient été couronnés du même succès. Les montagnes qui se dressaient devant lui, au delà de l'Oued-Berd, formaient la droite de la vallée où roule l'Oued-Agrioum, dont la ligne de faîtes conquise par le gouverneur général forme le bassin sur la rive gauche. Quelques fractions des tribus les plus exposées vinrent bien demander l'aman; mais, dès le 19 au soir, l'attitude générale des populations de toute la montagne n'en paraissait pas moins hostile; les dispositions que prenaient les Beni-Meraï, les Ighzerou-Itis et les Beni-Felkaï, dont on apercevait les gourbis groupés au milieu des rochers des parties les plus escarpées, annonçaient manifestement leur résolution de nous en disputer les accès.

Ce ne fut pas contre eux que le général crut devoir diriger ses premiers coups. La croupe élevée que couronnait le principal village des Aïn-Si-Tillout lui parut la position qui commandait tout le système de la ligne de sommets formée par ces montagnes. De cette hauteur, en effet, il pouvait rayonner sur toutes les autres crêtes et aborder aisément toutes leurs cimes.

Ce fut sur elle que le lendemain il se porta avec toutes ses forces; elle fut enlevée sans coup férir; il y assit fortement son camp qu'il mit, par une occupation solide, à couvert de toute éventualité. Les tribus les plus voisines étaient celles des Beni-Menalla et des Beni-Dracen, dont les douars étaient placés au pied de pics granitiques, sur des plateaux que leur escarpement pouvait faire regarder comme inexpugnables. Le généra ouvrit ses opérations par l'attaque de ces hauteurs. Elles furent couronnées par nos troupes avec leur rapidité habituelle; nos zouaves, non moins alertes que les montagnards berbères, les délogèrent jusque du sommet des aiguilles granitiques où quelques centaines avaient cru trouver des refuges inaccessibles.

Nos troupes rencontrèrent toutefois une résistance énergique; l'incendie de leurs villages, loin d'effrayer ces tribus, ne fit qu'exalter leur fureur. Elles revinrent obstinément à la charge, et nos colonnes n'opérèrent leur retraite que sous le feu de leurs tirailleurs; une cinquantaine des plus ardents se ruèrent même sur notre arrière-garde, avec un tel élan, que, dans un retour offensif combiné par une compagnie du 1er zouaves, avec une embuscade dressée, à la faveur d'un brouillard épais, par un détachement du 3e, six de ces assaillants furent faits prisonniers.

La journée du 22 fut marquée par deux engagements.

Trois bataillons, sans sacs, sous la conduite du colonel Thomas, attaquèrent les villages des Krerrata, portion importante des Beni-Meraï qui, après nous avoir fait des ouvertures de soumission dans la soirée du 19, s'étaient joints, le 21, à nos ennemis. Ces villages, à la suite d'un combat assez vif, furent réduits en cendre.

L'autre engagement eut lieu, à l'est du camp, sur la route de Babor à Tisi-M'-Lougout. Un détachement de sapeurs du génie était occupé à élargir et à aplanir cette voie sous la protection d'un bataillon de tirailleurs indigènes. Deux ou trois cents Kabyles étaient accourus pour inquiéter ce travail, mais nos turcos les avaient maintenus à une distance où leur feu était sans danger. Le général Mac-Mahon, qui, du camp éloigné de huit cents mètres, avait examiné cette escarmouche, n'avait rien aperçu de menaçant dans les dispositions de l'ennemi.

Le travail achevé, soldats du génie et tirailleurs opérèrent leur retraite en suivant l'arête culminante du terrain. Les deux compagnies qui formaient l'arrière-garde se trouvèrent assaillies à l'improviste par une colonne de cinq à six cents Kabyles qui étaient parvenus à se masser dans un pli du col.

La compagnie la plus éloignée, commandée par le capitaine Gremelin, s'arrête, fait face à l'ennemi, le clairon sonne la charge; le capitaine est gravement blessé en fondant sur les assaillants à la tête de ses tirailleurs; le sous-lieutenant Pape est frappé mortellement; le seul officier qui reste debout est Abd-el-Kader-el-Blidi, sous-lieutenant indigène; il opère la retraite avec autant d'ordre que d'intrépidité, mais en faisant des pertes nombreuses, lorsque le retour offensif du bataillon le dégage et refoule énergiquement l'ennemi. Cette affaire, où nous eûmes trente-neuf hommes, dont quatre officiers, mis hors de combat, coûta aux Kabyles vingt et un tués et quarante blessés. Plusieurs chefs influents des Aït-Hetkaï et des Beni-Menalla furent reconnus parmi les morts.

Cet engagement imprévu, dont la chute du jour avait empêché notre retour offensif de tirer une complète vengeance, n'en pouvait pas moins être regardé relativement par ces montagnards comme un succès; il importait de ne pas laisser cette faible consolation à leurs défaites. Le lendemain, 24, le général Mac-Mahon commanda un fourrage général pour toutes les bêtes de la colonne, dans la direction même où avait eu lieu cette attaque; il le fit protéger par deux bataillons de zouaves dont les commandants reçurent des instructions spéciales.

Cette opération attira sur tous les versants, dans toutes les gorges et sur toutes les ondulations de terrain des montagnes voisines, des bandes de Kabyles électrisés par le récit du combat de la veille. La journée, en s'avançant, développait à la fois leur nombre et leur ardeur; la fusillade, timide et languissante d'abord, prit bientôt une vivacité progressive; les jets de fumée blanchâtre, partant des halliers qui couvraient les derniers gradins de la montagne, annoncèrent enfin que l'ennemi, confiant dans son nombre, se préparait à renouveler son irruption sur nos soldats.

C'était le moment attendu par nos officiers supérieurs; les foins étaient récoltés; nos fourrageurs reçurent l'ordre de se replier par un mouvement rapide; les bataillons de soutien montrèrent la même précipitation dans leur retraite.

A cette vue les Kabyles s'élancent de leurs fourrés, ou du milieu des rocs, en poussant des hourras de triomphe; ils chargent les compagnies d'arrière-garde avec enthousiasme;

celles-ci se rejetant en arrière avec plus de rapidité, ils s'attachent à leur poursuite avec l'imprudente audace que donne la conviction d'une prochaine victoire.

Cependant le général Mac-Mahon était sorti secrètement du camp avec trois bataillons sans sacs, et s'était porté, en suivant un étroit vallon, jusque sur le flanc de l'ennemi. A son signal, les compagnies attaquées font brusquement tête aux assaillants, leurs bataillons les appuient; la charge sonne de tous côtés, et les cinq bataillons tombent sur l'ennemi au pas de course; les Kabyles épouvantés veulent regagner en toute hâte le col de Tezi-M'-Lougout, mais ils y ont été précédés par un des bataillons des zouaves qui leur coupe cette retraite.

Ils n'ont plus qu'un moyen d'échapper à nos baïonnettes, ils tentent de gagner leurs montagnes en se précipitant dans les affreux ravins de l'Ighzer-el-Itis, où les suit le fer de nos zouaves; cinquante et un cadavres furent relevés sur le terrain du combat.

Cette action sanglante fut, comme celle du 22, dans les douars des Beni-Tézi, la dernière convulsion de la révolte. Tous les cheiks se hâtèrent de venir apporter au camp la soumission de leurs tribus : les Beni-Munchar, les Beni-Menalla, les Beni-Dracen, les Beni-Salah, les Beni-Falkaï, les Beni-Merraï se mirent à la discrétion de la France.

Bou-Barghla, qui, après ses défaites de 1851 et de 1852, avait fui la petite Kabylie et s'était retiré chez les Hdjer du haut Jurjura, avait bien tenté une diversion en se jetant sur le village de Selloun, où il établit même une garnison après en avoir enlevé les blés et les bestiaux; cette garnison, chassée une première fois par la tribu elle-même, appuyée par les spahis du poste des Beni-Mansours, s'était rejetée précipitamment dans les montagnes à l'approche de la colonne légère du général de Luzy, qui, après s'être portée jusqu'à Bouçada, trouvant tout calme dans le sud, s'était repliée sur Bordj-Bou-Areridj.

Ainsi se trouvaient soumises toutes les populations guerrières qui habitent les deux chaînes de montagnes formant l'enveloppe fluviale de l'Oued-Agrioun. Le général Mac-Mahon, conformant sa conduite à celle du gouverneur général, choisit parmi elles des otages qui répondissent de leur fidélité, leur désigna des cheiks et les frappa d'une contribution de guerre qui dut être versée immédiatement entre les mains d'une commission spéciale.

Les deux divisions purent quitter les positions où elles avaient assis leurs camps. Elles descendirent parallèlement les deux rives de l'Oued-Agrioun, recevant la soumission des tribus qui habitent sur son cours inférieur. Ces populations, restées étrangères à l'insurrection des Babors, loin de fuir à l'approche de nos troupes, paissaient paisiblement leurs troupeaux ou continuaient avec sécurité leurs récoltes sur le passage de nos troupes; chaque soir un grand nombre se rendaient à nos bivacs offrir à nos soldats des bestiaux, des volailles, des fruits et des laitages dont on leur remettait exactement le prix.

Le 2 juin, le gouverneur général posa son camp à El-Tenin, chez les Beni-Hassin, sur un plateau dominant la rive gauche de l'Oued-Agrioun à son embouchure; les seules difficultés qu'il avait eu à vaincre dans sa marche depuis son départ du camp de Tezi-Sakka, avaient été celles que lui avait opposées la configuration tourmentée de cette contrée sauvage. « L'âpreté du pays, à partir de la vallée des Beni-Ismaïl à la mer, lit-on dans une note du général Randon, était telle que la colonne partie, le 31, de Zacherouft à sept heures du matin, n'a pu arriver à deux lieues et demie de là, un peu en avant de Ref-Rida, qu'à onze heures du soir, quoique la journée du 30 eût été employée à améliorer la route. »

Le général Mac-Mahon campait, le 2 juin, sur l'autre rive de l'Oued-Agrioun, à quatre lieues du bivac pris par la division Bosquet. Le pays, tout convulsé, qu'il avait dû franchir, n'avait pas opposé à ses troupes de moins épuisantes étapes que celles subies par la colonne du général gouverneur.

Ce fut dans la pittoresque vallée que les ramifications de l'Atlas ouvrent sur ce point vers la Méditerranée, qu'eut lieu, le 5 de ce mois, l'investiture solennelle des chefs donnés par la France aux peuplades soumises. Quarante-cinq cheiks des tribus des Babors reçurent des mains de M. le gouverneur général les burnous, insignes officiels de leur dignité.

Des pluies torrentielles retinrent quatre jours nos deux corps d'armée dans leur position ; la réapparition du soleil dans l'azur du ciel africain eut rapidement séché le sol ; le 10, ils se remirent en route et se portèrent, par les hauteurs, sur le territoire des Beni-Haffer et des Beni-Iger, qui restaient à soumettre. Les deux divisions qui avaient marché isolément vinrent camper, le 16, l'une sur les bords de l'Oued-Djindjin, l'autre sur l'Oued-Nil, prenant ainsi entre deux feux ces tribus qui se préparaient depuis le commencement de la campagne à donner une grande journée de poudre.

Cette manœuvre fit évanouir leur résolution. Leurs cheiks accoururent aux deux camps offrir leur soumission et le payement immédiat des contributions arriérées qu'ils avaient promises en 1851, mais dont ils n'avaient pas versé depuis une seule piastre dans les caisses de la colonie. La partie purement militaire de la campagne se trouva ainsi terminée.

Nos bataillons ne devaient pas cependant regagner encore leurs cantonnements ; après les sanglants labeurs des armes, ils avaient à accomplir, dans ces contrées, les travaux féconds et réparateurs de la pacification. Comme ces légions romaines, qui ont laissé sur le monde antique ces traces profondes qui attestent encore la mission civilisatrice du peuple-roi, nos soldats, en déposant l'épée, prirent la bêche et la pioche et ouvrirent dans cette région isolée et barbare de grandes artères, où avec nos forces devaient circuler notre commerce et nos idées ; où, après la vie militaire, devait battre la vie mercantile, industrielle et morale de l'Europe chrétienne. En dix jours ils tracèrent, sous les yeux émerveillés des Kabyles, deux routes de Djedjelly à Constantine par Milak, et à Sétif par Tibaïzen et Djimila.

Ces travaux exécutés, chaque corps de troupe retourna joyeusement reprendre sa garnison. Le gouverneur général rentra le 1er juillet dans Alger.

L'ouverture de ces routes ne forme pas du reste les seuls travaux auxquels notre armée d'Afrique ait pris part ; l'administration avait depuis longtemps déjà fait appel au zèle laborieux de nos soldats, et, grâce à leur concours, dont les efforts convenablement rétribués leur permettaient de développer ce bien-être matériel qui, dans ces climats brûlants, est un si précieux élément d'hygiène, les travaux publics reçurent l'impulsion et les développements les plus heureux ; non-seulement le tracé de nouvelles routes compléta le réseau des communications les plus utiles à la sécurité comme au commerce et à la prospérité générale, mais les anciens chemins furent élargis et améliorés, de nouveaux villages offrirent des centres de population dans les contrées les plus favorables à la culture ; les lignes télégraphiques se multiplièrent, le port d'Alger enfin vit avancer les travaux de ses quais et de ses môles.

Un rude châtiment infligé dans les premiers jours de juillet par un de nos auxiliaires, Si-Hamza, aux Hamyans-Châafa de la province d'Oran, à qui il enleva un immense butin ; une pointe que le même kalifat fit au mois de décembre dans la direction d'Ouargla, et une razzia importante exécutée sur les Ould-Sacy et les Saïd-Ould-Amor par nos goums en avant de Biskara, sous les ordres de notre caïd Si-Amed-Bel-Hadj, complétèrent les mouvements militaires de cette année remarquable, surtout par ses progrès coloniaux.

La France commençait enfin l'œuvre civilisatrice dont la Providence semble lui avoir assigné la tâche sur le continent africain. Car ce n'est pas seulement en Algérie que nos intérêts coloniaux même nous imposent cette mission sainte et glorieuse, c'est sur toutes ses plages, soit que nous ayons seulement à y protéger notre influence traditionnelle, comme à Tunis et en Egypte ; soit que nous ayons à y couvrir de notre pavillon de vastes contrées soumises à notre puissance, ou placées sous l'autorité de nos droits historiques, comme le Sénégal ou Madagascar.

Cette année vit, dans notre colonie sénégalaise et nos comptoirs de la côte de Guinée, plusieurs petites expéditions militaires conduites avec autant de vigueur que d'habileté, étendre et faire respecter le nom et la domination de la France.

La première fut dirigée contre un archipel dont les actes de piraterie réclamaient un châtiment sévère. Deux navires appartenant au commerce français, naufragés sur les côtes des Bissagos, avaient été pillés par les sauvages habitants de ce groupe d'îles. Le gouverneur du Sénégal invita le chef de notre station navale à obtenir satisfaction de ces brigandages. Des troupes de débarquement furent jetées sur les îles Corètes et Cagnabac, dans les premiers jours de février; deux combats forcèrent le chef de leurs peuplades à demander la paix. Il paya une indemnité pour les pertes essuyées par notre commerce et assura par un traité à nos bâtiments le droit de trafic dans cet archipel en exemption de tous droits.

L'expédition dirigée contre les tribus noires voisines de notre comptoir du Grand-Bassan eut plus de gravité, ces populations nombreuses et guerrières menaçaient d'un danger réel cette intéressante factorerie de notre commerce sur cette côte. Il importait donc de rétablir sa sécurité en comprimant cette révolte par une répression énergique.

Une colonne expéditionnaire forte de cinq cents hommes s'embarqua à Gorée dans le commencement de septembre, et prit terre, le 14 dans la lagune d'Ébrié, sur la plage de la bourgade de Boe. Près de trois mille combattants, accourus des tribus les plus belliqueuses du voisinage, se retranchèrent dans ce village pour le défendre contre nos troupes. La vigueur avec laquelle il fut assailli eut bientôt triomphé de leur résistance; culbutés de leurs retranchements, ils virent la bourgade qu'ils avaient laissée jonchée de leurs morts, disparaître dans des tourbillons de flammes.

Ce combat, cette exécution et un blocus rigoureux immédiatement établi par nos stationnaires dans cette profonde lagune comprimèrent les dispositions hostiles de tous les chefs de l'Ebrié, et les contraignirent à déposer les armes. Ils donnèrent des otages, payèrent une contribution de guerre et se soumirent aux conditions militaires que jugea devoir leur imposer le commandant Baudin.

Nos colonies dans les mers qui baignent la côte orientale de l'Afrique offrent peu d'événements en 1853. Mayotte, qui doit principalement son importance aux avantages qu'assurent à notre marine la beauté de sa rade et la sûreté de ses mouillages, vit, par un décret du 18 octobre, la petite île de Sainte-Marie, point militaire d'où le pavillon de la France couvre nos droits sur Madagascar, détachée de son commandement et placée sous la direction du commandant de la station navale de la Réunion.

Quant à cette dernière colonie, elle poursuivit avec succès, comme la Martinique et la Guadeloupe, la grande œuvre de la réorganisation de ses industries par l'application du travail libre. L'adoption des sages combinaisons qui ont permis à l'Angleterre de conjurer la ruine de ses plantations à Maurice et dans les Antilles, commença à y produire des fruits heureux ; l'immigration des travailleurs africains, indiens et chinois permit de développer les cultures ; la production du café et du sucre s'y releva comme dans nos possessions caraïbes, et fit briller dans l'avenir, aux yeux de nos créoles, l'aube de leurs anciennes prospérités.

L'Océanie nous présente des événements plus importants et des perspectives plus florissantes. Le grand mouvement commercial produit par la découverte des mines d'or de la Californie et de l'Australie, exerça nécessairement une influence précieuse sur la situation des deux groupes d'îles où notre pavillon flotte dans ces mers ; Taïti vit surtout ses mouillages fréquentés, et devint l'escale privilégiée de cette navigation. Ce développement de vie mercantile y donna lieu à des travaux importants : deux des principaux furent la construction de magasins d'entrepôt et l'établissement d'une cale de radoub.

La prospérité de nos possessions anciennes détermina le gouvernement à les développer. Ces points de relâche et de ravitaillement que nos armements trouvaient dans les eaux orientales du Pacifique, il voulut les leur assurer dans ses parages occidentaux. Le commandant des forces navales de la France dans ces mers fut chargé de cette mission; le pavillon tricolore, arboré le 25 septembre sur la Nouvelle-Calédonie, le fut le 29 sur l'île des Pins. Ces deux archipels devinrent ainsi des terres françaises.

La Nouvelle-Calédonie surtout pouvait devenir pour sa métropole une grande et précieuse conquête; placées entre le 17e et le 23e degré de latitude australe, ces îles dont la principale présente une superficie de trois cent soixante kilomètres de longueur sur une largeur de cinquante kilomètres, sont éminemment propres à toutes les cultures intertropicales.

Les belles forêts vierges qui couvrent le sol en attestent la fertilité; la constitution et le caractère hygiénique de leurs populations montrent la salubrité du climat. La baie de Balade, où les missionnaires français sont établis depuis plusieurs années, forme un port magnifique que la nature a creusé elle-même.

Ces îles ne portent à leurs flancs qu'une souillure, une tache de sang : l'anthropophagie : c'est à la civilisation de l'effacer. Nos marins l'y trouvèrent déjà à l'œuvre. Un étendard y représentait avant nos pavillons la civilisation dans son apostolat le plus saint; l'arbre de la Croix y était planté, et à son ombre les Révérends Pères *Maristes* y faisaient couler l'eau régénératrice sur cette souillure, exposés chaque jour à y mêler leur sang.

Découverte par le capitaine Cook en 1774, la Nouvelle-Calédonie a été visitée deux fois en 1792 et en 1793 par l'amiral d'Entrecasteaux, demandant à ces côtes inconnues la destinée mystérieuse de Lapeyrouse. L'hydrographie en a été tracée par plusieurs de nos circumnavigateurs au nombre desquels on doit citer Dumont-d'Urville. Si la France doit persister dans la création d'une colonie pénitencière, nulle terre ne s'offre dans des conditions plus favorables au succès d'un établissement de cette nature.

CHAPITRE XIII.

CONFÉRENCE DE VIENNE.

1853

SOMMAIRE.

Question d'Orient. — Phase nouvelle. — Evénements militaires. — Efforts diplomatiques de la France. — Changement survenu dans les dispositions de l'Europe. — La Russie et les grandes puissances. — Attitude énergique de l'Angleterre. — Pitt et la question d'Orient. — Les forêts de la Russie et les Indes. — Intervention pressante de lord Bloomfield et de lord Westmoreland auprès des cours de Berlin et de Vienne. — Déclarations faites par M. de Buol. — Première pensée de la conférence de Vienne. — La diplomatie en travail. — Solution proposée par le cabinet autrichien. — Fusion des notes russe et ottomane. — Divers projets. — Solution proposée par la France. — Constitution de la conférence. — Transaction soumise par l'Autriche. — Observations de l'Angleterre. — Amendement. — Adoption. — Explosion guerrière causée dans les masses musulmanes par le passage du Pruth. — Indignation du Divan. — Protestation. — Intervention diplomatique. — Tempéraments. — Texte et projet de note adoptée par la conférence. — Accession empressée de la Russie. — Susceptibilités du Divan. — Modifications réclamées. — *Tolle* soulevé par l'opposition de la Porte. — Note imprévue de la Russie. — Nouveau revirement de l'opinion. — La nouvelle Pénélope.

L'envahissement des Principautés danubiennes par l'armée russe avait ouvert, dans la question d'Orient, une phase nouvelle. Elle semblait sortie, par cette irruption, de la sphère des discussions et entrée dans celle des faits militaires : la voix de la diplomatie pourrait-elle désormais se faire entendre au milieu du bruit des armes.

La France n'en perdit pas l'espérance. Quelque inflexibilité de résolution qu'annonçât cette mesure violente, quelques complications nouvelles qu'elle soulevât contre une solution pacifique, notre diplomatie ne désespéra pas d'arrêter le gouvernement russe sur la pente belliqueuse où il s'était jeté en lui montrant au pied de cette pente un abîme; cet abîme était manifeste si le tsar rencontrait devant lui une confédération de l'Europe entière, et c'était justement cette confédération qu'elle croyait pouvoir lui opposer.

Quel changement elle avait déjà opéré depuis six mois dans les dispositions de l'Europe !

En janvier, elle se trouvait au milieu du présent le plus difficile : toute l'Europe centrale inquiète, froide, malveillante ou hostile ; la Russie s'efforçant de réunir et de discipliner ces défiances, ces répugnances et ces haines; en présence de l'avenir le plus menaçant : cette même Russie s'efforçant de nouer mystérieusement avec l'Angleterre quelque intrigue inconnue, mais dont l'objet ne pouvait être que d'enlever à nos armes le concours de cette puissante alliée, quelque renouvellement de la quadruple alliance d'où fût sortie une coalition nouvelle. Or, non-seulement ces difficultés du présent et ces menaces de l'avenir étaient aplanies et conjurées, mais c'était la puissance même dont les intrigues haineuses les lui avaient suscitées, qui voyait ces traverses et ces dangers se retourner contre elle.

Si le gouvernement anglais avait résisté longtemps aux avertissements et aux démonstrations de la France, cette puissance ne l'eut pas plutôt convaincu de la duplicité de déclarations et des assurances dont le berçait la chancellerie russe, quelle obtint de sa part le concours le plus actif et le plus dévoué. L'Angleterre fut fidèle en cela aux traditions les plus inflexibles de sa politique.

« On ne discute pas, disait Pitt, avec un diplomate soutenant que les développements de la Russie vers le midi, que son établissement à Constantinople seraient sans danger pour l'Angleterre, pour l'Europe et pour le monde. Il n'y a qu'une argumentation possible; la dernière raison des rois, la voix des canons. »

Les aigles noires à Constantinople sont aujourd'hui plus que jamais les vastes forêts de la Russie transformées en escadres coupant à l'Angleterre la route des Indes. Lord Palmerston et lord John Russell le comprirent comme Pitt et Canning; ils n'eurent pas plutôt vu ce point sombre s'accuser à l'horizon de la politique orientale qu'ils n'hésitèrent pas un instant à seconder les efforts de la politique française pour le conjurer. Ils l'aidèrent puissamment à entraîner l'Autriche et la Prusse dans cette voie.

La France avait bien démontré déjà à ces puissances les dangers qu'offrait pour elles la crise de dissolution où l'attaque de la Russie pouvait précipiter l'empire ottoman, mais elle n'avait pu triompher des sentiments d'amitié et de confiance, de sympathies politiques ou de gratitude qui les animaient pour l'empereur Nicolas. Les ministres britanniques à Berlin et à Vienne, lord Bloomfield et lord Westmoreland, concoururent puissamment à relâcher les liens qui unissaient ces Etats à la Russie, et à faire prendre à l'un d'eux l'obligation de s'opposer même par les armes aux projets ambitieux de l'autocrate.

M. le comte de Buol « regarde, écrivait à lord Clarendon l'ambassadeur d'Angleterre près de la cour d'Autriche, le maintien de l'indépendance et de l'intégrité de la Turquie comme de l'importance la plus essentielle aux intérêts de l'Autriche, et il emploiera tous les moyens en son pouvoir pour assurer cet objet. Il m'a répété la déclaration qu'il m'a déjà faite qu'il ne contracterait pas avec la Russie l'engagement de ne pas s'opposer à elle par les armes. Il a même ajouté que s'il était appelé à faire une démonstration armée aux frontières ce serait pour soutenir l'autorité et l'indépendance du sultan. »

Fort des dispositions des trois grandes puissances qui avaient signé avec la France et la Russie le traité de 1841, dont une des dispositions plaçait sous leur garantie *les droits souverains du sultan*, M. Drouyn de Lhuys avait conçu la pensée de saisir une conférence formée de leurs représentants de la solution du problème oriental. Comme l'Autriche était, par sa position géographique, par la gravité des intérêts engagés et par l'alliance étroite qui l'unissait à la Russie, la nation dont le gouvernement pouvait obtenir plus complétement la confiance du tsar, il songea à choisir Vienne pour siége de ce conseil de pacification.

Le cabinet britannique consulté en avait adopté avec empressement la pensée dès le 12 juin notre ambassadeur la soumettait aussitôt au comte de Buol, auprès de qui le ministre d'Angleterre l'appuyait le 16 ; mais le chef du ministère autrichien en demandait l'ajournement ; il craignait que la constitution de cette conférence ne nuisît aux négociations que les quatre grandes puissances suivaient en ce moment à Saint-Pétersbourg et à Constantinople, pour empêcher une rupture brusque et complète entre le tsar et le sultan.

Toute la diplomatie était, en effet, en travail pour enfanter ce résultat. Pendant que les ambassadeurs près de la

Porte employaient leur influence, et l'autorité des raisons puissantes qu'ils trouvaient dans la gravité des circonstances, pour tempérer la violence des sentiments qui agitaient le divan, les représentants des mêmes puissances à la cour de Russie ne négligeaient aucune démarche, ni aucuns moyens de représentation pour faire revenir le tsar et son gouvernement sur l'ultimatum du prince Menschikoff et prévenir l'exécution des menaces parties de Saint-Pétersbourg même.

La France et la Grande-Bretagne obtempérèrent à cette observation. Elles connaissaient le caractère entier et ombrageux de l'empereur Nicolas. Une tentative prématurée pouvait non-seulement faire évanouir les espérances que l'on devait concevoir des efforts tentés simultanément à Péterhoff et aux Eaux-Douces, mais pouvait encore compromettre l'autorité de la conférence en inspirant au superbe autocrate l'idée d'une opposition concertée d'avance contre la Russie, et destinée à lui imposer des conditions, à lui dicter des lois.

Ces ménagements avaient même survécu au passage du Pruth. On avait senti le tsar surpris et hésitant devant la réprobation unanime de l'Europe entière au bruit de cette grande et flagrante violation du droit international ; et l'on avait espéré que si l'on trouvait une solution qui pût concilier ses regrets et sa fierté ; qui lui permît de revenir avec dignité sur cette résolution extrême, ce prince pourrait l'accepter. Toutes les fortes têtes de la diplomatie étaient à la recherche de cette combinaison désirée.

M. de Buol en conçut une qui lui inspira l'espoir de concilier les susceptibilités par une rédaction subtile des prétentions qui lui semblaient moins dans les réalités que dans les mots. Il se rappela que cette impression lui avait été inspirée par la lecture d'une contre-note que Rechid avait rédigée en réponse à l'ultimatum du prince Menschikoff, et que la rupture des rapports diplomatiques entre la Russie et la Porte avait reléguée dans les cartons du divan. Il écrivit à l'internonce autrichien à Constantinople pour le charger d'inviter Rechid-Pacha à revoir la note russe et sa réponse, à bien en peser les termes et à préciser rigoureusement leurs différences pour s'assurer si ces différences n'étaient pas plus dans les expressions que dans les choses, et dans l'hypothèse de la constatation de quelques différences essentielles, à proposer dans la note russe les changements qui, tout en ménageant les susceptibilités du tsar, permettraient à la Porte de l'approuver; à tenter enfin de fondre dans les expressions de la note autocratique les concessions de la contre-note ottomane. Dans le cas où le ministre turc pourrait opérer ce travail, M. de Bruck était autorisé à le transmettre au ministre autrichien, pour qu'il en fît la base de la médiation ultérieure auprès de l'empereur Nicolas. Les autres grandes puissances firent appuyer cette tentative de fusion par leurs légations.

Le conseil du sultan accueillit ces ouvertures avec faveur; Rechid s'était mis à l'œuvre. En réalité, les deux notes renfermaient des différences substantielles que voilaient seules les formules d'étiquettes, les locutions courtoises, les tours subtils du langage diplomatique. Si l'on eût voulu concilier les caractères, les objets des deux *factum*, c'était une œuvre impossible ; il existait entre eux l'abîme qui sépare un engagement authentique d'une notification amicale. Cette fusion, au contraire, était possible, si la Russie était disposée à se contenter d'une rédaction qui donnât satisfaction à sa dignité et lui permît de transiger avec honneur; le divan pouvait accepter le texte russe en faisant émaner de la volonté spontanée du sultan les concessions réclamées par le tsar, et en écartant toute expression et toute alliance d'idées qui pût impliquer une obligation contractuelle.

C'était en ce sens qu'avait été combiné le texte de cette transaction, lorsque le passage du Pruth par l'armée de Bessarabie vint l'ensevelir de nouveau dans les cartons ministériels de la Porte.

Il se tenta plusieurs autres essais.

Le cabinet des Tuileries rédigea une autre reproduction fusionnée des deux notes qui fut soumise par le comte Walewski à lord Clarendon, lequel formula lui-même un projet de convention et le soumit à l'adoption de la Porte et des autres puissances ; enfin, une troisième combinaison sortit d'une conversation entre sir Hamilton Seymour et M. le comte de Nesselrode. Ce fut le plan émané du ministre français qui fut choisi comme le plus propre à sauvegarder les intérêts et à prévenir les conflits.

Ce projet reçut tout d'abord une accession importante ; celle de M. de Nesselrode, à qui il fut communiqué confidentiellement par M. de Castelbajac. Cet assentiment détermina M. de Buol à faire de cette note la base d'une transaction qui lui sembla réunir toutes les chances de succès ; il le fit présenter à la Porte par M. de Bruck.

Informé par l'internonce du peu de faveur qu'elle avait obtenue de quelques membres du divan, il crut enlever la ratification du ministère turc en donnant à ce projet l'autorité de l'assentiment des grandes puissances ; à cet effet il convoqua chez lui, le 24 juillet, M. de Bourqueney, lord Westmoreland et M. de Canitz, ministres de la France, de l'Angleterre et de la Prusse près de la cour de Schœnbrunn, et leur proposa d'aviser aux moyens d'affranchir l'Europe des anxiétés qui depuis six mois pesaient sur elle, et de la soustraire aux dangers qui menaçaient son avenir. Rechid-Pacha, n'ayant donné aucune suite aux propositions qui lui avaient été transmises par l'internonce d'Autriche, et qu'avaient appuyées toutes les grandes ambassades à Constantinople, n'était-il pas opportun et urgent d'aviser en commun à l'adoption de quelque prudente et honorable transaction qui pût être soumise au divan avec la sanction des quatre puissances.

Les ambassadeurs approuvèrent avec chaleur cette proposition, ainsi que celle de prendre la note rédigée par M. Drouyn de Lhuys pour base de leurs délibérations. Ils s'ajournèrent jusqu'à ce qu'ils eussent reçu des instructions et des pouvoirs spéciaux de leurs gouvernements respectifs. M. de Buol fut chargé de rédiger en attendant, sur la note française, le projet auquel après discussion la commission attribuerait son autorité collective.

Les ambassadeurs reçurent immédiatement les dépêches télégraphiques qui les autorisaient à prendre part aux travaux de la conférence. Elle s'organisa aussitôt.

Le projet que M. de Buol soumit à ses débats, dont il eut la présidence, ne s'écartait que sur trois points de la rédaction du ministre des affaires étrangères de l'empire français. Deux de ces points étaient sans gravité ; l'autre avait une très-grande portée, portée d'autant plus dangereuse que la modification n'avait été proposée par M. de Buol que sur les sollicitations de M. de Nesselrode. Elle consistait dans l'intercalation indiquée par des lettres italiques dans la phrase suivante : « Le gouvernement de Sá Hautesse, le sultan, *fidèle à la lettre et à l'esprit des stipulations des traités de*

Kainardji et Andrinople, relatives à la protection du culte chrétien, regarde, etc.

Le gouvernement anglais appela l'attention de la conférence sur la gravité que pouvait recevoir, d'une argumentation complaisante, la phrase incidente qui rattache, à l'esprit et à la lettre des traités, les devoirs d'honneur que s'imposait le sultan, et proposa de rompre le lien qui faisait dépendre les concessions et les immunités, libéralement et spontanément accordées par ce prince, des stipulations du traité de Kainardji. Cette disposition fut conçue dans les termes suivants : « Le soussigné a reçu l'ordre de déclarer que Sa Majesté le sultan restera fidèle, etc....... et que Sa Majesté regarde... » Cette rédaction fut adoptée; le projet entier le fut lui-même par la conférence dans la séance du 31 juillet.

Un incident assez grave s'était produit durant ces débats dont il pouvait compromettre le succès définitif. L'exaltation qu'avait excitée dans les masses musulmanes la nouvelle de l'envahissement par les armées russes des provinces moldo-valaques, avait été aussi générale que profonde; le vieux fanatisme osmanlis s'était réveillé dans toutes les têtes, et y avait éclaté en enthousiasme guerrier; tout Constantinople était en proie à une fermentation fiévreuse ; dans tous les quartiers la population demandait des armes et à marcher sur l'ennemi.

Le cabinet, reconstitué après la crise, s'associait avec ardeur à ce grand mouvement patriotique. Il ne craignait plus la Russie, ni ses formidables armées; il semblait impatient de l'outrage qu'avait reçu, par cette violation de territoire, le vieil empire d'Osman. « J'ai laissé les ministres ottomans, écrivait lord Stratford à lord Clarendon, avec l'impression qu'il y aura bientôt plus à redouter leur témérité que leur timidité. » Une explosion officielle de cette ardeur patriotique pouvait tout compromettre, et envelopper l'Europe entière dans les tourbillons d'une conflagration universelle.

L'active et énergique intervention des ambassadeurs empêcha cette déclaration de guerre que réclamait impatiemment le peuple; ils ne purent cependant empêcher la protestation dont le Divan jugea de son honneur de frapper la violation de son territoire; ils durent borner leurs efforts à en calmer l'expression indignée. Le corps diplomatique obtint également de Rechid qu'il joindrait à cette protestation une lettre d'un caractère encore plus modéré, dans laquelle le ministre turc offrirait, au milieu de ses protestations de déférence pour la Russie, un point d'attache pour des négociations nouvelles. Ces deux pièces furent adressées à la conférence avec le projet d'une note où Rechid-Pacha avait reproduit, en l'adoucissant encore, celle qui, par suite du mouvement hostile de l'armée russe, était restée dans ses archives.

Cette protestation fut regardée par les ambassadeurs réunis à Vienne comme un incident regrettable, et de nature à soulever une complication dangereuse; ils engagèrent vivement M. de Buol à persister dans la résolution qu'il avait spontanément prise de ne pas la transmettre à Saint-Pétersbourg. Le projet de note fut également écarté, bien que le ministre turc y eût joint cette observation :

« Je déclare officiellement que la Porte est décidée à ne pas aller au delà des termes d'une note strictement conforme à ce projet, tout autre arrangement lui paraissant une atteinte aux droits sacrés de sa souveraineté et de son indépendance. »

« Je ne considère pas, dit M. de Buol à ses collègues, cette déclaration comme s'appliquant au document dont nous sommes saisis, ce document protégeant aussi efficacement les intérêts de la Turquie que la note de Rechid-Pacha. » Le texte proposé par le premier ministre de François-Joseph fut définitivement adopté, dans la séance de la conférence du 31 juillet.

Ce projet de note fut simultanément expédié à la cour de Saint-Pétersbourg et au divan, par deux officiers supérieurs de l'armée autrichienne, porteurs de lettres autographes de l'empereur. L'histoire doit enregistrer cet acte comme un monument de la longanimité de l'Europe occidentale, et comme la preuve éclatante de son dévouement à la paix du monde :

« S. M. le sultan, portait-il, n'ayant rien de plus à cœur que de rétablir entre elle et S. M. l'empereur de Russie les relations de bon voisinage et de parfaite entente, qui ont été malheureusement altérées par de récentes et pénibles complications, a pris soigneusement à tâche de rechercher les moyens d'effacer les traces de ce différend.

» Un *iradé* suprême lui ayant fait connaître la décision impériale, la Sublime Porte se félicite de pouvoir la communiquer à S. Exc. le comte de Nesselrode.

» Si, à toute époque, les souverains de Russie ont témoigné leur active sollicitude pour le maintien des immunités et priviléges de l'Eglise orthodoxe grecque dans l'empire ottoman, les sultans ne se sont jamais refusé à les consacrer de nouveau par des actes solennels qui attestaient leur ancienne et constante bienveillance à l'égard de leurs sujets chrétiens. S. M. Abdul-Medjid, actuellement régnant, animé des mêmes dispositions, et voulant donner à S. M. l'empereur de Russie un témoignage personnel de son amitié la plus sincère, n'a écouté que sa confiance infinie dans les qualités éminentes de son auguste ami et allié, et a daigné prendre en sérieuse considération les représentations dont S. Exc. le prince Menschikoff s'est rendu l'organe auprès de la Sublime Porte.

» Le soussigné a reçu l'ordre, en conséquence, de déclarer par la présente que S. M. le sultan restera fidèle à la lettre et à l'esprit du traité de Kaïnardji et d'Andrinople relativement à la protection du culte chrétien, et que Sa Majesté regarde comme étant de son honneur de faire observer à tout jamais et de préserver de toute atteinte, soit présentement, soit dans l'avenir, la jouissance des priviléges spirituels qui ont été accordés par les augustes aïeux de Sa Majesté à l'Eglise orthodoxe d'Orient, et qui sont maintenus et confirmés par elle, et, en outre, de faire participer, dans un esprit de haute équité, le rite grec aux avantages concédés aux autres rites chrétiens par conventions ou dispositions particulières. Du reste, comme le firman impérial qui vient d'être donné au patriarchat et au clergé grecs, et qui contient la confirmation de leurs priviléges spirituels, constitue pour tous une nouvelle preuve de ces nobles sentiments, et comme en outre la proclamation de ce firman, qui donne toute sécurité, devra faire disparaître toute crainte à l'égard du rite qui est la religion de S. M. l'empereur de Russie, je suis heureux d'être chargé de faire la présente notification.

» Quant à la garantie qu'il ne sera rien changé aux lieux de visitation de Jérusalem, elle résulte du firman revêtu du hatti-chérif du 15 de la lune de Rebial Ewel, 1268, expliqué et corroboré par les firmans de cette année; et l'intention de

Sa Majesté le sultan est de faire exécuter sans aucune altération ces décisions souveraines.

» La Sublime Porte, en outre, promet officiellement qu'il ne sera apporté aucune modification à l'état de choses qui vient d'être réglé, sans entente préalable entre les gouvernements de France et de Russie et de manière préjudiciable aux différentes communautés chrétiennes.

» Pour le cas où la cour impériale de Russie en ferait la demande, il serait assigné une localité convenable dans la ville de Jérusalem, ou dans les environs, pour la construction d'une église consacrée à la célébration du service divin pour les ecclésiastiques russes, et d'un hospice pour les pèlerins indigents, ou malades de la même nation.

» La Sublime Porte s'engage, dès à présent, à souscrire, à cet égard, un acte solennel qui placerait ces fondations pieuses sous la surveillance spéciale du consul général de Russie en Syrie et en Palestine. »

La Russie s'empressa d'adresser à la conférence son acceptation de ce projet de note, et l'assurance qu'un ambassadeur du sultan, porteur de ce document, serait reçu à Saint-Pétersbourg avec tous les égards d'usage, mais elle déclarait en même temps qu'elle entendait bien n'avoir plus à examiner, ou à discuter de nouvelles modifications et de nouveaux projets élaborés à Constantinople sous les inspirations belliqueuses qui paraissaient dominer, à cette heure, le sultan et la plupart de ses ministres. C'était couper court à toute discussion.

On conçoit que ce devait être là le plus vif désir de S. M. le tsar. M. de Nesselrode avait compris, dès que M. de Castelbajac lui avait communiqué ce factum, tout ce que les subtilités d'une interprétation moscovite pouvaient tirer, par voie de déduction, de ces formules complaisantes dont la courtoisie est imprudemment prodigue. M. de Nesselrode avait complété, à cet égard, les vœux de la Russie en y faisant glisser une allusion aux traités qu'avait toujours invoqués le cabinet de Saint-Pétersbourg comme les bases du protectorat auquel il aspirait. Il importait donc de ne pas laisser des débats venir éclairer une rédaction dont les expressions bienveillantes, élastiques comme toutes les locutions polies, contenaient, dans leur contexte, les germes divers dont le temps et le souffle d'une diplomatie habile devaient faire éclore toutes les prétentions des tsars. L'arrogance du prince Menschikoff avait tout compromis; il fallait laisser s'effacer le bruit et attendre tout de la féconde incubation du silence.

Les susceptibilités inquiètes du Divan déjouèrent ces calculs. Initié par ses longues discussions avec les diplomates russes aux habiletés sophistiques de cette école grecque, il ne se hasarda pas à travers la végétation inutile de cette phraséologie captieuse sans en avoir fouillé les buissons si favorables aux embûches, et il en eut bientôt découvert les affûts et les refuis. La première pensée du cabinet ottoman fut le rejet complet de cette note. Ce fut même la décision qu'il adopta dans une réunion où siégait le cheik-ul-Islam ainsi que tous les ministres au nombre de dix-sept. M. de Lacour, lord Stratford et M. de Bruck n'obtinrent que sur les représentations et les instances les plus énergiques, que le gouvernement turc acceptât la note, en principe, et proposât la modification des énonciations repoussées par son patriotisme.

Ces changements portèrent sur trois points.

Le Divan ne pouvait admettre le parallélisme de l'active sollicitude des tsars pour les immunités de l'Eglise grecque et la reconnaissance de ces priviléges par les sultans, d'abord parce que c'était là un fait contraire à la vérité historique ; la sollicitude des empereurs de Russie ne s'était manifestée que depuis 1774, depuis moins de cent ans, et les droits et libertés accordés par les sultans à l'Eglise grecque remontaient à quatre siècles ; ensuite parce que ce parallélisme établissait, en quelque sorte, une corrélation et une pression contre laquelle protestaient plus énergiquement encore l'honneur ottoman et la vérité. Il demandait, en conséquence, que le texte de la note fût modifié en ces termes : « Si à toute époque les empereurs de Russie ont témoigné leur active sollicitude pour le culte et l'Eglise orthodoxe grecque, les sultans n'ont jamais cessé de veiller au maintien des immunités et priviléges qu'ils ont spontanément accordés, à diverses reprises, à ce culte et à cette Eglise dans l'empire ottoman, et de les conserver, etc.

Il ne repoussait pas moins résolument la mention de la *lettre* et de *l'esprit* du traité de Kainardji, mis en corrélation avec l'ensemble des priviléges accordés par les sultans à leurs sujets du rite grec ; cette corrélation n'autoriserait-elle pas implicitement les tsars à subordonner ces priviléges à ce traité ; or, c'était là le protectorat même réclamé par le prince Menschikoff. Il proposait la rédaction suivante : « Le sultan restera fidèle aux stipulations du traité de Kainardji, confirmé par celui d'Andrinople, relatives à la protection par la Sublime Porte, de la religion chrétienne. »

La troisième modification avait encore plus de gravité. Quelle obligation eût pris le sultan en promettant de faire participer, dans un esprit de haute équité, le rite grec aux avantages *concédés aux autres rites chrétiens, par convention ou disposition particulière?* Une sujétion que, sans nul doute, n'avait jamais entendu lui imposer la Conférence de Vienne. Ces mots convention, ou dispositions particulières, s'appliquaient à tout traité. Or, l'Autriche pouvait en invoquer trois, celui de Carlowitz, qui remontait à 1699; celui de 1739, signé à Belgrade, et celui de Sistova, dont la date était 1791, qui lui accordaient le patronage de catholiques dans les États du sultan, qu'ils fussent ou ne fussent point sujets de la Porte. Ce patronage déjà onéreux, quoiqu'il ne portât que sur quelques milliers d'individus, que fût-il devenu, étendu à dix ou onze millions de sujets du sultan? Ou plutôt que fût devenue la souveraineté de ce prince devant ce protectorat, couvrant plus de la moitié de ses peuples.

Cependant telles étaient les espérances de paix, dont l'assentiment donné par la Russie, à la note arrêtée par la Conférence, avait étendu les illusions sur l'Europe, que cette réponse de la Porte, cette acceptation conditionnelle excita partout la surprise la plus profonde et souleva contre le Divan la réprobation la plus énergique. On traita d'orgueil extravagant cette susceptibilité ombrageuse, qui, sur des discussions de mots, rejetait le monde dans les éventualités les plus formidables et rouvrait une crise, dont on n'osait calculer la profondeur, ni l'étendue.

Tous les ambassadeurs reçurent de leurs cours l'ordre de se faire les interprètes, auprès du sultan et de ses ministres, des sentiments de douloureuse surprise qu'avait suscités leur injustifiable détermination. Nulle part, cependant, on ne désespéra d'une conclusion que l'on avait cru assurée, on s'imagina que la froide raison des hommes d'Etat du Nord ne s'arrêterait pas devant les puérilités de ces objections sans valeur. En tout cas, il était impossible, pensait-on, que la Porte persistât dans cette opposition insensée.

Une réponse catégorique de la chancellerie russe vint dissiper le premier espoir. M. de Nesselrode, après avoir rappelé la déclaration formelle de repousser toute modification, ou toute nouvelle proposition de la Porte, dont il avait accompagné son acceptation de la note élaborée par la Conférence, ajoutait qu'il ne voyait qu'un seul moyen de mettre fin à ce conflit : c'était que les puissances déclarassent franchement et énergiquement au Divan, qu'après avoir frayé inutilement l'unique voie qui pût le conduire au rétablissement immédiat de ses rapports avec la Russie, elles l'abandonnaient pour l'avenir à ses propres inspirations.

« Nous croyons, poursuivait le vieux diplomate, que, dès que les puissances tiendront unanimement ce langage à la Porte, les Turcs se rendront aux conseils de l'Europe, et qu'au lieu de compter sur les secours de celle-ci, dans une lutte contre la Russie, elle acceptera la note telle qu'elle est, et cessera de compromettre aussi sérieusement sa position pour se donner la satisfaction puérile de changer quelques mots dans un document que nous avons admis sans discussion. »

Le cabinet de Saint-Pétersbourg couvrait d'ailleurs son refus par une question de dignité ; il demandait si l'empereur, après avoir renoncé pour lui-même au droit de changer un seul mot dans un projet de note arrêté sans sa participation, pouvait accepter que le Divan se réservât ce droit ; s'il pouvait souffrir que la Russie fût placée de cette façon dans une situation d'infériorité vis-à-vis la Porte ?

Une révolution complète transforma pendant quelques jours tout le monde politique. Un double reflux s'était opéré dans le sentiment universel ; c'était vers Saint-Pétersbourg que s'étaient reportées les sympathies dont s'était, dès l'origine, entourée la cause du sultan. C'était contre Constantinople, au contraire, que se retournait avec violence la réprobation dont l'opinion avait frappé l'ambition du tsar.

Certes, en ce moment, la position de la Russie était magnifique. Elle pouvait réunir aux avantages que lui constituait, pour l'avenir, l'élasticité du texte, tout le prestige dont l'eussent entouré ces faux-semblants de modération. Les préoccupations illusoires de ses rivaux jetaient à son ambition un rayonnement magnanime. Ce fut elle qui se chargea de le dissiper.

Pendant que M. de Lacour, au nom de la France, et lord Stratford, au nom de l'Angleterre; pendant que les ministres eux-mêmes prenaient la parole dans ce grand débat; que lord Clarendon et M. Drouyn de Lhuys s'efforçaient de démontrer au ministère ottoman, par les plus remarquables dépêches, la puérilité de ses arguments et la vanité de son opposition, le grand chancelier de Russie adressait aux ambassadeurs des grandes puissances réunis à Vienne, à l'appui du rejet des modifications proposées par la Turquie, une dissertation qui était la justification la plus frappante et la plus complète de la pénétration et de la fermeté des ministres musulmans. Ce qu'ils avaient soupçonné, ce qu'ils avaient pénétré, ce que niaient énergiquement les cabinets des Tuileries et de Saint-James, et la conférence de Vienne, c'était précisément ce que déclarait entendre la diplomatie russe. Le sens qu'elle attachait aux énonciations de la note était bien celui que le Divan avait signalé comme un danger pour l'avenir. Toutes les prétentions émises par le prince Menschikoff se redressaient triomphantes dans les développements si imprévus de cet étrange factum.

La note de la conférence sur laquelle avaient reposé tant

d'espoirs, fut pour jamais ensevelie sous les froids commentaires de cette brusque avalanche détachée de la diplomatie du Nord. L'opinion publique eut à se poser une question : quelle pensée avait pu inspirer à la Russie cette inexplicable communication ? Cette paix dont son acceptation des propositions de la conférence avait donné l'espoir, et que son silence devait assurer, n'entrait-elle pas dans ses combinaisons ; n'eût-ce donc pas été assez de la longue étape que sa politique eût faite ainsi dans la direction du Bosphore. Avait-elle résolu, comme l'annonçaient les jeunes officiers de ses armées dans leurs toasts, de donner pour miroir aux aigles de ses drapeaux les flots bleus de la mer de Marmara? Elle ne pouvait assurément ignorer que son interprétation des propositions modifiées par la Porte ne fût la lacération de la note.

L'œuvre de la conférence était détruite. Elle suspendit ses séances. La Pénélope diplomatique avait à recommencer son voile.

CHAPITRE XIV.

TRAVAUX PUBLICS.

—

1853

—

SOMMAIRE.

Rétablissement du calme. — Développement de l'activité sociale. — Triple cause. — Le Gouvernement provisoire. — Ses projets. — Le mystère des ateliers nationaux. — L'empire. — Résolution et efficacité. — Grands travaux publics. — Enchaînement. — Le travail. — La consommation. — L'industrie. — Achèvement du Louvre. — Pierre Lescot et Philibert Delorme. — Louis XIV. — Napoléon Ier. — Louis-Philippe. — Projets nouveaux.— Plans de Visconti. — Décret du 12 mars 1852.— Commencement des travaux. — Campagne de 1853. — La digue de Cherbourg. — Les côtes de France et les côtes d'Angleterre. — Bataille de la Hougue. — Projets de Vauban. — Travail cyclopéen d'un siècle. — Travaux publics à Paris. — Halles centrales. — Rue de Rivoli. — Boulevard de Strasbourg. — La rive gauche de la Seine. — Rue des Ecoles. — Les chemins de fer. — Concessions. — Fusion des compagnies rivales. — Surexcitation industrielle. — Lignes concédées. — Système économique. — Ardeur financière. — Mesure restrictive. — Produits des chemins de fer de 1853. — Fondation de la société du crédit mobilier. — Nature et multiplicité de ses opérations. — Ses bases. — Crédit immobilier. — Ulcère de la propriété. — Historique de la question. — Décret impérial. — Combinaison ingénieuse. — Banque foncière. — Ses succursales. — Loi organique. — Ses avantages et ses restrictions. — Impulsion puissante.

La société française semblait cependant se rasseoir, plus solidement chaque jour, sur ses bases. Aux agitations et à l'abattement du présent, aux inquiétudes de l'avenir succédaient l'espérance, le calme et la sécurité ; les vicissitudes de la vie fiévreuse, le mouvement désordonné ou insensible, cabricant ou atone de l'activité sociale, s'effaçaient graduellement dans les larges et puissantes pulsations de l'existence régulière ; on eût dit même que, comme ces natures vigoureuses que la maladie semble avoir renouvelées, la société convalescente sentait éclater en elle un redoublement d'énergie. Depuis longtemps la France n'avait vu le travail produire un mouvement aussi universel et aussi fécond. Les bras et les matériaux ne pouvaient suffire aux demandes des ateliers publics ; les commandes s'accumulaient dans les bureaux des usines : arts, industries, commerce, prenaient simultanément le même essor.

Comment expliquer cette révolution radicale et subite dans les faits ? A quelle cause attribuer un changement si complet et si rapide dans l'état moral et matériel de la société ?

Quelles que fussent ses opinions, tout esprit juste et clairvoyant ne pouvait refuser de le reconnaître : on ne pouvait l'attribuer à aucune autre cause qu'à ces trois motifs :

L'autorité, dont le nouveau pouvoir avait su s'entourer aux yeux de tous, pour les hommes de principes, par l'imposante manifestation du plébiscite de novembre ; pour les hommes de tradition, par la reconnaissance des grandes puissances.

La conviction qu'il avait inspirée à tous de sa résolution et de sa force.

L'habile direction que son gouvernement avait su imprimer à la spéculation industrielle et financière, comme à l'activité populaire, dans leurs applications multiples.

Si cette dernière cause avait besoin d'une démonstration, elle la trouverait dans les développements que présentera ce chapitre.

Un économiste compare, avec justesse, la société à un grand appareil mécanique dont toutes les pièces importantes se commandent ; arrêtez un rouage essentiel, tout l'engrenage reste immobile ; rendez-lui le mouvement, ce mouvement se propage aussitôt, se communique et s'étend à toute la machine.

Le Gouvernement provisoire l'avait bien compris, lorsqu'en présence d'une société, où une révolution imprévue venait de suspendre le travail industriel, il décréta le prolongement de la rue de Rivoli et l'achèvement du Louvre ; lorsque, redoutant pour les masses populaires, que la fermeture des ateliers jetait sur la Grève, les redoutables entraînements du besoin :

Male suada fames....

il créait ces ateliers nationaux ; seulement il ne prévit pas que, outils précieux employés à de grands travaux d'utilité publique, ces ateliers pouvaient devenir, dans les mains perfides de la réaction, des instruments terribles.

Le pouvoir sorti du coup d'Etat de décembre éprouva lui aussi, et comprit les nécessités qu'avait subies le Gouvernement surgi de la révolution de février ; mais il ne commit pas la faute où, par les pusillanimes délicatesses d'un patriotisme sans vigueur, entraîna celui-ci la majorité de ses membres ; il les domina avec cette fermeté, cette décision lucide et féconde qui avait complétement manqué à ses prédécesseurs ; avec cette intelligence créatrice, par laquelle l'idée se transforme aussitôt en fait, la pierre en monument, le chaos en monde.

Les décrets rendus, l'œuvre fut immédiatement commencée ; les édifices s'élevèrent, les chemins de fer prolongèrent leurs chaussées, franchirent les vallées, plongèrent à travers le schiste et le granit des montagnes ; les ports creusèrent leurs bassins, et l'Océan vint battre, de ses lames étonnées, des quais et des digues inconnus. Des ateliers se trouvèrent ainsi ouverts au travail sur toute la France.

C'était déjà beaucoup pour le nouveau gouvernement d'avoir trouvé un emploi utile de forces inactives et par cela dangereuses. Ce ne fut pourtant là que l'un des résultats, — et le moins important en lui-même, — que devait réaliser l'ordonnancement de ces entreprises.

Le travail produit et multiplie le travail ; c'est, comme nous l'avons dit, la mise en mouvement d'un rouage au commandement duquel tous les autres rouages de l'appareil doivent obéir. Ce ne sont pas seulement les terrassiers et les maçons que met à l'œuvre la construction d'un édifice ; ce sont tous les ouvriers qui relèvent des diverses spécialités industrielles du bâtiment, déjà si nombreuses elles seules. Il en est de même dans les autres sphères du travail ; ne faut-il pas aux chemins de fer des outils, des engins et des machines de toute espèce : des traverses et des rails pour leur construction ; pour leur exploitation des wagons et des locomotives ; et ainsi pour toutes les entreprises.

Que l'on songe maintenant à l'emploi des capitaux gagnés par tant de mains, du manœuvre aux chefs des grandes usines métallurgiques et aux riches propriétaires de mines ; qu'on cherche les mille canaux de la circulation où s'épanche ce flot moteur, et l'on verra qu'il porte le mouvement, le bien-être, la richesse et la vie dans toutes les parties de la société, de la mansarde au château, de l'échoppe du regrattier aux ateliers du lapidaire.

Voilà un des côtés complexes de cette question qui en offre d'autres non moins intéressants, sur lesquels nous aurons à revenir ; mais descendons, pour l'instant, dans la réalisation de ces généralités et suivons le pouvoir dans les développements de cette précieuse application des forces productives du pays.

Une des entreprises qui avaient stimulé le plus vivement l'ambition des grandes administrations qu'avait vu se succéder la France, était l'achèvement du palais du Louvre ; cette glorieuse entreprise que Napoléon III allait accomplir n'avait pas seulement été le projet du Gouvernement républicain de 1848, elle avait été aussi le rêve de Louis-Philippe et l'aspiration de Napoléon Ier, après avoir été celle de Louis XIV. Réunir, en un monument sans rival, le château des Tuileries, ce chef-d'œuvre de Philibert Delorme, et le palais de Pierre Lescot, embelli par Jean Goujon et continué par Perrault, était en effet une pensée qui devait séduire tout grand esprit et lui faire envier l'illustration de faire de cette œuvre splendide l'une des gloires de son administration ou de son règne.

L'Empereur en avait ordonné l'étude. Les plans de M. Visconti le frappèrent autant par leur magnificence que par l'heureuse combinaison de leurs édifices et de leurs lignes, où se résumaient tous les traits caractéristiques et toutes les beautés pittoresques des deux palais. Un décret, à la date du 12 mars 1852, en avait ordonné l'exécution.

Les terrassements avaient commencé aussitôt. La première pierre en avait été posée le 25 juillet ; près de douze cent mille francs de travaux avaient été exécutés à la fin de l'année.

Ils reprirent avec plus d'activité encore au commencement de 1853. Si le nombre des ouvriers employés à ces constructions n'était au commencement de mars que de six cents, il ne devait pas tarder à monter à quinze cents pour atteindre bientôt à trois mille.

Un travail non moins glorieux et plus utile encore pour la grandeur de la France, la digue de Cherbourg, se poursuivait avec non moins d'activité à la pointe extrême de la Normandie. Par un singulier caprice, la nature si prodigue de havres paisibles, de ports naturels, de rades abritées et de baies profondes sur les côtes de l'Irlande et de l'Angleterre, baignées par le flot houleux de la Manche, s'est montrée tellement avare de tout abri protecteur sur la plage méridionale de ce bras de mer, que de l'île d'Ouessant au port de Dunkerque une flotte française, en cas de tempête ou de revers, n'y pouvait trouver aucun refuge.

L'expérience cruelle qu'en fit Tourville après la bataille que, malgré la supériorité des forces anglaises, il livra et soutint, avec tant d'intrépidité, à la hauteur de la Hougue, fit sentir à Louis XIV la nécessité de demander à la science et à l'art pour ces côtes ce que leur avait refusé la nature. Ce fut alors que le génie de Vauban conçut l'idée de l'œuvre cyclopéenne qu'après environ deux siècles allait achever la France.

Ce n'avait été que sous le règne de Louis XVI, en 1783, qu'en avaient été jetés, par une profondeur de quinze brasses, les premiers arrochements. Les travaux suspendus pendant la révolution furent repris sous l'empire, à la chute duquel ils furent de nouveau interrompus. Le gouvernement de juillet se remit à cette œuvre nationale; l'année 1853 devait enfin en voir l'achèvement, après soixante-dix ans de labeurs dont les dépenses se sont élevées à 67,300,000 francs.

Cette digue gigantesque n'offre pas moins de 3,700 mètres de développement et un relief de 20 mètres au-dessus du fond de la mer. Deux mille blocs formés de pierres et de béton, de vingt mètres cubes et quarante-quatre mille kilogrammes chacun, défendent les fondations de ses musoirs contre la fureur des vagues.

L'histoire ne peut indiquer que les principaux travaux dont cette année vit la continuation ou l'ouverture. Ce furent, à Paris, la construction des halles centrales, le tracé de la rue de Rivoli, ouvrant à l'air et au soleil, à la salubrité et à la vie ces quartiers où la vie du peuple s'atrophiait dans l'obscurité et dans les miasmes, l'exécution du boulevard de Strasbourg, qui, partant de la gare du chemin de fer de l'Est, vint déboucher entre les portes Saint-Martin et Saint-Denis. Adjugés à MM. Hardoin et compagnie, au prix de sept millions sept cent cinquante mille francs, les travaux en furent exécutés dans une seule campagne.

La rive gauche de Paris, jusqu'alors trop négligée, obtint dans les travaux, et surtout dans les projets, une large part qui n'était pour elle qu'un retour de justice.

« Je veux absolument, répondait, à la fin du XVIe siècle, Henri IV à un illustre magistrat municipal de Paris, à François Miron, se plaignant dès cette époque de l'exhérédation dont semblaient frappés les quartiers méridionaux, je veux absolument que les deux parties de ma bonne ville de Paris, ma capitale, soient traitées comme deux bonnes sœurs jumelles. »

Ce vœu, qu'il n'avait pu réaliser, n'avait pas été exaucé par ses successeurs : la promesse royale s'était arrêtée à l'achèvement du Pont-Neuf et à l'ouverture de la rue Dauphine.

La rive droite avait continué à obtenir les faveurs qui y appelaient la population, le commerce et la richesse.

La révolution de 1789, en frappant les nombreux monastères et les établissements religieux d'éducation qui en constituaient presque exclusivement la vie, lui porta un nouveau coup, dont les nombreux édifices construits par l'empire et la restauration, dans le premier et second arrondissement, n'avaient fait qu'envenimer la blessure.

Le nouveau Gouvernement et l'administration de la ville de Paris comprirent enfin que les lois de la justice distributive, comme les considérations de l'utilité générale, leur imposaient d'autres devoirs; l'ouverture de la rue Bonaparte, rattachant à l'artère des quais la place Saint-Sulpice, et le prolongement de la rue Soufflot, mettant en communication la place du Panthéon et le jardin du Luxembourg, furent les premières applications de ce système d'impartialité réparatrice. La rue des Ecoles en fut la conséquence; cette rue, depuis longtemps déjà à l'étude, était un des projets les plus heureusement et les plus habilement conçus; tracée sur le versant occidental de la montagne Sainte-Geneviève, à travers l'un des quartiers les plus antiques de Paris, elle était pour la rive gauche de la Seine ce que la rue de Rivoli était pour la rive droite, elle ouvrait aux bienfaits de l'air et de la lumière, à la vivification solaire les ruelles étroites et fétides dont ces quartiers n'étaient que des sombres réseaux; elle renversait ces amas de vieilles maisons ténébreuses et sordides dont la population souffrante avait pour hôtes constants les maladies et pour visiteuse assidue la mort.

La rue des Ecoles, en se déployant de la rue Racine à la rue Buffon, offrait encore d'autres avantages, elle rattachait les uns aux autres tous nos principaux établissements scientifiques : l'Ecole de médecine, la Sorbonne, le Collége de France, l'Ecole polytechnique, le Museum, etc., et formait ainsi une large voie de circulation et de promenade entre le Jardin des Plantes et le parc du Luxembourg.

L'année 1853 vit ouvrir sa première section. Elle s'étendit de la rue la Harpe à la rue Saint-Jacques, rasant à droite les maisons où doit s'élever la nouvelle façade de la Sorbonne, et laissant à gauche le curieux et pittoresque hôtel Cluny.

Le barrage éclusé du quai de la Monnaie et les opérations d'endiguement de la Seine figurent au nombre des travaux dont a droit de se prévaloir cette année.

En province, ce fut principalement sur l'exécution des lignes de chemins de fer que se portèrent les capitaux. On est frappé de surprise quand on compare les difficultés qu'éprouvait naguère l'organisation des entreprises les plus heureusement conçues, les plus ingénieusement organisées, les plus riches d'avenir, à la facilité avec laquelle s'improvisent les compagnies industrielles les plus aventureuses, et la rapidité avec laquelle s'enlèvent les actions ; quelque nombreuses qu'elles soient on se les dispute ; toutes font primes dès l'instant de leur émission ; l'appât du gain éblouit ; on ne voit plus les hasards.

Cet état de choses avait été préparé l'année précédente par deux importantes innovations : la renonciation de l'Etat à l'exécution de ces importants travaux par lui-même, et la fusion des lignes rivales en une seule compagnie.

En vertu de la première décision, de nombreuses concessions avaient été faites par l'administration à l'industrie privée. Ces concessions avaient porté sur la ligne de Paris à Lyon ; — sur le prolongement de Lyon à Avignon, avec embranchement sur Aix et raccordement avec les chemins de fer du Gard, de l'Hérault, d'Avignon à Marseille et de Marseille à Toulon ; — sur la ligne de l'Ouest, avec embranchement sur le Mans et prolongement jusqu'à Rennes ; — sur les chemins ferrés de Dijon à Besançon ; de Dôle à Salins, de Blesmes à Saint-Dizier et à Gray; — sur la ligne de Bordeaux à Cette, avec embranchement sur Narbonne, Dax, Mont-de-Marsan et le canal latéral de la Garonne ; — enfin sur celle de Paris à Cherbourg par Caen.

La durée de ces diverses concessions avait été fixée à quatre-vingt-dix-neuf ans; les charges avaient été calculées sur les avantages que devaient trouver, dans leur exploitation, les associations sous l'administration desquelles elles allaient être placées.

Ainsi, la compagnie concessionnaire du chemin de fer de Paris à Lyon devait rembourser à l'Etat une somme de cent quatorze millions et faire achever les travaux de la ligne; le Gouvernement, en compensation, lui assurait, pendant les cinquante premières années, un intérêt de quatre pour cent sur un capital de deux cent millions, mais il se réservait la participation aux bénéfices quand les dividendes annuels s'élèveraient au-dessus de huit pour cent.

Une subvention de quarante-neuf millions était, au contraire, accordée à la société qui se chargeait de la ligne de Lyon à Avignon. La concession du chemin de fer de l'Ouest dans laquelle se trouvait comprise l'exploitation du chemin de Paris à Versailles (rive gauche) était faite avec garantie par l'Etat de l'intérêt à quatre pour cent du capital social formé de cinquante mille actions de cinq cents francs. La société de Paris à Versailles (rive droite) lui avait cédé cette voie au prix de huit millions. La garantie d'intérêt dans la concession du chemin de fer de Dijon à Besançon était de quatre pour cent sur un capital de douze millions pour la ligne principale, et de quatre millions six cent mille francs pour l'embranchement de Gray ; il ne s'étendait qu'aux cinquante premières années et à un capital de sept millions dans la concession de l'embranchement de Dôle à Salins.

La ligne de Blesmes à Saint-Dizier fut concédée avec une subvention de dix millions et une garantie de quatre et demi pour cent sur un emprunt de douze millions fait par la compagnie, et de quatre pour cent pendant cinquante ans sur le capital employé à l'exécution des travaux jusqu'à concurrence de seize millions.

L'autre mesure introduisit une modification importante dans la situation des quatre grandes lignes de Paris à Orléans, d'Orléans à Bordeaux, du Centre et de Tours à Nantes. La position de ces différentes lignes établissait entre elles une rivalité d'intérêts qui devait fatalement éclater en une concurrence ruineuse. L'abaissement extrême de leurs tarifs en était la conséquence inévitable.

Les conseils administratifs de ces compagnies cherchèrent naturellement les moyens de conjurer ce danger imminent ; ils n'en trouvèrent pas de plus sûr ni de plus facile de concilier ces intérêts que de les confondre.

Le Gouvernement sentit lui-même l'importance et la nécessité de cette fusion. Cette lutte industrielle pouvait exercer l'influence la plus redoutable sur l'avenir de nos chemins de fer et compromettre gravement l'exécution, immédiate du moins, du réseau de lignes ferrées si nécessaire à la prospérité du pays. Elle pouvait arrêter brusquement le mouvement de capitaux qui se portait vers ces grandes et si utiles entreprises. Ruineuse pour les compagnies, cette lutte n'eût pas été en définitive moins funeste aux intérêts du public par la réaction qui se fût opérée, à la suite de la crise, dans la fixation des tarifs.

Cette combinaison n'éprouva donc aucune difficulté à obtenir sa sanction. Elle eut les résultats les plus heureux pour ces diverses entreprises dont celles même qui virent s'abaisser le chiffre de leur capital, forcé de se mettre en rapport avec le produit des entreprises les plus prospères, virent en même temps s'élever la quotité de leurs dividendes annuels.

L'industrie des chemins de fer reçut de ces mesures et de ces circonstances une impulsion toute nouvelle. Les capitaux recherchèrent leurs placements avec une avidité fébrile; l'administration se vit, dès le commencement de l'année 1853, assaillie par un flot continuel de demandes de concessions; chaque jour voyait naître une nouvelle compagnie financière ou industrielle.

Si parmi ces demandes il en était de graves, scientifiquement étudiées et s'appuyant sur des moyens d'exécution sérieux, il en était un grand nombre dont l'étude géométrique et géologique était aussi superficielle que les bases financières en étaient fragiles; ces demandes de concessions s'élevaient dès les premiers mois de l'année à un développement de sept mille kilomètres dont l'exécution eût imposé à l'État et aux compagnies une dépense de deux milliards.

Parmi ces nombreuses demandes l'administration, après un examen approfondi, en distingua dix-neuf, dont l'exécution, utile au pays, devait offrir aux compagnies la rémunération de leurs travaux et de leurs sacrifices; ces concessions étaient celles des lignes de Bordeaux à Bayonne et de Narbonne à Perpignan, ouvrant l'Espagne à nos réseaux et présentant un développement de deux cent soixante-cinq kilomètres; des chemins de Clermont à Lempdes, de Montauban au Lot et de Coutras à Périgueux ; mesurant collectivement deux cent quatre-vingt-huit kilomètres, — de Lyon à la frontière suisse, deux cent quinze kilomètres, — de Saint-Rambert à Grenoble, quatre-vingt-dix-huit kilomètres ; — de Bourg-la-Reine à Orsay, quinze kilomètres ; — de Reims à Charleville et Sedan et de Creil à Beauvais, cent trente-neuf kilomètres ; — de Saint-Denis à Creil, trente-neuf kilomètres ; — de Paris à Mulhouse, de Nancy à Gray et de Paris à Valenciennes et Saint-Maur, six cent cinquante-sept kilomètres ; — de Besançon à Belfort, quatre-vingt-dix kilomètres ; — de la Roche à Auxerre, vingt kilomètres ; — de Tours au Mans, quatre-vingt-quatorze kilomètres ; — de Nantes à Saint-Nazaire, où l'on créait un grand port de commerce, soixante kilomètres ; enfin, une de ces concessions portait sur les chemins de Rhône-et-Loire, de cent cinquante-quatre kilomètres de longueur, développement général, deux mille cent trente-quatre kilomètres.

Treize de ces lignes devaient être exécutées sans subvention, ni garanties d'intérêts. La compagnie de Strasbourg s'engageait même, pour prix de la concession des voies de Paris à Mulhouse et de Nancy à Gray, à rembourser à l'Etat une somme de douze millions six cent mille francs, due par la compagnie de Strasbourg à Bâle, une autre créance de trois millions, due par la compagnie de Montereau à Troyes, et à exonérer le trésor de la garantie d'intérêts promise aux lignes de Saint-Dizier à Gray et de Strasbourg à Wissembourg ; la compagnie chargée de la reconstruction des chemins de fer de Rhône-et-Loire devait également rembourser à l'Etat, moyennant une garantie d'intérêts purement nominale, une créance de quatre millions.

Cinq concessions seulement, celles de Bayonne, de Perpignan et de Genève, dont le tracé à ouvrir, en partie, dans un pays de montagnes, présentait des difficultés considérables et nécessitait des travaux d'art dispendieux, et celles d'Orsay et de Grenoble, dont les bénéfices présumés n'eussent pu compenser les frais, avaient imposé quelques sacrifices financiers à l'Etat : le total des subventions accordées à ces cinq lignes s'élevait à trente-neuf millions trois cent mille francs; c'est-à-dire sur la totalité des travaux qui devaient constituer l'ensemble des concessions faites en 1853 à dix-neuf millions sept cent mille francs, défalcation opérée des dix-neuf millions six cent mille francs des créances plus ou moins douteuses dont le remboursement était garanti au trésor par les compagnies bénéficiaires.

Ce n'était pas seulement la rapidité avec laquelle le Gouvernement avait conduit ces importantes opérations financières, dont l'ordre, la richesse publique et le bien-être général devaient obtenir des éléments si féconds, que l'on devait signaler dans ce grand mouvement d'administration économique; c'étaient encore les combinaisons par lesquelles il avait été créé et accompli. Il suffira d'une comparaison rétrospective pour la mettre en lumière.

Tous les chemins de fer, concédés jusqu'à la révolution de février, avaient coûté à l'Etat, déduction faite des sommes remboursées par les compagnies, un prix moyen de cent deux mille quatre cent quatre-vingt-deux francs par kilomètre. Les lignes concédées postérieurement à cette époque, et antérieurement au 2 décembre, avaient imposé pour chaque kilomètre une dépense de cent quatre-vingt-dix-huit mille neuf cent dix francs au trésor. Les chemins concédés depuis le 2 décembre 1851 au 31 décembre 1852 étaient retombés à la charge de l'Etat, au prix moyen, par kilomètre, de cent deux mille soixante et un francs. Les deux mille cent trente-quatre kilomètres qui devaient former le total des concessions de l'année 1853, et dans l'exécution desquels l'industrie privée allait verser un capital de quatre cent soixante millions, ne devaient coûter à l'administration des finances que vingt mille neuf cent neuf francs par kilomètre, c'est-à-dire quatre-vingt-un mille cent cinquante-deux francs moins que l'année précédente. La différence totale qui résultait au profit de l'Etat de l'ensemble des opérations s'élevait ainsi à près de cent quatre-vingt millions.

La facilité avec laquelle se réalisèrent les diverses combinaisons financières sur lesquelles roulait ce grand mouvement industriel dut inspirer des craintes sérieuses de voir cette ardeur vivifiante se convertir en fièvre et entraîner la spéculation dans l'agiotage. La surcharge de valeurs industrielles qui finissait par peser sur la Bourse était un symptôme grave ; le danger était dans le bien même ; il ne fallait pas le laisser se compromettre par son excès ; le Gouvernement le comprit et jugea prudent d'introduire dans le cahier des charges imposées aux compagnies nouvelles une clause prescrivant le versement préalable des deux premiers cinquièmes de chaque action. Cette obligation avait un autre avantage ; elle mettait les compagnies en mesure d'ouvrir immédiatement leurs travaux, et donnait à leur crédit d'autant plus de puissance que leurs ressources devaient toujours se trouver de pair avec leurs engagements.

Le développement progressif que prenaient les produits des lignes en exploitation était un stimulant énergique pour les compagnies nouvelles et pour l'activité financière que développait l'émission de leurs actions. Ces produits, qui atteignirent la somme brute de cent soixante-cinq millions, cinq cent trois mille quatre cent cinquante francs, pour quatre mille sept kilomètres de rail-way, devaient s'élever pour le chemin du Nord et Boulogne, d'un parcours de sept cent dix kilomètres, à trente-quatre millions huit cent sept mille huit cent trente-huit francs ; pour celui de Paris à Lyon, mesurant trois cent quatre-vingt-trois kilomètres, à vingt millions sept cent dix-huit mille trois cent trente francs ; pour celui d'Orléans enfin, offrant alors avec ses prolongements mille seize kilomètres, à trente-sept millions six cent un mille cent dix francs.

L'augmentation de trente-trois millions réalisée par ces produits sur ceux de l'année précédente ne devait pas provenir seulement de l'extension prise par notre réseau de voies ferrées, grâce à la mise en exploitation de lignes nouvelles, elle avait également pour cause le développement pris par le travail et par les affaires. Le revenu kilométrique de toutes les lignes qui, produit moyen, avait donné, en 1852, trente-cinq mille sept cent douze francs, devait monter pour 1853 à quarante et un mille trois cent quatorze, c'est-à-dire offrir un avantage de cinq mille cinq cent quatre-vingt-deux francs sur les produits de l'année précédente qui avaient déjà dépassé de douze et demi pour cent ceux de l'année 1851.

Une nouvelle institution financière qui venait de se fonder avec éclat n'avait pas été sans influence sur cette activité industrielle et, par suite, sur la prospérité dont elle était la source pour le pays. La société de crédit mobilier, fondée sous l'habile direction de MM. Pereire, avait dès son origine donné un plein essor à ses opérations. On concevra quelle dut être son action vivifiante sur toutes les branches de la richesse publique par l'exposé seul des nombreuses opérations dont ses statuts ouvraient le champ à ses spéculations.

Elle pouvait souscrire ou acquérir des effets publics, des actions, ou des obligations dans les différentes entreprises industrielles ou de crédit, constituées en sociétés anonymes et spécialement dans celles des chemins de fer, de canaux, de mines et d'autres travaux publics fondées ou à fonder.

Elle était autorisée à émettre ses propres obligations, pour une somme égale à celle employée à ces souscriptions et à ces acquisitions.

Il lui était facultatif de vendre ou de donner en nantissement d'emprunt tous effets, actions et obligations acquis et de les échanger contre d'autres valeurs.

Elle pouvait encore soumissionner tous emprunts, les céder, les réaliser; ces droits s'étendaient à toute entreprise de travaux publics.

Le prêt sur effets publics, sur dépôt d'actions et d'obligations, l'ouverture de crédits, en compte courant, sur consignation de ces diverses valeurs et la réception aussi de sommes en compte courant entraient également dans ses attributions réglementaires.

Enfin elle pouvait opérer tous recouvrements pour le compte des compagnies que nous venons de mentionner, payer leurs coupons d'intérêt ou de dividende et tenir une caisse de dépôt pour tous les titres de ces entreprises.

On voit dans quelle latitude pouvaient se mouvoir les opérations de cette société et par suite l'impulsion énergique qu'elle dut imprimer à toutes les spécialités industrielles. Cette société s'était fondée avec un capital de soixante millions, divisé en cent vingt mille actions de cinq cents francs chacune. La première émission fut seulement du tiers de cette somme. Les quatre-vingt mille actions restées à la souche devaient être émises ultérieurement au pair. Un tiers était attribué aux fondateurs, ou administrateurs de la société, les deux autres tiers devaient être répartis entre les possesseurs des titres de la première émission.

Le succès de l'institution dépassa toutes les espérances; dès les premiers jours de l'émission les actions de cinq cents francs s'emportèrent au taux presque quadruple de dix-huit cent soixante-quinze francs.

Auprès de cette compagnie était fondée une autre institution, la société du crédit immobilier, qui pour n'avoir pas produit la même émotion et jeté le même éclat n'en semblait pas moins destinée à rendre d'importants services au pays. La constitution du crédit foncier était depuis longtemps la grave préoccupation des économistes.

La propriété et l'industrie agricoles portaient au flanc un ulcère qu'il était urgent de cicatriser et de guérir. L'hypothèque était ce mal rongeur qui stérilisait à la fois le sol et le travail. D'après les statistiques la dette hypothécaire sur les immeubles ne s'élèverait pas en France à moins de huit milliards. Mais quel remède lui opposer? Par quel spécifique combattre ce cancer?

Le gouvernement de juillet s'était préoccupé lui-même de cette dangereuse perturbation sur laquelle son attention avait été appelée par un mémoire sur les associations territoriales de Prusse, lu à l'Académie des sciences morales par M. Wolowski. La question fut successivement portée devant l'Assemblée constituante et devant l'Assemblée législative sans recevoir de solution.

Tous ces travaux ne furent pas complétement perdus; le Gouvernement s'en inspira dans l'économie du décret du 28 février 1852. Les sociétés de crédit foncier qu'il organisait devaient procurer au propriétaire d'un immeuble le moyen de contracter un emprunt remboursable au moyen d'annuités à longs termes dans lesquelles se trouvaient compris l'intérêt du capital, qui ne pouvait excéder cinq pour cent, la somme affectée au remboursement, qui ne pouvait être supérieure à deux, ni inférieure à un pour cent du montant du prêt, enfin les frais d'administration et les taxes déterminées par les statuts. Ces sociétés, dont les circonscriptions territoriales devaient être tracées par le décret d'autorisation, avaient le droit d'émettre des obligations, ou lettres de gages que les diverses administrations pouvaient acquérir, dans des limites déterminées par la loi.

Cette combinaison était assurément des plus ingénieuses; l'application devait cependant en révéler promptement l'insuffisance. Le décret du 18 mars suivant, qui constituait la banque foncière de Paris, présentait une profonde dérogation à ses statuts. Elle ne s'établit pas cependant encore sans difficultés.

L'institution n'en débuta pas moins avec autant de fermeté que de succès.

L'impuissance des départements à créer les établissements analogues, qui, d'après les dispositions du décret constitutif, devaient exister dans le ressort de chaque cour impériale, détermina le Gouvernement à autoriser la banque foncière de Paris à étendre ses opérations financières à toutes les parties de la France, où il n'existait pas de sociétés de crédit de son caractère, et à s'incorporer, mais avec une autorisation spéciale, les sociétés déjà constituées.

Elle devait organiser, avant le 1er juillet 1853, une succursale dans le ressort de chaque cour impériale. Son capital, porté à soixante millions, devait être souscrit de manière qu'au delà des quinze premiers millions, cinq millions de souscriptions répondissent constamment à cent millions d'obligations. La société avait pris l'obligation de prêter sur hypothèque jusqu'à concurrence de deux cent millions de francs, à raison d'annuités au taux de cinq pour cent comprenant l'intérêt, l'amortissement, les frais d'administration, avec extinction de la dette en cinquante ans. La société recevait de l'Etat une subvention de dix millions.

Ses débuts obtinrent le succès qui couronna alors la plupart des opérations financières qui s'organisèrent à cette époque; ses actions émises à leur valeur nominale de cinq cents francs franchirent bientôt le chiffre de douze cents. La société obtint même un résultat plus frappant, par un ingénieux système, où les primes se combinaient avec une clôture trimestrielle, elle parvint à emprunter, à trois pour cent, le capital nécessaire à ses prêts, et les obligations ainsi négociées se placèrent encore à plus de cent frans de bénéfice.

Cependant l'expérience n'en révéla pas moins de graves inconvénients dans cette organisation faite plutôt sous l'inspiration des études théoriques, que sous l'empire de l'expérience. Un projet de loi sur cette matière fut même soumis aux débats du Corps législatif, qui modifia le décret du 28 février 1853 sur plusieurs points.

D'après les dispositions nouvelles les sociétés de crédit foncier obtinrent la liberté d'accomplir, ou de ne pas faire les purges d'hypothèques, qu'antérieurement elles devaient toujours opérer au moment du prêt; elles furent de plus autorisées à prêter sur immeubles grevés d'inscriptions pour sûreté de créances non remboursables, telles que rentes viagères, ou garanties d'éviction, pourvu toutefois que le montant du prêt, réuni aux capitaux inscrits, ne dépassât pas la moitié de la valeur de l'immeuble.

En compensation de ces facilités accordées à ces établissements la loi nouvelle leur enlevait le privilége énorme dont les avait investis l'art. 14 de leur décret constitutif. D'après cet article, les actions résolutoires et les priviléges non inscrits pouvaient être purgés par la signification d'un extrait de l'acte constitutif de l'hypothèque aux précédents propriétaires, faute par eux de faire inscrire leurs droits dans un délai de quarante jours. Ces modifications furent sanctionnées par la loi du 10 janvier 1853.

Un nouveau décret impérial les compléta. La société fut autorisée à élever à cinq francs quatre-vingt-quinze centimes pour cent l'annuité due par les emprunteurs quand le cours moyen de la rente trois pour cent aurait dépassé, pendant trois mois, quatre-vingt-six francs. Cette annuité devait retomber à cinq francs quarante-cinq centimes, quand le cours moyen aurait fléchi à quatre-vingt-six et au-dessous. La subvention de dix millions fut abaissée à neuf millions sept cent mille francs, comptables dans la proportion du vingtième des prêts réalisés. Les trois cent mille francs distraits furent attribués, par égales parties, aux sociétés de crédit foncier établies à Marseille et à Nevers. Il fut arrêté que lorsque les prêts du crédit foncier se seraient élevés à deux cent cinquante millions le maximum des frais d'administration, porté à soixante centimes pour cent francs, pourrait être réduit par le Gouvernement jusqu'à quarante-cinq centimes. Enfin l'Etat se réserva le droit, dans le cas où les prêts ne s'élèveraient pas avant le 1er janvier 1857 au chiffre de deux cent cinquante millions, d'autoriser d'autres sociétés de crédit foncier dans tous les ressorts de cours impériales autres que celle de Paris.

On conçoit quelle impulsion énergique cette multiplication des valeurs et cette mobilisation du capital devait imprimer à la spéculation, comme au travail, à la production et au commerce.

CHAPITRE XV.

ENTREVUE D'OLMUTZ.

—

1853

—

SOMMAIRE.

Problème historique. — Une exclamation de M. de Nesselrode. — Sa réponse à une question de sir Hamilton Seymour. — Projets du tsar. — Ses craintes. — Sa résolution. — Cycle russe. — Attermoiements. — Concentration de ses armées. — Ses alliances. — Camp de Moravie. — Lettre du tsar. — Résolution du cabinet autrichien. — Départ de l'Empereur pour Olmutz. — Le général de Goyon. — Arrivée de Nicolas. — Réception. — Projets de l'autocrate. — *Par pari.* — Première entrevue. — Effusion du tsar. — Observations diplomatiques de M. de Buol. — Nouvelle solution. — Les deux ministres. — Note nouvelle. — Opinion de la France et de l'Angleterre. — Evénements. — Irritation profonde des populations musulmanes. — Résolution du Divan. — Noble attitude d'Abdul-Medjid. — Grand conseil de l'empire. — Délibération solennelle. — Décision énergique. — Déclaration de guerre. — Lettre d'Omer-Pacha au généralissime russe. — Dernière concession de la Turquie. — Grandes manœuvres d'Olmutz. — Brusque changement dans les dispositions du tsar. — Incident dramatique. — Invitation. — Voyage de François-Joseph à Varsovie. — Espoir et déception. — La statue de Sobieski. — Premier sauveur et seconde dupe.

La conduite diplomatique de la Russie, pendant les préliminaires de la guerre d'Orient, est restée un problème dont il appartient à l'histoire de rechercher la solution. Elle provoquait, elle accueillait toutes les combinaisons.

« Les amis de la Russie sont bien lents, disait avec l'accent d'une impatiente tristesse M. de Nesselrode, à proposer un plan d'accommodement! »

Et lorsque l'ambassade d'Angleterre lui demandait, au mois de juillet, si après toutes les publications belliqueuses du gouvernement russe, au milieu du mouvement militaire qui animait le midi et l'occident de l'empire, il pouvait continuer à s'occuper d'une solution amiable :

— Cherchez toujours, répondait le grand chancelier.

Serait-ce donc que cette paix, dont il suscitait le fantôme, n'était qu'un leurre de la politique de l'empereur Nicolas? Ce prince avait-il arrêté dans sa pensée que l'heure allait sonner d'accomplir enfin l'œuvre séculaire des tsars; de réaliser le rêve splendide de Pierre le Grand et de Catherine? Les hommes d'Etat qui ont pénétré le plus profondément dans les projets de Nicolas Ier ne doutent pas que telle ne fut sa pensée. Son vif et cuisant regret était de n'avoir pas profité des grandes commotions de 1830 et de 1848. Les craintes qu'il avait manifestées à l'ambassadeur d'Angleterre sur l'avenir de la Turquie étaient l'opposé de sa pensée. Si la Turquie lui eût semblé mourante, il l'eût laissée s'éteindre ; si ce grand corps lui eût paru en décomposition, il l'eût laissé se dissoudre.

Mais il redoutait tout le contraire. C'était un travail de réorganisation qu'il craignait de voir s'opérer en lui. La jeunesse de l'aristocratie ottomane allait demander à la civilisation française, anglaise et autrichienne, des moyens et des éléments de régénération. Les progrès que réalisait son armée étaient imméconnaissables; qu'il se trouvât un économiste parmi ses jeunes financiers pour introduire de l'ordre dans son administration et pour tirer parti des ressources que lui offrait, plus fécondes chaque jour, l'activité industrielle et commerciale de ses populations grecques, et la société turque pouvait sortir rajeunie de sa caducité sénile; il le croyait; il le craignait.

Un autre fait ne l'inquiétait pas moins, c'était le mouvement de nationalité qui s'agitait parmi les populations chrétiennes des provinces septentrionales de l'empire ottoman. Les sympathies qui s'établissaient entre elles et les populations croates, slaves et hongroises, lui faisaient redouter que ces éléments homogènes, dont la force des intérêts développait les affinités naturelles, ne vinssent, un jour donné, à se constituer en Etat puissant. Que devenait alors le rêve de grandeurs des tsars?

Le danger était grave et imminent. Une exécution rapide pouvait donc seule assurer la réalisation de ce rêve, aspiration séculaire de sa race.

Un dernier motif le poussait à la précipiter. Il ne supposait au tsarwitch Alexandre, ni l'ambition, ni la résolution nécessaires pour l'accomplir; c'étaient là les causes qui l'avaient déterminé à agir. Il avait compté sur la perturbation générale qu'eût pu faire éclater 1852. Cette perturbation prévenue, il ne voulait pas laisser échapper les embarras, les inquiétudes, les causes diverses d'incertitude et de faiblesse produites par l'établissement du nouvel empire français sans jeter les forces et les richesses accumulées de son empire dans la perpétration de cette œuvre glorieuse, qui allait ouvrir pour le monde le cycle russe.

Mais il lui fallait le temps de réunir ses armées sur la surface de régions aussi vastes que l'Europe, des extrémités d'un empire où les contingents avaient à franchir d'immenses steppes, de longues chaînes de montagnes, de vastes solitudes sans routes frayées. Ces atermoiements lui offraient encore d'autres avantages : il pouvait y trouver les moyens de réformer, de resserrer ses alliances, que l'habileté avec laquelle la France avait précipité les diverses scènes de ce drame avait manifestement relâchées, sinon rompues. Tels étaient bien ses projets; les faits sont là, avec les déductions logiques qui en résultent, pour dissiper tous les doutes. La note de la conférence n'avait pas plutôt corrué, sous la surcharge des explications dont sa chancellerie l'avait écrasée, qu'il suscitait une combinaison nouvelle.

On sait que l'Autriche réunit chaque année une importante partie de ses troupes sur un ou deux points de ses Etats pour les y exercer aux grandes évolutions, et familiariser leurs masses avec ces mouvements d'ensemble qui constituent la vie stratégique des armées. C'était dans les campagnes d'Olmutz, dans la belle plaine où coule la Morava, que devait s'opérer, cette année, cette concentration militaire et que devaient s'exécuter ces grandes manœuvres. Le prince royal de Prusse devait s'y rendre pour inspecter le contingent fédéral de l'Autriche.

Au moment où l'empereur François-Joseph se disposait à aller prendre le commandement supérieur du camp et présider à ses opérations de haute école, il reçut une lettre autographe de l'empereur Nicolas, lui donnant avis que, devant commander lui-même les exercices stratégiques des troupes russes, réunies sous les murs de Varsovie et de Praga, il hâterait de quelques jours son voyage pour assister aux opérations des troupes autrichiennes ; qu'il se rendrait en conséquence, le 23 septembre, à Olmutz, accompagné de deux de ses fils et du grand chancelier de l'empire.

La présence de M. de Nesselrode dans sa suite annonçait l'objet de cette visite, ou du moins faisait pressentir les intentions du tsar. L'empereur communiqua cette lettre à son conseil, et il fut convenu que le premier ministre autrichien, M. le comte de Buol, se rendrait en Moravie pour assister aux entretiens politiques que toutes les probabilités annonçaient devoir s'engager entre les deux souverains.

L'empereur quitta Vienne le 15, à midi, avec le prince Louis de Bavière et les archiducs Charles-Louis, Charles-Ferdinand et Ernest. Ils étaient accompagnés par le comte Grunne et un brillant état-major.

L'empereur fut accueilli avec enthousiasme par la ville d'Olmutz et par l'armée. Les grandes manœuvres commencèrent dès le 17. Au nombre des officiers étrangers accourus en grand nombre pour assister à ces solennités militaires, se trouvaient le général de Goyon, aide de camp de S. M. I. Napoléon III, et plusieurs autres officiers français.

L'arrivée de l'empereur de Russie subit un jour de retard. François-Joseph en fut prévenu par une dépêche de Vienne. Le 24 au matin, Sa Majesté quitta le camp d'Olmutz avec le prince de Prusse, arrivé le 21, et les plus illustres personnages attirés par les manœuvres. Il s'avança à la rencontre du tsar jusqu'à la petite ville de Préreau.

Dès que les deux empereurs s'aperçurent ils mirent pied à terre, s'embrassèrent et se rendirent sous une tente magnifique où avait été préparé un goûter. Nicolas fut de l'affabilité la plus cordiale; François-Joseph de l'obséquiosité la plus affectueuse. L'effet général de la réception fut des plus favorables.

Quelques instants après, les deux empereurs et leurs suites reprirent la route du camp. Celle du tsar se composait de cent cinquante personnes; outre le tsarwitch Alexandre, le grand-duc Nicolas, le comte de Nesselrode, les barons de

Meyendorff et de Mohrenheim, elle renfermait un grand nombre d'officiers généraux. Le camp et la ville d'Olmutz étaient pavoisés pour recevoir ces hôtes. Le soir ils furent splendidement illuminés.

L'objet que se proposait le puissant autocrate était en rapport, par son importance, avec la démarche qu'il faisait auprès de son jeune neveu ; ce qu'il venait réclamer de lui, dans ces plaines qu'avaient traversées, quatre années auparavant, les aigles russes volant au secours des aigles autrichiennes sanglantes et effarées, ce n'était pas seulement l'appui diplomatique de ses hommes d'Etat et de ses diplomates, c'était son alliance effective contre la Turquie, c'était, au besoin, le concours de ses armées ; c'était enfin le prix du service qu'il lui avait rendu en replaçant sur sa tête cette couronne de Hongrie, qui pouvait entraîner dans sa chute celle de l'empire.

La première entrevue, la première conférence fut des plus vives : le tsar fut pressant, passionné, ému ; François-Joseph écouta triste et circonspect, laissant la discussion à son ministre et n'intervenant que par quelques mots : expressions de regrets et d'impuissance. M. de Buol opposa avec une remarquable convenance de formes, avec une extrême habileté de langage tout ce que les intérêts les plus évidents de l'Autriche créaient de difficultés et d'obstacles aux engagements que l'on réclamait de son jeune souverain ; les dangers de toute nature qu'une telle résolution soulèverait contre l'empire tudesque : son démembrement pouvant s'opérer au premier bruit du canon de cette guerre ; la Hongrie frémissante, l'Italie prête à se lever en armes ; la dissolution de la Turquie menaçant de s'étendre à l'Autriche ; quand il était possible d'échapper à ces extrémités par quelque solution qui conciliait tous les intérêts, et il en proposa une qu'il avait déjà soumise aux ambassadeurs membres de la conférence : à la note, objet du dernier conflit, eût été substituée une note nouvelle ; l'esprit en eût été identique à celui de l'ancienne ; on eût seulement évité les désaccords par plus d'habileté dans les expressions.

L'attitude de l'empereur Nicolas était complétement changée : après avoir lutté vivement contre cette froide invasion de la diplomatie dans les effusions de cet entretien de politique intime, il avait fini par écouter en silence ; il avait cru remuer des sentiments, il n'avait soulevé que des considérations d'intérêt. De ce moment, à sa courtoise affabilité succéda la plus raide froideur : la question fut abandonnée aux deux ministres.

M. de Nesselrode opposa la plus grande répugnance à la proposition d'écarter la note de Vienne, déjà acceptée par la Russie ; il en faisait une question de dignité pour la Conférence et pour le tsar. En réalité, disait-il, il n'y attachait cette importance que parce qu'aucune nouvelle rédaction ne pouvait offrir d'expressions aussi conformes aux intérêts et aux résolutions de la Russie, et que d'ailleurs ces expressions avaient reçu, de la chancellerie russe, un commentaire qui survivrait à toutes les interprétations qu'en pourraient donner les memoranda et les protocoles des diplomates. Que la Conférence en imposât l'acceptation pure et simple à la Porte ; et la Russie prenait l'obligation de donner à l'ambassade que le sultan chargerait de la lui transmettre, des explications de nature à satisfaire les susceptibilités inquiètes du Divan.

A cette interprétation dont la cour de Saint-Pétersbourg entendait se réserver les termes, M. le comte de Buol proposa de substituer un commentaire conçu et rédigé individuellement par les quatre puissances dans des termes de nature à respecter l'indépendance et la souveraineté du sultan. M. de Nesselrode ayant accepté cette transaction, le président du cabinet de Vienne formula en ces termes la note que devait expédier l'Autriche.

» En conseillant unanimement à la Sublime Porte l'adoption du projet de note concerté à Vienne, les cours de France, d'Autriche, d'Angleterre et de Prusse, sont pénétrées de la conviction que ce document ne porte aucune atteinte aux droits souverains et à la dignité de S. M. le sultan.

» Cette conviction est fondée sur les assurances positives que le cabinet de Saint-Pétersbourg a données, quant aux intentions qu'aurait S. M. l'empereur de Russie en demandant une garantie générale des immunités religieuses accordées par le sultan à l'Église grecque dans leur empire.

« Il ressort de ces assurances qu'en demandant, en vertu du principe posé dans le traité de Kainardji, que le culte et le clergé grecs continuent à jouir de leurs priviléges spirituels sous l'égide de leur souverain le sultan, l'empereur ne demande rien de contraire à l'indépendance et à la souveraineté de ce prince, rien qui implique une intention dangereuse dans les affaires intérieures de l'Empire ottoman.

» Ce que veut l'empereur de Russie, c'est le maintien strict du *statu quo* religieux de son culte, savoir : une égalité entière de droits et d'immunités entre l'Église grecque et les autres communautés chrétiennes sujettes de la Porte, par conséquent, la jouissance en faveur de l'Église grecque des avantages déjà accordés à ces communautés. Il n'entend pas ressusciter les priviléges de l'Église grecque tombés en désuétude par l'effet du temps ou des changements administratifs, mais il demande que le sultan la fasse participer à tous les avantages qu'il accordera à l'avenir à d'autres rites chrétiens.

Le cabinet impérial d'Autriche aime par conséquent à ne pas douter que la Sublime Porte, en pondérant encore une fois avec toute la sérieuse attention que la gravité de la situation exige, les explications données par la Russie dans le but de préciser la nature et l'extension de ses demandes, ne se décide à l'adoption pure et simple de la note de Vienne. Cette adoption, tout en assurant au gouvernement ottoman de nouveaux titres à la sympathie et à l'appui des puissances qui la lui ont conseillée, lui offre à la fois un moyen aussi prompt qu'honorable d'opérer sa franche réconciliation avec l'empire de Russie, réconciliation que tant d'intérêts majeurs réclament si impérieusement. »

M. de Hübner fut chargé de la communiquer à M. Drouyn de Lhuys et la lui soumit en effet le 2 octobre; le ministre des affaires étrangères de France la mit, le jour même, sous les yeux de l'empereur; l'un et l'autre virent dans cette combinaison une nouvelle chance de paix; on pouvait la tenter, en laissant la décision de la Porte aux inspirations de ses sentiments et de ses intérêts. Tant que M. de Nesselrode n'aurait pas retiré expressément l'interprétation qu'il avait donnée au nom du gouvernement russe des points de la note modifiée par le Divan, la France était résolue à n'exercer aucune pression sur les résolutions de la Porte, et encore plus à ne pas abandonner au hasard des armes les graves intérêts de l'Europe engagés dans les complications orientales. M. de Walewski reçut ordre de l'empereur de faire une communication en ce sens à lord Clarendon.

L'opinion du ministère britannique fut au fond complétement la même que celle du cabinet de Saint-Cloud, mais elle lui inspira une résolution plus énergique ; il refusa de s'associer d'aucune manière à cette démarche compromettante et sans espoir. Il parvint même à rallier MM. de Walewski et Drouyn de Lhuys et l'empereur lui-même à son opinion. « Le gouvernement turc, écrivait le 8 octobre le chef du Foreign-Office au président du cabinet autrichien, a déclaré qu'il ne peut accepter la note de Vienne, sans les modifications qu'il avait parfaitement le droit de proposer, qui ont été adoptées par la conférence, mais qui ont été malheureusement rejetées par le cabinet de Saint-Pétersbourg ; le gouvernement de Sa Majesté sait donc qu'il serait inutile de recommander cette note dans sa forme primitive ; il pense de plus qu'il serait déloyal de le faire, après l'interprétation donnée à la note par M. de Nesselrode, interprétation que le projet de M. de Buol ne repousse en aucun point. Le gouvernement de Sa Majesté ne doute pas que les assurances contenues dans ce projet n'aient été données dans le désir d'écarter toutes les appréhensions du gouvernement turc ; mais il y a des raisons de craindre que cet objet ne soit pas atteint, car le projet de M. de Buol paraît adopter le sens que la Russie persiste à donner au septième article du traité de Kainardji, interprétation par laquelle, en maintenant que les priviléges et immunités de l'Église grecque ont été conférés, en conséséquence et en exécution de cet article, la Russie s'arroge un protectorat sur les Grecs, sujets du sultan. »

Le secrétaire d'Etat de Sa Majesté britannique ajoutait qu'il lui semblait impossible que l'empereur Nicolas, qui revendiquait comme un de ses plus précieux titres de gloire la large part que, depuis son avénement au trône, il avait constamment prise à la conservation de la paix, jetât son pays et le monde dans les sanglantes épreuves d'une crise européenne, pour une exagération manifeste d'interprétation. « Si pour une pareille cause, disait-il en terminant, l'Europe est exposée à de telles calamités, ce sera un événement sans parallèle dans l'histoire (1). »

Cependant les événements avaient marché, et chaque jour, dans leur évolution progressive, ils se précipitaient vers un dénoûment guerrier. L'acceptation en principe de la note de Vienne avait, malgré les restrictions si énergiquement condamnées tout d'abord par l'Europe, excité dans toutes les classes de la nation musulmane un mécontentement profond.

L'approche des fêtes du Beïram fit même craindre quelque sanglante explosion de fanatisme, qui des Grecs pouvait bien s'étendre sur les chrétiens. Les ambassadeurs de France et d'Angleterre regardèrent les circonstances comme assez graves pour ne pas laisser les populations menacées sans protection. *L'Ajaccio* porta l'ordre aux amiraux des deux escadres de faire entrer une division légère dans le Bosphore. Quatre frégates à vapeur anglo-françaises vinrent mouiller devant Constantinople et projeter sur la ville frémissante l'ombre de leurs pavillons. Le Beïram se passa sans désordres.

Cependant l'envahissement du territoire ottoman par l'armée russe avait allumé dans les masses cette ardente exaltation qui, à toutes les époques de grandeur de l'Islam, en avait été la passion et la puissance. Les quartiers populaires de Constantinople, les places publiques et les environs des mosquées avaient pris une animation qui reportait l'esprit à ces époques oubliées où Stamboul la guerrière vomissait

---

(1) *Communications parlementaires*, 1853, part. II, n° 135.

ces masses armées dont les croissants faisaient trembler la civilisation occidentale.

La nouvelle du refus opposé par l'autocrate de toutes les Russies aux modifications proposées par la Porte fut donc accueillie par un mouvement de joie universelle. Ce fut le 21 qu'elle fut apportée à l'internonce d'Autriche par une dépêche de M. de Buol; elle passa sur le peuple comme un souffle sur la flamme. De tous les quartiers s'éleva un bruissement de guerre.

Les sollicitations diplomatiques ne purent plus dominer l'énergie du ministre turc; il sentit que ce n'était qu'avec le cimeterre que la Turquie pouvait couper ce réseau d'intrigues, de ruses et de menaces, dont l'enveloppait depuis un siècle la diplomatie moscovite comme l'araignée la mouche qu'elle veut dévorer.

Abdul-Medjid sembla lui-même l'homme de la situation par la vivacité avec laquelle il sentit battre en lui toutes les ardentes palpitations de ses peuples. Le Divan le trouva au niveau de sa fermeté et résolu aux déterminations suprêmes.

Dans des circonstances aussi graves et aussi décisives, la Porte voulut donner à ses délibérations les garanties de lumière et de prudence qui pouvaient en assurer la maturité. Tous les hauts fonctionnaires portés par leur capacité à la tête des grandes administrations publiques furent convoqués à ce conseil et appelés à éclairer de leur expérience ces débats solennels. Deux cents des dignitaires de l'empire les plus élevés, appartenant ou ayant appartenu aux grandes charges religieuses, civiles et militaires de l'empire, se réunirent, le 25 septembre, à la Porte, sous la présidence du padischah.

La note de Vienne, l'acceptation conditionnelle du Divan,

les modifications demandées, la réponse du cabinet de Saint-Pétersbourg, les recommandations itératives des grandes puissances leur furent soumises ; la discussion s'ouvrit et se prolongea pendant dix heures avec toute la gravité solennelle qu'imposait le caractère formidable des événements qui pouvaient en jaillir ; ce n'était pas seulement une question de paix ou de guerre, c'était pour la société musulmane une question de vie ou de mort.

Le conseil s'ajourna au lendemain. Les débats ne tardèrent pas à s'épuiser ; les consciences étaient éclairées. La décision reçut la consécration d'un vote unanime ; tous ses points obtinrent la sanction de cette unanimité : le rejet des propositions de la conférence, comme l'appel au peuple pour repousser au delà des frontières cette irruption de masses armées qui avaient envahi le sol national, des bords du Pruth aux rives du Danube.

Cette résolution décisive fut prise le jour même où MM. les comtes de Buol et de Nesselrode préparaient, dans le château d'Olmutz, la nouvelle combinaison que les grandes cours européennes devaient être invitées à appuyer auprès du sultan.

L'Angleterre avait deviné l'accueil qu'elle devait trouver auprès du ministre osmanlis. Le Divan repoussa cette nouvelle note sans lui donner l'importance d'un débat ; il ferma ainsi la phase des solutions diplomatiques : il n'y avait plus qu'un dénoûment possible, celui des armes.

En même temps que le grand visir remettait aux ambassadeurs des puissances européennes un mémoire, où le Divan leur rappelait tous les sacrifices que la Sublime Porte avait inutilement faits pour la paix, il adressait aux populations de Constantinople et de ses trois faubourgs, Eyoub, Galata et Scutari, la proclamation suivante, où l'on reconnaîtra l'influence profonde que la civilisation chrétienne avait déjà exercée sur les mœurs musulmanes.

Le grand visir aux habitants de Constantinople, d'Eyoub, de Scutari et de Galata.

« L'acceptation des propositions telles qu'elles nous ont été faites par la Russie, propositions relatives aux priviléges religieux, eût été non-seulement une infraction directe aux droits souverains et à l'indépendance de l'empire ottoman, mais elle eût encore entraîné dans la suite une foule de désastres, dont Allah nous préserve !

» La Russie a pris une attitude menaçante en faisant d'immenses préparatifs de guerre.

» De son côté, la Sublime Porte, tout en prenant des mesures de précaution, en envoyant des troupes aux frontières de l'empire, en Anatolie et en Roumélie, a épuisé tous les moyens de négociation. Elle a proposé un arrangement plein de modération ; elle a fait tous les efforts possibles pour la conservation de la paix, chose toujours aimée et toujours sacrée.

» Tous ses efforts ont été vains ; enfin les Russes ont passé le Pruth, et une armée a envahi les provinces de S. M. le sultan. Malgré cet état de choses, la Sublime Porte a eu recours à la médiation dans un but de réconciliation et dans l'intérêt du maintien de la paix ; tout encore a été inutile.

» En conséquence, un conseil national a été convoqué le 22 et le 23 du mois de zelludge. Ce conseil se composait d'ulémas et de caserkers, de chefs militaires et autres fonctionnaires. La question leur a été soumise.

» Il était clair et évident que la Russie ne voulait pas accepter un arrangement auquel la Sublime Porte pût adhérer. La solution du différend ne pouvait donc pas être pacifique.

» Il était reconnu du monde entier que c'était la Russie qui avait violé les traités en envahissant l'empire ottoman. Cet état de choses ne pouvait se supporter plus longtemps; aussi a-t-il été décidé à l'unanimité que nous nous confierions à la Providence et à notre saint prophète. La guerre a donc été décidée. Cette détermination du conseil a été confirmée par un fetva du sheik ul-Islam, fetva que l'on a jugé propre à être mis à exécution.

» Un rapport à cet effet ayant été mis au pied du trône pour provoquer un ordre du sultan, la décision du conseil général a été sanctionnée par un hatti-schériff et portée à la connaissance des caserkers des divisions de l'armée de Roumélie et d'Anatolie et des habitants de tout l'empire par la publication des firmans.

» C'est pourquoi vous aussi vous rassemblerez les imans des districts, vous leur direz que c'est la Russie qui a soulevé cette affaire, que c'est sur elle que doit en retomber toute la responsabilité. Ils adresseront des prières au Dieu des batailles pour le triomphe de la Sublime Porte et des troupes impériales. Ils leur enjoindront de prier nuit et jour et avec ferveur pour le succès de notre cause.

» Qu'il soit en même temps bien compris que cette guerre est une guerre contre un gouvernement qui, sans la moindre provocation, a violé les droits de l'indépendance de l'empire ottoman. Les relations amicales qui existent entre la Sublime Porte et les autres nations amies ne doivent pas souffrir la moindre altération, par suite des conséquences de cette situation. Personne donc ne doit molester, attaquer les sujets de ces puissances, ou leurs intérêts, quelle que soit leur religion. La vie, l'honneur et les propriétés des rayas doivent être sacrés comme les nôtres.

» Notre conduite doit être dirigée selon la loi sacrée, en toute circonstance, avec justice et loyauté. En un mot, il répugne à la loi sacrée comme au sens commun, ainsi qu'il a déjà été déclaré anciennement, de regarder les rayas de la Sublime Porte qui professent une religion conforme à celle de la Russie comme responsables de la conduite du gouvernement de Saint-Pétersbourg. Ce que demande ce gouvernement, il le demande dans son intérêt et pour augmenter son influence.

» Les sujets de la Sublime Porte ont joui pendant des siècles des priviléges religieux que leur avaient accordés les empereurs turcs, sous la protection spéciale de la Sublime Porte, et ces priviléges reçoivent tous les jours plus de force et plus d'extension. Les sujets de l'empire ottoman savent parfaitement que les prétentions du gouvernement russe à les prendre sous sa protection ne feraient que diminuer la somme de ces priviléges.

» Vous ferez bien connaître à tous que l'une des causes de succès, c'est de vivre en bonne harmonie. Personne ne doit humilier ni molester autrui ; tous doivent essayer de vivre en union parfaite et servir leur pays en commun.

» Si, par négligence, ignorance ou mauvais vouloir, quelqu'un agissait en opposition à ces ordres légitimes, il serait sévèrement puni.

» Toutes les dispositions ci-dessus ont été décrétées dans le conseil général tenu dernièrement. Vous aurez donc soin que personne n'agisse contrairement à ces ordres.

» Fait le 5 moharem 1270 (1853).

» Mustapha-Pacha. »

La guerre était déclarée; la Turquie se jetait résolument dans la lutte, dont l'enthousiasme semblait lui communiquer une vie nouvelle. La direction des événements fut remise aux caserkers des divisions de l'armée de Roumélie et d'Anatolie. La lettre suivante qu'Omer-Pacha, muschir de l'armée des Balkans, devait signer et faire remettre immédiatement au prince Gortschakoff, arriva le 8 au matin au quartier-général de Schumla :

Omer-Pacha, généralissime des troupes turques en Roumélie, au prince Gortschakoff.

« Monsieur le général,

» C'est par l'ordre de mon gouvernement que j'ai l'honneur d'adresser cette lettre à Votre Excellence.

» Tandis que la Porte épuisait tous les moyens de conciliation afin de maintenir la paix en même temps que son indépendance, la cour de Russie n'a cessé de faire naître des difficultés, et elle a été jusqu'à violer les traités par l'occupation des principautés de Moldavie et de Valachie, qui forment parties intégrantes de l'empire.

» Fidèle à son système pacifique, la Sublime Porte, au lieu d'user de son droit de représailles, s'est bornée alors à protester sans s'écarter de la voie qui pouvait encore mener à un arrangement. La Russie, au contraire, se gardant bien de montrer des sentiments analogues, a fini par rejeter les propositions recommandées par les augustes cours médiatrices et nécessaires à la sûreté comme à l'honneur de l'empire ottoman. Il ne reste par conséquent à celui-ci que l'indispensable obligation de recourir à la guerre ; mais puisque l'invasion des principautés et le violation des traités qui l'accompagne sont les causes inévitables de la guerre, la Sublime Porte, comme dernière expression de ses sentiments pacifiques, invite Votre Excellence, par mon intermédiaire, à évacuer les deux principautés, et elle vous accorde, pour vous conformer à cette demande, un délai de quinze jours. Si dans ce délai je recevais de Votre Excellence une réponse négative, le commencement des hostilités en serait la conséquence naturelle. C'est ce que j'ai l'honneur de faire savoir à Votre Excellence en saisissant cette occasion pour lui offrir les assurances de ma parfaite considération.

» OMER. »

Au quartier-général de Choumla, 8 octobre (26 septembre 1853).

L'épée était tirée. La diplomatie ne désespéra pourtant pas encore de prévenir le choc des armées déjà en présence; elle s'efforça d'abord de le suspendre. Elle obtint de Rechid-Pacha que le muschir n'ouvrît pas les hostilités avant le 1er novembre. Neuf mois d'inutiles efforts n'avaient pas découragé sa confiance; elle croyait encore à la possibilité de faire revenir le tsar sur son refus. Le ministre ottoman se laissa arracher cette promesse en y mettant toutefois une restriction, une condition : c'était que les hostilités n'eussent pas éclaté avant qu'Omer-Pacha eût reçu l'avis de cette promesse.

Cependant l'entrevue d'Olmutz s'était terminée dans des sentiments bien différents de ceux qui l'avaient glacée un instant; la confiance avait dissipé la réserve; l'intimité de famille avait succédé à la circonspection glaciale. Une des grandes revues présenta même un incident qui causa un moment d'émotion à l'armée entière. Le tsar y assistait sous l'uniforme de colonel du régiment de cuirassiers qu'il possède dans l'armée autrichienne. Ce régiment figurait à la tête de la cavalerie.

Au moment du défilé, le tsar courut en prendre le commandement, qu'avait exercé jusqu'à cet instant le général Schlik, et lorsqu'après l'évolution il eut remis cette belle troupe sous les ordres du lieutenant-colonel, il revint au galop vers l'empereur François-Joseph, sauta de cheval pour s'élancer vers le jeune empereur qui s'avançait vers lui et le pressa dans ses bras, en l'invitant cordialement à venir lui rendre sa visite à Varsovie, où il allait diriger lui-même les opérations stratégiques d'un grand camp de manœuvres.

François-Joseph promit. Le jour du départ du tsar, il lui renouvela cette promesse dans les salons même de la gare du chemin de fer, où il était venu conduire son hôte illustre, et, en effet, le 3 octobre, il arrivait à Varsovie avec le roi de Prusse et suivi par un nombreux et brillant état-major ; on n'y comptait presque que des officiers généraux ; du nombre étaient le ministre de la guerre, l'adjudant-général comte Grunn, le général comte Schlick et le prince Jablonowski. L'empereur Nicolas se porta à leur rencontre jusqu'à Skarnewicz.

Des voitures de la cour les attendaient à la station. Leurs majestés prirent place dans une calèche découverte. Le tsar les conduisit au palais du Belvédère, qui avait été préparé pour le roi de Prusse, et au palais Lasinska, disposé pour recevoir l'empereur. Le 3 et le 4 furent consacrés aux plaisirs ; le 4 il y eut grande revue du second corps de l'armée russe, dîner au palais du tsar et spectacle dans l'Orangerie. Nicolas eut le soir un entretien intime avec son royal beau-frère et son auguste neveu. François-Joseph put deviner alors les motifs qui avaient inspiré l'invitation du tsar.

Ce prince avait attribué à l'influence du comte de Buol la résistance que ses projets avaient rencontrée dans le jeune héritier des Habsbourg. Pensant que c'était dans la froide raison, dans la logique claire et inflexible de cet homme d'Etat que François-Joseph puisait cette constance de résolution qu'il n'avait pu ni renverser ni affaiblir, il avait cru que le moyen de le vaincre était d'abord de le séparer de son ministre; c'était ce qu'il avait tenté par son invitation, c'était ce que l'empereur avait réalisé par sa visite.

Il ne doutait pas, d'un autre côté, de l'influence que devait avoir sur le jeune prince l'opinion de Frédéric-Guillaume. Le roi de Prusse était prêt à céder à l'autorité que le tsar exerçait sur lui; mais il ne pouvait se prononcer sans que l'Autriche ne se prononçât elle-même; leurs forces réunies, déclarait Nicolas, écraseraient l'Occident et assureraient au droit absolu un long avenir pacifique.

Le tsar fut encore déçu dans son espoir. Il retrouva François-Joseph, seul et isolé, ce qu'il l'avait vu dans les conférences d'Olmutz; le jeune prince discutait cette grave question avec l'indépendance la plus complète du passé, opposant les intérêts de sa couronne aux graves considérations d'intérêt monarchique, comme aux considérations plus personnelles que le tsar faisait successivement valoir, soit comme le chef de l'absolutisme européen, soit comme parent et allié dévoué. Il semblait ne pas apercevoir, ne pas soupçonner cette image de la Hongrie vaincue et asservie, que sans cesse Nicolas faisait implicitement planer sur cette question.

Le tsar fut moins vif, moins emporté qu'il ne l'avait été dans ses premiers entretiens, mais si en se retirant ses traits étaient plus calmes, son cœur n'était pas moins ulcéré. François-Joseph dut mieux sentir la profondeur de la blessure que l'autocrate emportait dans son cœur après un de ces reproches pleins de ressentiments indignés.

Les deux empereurs passaient, quelques moments après cet entretien, sur la place de Varsovie où s'élève la statue de Sobieski. Un souvenir s'offrit instantanément à l'esprit de l'empereur Nicolas : il se rappela que trois ans auparavant il avait déjà traversé cette place avec François-Joseph ; c'était peu après les campagnes de Hongrie.

Le cœur du jeune César débordait alors de reconnaissance. Arrêtant Nicolas devant la glorieuse statue :

— « Sire, lui dit-il en lui montrant le héros de Vienne, voici le premier sauveur de l'Autriche ; vous êtes le second. »

Ce fut Nicolas qui cette fois arrêta son hôte devant la noble image :

— « Sire, lui dit-il, voici la première dupe de l'Autriche ; je suis la seconde. »

François-Joseph quitta le jour même Varsovie. Le roi de Prusse et le tsar en partirent le lendemain. Nicolas et le prince héréditaire Alexandre rejoignirent Frédéric-Guillaume à Breslau. Les princes prussiens et le grand-duc de Mecklembourg-Schwerin, portant tous l'uniforme russe, attendaient LL. Majestés au débarcadère de Potsdam, entourés de toutes les autorités militaires. Les deux souverains furent reçus à *Sans-Souci* par la reine, la grande-duchesse mère de Mecklembourg-Schwerin et les princesses.

Le voyage de l'empereur Nicolas qui pouvait être un grave événement ne fut en réalité qu'une visite de famille.

CHAPITRE XVI.

INDUSTRIE ET COMMERCE.

1853

SOMMAIRE.

Impulsion puissante. — Renaissance générale du travail. — La spéculation financière et le commerce. — Navigation : long-cours, cabotage. — Industrie parisienne. — Affluence de l'or dans la circulation. — Les français en Californie. — Vie des placers. — Une existence avantureuse. — Caractère des émigrants français. — Rudes extrémités. — Industries diverses. — Fortunes rapides. — Trait caractéristique du mouvement financier en 1853. — Opérations de la Banque de France. — Diminution de la réserve métallique. — Elévation du taux de l'intérêt. — Prospérité commerciale. — Efforts de l'administration. — Nombreux traités pour la protection des intérêts nationaux. — Système protecteur et libre-échange. — Tendances gouvernementales. — Fluctuations de l'opinion. — Mesures prises par le pouvoir. — Conseil supérieur du commerce, de l'agriculture et de l'industrie. — Question des fers. — Développements pris par leurs emplois. — Chemins de fer. — Architecture industrielle. — Architecture privée. — Architecture publique et monumentale. — Les cotons filés. — Grave question industrielle et sociale. — Les cotons bruts. — Grandeur et puissance de l'Angleterre. — Vérité et poésie. — Prospérité rapide du Lancashire. — Sa cause. — Fabrication cotonnière en Angleterre. — Deux industries rivales. — Initiative énergique du Gouvernement. — Formidable concours des circonstances. — Insuffisance de la récolte. — Dangers de la situation. — Mesures prises par l'administration. — Leurs résultats. — Echelle mobile. — Décrets spéciaux. — Dégrèvements de l'introduction des bestiaux étrangers. — Fait économique curieux. — Influence de la nourriture sur le travail. — Développement de la misère. — Travaux publics. — Disette de 1847. — Les bons de pain. — Inconvénients et abus. — Système compensateur dans la taxe du pain. — Caisse de la boulangerie.

L'exécution des grands travaux d'utilité publique, par l'administration, ou par les compagnies concessionnaires, avait obtenu les résultats espérés ; ces puissantes pulsations du cœur avaient fait refluer la vie jusqu'aux extrémités du corps social; la circulation des capitaux mis en mouvement s'était étendue aux diverses industries par les mille canaux de la consommation et du commerce. Tous nos grands centres de fabrication avaient retrouvé leur activité féconde, les hautes cheminées des usines avaient repris leurs ardents panaches de fumée. Toutes nos vallées industrielles retentissaient des rumeurs vivantes du travail; les mille bruits joyeux du salon et de la mansarde en étaient les heureux échos. Les capitaux, si timides avant 1850, stimulés par les grands établissements de crédit de fondation nouvelle, ne reculaient devant aucune entreprise, quelque aventureuse qu'elle pût être dès qu'elle exerçait l'attraction de bénéfices considérables; ce mouvement s'était étendu à nos chantiers maritimes et à nos ports; la navigation au long-cours qui, en 1852, n'avait employé que trente-cinq mille quatre-vingt-dix-huit navires, jaugeant quatre millions trois cent un mille tonneaux, équipa en 1853 trente-six mille deux cent soixante navires, en affrétant quatre millions six cent quatre mille. Le cabotage ne fit pas moins de soixante-seize mille quatre cent soixante-dix voyages, dans lesquels il transporta deux millions quatre cent dix-sept mille quatre cent trente-six tonnes de marchandises.

Notre commerce, avec l'étranger, ou avec nos colonies, s'éleva à une valeur de cinq milliards neuf cent cinquante-sept millions cinq cent mille francs, dans laquelle l'importation entre seulement pour deux milliards sept cent trente-quatre millions, et l'exportation, en conséquence, pour trois milliards deux cent vingt-trois millions cinq cent mille francs. L'industrie parisienne seule y figurait pour près de deux cent cinquante millions; elle n'exportait encore que pour quatre-vingt-quatorze millions de ses produits en 1837. Jamais l'argent n'avait été si abondant sur nos places ; cette abondance métallique ne se traduisait pas seulement en développements industriels et commerciaux, elle s'affirmait encore par la baisse de l'intérêt. Les nombreux arrivages d'or que versaient en Europe les mines de la Californie et de l'Australie contribuaient puissamment à cet état de choses, et maintenaient à l'esprit d'entreprise son énergique impulsion. Le nombre des Français qu'avait appelés en Californie l'attrait de l'or, n'a jamais été très-exactement connu ; on le porte à environ trente mille. Dix mille tout au plus s'attachèrent au travail des placers, où tous couraient d'abord, entraînés par le mirage d'une fortune facile ; mais bien des illusions s'évanouissaient devant les rudes labeurs, les privations, les dangers de l'exploitation des terrains aurifères ; beaucoup retournaient tristes et découragés à San-Francisco et dans les autres villes où les attendaient de nouvelles épreuves. Une grande difficulté pour la plupart était, d'abord, l'ignorance où ils se trouvaient de la langue anglaise, langue du pays ; pour le plus grand nombre encore, c'étaient les goûts et les habitudes d'une vie facile et dispendieuse. Il leur fallait d'abord lutter péniblement ; se faire journalier, portefaix, manœuvre ; un petit nombre parvenaient à utiliser quelques talents et devenaient musiciens, peintres, acteurs, ou allaient s'employer dans les campagnes comme jardiniers ou cultivateurs. L'émigration française offrait malheureusement peu d'artisans : maçons, charpentiers, menuisiers, forgerons, etc., qui eussent trouvé facilement un emploi lucratif. La plupart, ouvriers appartenant à des industries de luxe, individus sans profession et parfois même hommes de loisirs, n'étaient accourus sur ces bords lointains que frappés par l'éblouissement de l'or et séduits par l'espoir d'y faire aisément une fortune rapide. Presque tous finirent par accepter généreusement l'évanouissement de leur rêve, et luttèrent avec intrépidité contre les difficultés de cette situation imprévue. Leur désir, à tous, en acceptant le premier travail, était de réunir les moyens de se créer un commerce quelconque, une industrie ; on les vit bientôt fonder une quantité de petites boutiques : buffets, tavernes, cafés, pâtisseries, magasins de modes, de curiosités, d'outils, de comestibles, qui devinrent bientôt quelques-uns de grands établissements ; beaucoup louèrent, achetèrent ou obtinrent des terrains, et devinrent maraîchers, jardiniers, ou agriculteurs. Les plus heureux furent cependant, comme nous l'avons dit, ceux qui s'attachèrent aux placers. Il en est très-peu qui n'y aient fait rapidement une fortune ; les uns dans une année, d'autres dans deux, ou plusieurs campagnes, en revinrent avec un capital qui leur assurait à tous l'aisance, à quelques-uns la richesse. On cite un fils de famille qui après avoir dissipé sa fortune dans la vie futile des sportsman, en fut demander une nouvelle aux terres américaines. Il prit la route des placers, non avec un sac et une pioche, mais avec une carnassière et un fusil. Très-habile chasseur, il se chargea d'approvisionner les mineurs de grosse et menue venaison, et fit si bien que, donnant donnant, troquant son gibier contre des pépites, il put revenir, au bout de quatre années, reprendre logement dans le manoir paternel affranchi des hypothèques que lui avait causées cette existence dorée qu'il avait si follement jetée aux quatre vents de la fashion. Tous ces capitaux, tout cet or versé dans la circulation en France et en Angleterre, exerçait une influence puissante sur les opérations industrielles et financières de cette époque, et par suite, sur toute la prospérité générale.

Cette prospérité matérielle était le trait caractéristique du moment; les opérations de la banque en étaient la preuve irrécusable : « Jamais l'activité du commerce, de l'industrie, des travaux publics et des spéculations de toute espèce, disait M. le comte d'Argout dans son rapport à l'assemblée générale des actionnaires de ce grand établissement financier, n'a été plus grande qu'en 1853, surtout pendant les neuf premiers mois de l'année; de là l'importance inusitée des opérations accomplies par la Banque... L'importation toujours croissante de lingots et de matières d'or, a modifié considérablement la nature de la circulation métallique de la France. Jadis cette circulation consistait presque exclusivement en pièces d'argent; aujourd'hui l'or domine. La fixité de la valeur relative des deux métaux a subi une certaine altération.

» Avant la révolution de février, l'année 1847 avait été la plus forte de toutes. Ses opérations, y compris celles des banques départementales, réunies à la Banque de France en avril 1848, s'étaient élevées à deux milliards sept cent quatorze mille francs; en 1849, le total s'est abaissé à un milliard trois cent vingt-huit mille francs; en 1852, le total est remonté à deux milliards cinq cent quarante millions; enfin, 1853 a donné trois milliards neuf cent soixante-quatre millions de francs.

» Cette sérénité financière ne laissait pas d'être altérée par quelques nuages; si le chiffre élevé auquel s'était élevé le total des opérations attestait le mouvement progressif des affaires, la diminution de la réserve métallique et la nécessité où la Banque s'était trouvée d'élever le taux de son escompte et de restreindre les avances sur les dépôts de titres industriels et d'effets publics, étaient la révélation de difficultés se développant dans la situation et des signes qui pouvaient inspirer des craintes pour l'avenir. Les dividendes que la Banque répartit à ses actionnaires, prouvèrent du reste la prospérité particulière de cet établissement. Le solde en bénéfices s'éleva, pour le premier semestre, à dix millions deux cent vingt mille francs, et pour le second, à sept millions quatre cent quatre-vingt-dix-huit mille cent quarante-quatre francs. La prospérité commerciale n'était pas moins positivement attestée par le chiffre auquel s'était élevé le capital des impôts indirects ; cette branche importante des revenus publics qui n'avait été évaluée, dans le projet du budget, qu'à huit cent trois millions, avait atteint un total de huit cent cinquante-deux millions.

Les efforts de l'administration avaient puissamment concouru à obtenir ces résultats. A l'intérieur comme à l'extérieur, une de ses plus vives sollicitudes avait été de développer, dans l'industrie et le commerce, deux des principales sources de bien-être pour les peuples et de prospérité pour les Etats ; peu d'années ont été plus fécondes en traités destinés à multiplier et à protéger les relations mercantiles et maritimes de la France, ainsi que ses intérêts nationaux à l'étranger, que cette première année de l'empire, si assiégée pourtant de préoccupations, et si entourée de périls. On en pourra juger par cette énumération sommaire : six traités de navigation et de commerce avec le Portugal, la Toscane, la Suisse, le Paraguay, le Chili et le Pérou ; une convention consulaire avec les Etats-Unis, deux conventions sanitaires avec la Turquie et la Toscane, un accord relatif à l'arrestation et à la remise des matelots déserteurs intervenue avec le royaume des Deux-Siciles, huit conventions littéraires avec l'Espagne, les Etats-Unis et les gouvernements de

La garde nationale et l'Empereur.

Hesse-Cassel, de Nassau, d'Oldenbourg, de Reuss, de Saxe-Weimar et de Schwarzbourg ; neuf traités pour la jonction et le service international des voies ferrées et des lignes télégraphiques avec la Belgique, la Prusse, les Pays-Bas, le grand-duché de Bade, la Bavière, la Suisse et l'Espagne ; trois conventions postales avec le gouvernement pontifical, les Deux-Siciles, la Prusse, etc.

Cette sollicitude s'était manifestée, à l'intérieur, par quelques décrets qui attaquaient sur plusieurs points la grande et capitale question des tarifs protecteurs, ce joug écrasant de toute production et de toute activité mercantile, ces priviléges que les grands barons de l'industrie étaient parvenus à ériger en arche sacro-sainte.

Les tendances du nouveau gouvernement dans cette matière n'étaient douteuses pour personne ; ce que l'on ignorait, c'était dans quelle mesure il aurait l'énergie et la fermeté de résister aux hautes influences qui avaient si lourdement pesé sur le règne de Louis-Philippe, et partant sur le bien-être et la fortune du pays. On savait bien qu'un projet de douanes avait été soumis en 1852 au conseil d'Etat, et que ce projet renfermait des dispositions très-libérales, mais il était resté enseveli dans les cartons, où il se trouvait lors de la proclamation de l'empire ; si le projet de sénatus-consulte porté au Sénat, le 6 décembre, avait ranimé les craintes qu'il avait inspirées aux chefs du parti protectionniste par le droit de stipuler et de promulguer sans la sanction législative les traités de navigation et de commerce qu'il attribuait à l'Empereur ; ces craintes, dont plusieurs sénateurs, et au premier rang M. Mimerel, se firent les ardents interprètes, tombèrent devant les assurances données par le gouvernement de ne procéder aux réformes qu'avec la circonspection et la

juste lenteur que commandaient les intérêts engagés, assurances que renouvela en termes exprès le rapport de M. Troplong. Le système protecteur crut avoir remporté un nouveau succès sur le libre-échange. Il compta du moins sur un long sursis. Sa sécurité fut encore augmentée par la création du conseil supérieur du commerce, de l'agriculture et de l'industrie, institué par décret du 2 février 1853. L'objet de ce conseil était d'étudier et d'éclairer toutes les questions spéciales que l'administration croirait devoir lui soumettre, et particulièrement les projets de lois ou de décrets touchant au commerce, à l'industrie, aux douanes et à leurs tarifs. Les considérants de ce décret étaient en quelque sorte la délimitation, tracée par le gouvernement lui-même, de la prérogative conférée au chef de l'Etat de modifier le système douanier par voie de traités internationaux; ils déclaraient que le gouvernement était tenu à ne procéder, dans cette grave matière, qu'avec une prudence extrême. Il est vrai que la composition du conseil n'était pas de nature à confirmer cette sécurité. Si l'opinion protectionniste y comptait des noms considérables, elle n'y voyait pas figurer ses coryphées, et le libre échange, jusqu'alors systématiquement éloigné de toutes les positions officielles, y était représenté par des hommes savants et habiles. Certes, ce ne pouvait être que de l'impartialité de la part de l'administration; mais en tout l'impartialité conduit à la justice, et la justice n'était pas du côté du privilége; aussi un écrivain économiste résuma-t-il en ces termes la situation :
« Si les partisans exclusifs de la protection douanière étaient délivrés de toute inquiétude sérieuse quant aux projets de l'Empereur en matière de tarifs, ils n'avaient pas obtenu pleine et entière satisfaction, leur victoire n'était point complète, et ils sentaient bien qu'ils auraient bientôt à défendre

contre les assauts du libre échange les remparts de la prohibition. »

Cet écrivain se faisait encore lui-même illusion. L'attaque n'était pas seulement prochaine, elle était commencée. La brèche avait été ouverte aux remparts par le décret qui diminuait les droits sur l'importation des fers étrangers, et par celui même qui permettait l'introduction libre des cotons bruts. En vain les industriels privilégiés, toujours insensibles aux coups qui ne frappent pas leurs intérêts, s'efforçaient-ils de voir, dans le second, un correctif du premier, en transformant cette franchise accordée à la matière première comme une confirmation de la protection assurée aux cotons filés ; des regards plus clairvoyants ne s'arrêtèrent pas à cette considération spécieuse ; ils y virent l'application intelligente d'une pensée qui sait se dégager des spéculations de la théorie pour obéir, sous l'empire des circonstances, aux lois du sens pratique ; la résolution d'opérer les réformes signalées par la science et commandées par l'intérêt public ; mais la résolution aussi de ne les tenter qu'en ménageant, provisoirement du moins, les intérêts actuels et de ne les réaliser que là où leurs bienfaits ne pouvaient provoquer aucune crise, ni susciter à notre industrie nationale aucun danger. En pénétrant plus avant dans leur esprit, il était facile d'y reconnaître une portée, un sentiment démocratique, que l'histoire doit signaler, car il explique ce que semble tout d'abord avoir, et ce qu'aurait en effet d'inexplicable le profond changement survenu dans l'attitude et les dispositions populaires.

Le fer est pour le peuple le métal nécessaire ; on pourrait lui dire comme ce général à l'armée d'Italie : « Vous avez du fer, avec du fer vous aurez du pain. » Le fer, c'est nécessairement, et par excellence, l'instrument du travail ; c'est la machine de l'usine, c'est le soc de la charrue, c'est l'outil de l'ouvrier, c'est le métal d'un usage universel.

Ce métal pourtant était, comme les fontes et les houilles, qui se confondent dans la question des fers, frappé à nos frontières de droits d'importation qui pesaient sur tous ses emplois et se répartissaient ainsi plus lourdement sur les classes indigentes. Le caractère de cette taxe avait depuis longtemps été signalé par les économistes ; mais les demandes de réforme étaient venues se briser contre les propriétaires de mines qui en recueillaient les bénéfices. Les grands travaux ouverts et suscités par l'administration pour donner une application féconde à la force et à l'activité populaires avaient signalé d'autres inconvénients de ce tarif. On sait quel large emploi les progrès de l'industrie ont assigné au fer dans les constructions; indépendamment des énormes quantités qu'en absorbait la création des chemins de fer pour leurs rails et pour leurs locomotives, ce métal est devenu un des matériaux les plus largement utilisés dans les édifices. Non-seulement il est presque exclusivement employé dans les établissements spéciaux, tels que débarcadères, halles, hangars, palais destinés à recevoir des multitudes, mais il remplace très-avantageusement les piliers, les poutrelles, les merins, etc., dans les grandes constructions publiques et particulières. L'église Saint-Eugène venait même de le voir introduire dans l'érection des monuments religieux. La production nationale ne pouvait suffire aux demandes de tant d'ateliers qui répandaient à la fois, et presque solidairement, le bien-être et la tranquillité dans toutes les classes sociales ; les prix du fer s'étaient élevés de manière à menacer la continuation de ces grands travaux. Le gouvernement dut saisir le conseil supérieur du commerce, de l'agriculture et de l'industrie de cette grave question. Ce fut dans son sein que fut élaborée la mesure qu'édicta le décret du 22 novembre 1853, et qui fit subir un abaissement notable aux taxes d'entrée qui frappaient les trois grands éléments de la question métallurgique : les fers, les fontes et les houilles.

La sensation produite par ce décret fut d'autant plus vive que les intérêts qu'il atteignait étaient plus puissants, et, à raison de leur puissance, avaient été jusqu'alors plus spécialement protégés. Il parut un coup capital porté au système protecteur. Toutes les industries qui avaient à souffrir du régime oppressif des prohibitions, élevèrent la voix et sollicitèrent de semblables mesures. Tarare réclama pour ses fabriques de mousseline, Calais pour ses ateliers de tulle, la réforme de dispositions qui frappaient de prohibition l'introduction des cotons filés, nécessaires à leur industrie, et que, dans l'impossibilité de se les procurer sur les marchés français, ils étaient obligés, d'après leurs aveux, de demander au commerce interlope. Tous les filateurs nationaux s'élevèrent avec la plus grande énergie contre cette modification. Une commission, prise dans le conseil supérieur, fut chargée de faire une enquête. Une transaction intervint et donna satisfaction aux intérêts opposés, mais bien plus cette fois aux intérêts protectionnistes. La prohibition fut maintenue sur les cotons filés; les cotons bruts, il est vrai, les cotons en laine provenant des entrepôts anglais furent affranchis de l'interdiction dont était frappée leur introduction en France. Le système protecteur célébra cette décision comme un triomphe, et reprit confiance dans les dispositions du pouvoir. Illusion des vieux partis ! Il ne vit pas que si le gouvernement avait sanctionné ses réclamations dans une spécialité très-restreinte, les demandes des fabricants du Rhône et du Nord, ne portant que sur les fils des numéros supérieurs au 143 métrique, qui est le 170 anglais, il profitait de ce conflit pour décréter l'entrée de matières premières bien autrement importantes, considérée surtout comme éléments du travail populaire.

On ignore trop généralement l'importance de l'industrie des cotons, non-seulement dans l'économie moderne, mais dans la richesse et la puissance des Etats ; on surprendra beaucoup d'esprits, même cultivés, en leur disant que c'est au coton que l'Angleterre doit sa grandeur, et c'est pourtant là une vérité de la démonstration la plus facile ; c'est à cette matière première que fournissent à ses usines les Etats méridionaux de la fédération américaine, les Indes orientales et l'Egypte, qu'elle doit le prodigieux accroissement de sa population depuis un siècle ; c'est à son importation comme à l'exportation de ses produits industriels qu'elle doit l'immense développement de ses relations commerciales, par suite, celui de sa marine, donc sa puissance navale ; or qui fait la force et la grandeur de l'Angleterre, sinon ses escadres. C'est donc avec autant de vérité que de poésie qu'un de ses écrivains a dit qu'une fée bienfaisante avait filé avec un rouleau de coton la prospérité de ses destinées. Un seul fait démontrera quel accroissement de vie la circulation des capitaux, produite par cette industrie, peut susciter dans un pays : le Lancashire, dont la population s'élevait à peine, au milieu du xviiie siècle, à trois cent mille habitants, dépasse aujourd'hui deux millions. Le progrès de cette industrie, durant les dernières années, devait d'ailleurs contribuer énergiquement à développer l'émulation des Etats voisins. Le nombre de ses manufactures s'était élevé, de 1842 à 1846, de treize cent cinq à deux mille six cents, c'est-à-dire qu'il avait doublé en quatre années. Au moment où l'empire tentait ces réformes, la Grande-Bretagne avait en activité trois cent mille métiers mécaniques, mettant en mouvement trente-trois millions de broches; ses usines consommaient annuellement environ quatre cent cinquante millions de kilogrammes de coton, et employaient quatre millions d'ouvriers.

Il est vrai que les défenseurs du système protecteur en France attribuaient cette expansion d'activité productive à des conditions éminemment plus favorables d'élaboration où se fût trouvée l'industrie britannique, et s'en armaient pour soutenir que la concurrence serait impossible et ruineuse pour l'industrie française; mais c'était là une erreur ou du moins une exagération manifeste; nos manufactures se trouvaient dans des conditions très-acceptables, sinon excellentes, pour entreprendre et soutenir la lutte. La seule supériorité que les fabriques anglaises eussent sur elles, était dans les prix inférieurs de leurs fers et de leurs houilles; mais indépendamment du dégrèvement que venait de subir en France l'importation de ces matières premières, dégrèvement qui affaiblissait l'avantage dont pouvait se prévaloir la fabrication d'outre-Manche, l'industrie française jouissait, de son côté, d'incontestables supériorités.

D'abord le prix inférieur de la consommation alimentaire rend moins élvé pour elle le salaire des ouvriers, dont d'ailleurs la journée de travail est plus longue.

Les impôts sont en outre plus élevés en Angleterre qu'en France.

Enfin notre fabrication nationale trouve une autre cause de supériorité dans l'habileté et le goût qu'elle déploie dans les combinaisons et l'exécution de ses produits. La beauté de ses tissus, l'élégance de ses dessins, l'harmonie et l'heureux effet de ses couleurs leur assurent souvent sur les marchés étrangers une préférence que ne peut leur enlever le meilleur marché des produits anglais.

Il est vrai que les droits établis sur les fils et sur les tissus conservaient provisoirement le marché français à nos fabriques nationales ; en leur ouvrant nos frontières par le dégrèvement des cotons bruts, on les tenait fermés aux manufactures rivales par le maintien des droits dont leurs produits y étaient frappés.

Cependant, on ne saurait se le dissimuler, il fallut au gouvernement une puissante énergie et une grande fermeté pour accomplir ces réformes, qui, toutes graves qu'elles étaient, en annonçaient de plus profondes, la marche du progrès a sa logique ; c'était le renouvellement à opérer des institutions économiques du passé. Ces institutions, comme les autres, avaient derrière elles toute une armée de préjugés et d'intérêts qu'il fallait vaincre ou convaincre ; or les préjugés et les intérêts ont la conviction rebelle ; c'était donc la lutte. Elle était ouverte.

Les circonstances d'ailleurs ne le secondaient que trop fortement en rendant nécessaires et urgentes plusieurs de ces réformes. L'empire avait à traverser, dès sa première année, la crise la plus dangereuse dont un gouvernement, et surtout un gouvernement à peine établi, puisse avoir à subir l'épreuve : celle d'une cherté de grains, sinon d'une disette. Toutes les correspondances, tous les renseignements, tous les rapports venant des départements représentaient les récoltes comme insuffisantes ; on voulut d'abord se faire illusion en reportant sur le rendement l'espérance que repoussait le nombre des gerbes ; le battage fut loin de confirmer cet espoir. Un fait irrésistible, au contraire, vint chaque semaine révéler plus positivement la vérité : ce fut l'élévation progressive des mercuriales; le prix moyen de l'hectolitre de froment pour toute la France, qui, d'après les taxes officielles, dépassait à peine dix-huit francs au commencement de l'année, s'était élevé à vingt-six dès le mois d'août. Les craintes d'un déficit dans les céréales n'avaient pas attendu, pour éclater, la fin de la récolte ; malgré les efforts de l'administration pour rassurer les esprits, les susceptibilités de l'opinion, toujours excessives en pareille matière, s'exaltaient sans cesse et dégénéraient en panique.

C'était là, pour le nouvel empire, un véritable danger; on se rappelait les agitations qui avaient troublé l'année 1847. La faim est une mauvaise conseillère; quand elle parle, la foule n'écoute qu'elle ; le peuple des villes surtout est naturellement porté à rejeter sur le pouvoir la responsabilité d'un fléau que ce pouvoir fait tout pour combattre, mais contre lequel il peut arriver qu'il soit impuissant.

Quand ce n'est pas vers le gouvernement que montent ses récriminations et ses colères, c'est contre une classe qu'il accuse d'accaparement et d'intrigues; contre ceux-là même souvent qui, par leurs spéculations, ou leur généreuse initiative, s'efforcent de combattre et peuvent seuls adoucir la calamité.

L'irritation qui en naît éclate alors en désordres et s'emporte parfois en révoltes sanglantes. Qui eût osé garantir au pouvoir que tous les éléments explosibles n'éclateraient pas dans la conflagration qui pouvait en naître ?

L'insuffisance des récoltes en Angleterre, en Allemagne et dans le nord de l'Italie, aggravaient encore les difficultés et les périls de la situation. Non-seulement nous ne pouvions espérer tirer du grain de ces contrées, mais nous devions rencontrer leur concurrence sur les marchés des Etats-Unis, de la Russie et de l'Egypte. Nous y fûmes même très-activement précédés par le commerce anglais.

En cela les efforts que fit l'administration pour calmer l'inquiétude qui avait saisi brusquement les esprits, eurent des résultats très-regrettables. S'ils tempérèrent quelque temps l'ardeur avec laquelle la petite bourgeoisie s'était portée vers les halles pour y faire simultanément ses provisions, ils refroidirent également le zèle des négociants qui hésitèrent et se jetèrent, à l'étranger, dans des spéculations hasardeuses. Des rumeurs qui circulèrent dans le commerce, d'où elles passèrent même dans la presse, confirmèrent encore cette abstention ; ces bruits venant des pays même vers lesquels nos spéculateurs eussent dirigé leurs armements, annonçaient que le gouvernement français y faisait faire des achats de grains considérables. On citait même une maison de Marseille qui avait reçu des ordres pour des quantités très-élevées, et qui affrétait, pour le transport, tous les caboteurs disponibles. On pensa dès lors qu'il allait se charger de l'approvisionnement du pays; que dans sa sollicitude pour les classes nécessiteuses et en même temps pour dissiper les difficultés et les dangers qui pouvaient naître d'une disette, il revendrait à prix coûtant, et même à perte, les céréales débarquées dans nos ports de ces diverses provenances. Ç'eût été là un expédient économiquement très-désastreux, mais c'était pour les intérêts mercantiles, peu raisonneurs et généralement très-timides, une crainte très-naturelle et une supposition très-acceptable.

Le gouvernement ne fut pas plutôt instruit de ces rumeurs, qu'il s'empressa de les combattre ; tout s'expliqua par ce fait qui ne pouvait susciter aucune crainte au commerce. Dans le but seul de ne pas peser elle-même sur les mercuriales en élevant le prix des blés par la concurrence de ses propres approvisionnements, l'administration avait fait acheter à l'étranger et en Algérie les céréales nécessaires pour l'alimentation de la flotte et de l'armée.

Un autre obstacle pouvait arrêter ou affaiblir l'initiative de la spéculation, c'était la crainte qu'inspiraient les fluctuations des tarifs d'après les fixations aléatoires de l'échelle mobile. On connaît le système de cette échelle des droits d'importation sur les céréales, emprunté par notre fisc à la réglementation des douanes anglaises et que nous avons conservé lorsque ses inventeurs en ont fait bonne et sévère justice. Il consiste dans un mécanisme fonctionnant de telle sorte que les droits d'entrée s'élèvent ou s'abaissent en raison inverse du prix des marchés.

Ce système enlevait nécessairement toute confiance à nos armateurs; ils n'avaient pas seulement à craindre de trouver, à l'arrivée de leurs chargements, le prix des mercuriales abaissé; mais cette éventualité, qui eût déjà rendu leur spéculation stérile, la rendait ruineuse par l'élévation proportionnelle que son coup de bascule imprimait au tarif dont les prix se fussent élevés en proportion. Le gouvernement s'empressa de faire disparaître cet obstacle : trois décrets, des 3 et 18 août, et du 1er octobre, prononcèrent la suspension de cette échelle et l'entrée libre des céréales en grains ou en farines.

Toutes les autres mesures qui pouvaient favoriser l'approvisionnement général furent décrétées sans hésitation par le pouvoir, appuyé dans ces innovations par l'assentiment universel. Notre marine marchande ne pouvant suffire aux besoins de la situation, les prohibitions qui frappaient la marine étrangère furent levées, et elle fut admise à concourir avec nos armements à l'alimentation du pays. Un décret du 2 septembre autorisa les compagnies des chemins de fer qui abaisseraient leurs tarifs sur le transport des graines, des farines et des pommes de terre jusqu'au 31 décembre, à les relever, après cette époque, dans les limites du maximum autorisé par les cahiers des charges, sans attendre l'expiration des délais portés dans ces cahiers. L'affranchissement des droits de navigation intérieure au profit de l'Etat, édicté, le 5 septembre, en faveur des bateaux chargés en entier de blés, farines, pommes de terre et légumes secs, fut étendu, par un second décret du même mois, aux chargements partiels. Un autre décret, du 1er octobre, prohiba l'exportation des légumes farineux. Cet ensemble de mesure enveloppait donc pour ainsi dire, dans son salutaire réseau, tout ce qui pouvait favoriser l'approvisionnement du pays, depuis l'achat à l'extérieur des denrées alimentaires, jusqu'à leur circulation libre et économique sur les chemins de fer et sur les canaux vers nos marchés intérieurs. Les droits qui pesaient sur l'importation des viandes salées et sur l'introduction des bestiaux étrangers subirent eux-mêmes une très-forte réduction.

Ces graves dispositions étaient une satisfaction si légitime et si complétement nécessitée par les besoins publics, qu'elles ne soulevèrent ni une protestation, ni une réclamation des protectionnistes les plus absolus. L'expérience allait démontrer si clairement l'opportunité et les avantages de plusieurs d'entre elles, qu'elles devaient survivre aux circonstances qui imposaient leur adoption comme une nécessité : le dégrèvement des droits pesant sur l'introduction des bestiaux étrangers fut du nombre. Quelle amélioration plus légitime l'initiative du gouvernement pouvait-elle accorder pour le développement du bien-être populaire et même, disons-le, de la prospérité générale. Toute considération d'hygiène et de morale à part, prouvons, non par des raisonnements, qui peuvent toujours paraître des spéculations théoriques plus ou moins vagues, mais par un fait, à quel point l'alimentation populaire se rattache à la puissance productive, c'est-à-dire à la richssse du pays.

Lors de l'ouverture et du tracé du chemin de fer de Paris au Havre, les capitalistes anglais qui prirent part à cette grande entreprise, firent venir d'au delà de la Manche un certain nombre d'ouvriers qui exécutèrent les terrassements concurremment avec nos travailleurs nationaux.

Les résultats comparatifs des jours de labeur fut que les ouvriers anglais faisaient, dans un laps de temps donné, un quart de plus de travail que les nôtres. On en chercha d'abord vainement la cause, que l'on finit par attribuer à leur nature plus vigoureuse et plus énergique. Les ouvriers anglais avaient leur taverne où, selon leur habitude, ils se nourrissaient de rosbeefs et de gigots saignants; les ouvriers français avaient leur cantine où ils trouvaient de la soupe et des salaisons.

L'alimentation britannique était trop supérieure de qualité pour ne pas amener de nombreuses désertions; les conducteurs et les ingénieurs mêmes chargés de la direction des ateliers, ne tardèrent pas à remarquer les développements pris par le travail de ceux qui avaient ainsi changé de nourriture; ils précisèrent leurs observations, et ne tardèrent pas à acquérir la certitude que cette augmentation de leur travail était la conséquence du changement de leurs habitudes alimentaires; ils s'efforcèrent, dès lors, de généraliser ce changement.

Les faits justifièrent immédiatement leurs observations et dépassèrent sur tous les points leurs espérances; non-seulement nos ouvriers égalèrent les ouvriers anglais en puissance de travail, mais grâce à l'élan et à la vivacité de leur nature, plus ardente et plus nerveuse que l'organisation britannique, ils eurent bientôt pris sur eux la supériorité que ceux-ci avaient d'abord eue sur eux-mêmes. Ce fait n'est-il pas la justification frappante des efforts faits depuis si longtemps par nos économistes pour obtenir du gouvernement des dispositions de nature à généraliser la consommation de la viande fraîche, si impérieusement exigée par l'hygiène publique, la prospérité nationale et le bien-être populaire.

La plus urgente était sans nul doute l'abaissement des droits opéré par le décret du 14 septembre. L'application de cette mesure, dont l'idée seule avait toujours soulevé les lamentations des protectionnistes, qui devait ruiner nos éleveurs, et faire tomber le prix des fermages dans toute la Normandie et dans toute la Bretagne, s'effectua sans exciter la plus légère perturbation; le seul changement opéré fut le développement de la consommation des viandes de boucherie; le prix des bestiaux continua même à s'élever sur nos marchés, comme la valeur vénale des biens ruraux dans les études des notaires normands et bretons, et le taux locatif des fermes dans l'un et l'autre pays.

Au milieu de cet essor ascensionnel des prix attestant celui de la prospérité générale, il en était un qui inspirait à l'administration et à l'opinion publique une anxiété profonde, c'était celui des mercuriales. Les arrivages de blés qui, dès le mois de septembre, se multipliaient dans nos ports;

qui, parvenus à trois millions six cent mille hectolitres au 15 novembre, s'élevaient à près de six millions à la fin de décembre, avaient peine à contenir cette progression alarmante.

L'approvisionnement des marchés restait au-dessous des demandes ; dès l'ouverture des halles, toutes les céréales mises en vente étaient subitement enlevées ; les cultivateurs retenaient les blés dans leurs greniers et dans leurs granges, par l'espoir de hausses nouvelles. Le peuple souffrait !

Nulle part pourtant n'éclataient des désordres. Jamais aucun pays n'avait présenté l'aspect général d'une telle tranquillité au milieu de circonstances pareilles. A l'exception de quelques légères émotions dans d'obscures localités, aucune agitation n'avait troublé l'ordre. Le commerce des céréales s'opérait partout avec la liberté la plus complète.

Le gouvernement, il est vrai, ne négligeait aucun moyen d'adoucir la calamité que la main de la Providence faisait peser sur le pays. Indépendamment des mesures que nous avons signalées, ses circulaires recommandaient aux administrations départementales et aux municipalités de développer les travaux publics autant que le leur permettaient leurs ressources ; d'ouvrir et de multiplier les ateliers où les classes indigentes pussent trouver des ressources extraordinaires contre le fléau, qui ajoutait un si déplorable contingent de souffrances, à leurs souffrances de l'hiver ; et lui-même il donnait l'exemple en poursuivant et en développant ses travaux.

Les grandes villes où, dans de telles crises, l'accumulation des populations multiplie la misère, furent l'objet de mesures exceptionnelles. Paris vit naître une institution dont les résultats heureux devaient assurer la permanence.

· Déjà le conseil municipal de Paris s'était vu dans la nécessité, au milieu de circonstances analogues, d'adopter de larges mesures d'assistance pour venir en aide aux classes souffrantes de la population. Le système de secours, qui avait prévalu en 1847, avait été celui de *bons de pain*, à l'aide desquels la partie la plus pauvre des classes laborieuses se procurait, à prix réduit, l'élément indispensable de son alimentation. Il avait de graves inconvénients, et il avait fait naître de regrettables abus. Il laissait en dehors du bienfait de l'assistance les membres ou les familles les plus intéressantes de la population souffrante, qui conservant, dans la misère de ce dénûment accidentel, la dignité de l'ouvrier vivant honorablement de son travail, préféraient les rigueurs, et quelquefois les tortures de la faim, à l'humiliation d'aller solliciter des secours et souvent d'être forcé de produire la preuve de leur détresse. A côté de ces nobles souffrances, on avait vu d'ignobles spéculations; les bons de pain étaient devenus des objets d'un trafic, où le secours à la faim s'était transformé en aliment au désordre.

On avait vu enfin des maisons aisées surprendre, par leurs intrigues, ce pain précaire de l'indigence.

Ce système, qui avait coûté pour l'année 1847 neuf millions à la ville de Paris, eût eu une autre conséquence fatale : les millions ainsi répartis en bons de pain dans les classes indigentes eussent été enlevés aux allocations qui devaient être versées dans les mêmes classes en travaux. Il y avait évidemment un mode plus avantageux de soulagement. Ce fut l'avis du gouvernement; il fut partagé par le conseil municipal de Paris. Une décision de ce corps arrêta, dans sa séance du 14 septembre, que le prix maximum du pain, pour la population entière de Paris, resterait fixé à quarante centimes le kilogramme, et que la caisse municipale était chargée de payer aux boulangers la différence qui se trouverait entre ce prix et les prix réels calculés sur les chiffres des mercuriales. Par une solidarité entre les années d'abondance et les années de disette, qui compenserait, dans un prix commun, les prix réels à ces diverses époques, la taxe devait rester fixée à quarante centimes lorsqu'elle se serait abaissée au-dessous par suite de la diminution du prix des grains, afin que la caisse municipale pût se couvrir de ses déboursés. Le mécanisme de ce système fonctionne donc comme sous-taxe lorsque le prix du pain s'élève au-dessus de quarante centimes le kilogramme, et comme surtaxe quand il tombe au-dessous, jusqu'à ce que la compensation se soit établie. C'est ainsi une assurance mutuelle contre les irrégularités météorologiques, contre les faveurs et les disgrâces du soleil.

Un décret du 27 décembre compléta cette heureuse combinaison par la création de la caisse de la boulangerie, instituée sous la garantie de la municipalité parisienne et sous l'autorité du préfet de la Seine. Les attributions de cette caisse sont le payement, pour le compte des boulangers, et le recouvrement sur eux des prix de leurs achats de blés et de farines, ainsi que l'avance à ces industriels du montant de la différence en moins entre le prix de vente du pain réglé par la taxe municipale et le prix résultant de la mercuriale.

Cette innovation, dont l'expérience devait démontrer les avantages, ne passa point sans soulever de très-vives critiques; la plupart des économistes eussent préféré l'application du système de 1847, qui avait, selon eux, l'avantage de tracer les limites précises des pertes dans le cercle desquelles la ville de Paris eût enfermé son assistance des classes indigentes, tandis qu'avec les spéculations de la théorie, quelque scrupuleuses que soient les prévisions, quelque exacts que soient les calculs, on se jette aventureusement dans une lice inconnue, où peut se dresser inopinément devant vous l'ennemi le plus redoutable : l'imprévu.

L'application de la sous-taxe était assurément une opération facile, le chiffre que ses avances pouvaient atteindre mis à part. C'étaient les roses de la combinaison, la surtaxe n'en recélait-elle pas les épines. Son application, et son application prolongée, ne rencontreraient-elles pas des obstacles invincibles?

A cette objection l'on joignait des chiffres formidables : chaque centime de sous-taxe c'était, pour le département de la Seine, deux cent cinquante mille francs par mois, trois millions par an ! Le conseil ne se laissa pas alarmer par ces objections et ces calculs ; il laissa à l'avenir le soin de triompher de ces chimères.

CHAPITRE XVII.

PREMIÈRES HOSTILITÉS.

1853

SOMMAIRE.

Réponse du prince Gortschakoff à la sommation d'Omer-Pacha. — Adresse du tsar à ses peuples. — Efforts pacifiques de la diplomatie. — Dispositions et déclarations de la Russie. — La chancellerie russe et l'Angleterre. — Ordres donnés par les cabinets de Paris et de Saint-James.—Flottille anglo-française dans le Bosphore. — Les escadres alliées sur la rade de Beïcos.— Le général Baraguey-d'Hilliers ambassadeur de France à Constantinople. — Résolution énergique de la Turquie. — Ouverture des hostilités. — Triple tentative du passage du Danube par les Turcs. — Affaire d'Olteniza. — Double combat.— Double victoire. — Occupation de Kalaffa. — Importance de cette position militaire. — Avantages obtenus par les armes ottomanes en Asie. — Surprise et douloureuse indignation de Nicolas. — Le désastre de Sinope. — Assurances données par la Russie. — Conviction générale. — Navigation de la mer Noire. — Ravitaillement de l'armée ottomane dans l'Anatolie. — Escadre turque. — Mouillage de Sinope. — Cerasus. — Mithridate. — Lucullus. — Flotte russe. — Attaque de l'escadre ottomane.— Combat acharné. — Dévouement glorieux. — Hussen-Pacha. — Kadry-Bey. — Ali-Bey. — Catastrophe. — Le *Taïf*. — Constantinople et l'Europe à la nouvelle du désastre de Sinope. — Joie du tsar. — Le messager. — Anecdote. — Récompense et dévouement. — Nouveau protocole. — Le tonneau des Danaïdes. — Autorisation donnée aux ambassadeurs français et anglais de faire entrer les escadres dans la mer Noire.

La sommation d'Omer-Pacha avait été remise au prince Gortschakoff le 11 octobre au soir, à son quartier-général de Bucharest. Il avait répondu qu'il était sans pouvoir de l'empereur, son maître, pour traiter de la paix, de la guerre ou de l'évacuation des Principautés. Ce fut le tsar qui releva le gant que lui avait jeté si résolument la Turquie ; à la déclaration officielle par laquelle le journal de Constantinople avait annoncé à l'empire ottoman la rupture de l'état de paix entre la Porte et la Russie, Nicolas opposa lui-même une adresse à ses peuples, où la fierté impérieuse de l'autocrate s'effaçait dans le mysticisme du chef religieux. Après leur avoir rappelé le manifeste du mois de juin, où il leur avait annoncé la nécessité qu'il subissait de réclamer de la Porte Ottomane des garanties inviolables en faveur des droits de l'Église orthodoxe, et l'espoir qu'il conservait encore que cette puissance reconnaîtrait ses torts et se déciderait à faire droit à ses réclamations, il leur déclarait que ses efforts pour ramener le sultan, par des moyens de persuasion amicale, à des sentiments d'équité et à l'observation des traités, étaient restés infructueux.

« En vain même, ajoutait-il, dénaturant ou du moins altérant manifestement le caractère des faits, les principales puissances de l'Europe ont cherché, par leurs exhortations, à ébranler l'aveugle obstination du gouvernement ottoman, c'est par une déclaration de guerre, par une proclamation remplie d'accusations mensongères contre la Russie qu'il a répondu aux efforts pacifiques de l'Europe ainsi qu'à notre longanimité. Enfin, enrôlant dans son armée les révolutionnaires de tous les pays, la Porte vient de commencer les hostilités sur le Danube. La Russie est convoquée au combat; il ne lui reste donc plus, se reposant en Dieu avec confiance, qu'à recourir à la force des armes pour contraindre le gouvernement ottoman à respecter les traités et pour en obtenir la réparation des offenses par lesquelles il a répondu à nos demandes les plus modérées, et à notre sollicitude légitime pour la défense de la foi orthodoxe en Orient, foi que professe également le peuple russe.

» Nous sommes fermement convaincus que nos fidèles sujets se joindront aux ferventes prières que nous adressons au Très-Haut, afin que sa main daigne bénir nos armes dans la sainte et juste cause qui a trouvé de tout temps d'ardents défenseurs dans nos pieux ancêtres.

» In te, Domine, speravi, non confundar in æternum. »

Quelle que fût la résolution dont on sentait la fermeté sous la cauteleuse modération et sous l'onction calculée de cette adresse, la diplomatie russe, fidèle au système dont elle n'avait cessé de jouer la diplomatie européenne, continua de témoigner les mêmes aspirations pacifiques dans ses paroles, la même inflexibilité dans ses exigeances, la même hostilité dans ses actes.

La dépêche circulaire, adressée, le 19 octobre 1853, par M. de Nesselrode aux représentants diplomatiques de la Russie à l'étranger, est un modèle de cette politique complexe. Si cet habile homme d'Etat constate que la situation entre l'Empire ottoman et la Russie tend à s'aggraver tous les jours, c'est en déplorant que les efforts que la cour de Trarskoe-Selo ne cesse de faire pour arriver à un arrangement amiable, soient restés sans résultat. C'était, selon lui, pendant que l'empereur offrait durant son entrevue à Olmutz, *avec son intime ami* et allié l'empereur François-Joseph, de nouvelles facilités au cabinet autrichien pour éclaircir le malentendu attaché aux motifs qui empêchaient la Russie d'accéder aux modifications introduites par la Porte dans la note concertée à

Vienne, que cette puissance, cédant, malgré les conseils des représentants des grands Etats européens à Constantinople, à l'impulsion des idées belliqueuses et du fanatisme musulman, venait de déclarer la guerre au tsar. Il affirmait que, malgré cette mesure précipitée, rien cependant n'était changé, pour le moment, dans les dispositions pacifiques de l'Empereur ; qu'il n'abandonnait pas encore les résolutions énoncées dès l'origine du conflit, et notamment celles émises dans la circulaire du 2 juillet.

« A cette époque, ajoutait-il, Sa Majesté a déclaré qu'en occupant temporairement les principautés, comme gage matériel destiné à lui assurer la satisfaction qu'elle réclame, elle ne voulait pas pousser plus loin les mesures de coercition, et éviterait une guerre offensive aussi longtemps que le lui permettraient sa dignité et ses intérêts.

» A l'heure qu'il est, et en dépit de la nouvelle provocation qui vient de lui être adressée, les intentions de mon auguste maître restent les mêmes. Nantis du gage matériel que nous donne l'occupation des deux provinces moldo-valaques, bien que toujours prêts, suivant nos promesses, à les évacuer du moment où réparation nous aura été faite, nous nous contenterons provisoirement d'y maintenir nos positions, en restant sur la défensive aussi longtemps que nous n'aurons pas été forcés de sortir du cercle dans lequel nous désirons renfermer nos actions. Nous attendrons l'attaque des Turcs, sans prendre l'initiative des hostilités. Il dépendra donc entièrement des autres puissances de ne pas élargir les limites de la guerre, si les Turcs s'obstinent à vouloir nous la faire absolument, et de ne pas lui imprimer un caractère autre que celui que nous entendons lui laisser. »

Le grand chancelier de Russie allait plus loin, évoquant ce

mirage de paix qu'il s'était toujours efforcé de faire apparaître à l'horizon au moins de ce présent tout rempli de bruits et de mouvements guerriers, il assurait, que la situation tout expectante des armées impériales ne mettait point d'obstacle à la poursuite des négociations ; il faisait seulement observer qu'après la déclaration de guerre que l'on venait de lui faire, ce n'était pas à la Russie à chercher de nouveaux expédients, ni à prendre l'initiative des ouvertures de conciliation ; mais il déclarait que si la Porte, mieux éclairée sur ses intérêts, était plus tard disposée à mettre en avant, ou à accueillir de pareilles ouvertures, ce ne serait pas de l'Empereur que viendraient les obstacles à ce qu'elles fussent prises en considération.

La chancellerie russe ne cessait pas de renouveler ces assurances. M. de Nesselrode les confirmait à sir Hamilton Seymour : « Uniquement résolus, lui disait-il, à repousser toute agression faite contre nous, soit dans les Principautés, soit sur notre frontière d'Asie, nous passerons l'hiver, prêts à recevoir toutes les ouvertures de paix que la Turquie pourra nous faire (1). » Il renouvelait, quelques jours après, cette déclaration dans une dépêche au baron de Meyendorf. « Nos troupes, portait-elle, auront ordre de rester sur la défensive, attendant l'attaque des Turcs, et les repoussant s'il y a lieu (2). »

C'était toujours cette politique de longanimité simulée et d'audace agressive, qui déclarait ne prendre que des positions en Moldo-Valachie, et en confisquait les impôts ; ne l'occuper que temporairement, et en incorporait les milices

(1) Sir G. H. Seymour to the earl of Clarendon, oct. 14, 1853, *Corresp.*, part. II, n° 171.

(2) *Corresp.* inclosure, in n° 182.

dans ses troupes ; y respecter tous les droits du Sultan, et interdisait aux Hospodars tout rapport avec le Divan. L'activité militaire qui animait tout l'empire était le démenti formel de ses affirmations. Ses intentions, son but unique étaient d'obtenir les délais nécessaires pour développer la concentration de forces que nécessitait l'évolution imprévue des événements. Nicolas avait en effet compté pour la réalisation de ses projets sur la complicité intéressée de l'Angleterre et sur le concours, obligatoire en quelque sorte à ses yeux, de l'Autriche, de la Prusse et de l'Allemagne ; or, l'Angleterre s'associait à l'attitude menaçante que la France prenait devant lui, et non-seulement toute l'Europe centrale résistait à l'entraînement qu'il s'efforçait d'exercer sur elle, mais il commençait à craindre de ne pouvoir obtenir d'elle une neutralité absolue.

Les protestations pacifiques du tsar n'avaient pu tromper ni la France ni l'Angleterre ; quel que fût leur désir de maintenir une paix dont la rupture pouvait entraîner une conflagration incalculable, elles avaient compris qu'avec le caractère de la politique russe, elles devaient se mettre en garde contre une irruption subite de sa flotte, comme de son armée, et les instructions qu'elles avaient remises à leurs ambassadeurs près du Sultan, avaient prévu cette éventualité ; aussi dès le mois de septembre leurs représentants avaient-ils obtenu du Divan l'autorisation d'avoir toujours, dans les eaux du Bosphore, quelques frégates à vapeur prêtes à porter leurs dépêches aux amiraux des deux escadres, et le *Mogador*, le *Gomer* portant le pavillon français, le *Niger* et le *Tiger* battant le yacht britannique, venaient-ils mouiller, le 15, dans la Corne-d'Or, où les ralliaient quelques jours après les vapeurs français la *Seine*, le *Chaptal*, l'*Ajaccio*, et les steamers anglais la *Retribution*, le *Caradoc* et le *Fury*.

Le 22 octobre, ce ne sont plus seulement quelques frégates, ce sont les deux escadres entières, la flotte franco-britannique qui quitte la baie sauvage et désolée du Scamandre pour franchir les Dardanelles, et venir jeter l'ancre dans les baies riantes de la Propontide.

Mais ce n'est pas assez, il faut d'après la dépêche transmise, le 7 novembre, aux amiraux par les ambassadeurs, que la présence des escadres alliées dans le Bosphore soit à la fois une menace pour l'ennemi et une sauvegarde pour l'empire ottoman et sa capitale. C'est sur la rade de Beïcos que la flotte alliée vient déployer ses lignes; les neuf vaisseaux français mouillés au nord de l'aiguade, les sept vaisseaux anglais affourchés au sud, voient les côtes d'Europe et d'Asie déployer autour d'eux l'un des plus splendides panoramas que puisse embrasser le regard : Constantinople avec ses forêts de minarets et de coupoles, Thérapia et son port, Boyouk-Déré et son gracieux village, et partout où n'étincelle pas la mer, un merveilleux mélange de végétation touffue, de constructions étranges et d'élégants édifices.

Constantinople peut désormais reposer en paix. Les escadres occidentales mouillées à six milles seulement de la mer Noire forment une barrière infranchissable entre elle et la flotte russe.

Un autre fait vient donner une nouvelle valeur, et comme affirmer le caractère de ces actes. Un nouvel ambassadeur est appelé à remplacer M. de Lacour auprès du Sultan, et ce nouvel ambassadeur est un général illustre, M. Baraguay-d'Hilliers; la France a une de ses plus glorieuses épées Constantinople.

Les déclarations pacifiques du tsar et de ses ministres

avaient encore eu moins d'effet sur la Porte dont les armées russes avaient envahi les provinces ; ce n'avait été que sur les instances des ambassadeurs européens, qu'elle avait consenti à envoyer à Omer-Pacha l'ordre de ne pas attaquer les Russes avant le 1er novembre, si les hostilités n'étaient pas déjà ouvertes. Le sang avait coulé lorsqu'il reçut cette dépêche.

Le 23 octobre, le jour même où expirait le délai imparti par la sommation du muschir au prince Gortschakoff, une flottille russe, composée de canonnières remorquées par deux bateaux à vapeur, remontait le Danube ; pour gagner l'embouchure du Pruth, elle avait à passer sous le canon du fort d'Issatcha, établi sur le bord du fleuve presque en face de la ville russe d'Ismaïl ; ce fort, dont une très-faible enceinte de murs légèrement terrassés protégeait les quelques bouches à feu, crut devoir, malgré la formidable supériorité de forces que lui présentait l'ennemi, tenter de s'opposer à son passage. Il engagea avec la flottille une canonnade que les boulets et les obus de l'artillerie russe éteignirent sous les décombres de ses murailles et les cendres de ses édifices. Ce faible succès fut chèrement acheté ; il coûta à la flottille russe son commandant Dufortin, trois officiers et douze matelots, plus une cinquantaine de blessés. Une escarmouche avait également eu lieu le même jour, dans les environs de Tourtoukai, entre quelques éclaireurs russes et une escouade du contingent égyptien. Les hostilités étaient donc ouvertes ; Omer-Pacha crut cependant devoir suspendre tout mouvement agressif jusqu'au jour qui lui était fixé.

Les forces placées sous les ordres du muschir étaient divisées en quatre corps, et présentaient un effectif d'environ cent soixante mille hommes. Deux de ces corps formaient le centre de son front de bataille ; le plus nombreux, dont il avait pris en personne le commandement, comptait cinquante mille combattants, non compris deux bataillons de tirailleurs de formation nouvelle. L'autre corps aux ordres de Mustapha-Pacha était de trente mille baïonnettes. Ces forces occupaient des positions entre Sistow et Schumla. La droite s'étendait jusqu'aux marais de la Dobrutscha, elle était formée par le corps d'Ali-Pacha composé de vingt-cinq mille hommes; la gauche, réunissant trente mille soldats sous le commandement d'Ismaïl-Pacha, allait s'appuyer sur Widdin. Cette armée de Roumélie commandait ainsi les deux routes par lesquelles les forces russes pouvaient se porter sur le Bosphore : celle des Balkans et celle d'Andrinople par Philippopoli et Sophia ; elle pouvait selon l'occurrence se réunir en masse, ou se diviser en deux corps, prête ainsi à faire face à toutes les éventualités. Une attaque à fond par Philippopoli était peu probable, mais le général russe pouvait tenter une pointe dans cette direction pour soulever les populations slaves de la Servie. Omer-Pacha songea à prendre une position qui couvrît cette province et qui lui permît de concentrer plus particulièrement ses forces sur la route des Balkans. Ce fut dans ce but qu'il combina une attaque par laquelle il allait à proprement dire ouvrir les hostilités. Le 2 novembre, les Turcs tentèrent le passage du Danube sur trois points; repoussés près de Routschouk en face de Giurgewo, ils le franchirent glorieusement à Olteniza et à Kalaffa. La principale attaque sur laquelle Omer-Pacha désirait surtout appeler l'attention et les forces de l'ennemi était celle contre Olteniza qui semblait menacer Bucharest; elle fut opérée par dix mille hommes de troupes d'élite, sous le commandement de ses meilleurs officiers, et dirigée par lui en personne. Des barques réunies pendant la nuit servirent à ces forces à traverser le fleuve, appuyées par l'artillerie turque qui s'établit dans une île formée par le cours du Danube sur ce point; elles abordèrent et enlevèrent la rive opposée sous le feu des Russes, et après un combat de trois heures forcèrent l'ennemi à leur abandonner le terrain couvert de ses blessés et de ses morts. L'arrivée d'un corps de douze mille hommes, envoyé précipitamment par le général Danemberg sous les ordres du général Pawloff, empêcha seule la retraite de la première colonne de dégénérer en déroute. Pawloff rallia ses bataillons rompus et prit position avec ses deux corps réunis sur les hauteurs en arrière d'Olteniza. Omer-Pacha, de son côté, occupa une position excellente, c'était une petite élévation dont le sommet était couronné par des bâtiments solides, affectés au service de la Quarantaine, et dont les flancs étaient couverts par des marécages formés, à droite, par une série de petits étangs communiquant par des canaux naturels; et, à gauche, par l'Ardiech, l'un des affluents du Danube. Dans la prévision de l'effort que tenterait l'ennemi pour le rejeter le lendemain au delà du fleuve, Omer-Pacha profita de la nuit pour faire exécuter les dispositions défensives qui pouvaient développer la force de cette position; ses bâtiments furent crénelés et protégés par des batteries dont on parvint à ébaucher les terrassements.

L'attaque commença, au lever du jour, par une violente canonnade de l'artillerie russe, déployée en éventail en avant d'Oltenitza. Les pièces turques y répondirent avec mollesse, mais dès que le général Pawloff eut lancé ses colonnes sur les lignes qu'elles devaient enlever à la baïonnette, leur feu, s'animant subitement, éclata avec une justesse et une énergie foudroyantes. Trouées, ravagées par la mitraille et les boulets, les colonnes russes ne perdent rien de leur élan, effacent les vides en serrant leurs rangs, poursuivent leur course pour aborder l'ennemi; ce n'est qu'arrivé sous les murs de la Quarantaine, sous la fusillade qui embrase alors chaque créneau, qu'elles s'ébranlent, se rejettent en arrière et fuient bientôt, en pleine déroute, sous le feu qui redouble sur elles. Ralliées par leurs officiers, honteux et indignés de ce second échec que leur infligent des troupes turques, l'acharnement de leur attaque ne sert qu'à rendre plus sanglante leur défaite et plus glorieux le triomphe de leur ennemi. Omer-Pacha venait de révéler à l'Europe étonnée la transformation qu'il avait opérée dans l'armée ottomane. Il apprit le soir même que le passage du Danube, près de Widdin, avait été opéré avec un complet succès, que la colonne s'était emparée de Kalafat, qu'elle le couvrait de fortifications et le mettait en état de résister à une attaque en règle; c'était là le résultat capital du mouvement. L'occupation de ce point stratégique important ne donnait pas seulement à l'armée turque un passage du Danube pour déborder la droite de l'armée d'invasion et se jeter sur ses derrières; elle coupait aux troupes russes leurs communications avec le Montenegro et la Servie, en même temps qu'elle commandait la route de Constantinople par Sophia.

Au bruit de ces succès vinrent se joindre ceux des avantages que les armées ottomanes avaient également obtenus sur les frontières asiatiques de la Russie; là aussi un des corps de l'armée de Selim-Pacha enlevait Chekvétil et battait la garnison de l'une des places voisines accourue au secours de cette forteresse. Ainsi, partout où se rencontraient les aigles russes et les croissants c'étaient les premières qui fuyaient vaincues et humiliées. Si l'Europe apprenait avec étonnement ces nouvelles qui déconcertaient toutes les prévisions, elles navrèrent le cœur de Nicolas de stupeur, d'indignation et de colère. Lui, qui s'était habitué à voir dans cette armée russe, si imposante sur un champ de manœuvre, les premières troupes du monde, et dans les forces ottomanes, naguère dispersées par quelques régiments égyptiens, qu'une vile et lâche soldatesque, il ne pouvait s'expliquer l'imprévu de ces événements. Ne sachant par quelles causes, ni comment s'expliquer ces affronts subis par ses armes, il s'en prenait à la fatalité des circonstances, à l'impéritie des chefs, et appelait de tous ses vœux quelque grand événement qui vînt relever le prestige de ses enseignes. Ces conjonctures font comprendre la joie avec laquelle il accueillit une nouvelle qui souleva dans toute l'Europe un long cri de douleur indignée : le désastre de Sinope.

Les attaques des Turcs contre les lignes russes du Danube et du Caucase n'avaient pas suspendu les efforts de la diplomatie, à la recherche d'une solution pacifique. Sa voix retentissait toujours au milieu de ce cliquetis d'armes ; ses protocoles et ses notes s'alternaient avec les bulletins militaires, et elle ne désespérait pas de dénouer les complications que l'épée se préparait à trancher. L'opinion avait pris, dans leur sens absolu, les déclarations de la Russie d'attendre, dans la défensive, jusqu'au printemps, le résultat de ses délibérations. Confiants dans cet engagement public, les bâtiments russes et ottomans, et jusqu'aux divisions de leurs flottes sillonnaient pacifiquement la mer Noire que les escadres alliées s'étaient interdites comme des eaux neutres. Il y avait cependant une navigation qui ne pouvait se prévaloir de cette tolérance et qui devait prendre aux yeux de la Russie un caractère agressif par sa connexité avec les corps belligérants qui opéraient contre ses provinces asiatiques; c'était celle qui opérait le transport des renforts, des munitions et des approvisionnements envoyés par le Divan à ces troupes en campagne. Le ministère turc l'avait si bien compris, que c'était pour protéger ces bâtiments que l'escadre ottomane d'Osman-Pacha stationnait dans les eaux de l'Anatolie. Mais jusqu'à quel point cette protection plaçait-elle cette escadre en dehors de l'immunité générale? Si on pouvait l'assimiler aux forces guerroyantes dans l'exercice de cette protection, en était-il de même lorsqu'elle n'avait aucun convoi à l'abri de ses pavillons et surtout lorsqu'elle reposait paisiblement à l'ancre dans une baie foraine; son amiral ne le pensa pas. Confiance fatale que la Turquie devait payer désastreusement de l'élite de sa marine. La rade de Sinope était le mouillage où se tenait habituellement l'escadrille d'Osman-Pacha composée de cinq frégates : le *Nizamie*, portant soixante pièces en batterie; le *Naveike*, le *Nesim* et le *Kaïd*, armés chacun de cinquante bouches à feu, le *Dimcal*, battant le pavillon amiral et percé de quarante-quatre sabords; de cinq corvettes : le *Hani-Illan*, de trente-six canons, le *Hay-Illah*, de trente-huit, le *Faizi-Maabad*, de trente-deux, le *Djiuli-Safid* et le *Radjibi-Fechan*, de vingt-quatre; enfin, de deux bateaux à vapeur, l'*Hegli*, armé de quatre caronades, et le *Taïf*.

Sinope, l'antique *Cerasus*, la fière capitale de Mithridate, n'offre plus de son passé qu'un poétique souvenir, planant sur ce qui ne passe point, une splendide nature. Ses beaux jardins, où Lucullus prit les cerisiers dont il orna son triomphe et dota l'Europe, couvrent encore de leur fraîche végétation la presqu'île où la ville turque groupe ses blanches maisons à terrasses, dans une enceinte de fortifications moyen âge. Les ardeurs du soleil semblent avoir rougi les pans en ruines de ces remparts. Son heureuse situation, en face de Sébastopol et à égale distance de Constantinople et de Batoun, rade abritée, son ancrage excellent, son havre creusé par la nature même, n'ont pu la sauver de la décadence où la laisse languir l'indifférence apathique des musulmans. Ce n'est plus qu'un port secondaire, port militaire sans arsenal, port de constructions sans magasins et presque sans chantiers, port de commerce sans quais, port de refuge sans jetées et sans môles ; port précieux pourtant par les avantages qu'il doit à la libéralité de la nature. L'escadre d'Osman-Pacha était mouillée depuis plusieurs semaines sur cette rade hospitalière lorsque, le 27 novembre, deux vaisseaux de ligne et un brick vinrent reconnaître sa position et passèrent à demi-portée de canon des forts qui restèrent silencieux. La sécurité de l'amiral turc était si profonde, que cette manœuvre suspecte, loin de lui faire regagner le Bosphore ou réclamer le secours des flottes alliées, ne le détermina pas même à rectifier l'embossage de son escadre et à prendre les dispositions stratégiques que prescrivait la prudence la plus vulgaire. Ses frégates et ses corvettes restèrent mouillées telles qu'elles avaient jeté l'ancre à la commodité de leur entrée ou pour la facilité de leur appareillage ultérieur. Le 30, il avait déjà perdu le souvenir de cette visite menaçante, lorsque, vers midi, on lui signala une escadre de bâtiments de haut bord se dirigeant, sous toutes voiles, vers l'entrée du port. La brume qui, toute la matinée, avait chargé les couches inférieures de l'atmosphère, n'avait permis de l'apercevoir que lorsqu'elle n'était plus déjà qu'à très-courte distance. Cette escadre se divisa en deux colonnes ; la plus faible, formée de quatre frégates et de quelques bâtiments de forces inférieures, louvoya à l'entrée de la baie pour couper la retraite aux navires qui tenteraient d'échapper par la fuite ; l'autre, composée de deux vaisseaux à trois ponts, de quatre vaisseaux de second rang, de deux frégates et trois bateaux à vapeur, pénétra dans la rade en ligne de combat, et vint silencieusement, avec une extrême précision de manœuvres, prendre position devant la division turque, de manière à l'envelopper dans sa ligne de feux. Pendant qu'elle jetait l'ancre et serrait ses voiles, une embarcation se détacha de l'un de ses trois ponts et navigua vers la frégate amirale ottomane. Cette escadre était la division de la flotte de Sébastopol, commandée par le vice-amiral Nakinoff. Cet officier général envoyait à Osman-Pacha l'ordre d'amener ses pavillons. La réponse de l'amiral turc fut le signal à tous ses navires de combat à outrance, signal qu'il confirma au même instant du feu de toute sa batterie. Le combat s'engagea aussitôt sur toute la ligne. La supériorité matérielle de l'escadre russe était écrasante, elle était moins dans le nombre des canons, qui, de quatre cent six sur la flottille ottomane, était de sept cent soixante sur l'escadre russe, que dans la différence du calibre et dans celle de *l'échantillon* des bâtiments, c'est-à-dire de l'épaisseur de *leurs murailles*. La résistance des Turcs n'en fut que plus héroïque ; leurs feux éclatèrent d'abord avec une énergie que leurs équipages semblaient puiser dans le désespoir de leur défense, il ne tarda pas à languir. Ce combat ne pouvait être en se prolongeant qu'une scène de destruction et de carnage, il n'en continua pas moins avec une résolution indomptable ; Hussen Pacha et Kadri-Bey, craignant de voir tomber au pouvoir de l'ennemi leurs équipages renversés sur leurs ponts sanglants, mettent le feu à leur poudre. Ali-Bey imite leur exemple et disparaît dans un tourbillon de feu avec son équipage écrasé et les débris de sa corvette.; le *Nessus,* le *Kaïd,* le *Han-Illah,* le *Fayl-Illah,* le *Safid,* le *Redjibi-Fechan* et *Isegli,* clouent glorieusement leurs pavillons en tête de leurs mâts.

Les flots qui envahissent le *Dimcal* éteignent seuls le feu de ses derniers canons ; pas un Turc ne se rend : ceux que l'on sauve on les recueille sur des épaves. Cette hécatombe ne suffit pas à la fureur des Russes ; leurs bombes et leurs obus portent la mort et l'incendie dans la ville que bouleversent leurs boulets. Le soir Sinope n'offrait plus qu'un monceau de ruines, et les lames de sa baie ne ballottaient que des débris et des cadavres autour de l'escadre victorieuse, si une telle exécution peut être appelée une victoire. Quatre mille cinq cent cinquante-cinq hommes avaient trouvé la mort dans les flots, où s'était abîmée la division turque. Un seul bâtiment, le steamer le *Taïf,* avait échappé à ce désastre. Sur le signal de l'amiral ottoman, il avait allumé ses fourneaux dès le commencement du combat, et coupant successivement la ligne de bataille et la croisière russe il s'était dirigé vers le Bosphore. Il l'atteignit le 3 décembre, et apprit aux escadres frémissantes et à la ville de Constantinople consternée l'attaque russe dont le résultat ne pouvait être qu'une catastrophe. La Turquie accueillit cette nouvelle par un long cri d'indignation et de douleur, qui éveilla des échos sympathiques dans l'Europe entière. La France et l'Angleterre virent de plus dans cette agression imprévue une violation des promesses de la Russie et un défi à leurs pavillons.

Ces sentiments furent ceux que l'arrivée du *Taïf* excita sur tous les vaisseaux de la flotte alliée : le premier vœu, la première pensée des états-majors comme des équipages, furent d'entrer dans la mer Noire et de tirer immédiatement vengeance de cet affront. Le passage du Bosphore était bien regardé comme un *casus belli* par la diplomatie ; n'en était-ce donc pas un que l'acte de destruction qui venait d'ensanglanter les eaux anatoliennes ?

La réflexion et les représentations des ambassadeurs triomphèrent de ce premier mouvement que pouvait rendre vain une retraite rapide de l'escadre russe. Dans un conseil militaire et diplomatique, convoqué sur une notification de la Porte, dénonçant à la France et à l'Angleterre l'irruption offensive de l'escadre russe, et réclamant leur concours, il fut décidé que l'on enverrait deux frégates sur les lieux, se réservant à prendre, sur les rapports, les mesures effectives qu'imposeraient les circonstances.

Il y avait de plus un devoir d'humanité à accomplir ; il fallait porter des secours aux blessés ; venir en aide à tous les malheureux qu'un tel désastre avait dû jeter dénués et souffrants sur cette plage. Le *Mogador* appartenant à la flotte française et la frégate britannique la *Retribution* furent expédiés avec huit chirurgiens et tous les objets et médicaments qui pouvaient adoucir les souffrances des victimes de cette grande catastrophe.

« Pour la France et l'Angleterre, lit-on dans une dépêche de l'amiral Hamelin au ministre de la marine, restait un devoir d'humanité à remplir envers les blessés de la flotte turque, et c'était un des objets de la mission du *Mogador* et de la *Retribution*.

» Les huit chirurgiens détachés de l'escadre se rendirent dans les maisons grecques, où ces malheureux gisaient pêle-mêle ; leurs plaies encore saignantes, au milieu de l'atmosphère putride qui s'en exhalait, exigeaient des secours prompts et même des amputations immédiates. Quatre-vingt-sept de ces blessés furent embarqués à bord du *Mogador*, autant à bord de la *Retribution*, qui appareillèrent toutes deux le même jour; moins de quarante-huit heures après, ces malheureux arrivaient à Constantinople où ils bénissaient, en quittant les frégates, les soins qui les arrachaient à une mort presque certaine. Il n'en est resté à Sinope qu'une douzaine, dans un état désespéré, et aux mains de deux médecins turcs, munis par les nôtres de tous les objets de pansement nécessaires. C'est donc à peine deux cents blessés qui ont survécu; tout le reste a sauté avec les navires. »

L'amiral ajoute plus loin :

« Si, à l'arrivée du *Mogador*, l'escadre russe s'était encore trouvée à Sinope, il avait été convenu entre les deux ambassadeurs, l'amiral Dundas et moi, que les escadres française et anglaise s'y rendraient pour l'en faire partir de gré ou de force. Toutes nos dispositions de navigation et de combat étaient prises en conséquence. Les vaisseaux russes n'avaient pas attendu cette sommation; bien que quelques-uns eussent essuyé d'assez graves avaries dans le combat, cette escadre reprit le large dès le lendemain, et laissant, entre les mains du consul autrichien, une déclaration dans laquelle l'amiral Nachinoff s'efforçait d'effacer ce qu'avait d'atroce, dans nos mœurs, l'exécution sauvage dans laquelle il avait enveloppé une ville inoffensive, elle regagna la protection des forts de Sébastopol.

La Russie, au milieu des bruits sinistres qui lui arrivaient de toutes parts, donna à cette exécution tout le retentissement d'un triomphe. L'empereur Nicolas surtout laissa plein essor à la joie que lui causa cette annonce. L'anecdote suivante fera comprendre la profonde impression qu'elle produisit sur lui. L'officier qui avait été chargé de la dépêche était un jeune enseigne, qui surexcité par la pensée du succès dont il portait la nouvelle, traversa la Russie avec une rapidité inouïe. Il arriva tout brisé devant l'empereur à qui il réclama l'honneur de remettre lui-même ses dépêches. Quelles nouvelles m'apportez-vous, lui demanda le tsar. — Sire, répondit-il tout chancelant, j'apporte à Votre Majesté la nouvelle d'un grand succès. — Vous semblez bien fatigué, mon enfant, remarqua l'empereur.

— Pardon ! Sire... mais depuis mon départ de Sébastopol je ne me suis arrêté que trois fois, et quelques heures seulement.

— C'est bien ! reprit en souriant le tsar... asseyez-vous, capitaine.

Nicolas rompit l'enveloppe, et lut avidement les dépêches ; quand il les eut parcourues, il se retourna vers le jeune officier qui était tombé endormi dans un fauteuil. — Debout, colonel ! lui dit-il. L'officier se leva en tressaillant, Nicolas était devant lui l'air rayonnant. — Embrassez votre empereur, lui dit-il, et il le pressa dans ses bras. Le jeune colonel fut tué à la tête de son régiment à la bataille d'Inkerman ; il ne s'était pas rasé depuis que sa joue avait touché celle du tsar.

De quelques graves complications que ces événements chargeassent chaque jour la politique, la conférence de Vienne n'en poursuivait pas moins à travers ses élucubrations stériles le vain météore de ses illusions de paix. Au bruit du désastre de Sinope, elle signait le 5 décembre l'incroyable protocole dont nous croyons devoir reproduire les passages suivants : « Les proportions que ce différend a prises, et la guerre qui a éclaté entre les deux empires, malgré les efforts de leurs alliés, sont devenues pour l'Europe entière l'objet des plus sérieuses préoccupations; en conséquence, LL. MM. l'empereur d'Autriche, l'empereur des Français, la reine du royaume-uni de la Grande-Bretagne et de l'Irlande, et le roi de Prusse, également pénétrés de la nécessité de mettre un terme à ces hostilités qui ne pourraient se prolonger sans affecter les intérêts de leurs propres États, ont résolu d'offrir leurs bons offices aux deux hautes parties belligérantes, dans l'espoir qu'elles ne voudraient pas accepter la responsabilité d'une conflagration, alors que, par un échange de loyales explications, elles peuvent encore la prévenir en replaçant leurs rapports sur un pied de paix et de bonne entente. » Alors venait une interprétation des intentions que l'on tentait d'attribuer à la Russie, malgré la clarté de ses déclarations et l'évidence de la sagesse des modifications réclamées par la Porte devant les prétentions oppressives du cabinet de Saint-Pétersbourg. On le voit, c'était toujours les mêmes idées, les mêmes propositions délayées dans des phrases différentes dont on épanchait le flot dans ce tonneau des Danaïdes d'où il s'échappait aussitôt.

Malgré ces rêves de la diplomatie, les deux grandes puissances occidentales, attentives à tous les mouvements de la Russie, réglaient leurs dispositions sur ses actes, et s'engageaient résolument dans cette carrière où un choc sanglant devenait chaque jour plus inévitable. C'était ainsi que les notes comminatoires du prince Menschikoff et du comte de Nesselrode avaient appelé les escadres alliées sur la rade de Bésica; que le passage du Pruth par l'armée russe leur avait fait franchir le détroit des Dardanelles. La catastrophe de Sinope allait leur ouvrir la mer Noire.

Dès le 13 décembre, M. Drouyn de Lhuys avait autorisé le général Baraguay-d'Hilliers à faire entrer la flotte française dans l'Euxin. « Il est une opération qui semble tout indiquée, portait la dépêche, c'est celle qui aurait pour but de ravitailler l'armée d'Anatolie et les places du littoral ; l'assistance que nous prêterions à la flotte turque, aujourd'hui qu'une escadre de Sébastopol a pris l'offensive contre le territoire ottoman, ne serait plus qu'un acte entièrement conforme aux devoirs que nous avons acceptés en faisant avancer nos forces navales jusqu'à Constantinople. »

Elle ajoutait que l'adhésion de la Porte aux ouvertures de la conférence de Vienne ne devrait pas, dans la pensée du gouvernement impérial, suspendre l'entrée de tout ou partie de l'escadre dans la mer Noire, le danger d'une nouvelle attaque subsistant jusqu'à la conclusion d'un armistice, et cette appréhension suffisant pour expliquer une surveillance devenue nécessaire dans le double intérêt de la Turquie et de la dignité de la France.

Une autre dépêche adressée le 29 décembre par le ministre de la marine à M. l'ambassadeur de France à Constantinople, lui annonçait que si les mêmes motifs qui avaient retenu si longtemps nos vaisseaux dans la baie de Bésika les avaient encore arrêtés sur la rade de Beïkos, l'*événement* de Sinope changeait la position de la France vis-à-vis de la Russie, et la portait à modifier l'attitude qu'elle avait gardée jusqu'à ce jour. « M. le comte de Nesselrode, ajoutait-il, représentait, il y a quelques mois, comme une compensation nécessaire à ce qu'il appelait dès lors notre *occupation maritime*, l'envahissement des principautés du Danube. A notre tour, général, nous croyons qu'il est devenu indispensable de mesurer nous-même l'étendue de la compensation à laquelle nous donne droit et notre titre de puissance intéressée à l'existence de la Turquie, et les positions militaires déjà prises par l'armée russe. Il nous faut un gage qui nous assure le rétablissement de la paix en Orient, à des conditions qui ne changent pas la distribution des forces respectives des grands États de l'Europe.

» Le gouvernement de Sa Majesté impériale et le gouvernement de Sa Majesté Britannique ont, en conséquence, décidé que leurs escadres entreraient dans la mer Noire, et combineraient leurs mouvements de façon à empêcher le territoire ou le pavillon ottoman d'être en butte à une nouvelle attaque de la part des forces navales de la Russie. MM. les vice-amiraux Hamelin et Dundas vont recevoir l'ordre de communiquer à qui de droit l'objet de leur mission, et nous nous plaisons à espérer que cette démarche loyale préviendra des conflits que nous ne verrions éclater qu'avec le plus vif regret. » Les vaisseaux alliés et les vaisseaux russes allaient donc pouvoir se trouver en présence sur cette mer inhospitalière, sur ces flots tauriques que l'escadre de Sébastopol avait jusqu'à ce jour orgueilleusement sillonnés de ses étraves suzeraines. Qu'allait-il advenir? C'était dans les sombres nuages de cet avenir menaçant que s'envolait l'année 1853, la première du second empire.

CHAPITRE XVIII.

IMPORTANCE POLITIQUE DE L'ANNÉE.

1853

Caractère politique de l'année 1853. — Aurore voilée. — Aspect tranquille. — Activités pacifiques. — Caractère des voyages impériaux. — Avant et après. — Gages de paix. — Double réduction de l'armée. — Développement des opérations industrielles et des travaux publics. — Les fêtes. — Le luxe. — Le cérémonial. — Ridicules excès. — Les marquis de Molière. — Fièvre héraldique. — Ecus pour écus. — Erudition spirituelle. — Un comte de Meulan. — Gentilhommerie spontanée. — Les rubans et les croix. — Bimbloterie chevaleresque. — Répression. — Un prince de Gonzague ancien domestique. — La vie réelle. — Importance politique de 1853. — Avénement du second empire. — Impression de l'Europe. — Panique en Angleterre. — Chute du ministère tory. — Inquiétude au delà du Rhin. — Hostilité de la Russie. — Double coalition. — Cercle d'hostilités. — Changement opéré. — Solution de la question des Lieux-Saints. — Isolement de la Russie. — Les moyens. — Les négociations. — Esprit russe. — Diplomatie impériale. — Résultats. — Nouveaux périls. — Récolte insuffisante. — Imminence de la guerre. — Activité et prudence. — Nature des gages donnés à l'Europe. — Prévoyance. — Ressources et forces de la France. — L'empire et l'armée. — Les camps de Satory et d'Helfaut. — Solennités militaires. — Proclamation. — Enthousiasme de l'armée.

L'année 1853 tiendra, sans aucun doute, une place élevée dans l'histoire politique du second empire, et pourtant elle n'offre aucun de ces faits importants qui frappent et saisissent les esprits, aucun de ces événements qui caractérisent et dominent une époque; c'est une aurore, mais une aurore voilée ; on y sent bien circuler et frémir d'ardentes effluves ; mais aux fluides qui courent et vibrent dans l'air, on se demande si c'est la sérénité ou l'orage qui s'élaborent dans ses vapeurs ; si l'on touche à une crise profonde ou à un grand règne.

Telle est en politique cette année. Le premier aspect l'offre tranquille et régulière jusqu'à la monotonie; toutes ses préoccupations et toutes ses activités semblent passées dans le monde matériel; elle spécule, elle travaille. Ce n'est qu'en étudiant les faits, en analysant les symptômes, en interrogeant les bruits mystérieux, que l'on reconnaît, sous ce calme extérieur, sous cette monotonie superficielle, tous les tressaillements d'une vie active et puissante.

C'est dans la diplomatie que la vie politique s'est réfugiée; c'est dans le secret des cabinets, dans l'ombre des chancelleries que se concentrent les efforts, que se conquièrent les résultats, que se préparent les événements. 1851 avait eu le coup d'Etat du 2 décembre ; 1852 les comices de novembre et la restauration de l'empire ; 1853 ne présente aucun fait qui passionne l'opinion, inquiète ou rassure l'Europe, appelle l'attention du monde. Les voyages de l'empereur ont perdu eux-mêmes toute l'importance qu'avaient eue les années précédentes, ceux du prince président de la République.

Cela se conçoit. Le coup d'Etat du 2 décembre était prévu depuis longtemps, non-seulement par les esprits pénétrants qui découvrent dans les faits les conséquences logiques qu'ils renferment, mais encore par cet instinct populaire qui les pressent et les devine. Les voyages du prince avaient évidemment alors un but politique, et que pouvait-il être sinon de mesurer l'autorité de son nom, la puissance de son prestige sur l'esprit des populations ; si ce n'était de les prédisposer au grand changement qui planait sur les institutions du pays. Les actes du prince président devaient donc être regardés comme des faits préparatoires et comme des prodromes ; ses discours comme des révélations et des arrêts ; aussi l'Europe, et surtout le pays, les suivaient-ils avec avidité et les recueillaient-ils avec soin.

Ils conservèrent toute cette valeur lorsque la présidence décennale ne fut plus, pour tous les yeux, que le voile provisoire sous lequel se reconstituait l'organisme administratif de l'empire. On sentit que Louis-Napoléon ne quittait Paris que pour étudier, hors de ce centre fiévreux, l'état politique où se trouvait la France. Ce n'était pas la main sur ce cœur cabricant, c'était le doigt sur ses artères qu'il voulait connaître la force du sang démocratique qui battait encore dans ses veines.

L'empire rétabli, ces voyages perdirent toute cette portée ; ils n'eurent plus l'intérêt provoquant d'un problème, leur importance politique s'évanouit ainsi avec leur signification ; ils restèrent avec leur valeur propre : celle des pérégrinations princières inspirées généralement par des motifs personnels.

Ainsi la santé de l'impératrice fut manifestement le motif de celui que Leurs Majestés accomplirent, du 20 août au 10 septembre, sur la belle plage de Dieppe, cette grève de prédilection de l'aristocratie des baigneurs. Ceux qu'elles firent, en octobre, au château de Compiègne, et, en novembre, au palais de Fontainebleau, avaient tout aussi évidemment pour objet les plaisirs de la chasse et de la villégiature dans les vastes forêts et les magnifiques domaines de ces demeures splendides.

L'accueil empressé qu'elles y reçurent des populations ne put lui-même s'élever à la hauteur d'une manifestation. Il s'expliquait d'abord par celui que provoque toujours la présence des souverains, et par la vie et la richesse que font affluer dans les villes où ils s'arrêtent et autour des antiques résidences qui les reçoivent, les séjours somptueux de ces hôtes augustes.

La France semblait donc rentrée dans le cercle de la vie normale des sociétés. L'empereur semblait lui-même ne songer qu'à poursuivre la réalisation du programme de Bordeaux, résumé dans cet aphorisme concis : L'empire c'est la paix. Il en avait donné deux gages à l'Europe par la double réduction qu'il avait fait subir à l'armée ; le développement qu'avaient reçu les travaux publics, l'essor imprimé à nos établissements financiers, l'activité communiquée à l'industrie et au commerce, les préoccupations qui semblaient s'attacher à mettre tous les rouages du mécanisme administratif en rapport avec les fonctions qu'on lui demandait, avaient multiplié ces garanties.

Tout à l'intérieur de la France était à la paix, tout jusqu'au développement que par la représentation et les fêtes le pouvoir avait donné à la dépense et au luxe. Aux soirées, aux concerts et aux bals d'un hiver fastueux avaient succédé les fêtes de l'été et de l'automne : les dîners, les voyages, les chasses, les réceptions dans les résidences princières ; toutes les industries de luxe en avaient reçu une impulsion depuis longtemps inconnue ; leurs ateliers ne pouvaient suffire aux commandes. Et disons-le, sur ce point, l'élan imprimé aux vanités, comme dans la spéculation l'essor donné aux passions avides, avait dépassé toutes les bornes.

Que par un mouvement de réaction contre la liberté, la

simplicité, l'abandon même que le goût démocratique avait introduit depuis 1848, depuis 1830 même, dans les habitudes sociales, il eût semblé utile au pouvoir de rappeler la tenue officielle et mondaine à des traditions plus élégantes et plus sévères, on le conçoit; on conçoit qu'il ne cédait qu'à des convenances résultant des institutions nouvelles en prescrivant aux personnages officiels, des costumes officiels dans les solennités, dans les réceptions, et jusque dans les fêtes officielles; mais s'arrêta-t-on là?...

Hélas non ! cette limite fut très-lestement franchie, et l'on vit de spirituels écrivains, des artistes renommés, de galants financiers, voire même de dignes industriels coqueter en veste à paillettes et en habit de velours, et offrir naïvement avec l'œil de poudre, pure régence, de merveilleux et grotesques pendants aux marquis de Marivaux et de Molière. Les vanités ne pouvaient s'arrêter en si belle voie; elles s'échauffèrent à l'envi, et rompant toutes brides, se donnèrent pleine carrière.

Après avoir emprunté aux marquis leurs habits, on ne pouvait logiquement en rester là; on leur emprunta leurs titres. Tout un armorial *à enquérir* sortit inopinément des nuages de l'inconnu. On sollicita partout des parchemins; là où on n'en put obtenir, on en acheta; le balancier de plus d'un petit prince souverain battit monnaie sur cette avidité héraldique : écus pour écus ; écus armoriés, écus comptant.

Ce vertige monta, comme une vapeur du sang, dans quelques cerveaux des plus sages et offusqua de ses nuages quelques esprits des plus droits. Cela parut si naturel à beaucoup de ceux qui vivaient dans l'atmosphère où sévissait le moins pourtant cette influence endémique, qu'on osa supposer de telles prétentions aux personnages mêmes que la dignité de leur caractère autant que l'élévation de leur intelligence devaient placer bien au-dessus d'un pareil soupçon.

Quelles piquantes anecdotes pourrait recueillir le crayon du chroniqueur, mais que doit écarter la plume plus sévère de l'historien; nous en citerons une cependant comme point de repère pour l'appréciation de cette perturbation morale; ce n'est pas à nous du reste qu'elle devra sa publicité : nous la recueillons dans une feuille étrangère.

Un de ces esprits candides que l'on rencontre dans tous les salons, même dans les salons politiques, ne s'avisa-t-il pas un jour de féliciter M. Baroche de son futur titre de comte de Meulan. Il est facile de s'imaginer l'effet d'une telle révélation sur le grave et digne président du conseil d'Etat. L'effet que produisit son regard dédaigneux et sévère sur son naïf complimenteur le désarma.

— Moi, monsieur, comte de Meulan!...

— Mais... reprit en balbutiant son interlocuteur troublé.

— Vous n'avez pas lu Commines, lui demanda avec une bienveillance sarcastique l'illustre magistrat vaincu par sa déconvenue?... vous y auriez vu qu'il y a eu sous Louis XI un comte de Meulan, qui n'était autre que Messire Olivier le Daim, barbier du grand roi, que la cour avait surnommé Olivier le Mauvais, et le peuple Olivier le Diable, et qui fut décapité en compagnie de Tristan l'Ermite, après la mort du roi. »

L'indiscret courtisan, tout abasourdi par cette érudition, ne savait où se fourrer pour échapper à cette douche historique.

Il n'est pas donné à tout le monde d'obtenir, d'ambitionner ou même d'usurper des titres; cette vanité n'est l'apanage que d'une classe restreinte, et le ridicule ne s'était pas renfermé dans les étroites limites de cette sphère; il est bien plus aisé et plus plausible d'accoler à son nom, au moyen d'une particule, le nom d'une terre ou même celui de son village ; que d'humbles vilains s'improvisèrent ainsi hobereaux : combien d'autres, voulant appuyer leurs distinctions sur des diplômes, préféraient une chevalerie viagère, avec vrais parchemins, à une noblesse avec blason apocryphe, et se mettaient en quête d'une de ces chancelleries à comptoir où ils échangeaient leurs rouleaux d'or contre des croix.

Le trafic était si actif, que Paris vit même s'ouvrir dans son sein des succursales où trônaient des excellences sérénissimes, vendant, à beaux deniers sonnants, toute leur bimbeloterie héraldique.

Ces ridicules et ces abus s'étaient tellement étendus dans les classes équivoques dont on a depuis composé le demi-monde, que le pouvoir crut devoir sévir. En attendant qu'il pût frapper les usurpations nobiliaires qui s'abritaient sous la loi, il songea à arrêter ce débordement de rubans et d'insignes qui compromettaient la considération des décorations les plus respectées. Les étranges spéculations qui avaient enrubanné tant de cous et de boutonnières eurent même le retentissement des tribunaux ; on vit un souverain dont le livre d'or comprenait, selon son avocat, parmi ses quinze cents chevaliers, des généraux, des académiciens et des hommes d'Etat, quitter son fauteuil à dais pour siéger sur la sellette de la 6e chambre de la police correctionnelle, et toutes enquêtes faites, toutes vérifications opérées, l'instruction enfin accomplie, il se trouva que Son Altesse Sérénissime le pseudo prince de Gonzague et Castiglione, duc souverain légitime de Mantoue, de Guastalla, de Bozzolo, de Solferino, marquis de Medol et de Lazzara, comte d'Olessano, de Murzinowski, baron de Neustad, grand-maître de l'Ordre de la Rédemption, de l'Ordre de l'Immaculée-Conception, de l'Ordre du Dévouement, de l'Ordre Féminin et Chapitral de Marie-Elisa de Mantoue, grand-maître de l'Ordre des quatre Empereurs, de l'Ordre du Lion de Holstein et de l'Ordre Féminin, de rechef de sainte Elisabeth, de la Visitation, officier de l'Ordre de la Légion d'honneur, chevalier de l'Ordre Stanislas de Salm-Kirbourg, général de cavalerie, etc., etc., etc., n'avait jamais tenu à la chevalerie que par des fonctions de palefrenier; que ce n'était tout uniment qu'un simple domestique.

Telles étaient, dans ce calme politique où reposait la société française, toute livrée à la surexcitation des spéculations financières et industrielles, et à la fièvre de luxe et de sensualisme développée par leurs succès, les faits, les travers et les incidents qui préoccupaient les esprits, et qui, pour les spectateurs superficiels, formaient les sensations et la physionomie du jour.

Mais, nous l'avons dit, ce n'étaient là que les apparences et les dehors futiles de la vie publique; ils y jouaient en quelque sorte pour le gouvernement le rôle de la queue du chien d'Alcibiade.

La vie réelle, la vie politique était ailleurs, et grâce à l'habileté déployée à Constantinople, à Londres, à Saint-Pétersbourg, à Vienne et à Berlin, comme à Paris, par la diplomatie impériale, toute une révolution, et la révolution la plus salutaire et la plus imprévue s'était opérée dans la situation de la France. Dans moins d'une année, sans agitation, sans crise, sans mouvements militaires, sans bruits guerriers, sans que l'explosion d'une capsule française eût troublé le calme du monde, cet empire, dont la gloire militaire semblait le prestige, et comme le rayonnement naturel, était parvenu à se placer au rang que la France n'avait occupé que sous Charlemagne, sous Louis XIV et sous Napoléon Ier, et cela par l'habileté seule de sa diplomatie naissante, par la seule autorité de la raison. Pour apprécier toute la gravité de ce résultat, il ne suffit pas de connaître la situation où 1853, en expirant, laissait la France; il faut se rappeler celle où l'avait éclairée l'aube de cette première année du second empire.

Cet empire eût pu, au sortir des scrutins populaires, promener les yeux sur l'Europe sans rencontrer une puissance amie. L'administration torie, qui avait fait de l'intimité avec la France la base de sa politique, tombait devant un ministère de coalition, dont les membres étaient tous ou indifférents ou hostiles au gouvernement impérial. La proclamation de l'empire avait produit au delà du détroit le même effet qu'y eût causé l'ordre d'organiser une descente; à la terreur qui troublait les esprits, on eût dit que le débarquement de nos bataillons ébranlait déjà le sol de leurs îles.

La presse britannique avait pris une violence tellement agressive, que le *Moniteur* du 16 janvier avait dû protester contre ses attaques, et en particulier contre celles du *Times*. Or, le *Times* était regardé comme l'organe du premier ministre. Cette polémique passionnée, en se prolongeant, ne pouvait laisser aucun doute sur les vrais sentiments du nouveau cabinet de Saint-James; il est vrai que ces sentiments n'étaient pas partagés par les chefs des maisons commerciales les plus intéressées au maintien de la paix; mais, malgré l'adresse où quinze cents des négociants les plus considérables de la Cité, armateurs, banquiers, commissionnaires, etc., protestaient hautement contre la pensée qu'il existât dans la nation anglaise un sentiment d'animadversion contre la France, adresse dont une députation spéciale vint aux Tuileries, le 27 mars, déposer l'original entre les mains de l'empereur, l'impression générale du pays était la malveillance et la crainte, et les dispositions du pouvoir, la froideur et la défiance.

L'attitude des grandes puissances européennes n'était pas plus favorable. L'Autriche et la Prusse se rappelaient leurs luttes désastreuses avec le premier empire; la Russie, dont l'autocrate s'était arrogé le rôle de l'Agamemnon de l'absolutisme, s'efforçait, fidèle à ses préventions haineuses contre la révolution, de discipliner leurs prévisions anxieuses dans une expectative menaçante. Cette tentative n'absorbait pas ses projets; déterminé par les dispositions du ministère britannique, il essayait mystérieusement de former avec l'Angleterre, par l'intermédiaire de sir Hamilton Seymour, son ambassadeur à la cour de Saint-Pétersbourg, une alliance dont le but était le partage de l'empire turc en dehors de la France. L'empire se trouvait déjà en conflit avec la Russie, à l'occasion des Lieux saints.

Ainsi, il se voyait menacé de tous côtés; il pouvait se trouver pris entre deux coalitions réunies par un triple lien : la haine, la crainte et l'intérêt; la coalition de l'Europe absolutiste, et la coalition qu'à l'occasion de la question orientale le tsar avait déjà formulée une fois contre la France.

Et pas un peuple dont il pût espérer l'alliance; partout des défiances, des craintes, des répulsions, des haines.

C'est sous ces sombres auspices, c'est au milieu de ces sourdes hostilités, dans cet isolement plein de périls, que 1853 reçoit cet empire au sortir d'une crise profonde; dans quelle situation le laisse-t-elle en s'évanouissant dans le passé.

La question des *lieux saints* est résolue par une solution qui, en restituant au catholicisme quelques-uns des priviléges usurpés par l'Eglise grecque, réserve tous les droits que la France peut réclamer de ces traités avec la Porte. Les deux coalitions menaçantes sont évanouies ; une entente cordiale s'est établie entre le nouvel empire et l'Angleterre dont les escadres réunies couvrent Constantinople de leurs pavillons. L'Autriche et la Prusse elle-même se sont faites auprès du tsar les interprètes des représentations de la France, et la Russie ne peut obtenir même l'assurance d'une neutralité absolue dans la guerre dont la menacent les deux grandes nations occidentales, de ces puissances naguère ses pupilles, dont il avait cru entraîner à la suite de ses aigles les étendards coalisés. C'est le tsar que désormais menace ce périlleux abandon où il avait voulu isoler l'empire français, un nouveau 1812 peut se lever sur la Russie, mais un 1812 où la France aurait cette fois l'alliance de l'Europe, et la coopération au moins de l'Angleterre.

Voilà le revirement diamétral qui s'est opéré dans l'état de l'Europe. La politique a changé pôle pour pôle. Et qui a opéré cette transformation? la France, Par quels moyens? on l'a vu dans les divers chapitres de ce premier volume : en appliquant strictement et résolument le système de politique intérieure et internationale que l'empire s'était imposé avant sa restauration, sous l'invocation duquel se plaçait sans cesse le nouveau pouvoir ; qu'il résumait en ces termes dans le *Moniteur* au moment où les télégraphes transmettaient à Paris le résultat du plébiscite. « Aujourd'hui l'empire c'est la paix, avec la prospérité à l'intérieur et la dignité au dehors ; la paix active, féconde, aspirant aussi à de glorieuses conquêtes, mais dans la noble carrière des sciences, des arts et de l'industrie, où chaque victoire est un bienfait pour l'humanité. »

Ces efforts avaient-ils tendu à quelque autre but. Les faits avaient dégagé sa parole. L'Europe avait vu la France concentrer tous ses efforts à réorganiser le travail dans son sein, à féconder son industrie, à ranimer son commerce, à développer sa prospérité en multipliant les ressorts de son crédit; toutes ses forces pacifiques avaient repris leur activité productive, elle avait assaini ses villes, achevé ou multiplié ses monuments, développé le réseau de ses chemins de fer, amélioré sa voirie, réorganisé sa navigation intérieure, formé ses lois; devançant l'avenir, par la reprise à nos voisins d'une idée française, elle avait même fait appel à tous les artistes, et à tous les industriels du monde, les conviant à une exposition des produits du génie et du travail universels pour laquelle elle érigeait un palais.

Et pendant que cette application multiple semblait replier, absorber toute sa pensée et tous ses efforts sur elle-même et en elle-même, sa diplomatie avait su avec autant de fermeté que de calme, avec autant d'habileté que de droiture, avec autant de dignité que de modération, déjouer toutes les ruses, deviner toutes les réticences, pénétrer tous les mystères, signaler toutes les intentions et tous les dangers de cette politique moscovite dont les trames semblent toujours offrir quelque chose de l'audace et de la finesse du sauvage sous les combinaisons cauteleuses de la duplicité tudesque. Et pour qu'on ne pût pas supposer qu'elle attendît le succès de ses représentations, ou de ses droits, d'une autre cause que de la justice de ses prétentions et de l'équité ou de la haute raison des grandes puissances, à deux reprises différentes elle diminuait l'effectif de son armée.

Aussi toutes les défiances s'étaient-elles effacées, toutes les craintes évanouies, et devant la sagesse de ses diplomates avait-on cru à sa modération, comme devant l'impulsion donnée à toutes ses entreprises industrielles et financières, avait-on cru à son amour de la paix.

C'étaient certes là des résultats d'une importance suprême. Cependant, si la France avait repris sa position et la prépondérance de ses règnes les plus glorieux, sa situation n'avait pas cessé d'être de la plus haute gravité ; de nouveaux périls avaient succédé aux périls conjurés ; elle avait bien infligé à son ennemi l'isolement qu'il avait tenté d'opérer pour elle ; mais une récolte insuffisante la menaçait d'une année de détresse dont elle avait à prévenir et à secourir les misères, au moment même où le bruit du canon venait couvrir la voix des diplomates. La guerre avait éclaté entre l'empire ottoman et la Russie. Il était bien difficile d'espérer que les deux grandes puissances occidentales pussent échapper aux nécessités qui les entraînaient dans cette lutte.

C'était donc la cherté des céréales et toutes ses conséquences éventuelles de souffrances, de difficultés et de dangers, à l'intérieur, et à l'extérieur la guerre, la guerre avec l'empire russe, c'est-à-dire une guerre lointaine ; la guerre à huit cents lieues de son pays ; la guerre avec un ennemi qui pourrait se dérober à l'atteinte de nos armes dans le désert de ses steppes, dans la profondeur de ses solitudes.

On a vu par quelles mesures économiques le pouvoir avait prévenu, avec autant de sagesse que de résolution, les principales difficultés de sa crise intérieure ; quant à la guerre, les gages de sécurité que le nouvel empire avait cru devoir donner à l'esprit prévenu des nations rivales, cette confiance apparente, attestée par chaque acte comme par l'ensemble des faits, s'étaient strictement maintenus, disons-le, dans les limites d'une rigoureuse prévoyance. Ces garanties, quelle que fût leur réalité, n'avaient rien qui, dans une hypothèse donnée, pût compromettre la sûreté du pays. Si la France ne désirait pas la guerre, elle ne la craignait pas; elle était prête à lui faire face. Si bien des intérêts privés eussent été gravement atteints par une brusque rupture de la paix, le pouvoir eût trouvé dans la masse de capitaux que l'ouverture des hostilités eût arrêtés de précieuses ressources pour la lutte.

A l'égard de l'armée, ses réductions avaient été faites avec la prudence et l'habileté que donne l'expérience. On l'avait diminuée sans l'affaiblir; ses hommes pouvaient être rappelés en quelques semaines sous les drapeaux; ses cadres étaient intacts; ils avaient même été augmentés par le décret du 22 novembre, qui avait ordonné la formation de dix nouveaux bataillons de chasseurs à pied. Son organisation avait reçu dans toutes ses spécialités d'importantes améliorations. Elle avait été l'objet des prédilections de l'Empereur, autant par reconnaissance que par tradition dynastique; c'était elle qui avait été l'instrument de son pouvoir; le coup d'Etat de décembre avait été un événement tout militaire, c'était elle qui était sa force ; aussi l'appelait-il dans ses proclamations *l'élite de la nation*.

C'était là sans doute imprimer à la pensée publique un brusque et complet revirement au sein de cette nation intelligente qui doit bien plus encore à ses lettres qu'à ses armes sa suprématie sur le monde; cependant il y avait tant de liens qui unissaient l'empire et l'armée, que nul ne fut surpris de cette faveur.

Elle se manifesta, du reste, plus encore par des actes que par des paroles. Divers décrets développèrent les améliorations déjà introduites dans l'état des sous-officiers et des soldats. Un décret du 17 février avait augmenté, de dix centimes par jour, la solde de tous les sous-officiers de terre et de mer dans toutes les positions de présence sous leurs aigles, ou d'absence de leurs corps. Un décret du 30 juillet, réglant le blutage des blés d'essence tendre, introduisit une amélioration notable dans l'alimentation et l'hygiène des soldats; elle fut étendue à la marine par un autre décret du 13 août.

La formation de camps de manœuvres que plusieurs souverains avaient ordonnés dans leurs Etats fut un motif pour la France d'en réunir deux, l'un à Satory, l'autre à Helfaut. Celui de Satory fut fréquemment le but des promenades de l'Empereur et de l'Impératrice pendant leur séjour prolongé dans le château de Saint-Cloud. L'Empereur semblait se complaire à montrer lui-même ces beaux régiments aux officiers étrangers que leurs souverains envoyaient rendre à nos troupes les visites que des députations de nos officiers avaient faites, par ordre, à leurs corps d'armée. Sa Majesté aimait surtout alors à commander leurs évolutions pour faire ressortir la rapidité et la précision avec lesquelles les mouvements étaient exécutés.

Les populations de la capitale et des localités voisines accouraient avec empressement à ces fêtes militaires, où l'Empereur était toujours entouré de nombreux états-majors, dont les riches costumes anglais, autrichiens, allemands, italiens, russes, mêlés aux uniformes français, variaient et relevaient la magnificence guerrière.

Ce camp, établi dès le mois de mars, ne fut levé que vers la fin de septembre. L'Empereur vint présider lui-même à cette solennité, où il adressa aux troupes l'ordre du jour suivant :

« Officiers, sous-officiers et soldats,

» Au moment où l'on va lever le camp de Satory, je veux vous témoigner toute ma satisfaction.

» Les trois divisions qui s'y sont succédé ont montré cet esprit de discipline, de confraternité, cet amour du métier des armes qui entretiennent l'esprit militaire si nécessaire à une grande nation. En effet, dans les temps difficiles qui a soutenu les empires, si ce n'est ces réunions d'hommes armés, tirés du peuple, façonnés à la discipline, animés du sentiment du devoir, et qui conservent au milieu de la paix, où généralement l'égoïsme et l'intérêt finissent par tout énerver, ce dévouement à la patrie fondé sur l'abnégation de soi-même, cet amour de la gloire fondé sur le mépris des richesses ?....

» Voilà ce qui a toujours fait des armées le sanctuaire de l'honneur. Aussi tant que la paix dure, il existe une communauté de sentiments, je dirai même une sorte d'esprit de corps entre nous et les armées étrangères. Nous aimons et nous estimons ceux qui, chez eux, sentent et agissent comme nous ; et tant que la politique ne les change pas en ennemis, nous sommes heureux de les accueillir comme camarades et comme frères.

» Recevez, mes amis, avec mes éloges pour votre bonne conduite, mes remercîments pour les marques d'attachement que vous me donnez ainsi qu'à l'Impératrice. Comptez sur mon affection, et, croyez-le bien, qu'après l'honneur d'avoir été élu trois fois par un peuple tout entier, rien ne peut me rendre plus fier que de commander à des hommes tels que vous. »

Tout, on le voit, était de nature, dans cette allocution, à la fois solennelle et familière, à gagner le cœur et flatter l'esprit du soldat. Elle le prenait dans ses sentiments sympathiques par son accent d'effusion cordiale, et l'enlevait ensuite par l'exaltation de ses vertus, en s'adressant en phrases sonores à sa fierté. Ces mots magiques : dévouement, abnégation, mépris des richesses, amour de la gloire, qui terminent si heureusement cette phrase : « Voilà ce qui a toujours fait des armées le sanctuaire de l'honneur ! » eurent sur ses troupes un effet immense. Toutes s'éloignèrent avec enthousiasme, appelant de leurs vœux l'occasion de se montrer dignes de ces éloges.

Cette occasion devait surgir bien plus promptement que beaucoup d'esprits confiants ne le prévoyaient ; et dans des conditions telles, que pour rester au niveau des difficultés et des périls, la patrie devait trouver dans le cœur de ses enfants les réalités de ces grands mots. Le prochain volume va nous les montrer dignes de ses espérances.

FIN DU PREMIER VOLUME.

TABLE DES MATIÈRES.

Introduction V

CHAPITRE I. — Proclamation de l'Empire.

Soirée du 1er décembre 1852. — Le Corps législatif à Saint-Cloud. — Recensement des votes sur l'empire. — Le Sénat et le conseil d'État. — La galerie d'Apollon. — Ordre et cérémonial de la solennité. — Cortége présidentiel. — Discours de M. Billault. — Déclaration du Corps législatif. — Discours de M. Mesnard. — Hommage du Sénat. — Allocution de l'Empereur. — Caractère spécial de chacun de ces discours. — Saint-Cloud. — Le 18 brumaire et le 1er décembre. — Le canon des Invalides. — 1815 et 1852. — La place de Grève et la décoration de l'Hôtel-de-Ville. — Proclamation de l'Empire. — Le palais de Saint-Cloud. — Cortége impérial. — L'arc de triomphe de l'Étoile. — Brillant état-major. — Entrée solennelle dans Paris. — Arrivée aux Tuileries. — Les corporations ouvrières. — Le Palais. — Banquet de famille. — Le bal. — Actes de bienfaisance. — *Panis, non circenses*. — Espoirs. — Silence du Moniteur. — Protestations des partis. — Manifestes de Londres et de Frohsdorf. — Intrigues légitimistes. — L'évêque de Luçon. — Mandement de l'évêque de Rennes. — Démissions réactionnaires. — Circonstances nouvelles créées par le scrutin du 21 et 22 novembre. — Conséquences logiques. — Note du Moniteur. — Son caractère. — Seconde note. — Ses inconvénients. — Nobles susceptibilités. — Amnistie. 1

CHAPITRE II. — Reconnaissance de l'Empire par les gouvernements étrangers.

Le rétablissement de l'Empire français. — Préoccupation générale. — La presse européenne. — Importance et mission de la France. — État moral de l'Europe. — La date fatale. — Terreur des souverains. — Effet produit à l'étranger par le coup d'État du 2 décembre. — Changement politique dans les esprits. — L'anarchie et la conquête. — La diète germanique et l'Autriche. — Le prince Schwarzenberg. — Ses projets. — Congrès de Dresde. — Admission des provinces hongroises, slaves et italiennes de l'Autriche dans la Confédération germanique. — Conséquences. — Infraction des traités. — Opposition de la Russie. — Intervention de la France. — Protestation et memorandum. — Question belge. — Réfugiés politiques. — Polémique ardente. — Affaire du *Bulletin français*. — Poursuites judiciaires. — Acquittement par le jury. — Expulsion du territoire belge des auteurs des articles. — Question suisse. — Note diplomatique. — Réponse du Conseil fédéral. — L'hospitalité helvétique. — Solution. — Nouveau caractère de la diplomatie française. — Rétablissement des aigles sur les drapeaux. — Restauration impériale. — Craintes de l'Europe absolutiste. — Impuissance. — Premières communications diplomatiques de l'Empire. — Reconnaissance de l'Empire par la cour de Naples. — Deux Bourbons. — Réception solennelle de l'ambassadeur d'Angleterre. — La Belgique, la Suisse, le Piémont, etc. — Interruption. — La Russie, la Prusse et l'Autriche. — Vaines intrigues. — Politique du czar Nicolas. — Les lettres de créances. — Réserves, puérilités. — Résultats. 24

CHAPITRE III. — INSTITUTIONS IMPÉRIALES.

La constitution du 14 janvier. — Réformes. — Double système de gouvernement. — L'absolutisme. — La démocratie. — Gouvernements intermédiaires. — Forme parlementaire. — Forme représentative. — Liste civile du nouvel Empire. — Louis XVI et Napoléon Ier. — La Restauration. — Rapport de M. le comte de Casabianca. — Dotation de la couronne. — Ses charges. — La famille impériale. — Biens particuliers de l'Empereur. — Décret sur l'hérédité au trône. — Sénatus-consulte interprétant et modifiant la constitution du 14 janvier. — Le droit de grâce. — Présidence des grands corps de l'Etat. — Signature des traités. — Concession des grands travaux d'utilité publique. — Modifications accessoires. — Vote du budget par ministère. — Attribution essentielle de la représentation du pays. — Lois de finances. — Rejet du budget. — Concentration du pouvoir. — Instant solennel. — Grand problème social. — Solution. — Epreuve traversée par le peuple. — Epreuves nouvelles. — Etonnement populaire. — Droit des minorités. — Perfectibilité des institutions. — Opinion de l'Empereur. — Opinion de M. Thiers sur la constitution Sieyès, remaniée par Napoléon. — Vote du Sénatus-consulte du 14 janvier. — Une députation le porte à l'Empereur, résidant alors au château de Compiègne. — Premiers actes de l'Empereur Napoléon III. — Visites à l'Hôtel-Dieu et au Val-de-Grâce. — Fêtes de Compiègne. — Magnificences et plaisirs. — Organisation et composition de la Maison Impériale. 49

CHAPITRE IV. — PRISE DE LAGHOUAT.

Écho triomphal. — Un boulevard du Sahara. — La France en Algérie. — Seconde période de notre occupation. — La bêche après l'épée. — Efforts de l'administration. — Nouveaux centres de population et de culture. — Organisation indigène du pays. — Le douar. — La ferka. — La tribu. — L'aghalick.

— Le kalifa. — Bureaux arabes. — L'impôt. — Moyens civilisateurs. — Habitations sédentaires. — Cultures. — Protection militaire. — Le fanatisme musulman. — Oasis du désert. — Le chérif d'Ouargla. — Une coalition de tribus. — Mesures militaires du gouvernement français. — Le général Pélissier. — Colonne du général Yusuf. — Premier engagement. — Colonne du général Pélissier. — Investissement de Laghouat. — Sa description. — Le col et le marabout de Sidi-el-Hag-Aïssa. — Batterie de brèche. — Dernières instructions. — Dispositions d'attaque. — Fusillade. — Les tireurs du désert. — La canonnade. — La brèche. — Colonnes d'attaque. — Cessation du feu. — Pas de charge et fanfares. — Elan des troupes. — La brèche emportée. — A la casbah ! — Le drapeau du 2ᵉ zouaves. — Glorieuses acclamations d'adieu. — Seconde attaque. — Position prise par la colonne du général Yusuf. — Vue de la brèche. — Les têtes de colonnes. — Signal de l'assaut. — Escalade des remparts. — Envahissement de la ville. — Les trophées. — Maisons fortifiées. — Fanatisme. — Dernières fusillades. — Les bois de palmiers. — Tentatives de fuite. — Soumissions. — Brillante razzia de nos goums. — Occupation et organisation de Laghouat. 72

CHAPITRE V. — LE MARIAGE DE L'EMPEREUR.

Plébiscite du 21 et 22 novembre. — Hérédité de la couronne impériale. — Mariage de l'Empereur. — S. A. R. Carola Wasa. — La grande-duchesse de Leuchtemberg. — Bonaparte et Romanof. — Le Niémen et Tilsitt. — La comtesse de Téba. — Origine de la maison de Montijo. — Son service sous les drapeaux français. — Son retour en Espagne. — La duchesse d'Albe. — Faveur et mystère. — Les chasses de Compiègne. — La nuit de la Saint-Sylvestre. — Convocation du 22 janvier. — Impression générale. — Allocution impériale. — Son effet. — La comtesse de Téba et sa mère. — Palais de l'Elysée. — Constitution de la maison de l'Impératrice. — Don de joyeux avénement. — Le collier de six cent mille francs. — Pensée généreuse. — Fondation de la maison Sainte-Eugénie. — Célébration du mariage civil. — Toilette de la fiancée impériale. — Sa réception aux Tuileries. — Salle des maréchaux. — Le trône. — Le livre de l'état civil de la famille impériale. — Cérémonial. — Signature de l'acte. — Le concert. — Le lendemain. — Aspect de Paris. — Etat atmosphérique. — Mouvement et manifestations. — Mariage religieux. — Cortège impérial. — Parcours. — Location des fenêtres. — M. Piot. — Décoration extérieure de Notre-Dame. — Arrivée de Leurs Majestés. — L'eau bénite et l'encens. — Magnificences intérieures. — Entrée solennelle dans la cathédrale. — Costume de l'Empereur, toilette de l'Impératrice. — Cérémonie religieuse. — L'acte et les signatures. — Fin de la cérémonie. — Son caractère. — Attitude du peuple, attente générale. — Solennité symbolique. — Amnistie. 93

CHAPITRE VI. — AFFAIRE DES LIEUX-SAINTS.

La Russie. — Le tsar Pierre. — L'empereur Nicolas. — Ses projets. — Le Monténégro. — Les Lieux-Saints. — Protectorat de la France en Orient.

— Eginard. — Charlemagne et Haroun-al-Raschid. — Les Francs. — Usurpation du clergé grec. — L'étoile de Bethléem. — M. Batta. — Le général Aupick. — Les sanctuaires. — Firmans et traités. — Jurisprudence et droit public. — Opinion de l'ambassadeur britannique. — Noble héritage. — Arrière-pensée. — La Russie. — L'Autriche. — Napoléon Ier. — La royauté d'Algérie et le protectorat des Lieux-Saints. — Revendication officielle. — Aali-Pacha. — Commission mixte. — Memorandum. — Protestation. — Composition de la commission. — Le logothète. — L'esprit d'intrigue. — *Deus ex machinâ*. — Comité d'enquête. — Projet de transaction. — Solution. — La coupole du Saint-Sépulcre. — Le sanctuaire du tombeau de la Vierge. — La clef de l'église de Bethléem. — Acceptation par la France. — Nouveau divan. — Ordre d'exécution. — Violation des engagements pris par le divan. — Modération du ministre français. — Exigences et concessions. — Bruits de guerre. — Mouvements dans l'armée russe. — Prétentions de la Russie. — Vanité de ses droits. — Politique des autres puissances. — Belles dépêches du cabinet anglais. — Son aveuglement diplomatique. — Offre des négociations à Saint-Pétersbourg. 125

CHAPITRE VII. — SOLENNITÉS RELIGIEUSES.

Solennités religieuses. — Le sacre. — Bruits des salons. — Chroniques. — Voyage du souverain Pontife à Paris. — Impression générale. — Trois causes de légitimité. — La révolution de février. — Droit commun. — Question des classiques. — Intervention pontificale. — La philosophie et l'histoire. — La grande école catholique. — Les traditionalistes. — Les miracles. — Harmonie providentielle. — Décision de la congrégation de l'Index. — Politique et religion. — Aube sereine et orages. — Opinions politiques du clergé en France. — Un manifeste. — Les évêques et les apôtres. — N.-S. Jésus. — César et Dieu. — Saint Paul et le respect dû aux princes. — Tibère et Néron. — Mgr Dupanloup et Napoléon III. — Le Panthéon rendu au culte. — Singulière destinée. — La châsse de sainte Geneviève. — Le temple de la gloire humaine. — La tombe et l'immortalité. — Inauguration. — Discours de l'archevêque de Paris. — Conséquence funeste de l'immixtion du temporel et du spirituel. — Constantin et Constance. — Temps modernes. — La Restauration et le clergé. — Opposition terrible. — Sages paroles. — Déclamation sinistre. — Le fronton de David. — Les tombeaux de J.-J. Rousseau et de Voltaire. — Négociations. — Le mariage civil. — M. Sauzet. — M. de Vatimesnil. — Note du *Moniteur*. — Polémique passionnée. 148

CHAPITRE VIII. — AMBASSADE DU PRINCE MENSCHIKOFF.

Le cabinet des Tuileries et la chancellerie russe. — Le ministère anglais. — Aveugles préventions. — Un bal chez la grande-duchesse Hélène. — Le tsar et sir Hamilton Seymour. — Confidences. — Rêves de Catherine. — Devoir onéreux. — La Turquie agonisante. — Nécessité de s'entendre. — Hypothèse comminatoire du tsar. — Discussion. — Arguments historiques. — Nouvelles conversations du tsar et de l'ambassadeur britannique. — Partage de l'empire turc. — L'Egypte et Candie. — La mine. — Ambassade du prince Menschikoff. — Lord Clarendon. — Lord Stratford Redcliffe. — Ses instructions. — Caractère de l'ambassadeur extraordinaire du tsar. — Portrait. — Arrivée triomphale du prince de Constantinople. — Ses visites. — Le grand visir. — Fuad-Effendi. — Scandale. — Démission. — Notice biographique. — Rifaat-Pacha. — Impression profonde. — Indignation du sultan. — Consternation du Divan. — Légations occidentales. — Demande de secours. — Paris et Londres. — Départ de la flotte française. — Immobilité de l'escadre britannique. — Négociations mystérieuses entre le prince Menschikoff et le Divan. — Arrivée des ambassadeurs de France et d'Angleterre à Constantinople. — Négociations. — Solution. — Nouvelles prétentions de la Russie. — Protectorat russe des sujets grecs du sultan. — Ultimatum. — Crise ministérielle à Constantinople. — Un nouveau cabinet. — Arrogance et intrigues. — Brusque visite du prince au sérail. — Noble fermeté du jeune sultan. — L'ambassade russe quitte Constantinople 174

CHAPITRE IX. — SESSION LÉGISLATIVE.

Convocation du sénat et du corps législatif. — Nomination de leurs dignitaires. — Les Tuileries. — Dispositions faites pour la cérémonie. — Entrée de l'Impératrice. — Arrivée de l'Empereur. — Ouverture de la séance. — Discours de Napoléon III. — Prestations de serment. — Promesses de liberté. — Aspirations du pays. — Le corps législatif. — Modifications réglementaires. — Demi-publicité. — Travaux législatifs. — Pensions civiles. — Historique de leur réglementation. — Nouveau projet. — Son mécanisme. — Son caractère. — Opposition imprévue. — Système de la commission. — Amendements. — Vote de la loi. — Loi relative au cadre de l'état-major de l'armée navale. — Unité. — Opposition. — Vieux amiraux, jeunes capitaines. — Vote du projet. — Caractère général de cette session. — Modifications judiciaires. — Loi du jury. — Ses variations. — Modifications nouvelles. — Listes des jurés. — Majorité. — Opinion des criminalistes. — Possibilité des erreurs. — Majorité simple. — Projet de loi sur le pourvoi contre les arrêts en matière pénale. — Conseils des prud'hommes. — Leur objet. — Système d'élection. — Ses modifications. — Sa constitution nouvelle. — Caisse de retraite pour la vieillesse. — Ses bienfaits. — Ses inconvénients. — Projet nouveau et amendements. — Caisse d'épargne. — Réduction de l'intérêt. — Rachat des actions de jouissance des canaux. — Budget. — Discussion. — Habile élaboration du projet. — Equilibre. — La commission. — Réductions. — Incident passionné. — M. de Montalembert. — Adoption. — Statistique de la session. 202

CHAPITRE X. — LA DIPLOMATIE IMPÉRIALE.

Clairvoyance de la diplomatie française dans la question d'Orient. — Prévention du Foreign-Office. — Désillusion. — Ordres transmis aux escadres.

— Nature du désaccord entre le tsar et le sultan. — Conseil de la France à Abdul-Medjid. — Un firman. — Joie des chrétiens du rit grec. — Nouvel ultimatum de la Russie. — Indignation du cabinet britannique. — Dépêche de lord Clarendon. — Réponse de lord Seymour. — Récriminations de la Russie. — Rapprochement de l'Angleterre et de la France. — La diplomatie française auprès des deux grandes cours germaniques. — Liens dynastiques. — Politique commune. — Reconnaissance. — Une conversation diplomatique. — Représentations. — Dangers d'une crise en Orient pour l'Autriche. — Intérêt de la Prusse. — Triomphe de l'intervention diplomatique de la France. — Circulaire adressée par la Russie à ses agents diplomatiques. — Son effet en Europe. — Note nouvelle. — Ordre de passer le Pruth donné aux troupes russes. — Etrange justification. — Réponse de la France. — Inexactitude des faits invoqués par la Russie. — Note de l'Angleterre. — *Alea jacta*: — Invasion des provinces moldo-valaques. 227

CHAPITRE XI. — SURVEILLANCE ET RÉPRESSION POLITIQUES.

Changements administratifs. — Ministères d'Etat, de l'intérieur, des finances, de la marine et des travaux publics. — Conseil d'Etat. — Nouvelle organisation de la police. — Ministère spécial. — Son objet. — Théorie et pratique. — Direction de la sûreté générale. — Commissaires de police de canton et de département. — Calme du pays. — La presse en France. — Journaux étrangers. — Indiscrétions. — Sarcasmes et calomnies. — Spéculations et intrigues. — Razzia de chroniqueurs. — Note menaçante. — Les méprises. — M. de Saint-Priest. — M. le comte de Mirabeau. — Les enfants du général Savary. — Un complot démocratique. — Les dangers de dîner chez un ami suspect. — Une lettre de Charles Monselet. — M. d'Haussonville. — Symptômes. — Bruits sinistres. — Brutus et César. — Sophisme antisocial. — Lois providentielles des empires. — Sociétés secrètes. — Louis Foliet. — Le professeur de langues. — Le tailleur de pierres. — Un projet de barricades. — Séances de société secrète. — Permanence décrétée. — Attentat. — L'Hippodrome. — Insuccès. — Conspiration nouvelle. — Les fortifications de Saint-Mandé. — Attentat de l'Opéra-Comique. — Arrestations. — Débats de l'affaire. — Système de l'accusation. — La défense. — Verdict. — Autres poursuites. — Arrestation de MM. Goudchaux et Marchais. — Arrêt de non-lieu. — L'ancien et le nouveau ministre dans un convoi funèbre. 251

CHAPITRE XII. — COLONIES FRANÇAISES.

La transportation. Les économistes et les philanthropes. — Colonies pénitentiaires. — Gouvernement de juillet. — Les circumnavigations. — Les îles Marquises. — Les nouveaux Prométhées. — Coup d'Etat de décembre. — La Guyane. — Sa constitution géologique. — Les transportés politiques et les forçats. — La fièvre jaune. — Lambessa. — Progrès de la civilisation en Algérie. — Développement de la juridiction civile. — Progrès agricoles et industriels. — Culture du coton. — Immigrations. — Surveillance militaire. — Le fanatisme musulman. — Le schérif d'Ouargla. — Irruption des goums sahariens. — Une pointe dans le désert. — Soumissions. — Cheiks hostiles. — Les tribus nomades. — Les Kabyles. — Les aigles romaines et les aigles françaises. — Kabylie indépendante; nécessité de sa conquête. — Obstacles. — Expéditions contre les tribus des Babors. — Campagne de 1853. — Le gouverneur général. — Division Bosquet. — Attaque des Djermouna. — Incendie des douars des Rhahamin. — Enlèvement du col de Tesi - Sakka. — Châtiment des Beni - Tesi. — Division Mac-Mahon. — Enlèvement du village des Aïn-Si-Tellout. — Beni-Menalla et Beni-Dracen. — Combat aérien. — Destruction du village des Krerrata. — Engagement imprévu. — La revanche. — Découragement des Kabyles. — Soumissions. — Investiture officielle des cheiks. — Dernières opérations. — Les légions romaines et nos soldats. — Travaux publics. — Mission providentielle. — Le Sénégal. — Expéditions militaires. — Mer des Indes. — Antilles. — Océanie. — Occupation de la Nouvelle-Calédonie. . . . 279

CHAPITRE XIII. — CONFÉRENCES DE VIENNE.

Question d'Orient. — Phase nouvelle. — Evénements militaires. — Efforts diplomatiques de la France. — Changement survenu dans les dispositions de l'Europe. — La Russie et les grandes puissances. — Attitude énergique de l'Angleterre. — Pitt et la question d'Orient. — Les forêts de la Russie et les Indes. — Intervention pressante de lord Bloomfield et de lord Westmoreland auprès des cours de Berlin et de Vienne. — Déclarations faites par M. de Buol. — Première pensée de la conférence de Vienne. — La diplomatie en travail. — Solution proposée par le cabinet autrichien. — Fusion des notes russe et ottomane. — Divers projets. — Solution proposée par la France. — Constitution de la conférence. — Transaction soumise par l'Autriche. — Observations de l'Angleterre. — Amendement. — Adoption. — Explosion guerrière causée dans les masses musulmanes par le passage du Pruth. — Indignation du Divan. — Protestation. — Intervention diplomatique. — Tempéraments. — Texte et projet de note adoptée par la conférence. — Accession empressée de la Russie. — Susceptibilités du Divan. — Modifications réclamées. — *Tolle* soulevé par l'opposition de la Porte. — Note imprévue de la Russie. — Nouveau revirement de l'opinion. — La nouvelle Pénélope. 313

CHAPITRE XIV. — TRAVAUX PUBLICS.

Rétablissement du calme. — Développement de l'activité sociale. — Triple cause. — Le Gouvernement provisoire. — Ses projets. — Le mystère des ateliers nationaux. — L'empire. — Résolution et efficacité. — Grands travaux publics. — Enchaînement. — Le travail. — La consommation. — L'industrie. — Achèvement du Louvre. — Pierre Lescot et Philibert Delorme. — Louis XIV. — Napoléon Ier. — Louis-Philippe. — Projets nouveaux.— Plans de Visconti. — Décret du 12 mars 1852.— Commencement des travaux. — Campagne de 1853. — La digue de Cherbourg. — Les côtes de France et les côtes d'Angleterre. — Bataille de la Hougue. — Projets de Vauban. — Travail cyclopéen d'un siècle. — Travaux publics à Paris. — Halles centrales. — Rue de Rivoli. — Boulevard de Strasbourg. — La rive gauche de la Seine. — Rue des Ecoles. — Les chemins de fer. — Concessions. — Fusion des compagnies rivales. —' Surexcitation industrielle. — Lignes concédées. — Système économique. — Ardeur financière. — Mesure restrictive. — Produits des chemins de fer de 1853. — Fondation de la société du crédit mobilier. — Nature et multiplicité de ses opérations. — Ses bases. — Crédit immobilier. — Ulcère de la propriété. — Historique de la question. — Décret impérial. — Combinaison ingénieuse. — Banque foncière. — Ses succursales. — Loi organique. — Ses avantages et ses restrictions. — Impulsion puissante.. 332

CHAPITRE XV. — ENTREVUE D'OLMUTZ.

Problème historique. — Une exclamation de M. de Nesselrode. — Sa réponse à une question de sir Hamilton Seymour. — Projets du tsar. — Ses craintes. — Sa résolution. — Cycle russe. — Attermoiements. — Concentration de ses armées. — Ses alliances. — Camp de Moravie. — Lettre du tsar. — Résolution du cabinet autrichien. — Départ de l'Empereur pour Olmutz. — Le général de Goyon. — Arrivée de Nicolas. — Réception.— Projets de l'autocrate. — *Par pari.* — Première entrevue. —Effusion du tsar.— — Observations diplomatiques de M. de Buol. — Nouvelle solution. — Les deux ministres. — Note nouvelle.— Opinion de la France et de l'Angleterre. — Evénements. — Irritation profonde des populations musulmanes. — Résolution du Divan. — Noble attitude d'Abdul-Medjid. — Grand conseil de l'empire. — Délibération solennelle. — Décision énergique. — Déclaration de guerre. — Lettre d'Omer-Pacha au généralissime russe. — Dernière concession de la Turquie. — Grandes manœuvres d'Olmutz. — Brusque changement dans les dispositions du tsar. — Incident dramatique. — Invitation. — Voyage de François-Joseph à Varsovie. — Espoir et déception.— La statue de Sobieski.— Premier sauveur et seconde dupe. 354

CHAPITRE XVI.— INDUSTRIE ET COMMERCE.

Impulsion puissante. — Renaissance générale du travail. —La spéculation financière et le commerce. — Navigation : long-cours, cabotage. — Industrie parisienne.— Affluence de l'or dans la circulation. — Les Français en Californie. — Vie des placers. — Une existence aventureuse. — Caractère des émigrants français.— Rudes extrémités.— Industries diverses. — Fortunes rapides. — Trait caractéristique du mouvement financier en 1853. — Opérations de la Banque de France. — Diminution de la réserve métallique. — Elévation du taux de l'intérêt. — Prospérité commerciale. — Efforts de l'administration. — Nombreux traités pour la protection des intérêts nationaux. — Système protecteur et libre échange. — Tendances gouvernementales. — Fluctuations de l'opinion. — Mesures prises par le pouvoir. — Conseil supérieur du commerce, de l'agriculture et de l'industrie. — Question des fers. — Développements pris par leurs emplois. — Chemins de fer. — Architecture industrielle. — Architecture privée. — Architecture publique et monumentale. — Les cotons filés. — Grave question industrielle et sociale. — Les cotons bruts. — Grandeur et puissance de l'Angleterre. — Vérité et poésie. — Prospérité rapide du Lancashire. — Sa cause. — Fabrication cotonnière en Angleterre. — Deux industries rivales. — Initiative énergique du Gouvernement. — Formidable concours des circonstances. — Insuffisance de la récolte. — Dangers de la situation. — Mesures prises par l'administration. — Leurs résultats. — Echelle mobile. — Décrets spéciaux. — Dégrèvements de l'introduction des bestiaux étrangers. — Fait économique curieux. — Influence de la nourriture sur le travail. — Développement de la misère. — Travaux publics. — Disette de 1847. — Les bons de pain. — Inconvénients et abus. — Système compensateur dans la taxe du pain. — Caisse de la boulangerie. 375

CHAPITRE XVII. — PREMIÈRES HOSTILITÉS.

Réponse du prince Gortschakoff à la sommation d'Omer-Pacha. — Adresse du tsar à ses peuples. — Efforts pacifiques de la diplomatie. — Dispositions et déclarations de la Russie. — La chancellerie russe et l'Angleterre. — Ordres donnés par les cabinets de Paris et de Saint-James. — Flottille anglo-française dans le Bosphore. — Les escadres alliées sur la rade de Beïcos. — Le général Baraguey-d'Hilliers ambassadeur de France à Constantinople. — Résolution énergique de la Turquie. — Ouverture des hostilités. — Triple tentative du passage du Danube par les Turcs. — Affaire d'Olteniza. — Double combat. — Double victoire. — Occupation de Kalaffa. — Importance de cette position militaire. — Avantages obtenus par les armes ottomanes en Asie. — Surprise et douloureuse indignation de Nicolas. — Le désastre de Sinope. — Assurances données par la Russie. — Conviction générale. — Navigation de la mer Noire. — Ravitaillement de l'armée ottomane dans l'Anatolie. — Escadre turque. — Mouillage de Sinope. — Cerasus. — Mithridate. — Lucullus. — Flotte russe. — Attaque de l'escadre ottomane. — Combat acharné. — Dévouement glorieux. — Hussen-Pacha. — Kadry-Bey. — Ali-Bey. — Catastrophe. — Le *Taïf*. — Constantinople et l'Europe à la nouvelle du désastre de Sinope. — Joie du tsar. — Le messager. — Anecdote. — Récompense et dévouement. — Nouveau protocole. — Le tonneau des Danaïdes. — Autorisation donnée aux ambassadeurs français et anglais de faire entrer les escadres dans la mer Noire. 399

CHAPITRE XVIII. — IMPORTANCE POLITIQUE DE L'ANNÉE.

Caractère politique de l'année 1853. — Aurore voilée. — Aspect tranquille. — Activités pacifiques. — Caractère des voyages impériaux. — Avant et après. — Gages de paix. — Double réduction de l'armée. — Développement des opérations industrielles et des travaux publics. — Les fêtes. — Le luxe. — Le cérémonial. — Ridicules excès. — Les marquis de Molière. — Fièvre héraldique. — Ecus pour écus. — Erudition spirituelle. — Un comte de Meulan. — Gentilhommerie spontanée. — Les rubans et les croix. — Bimbeloterie chevaleresque. — Répression. — Un prince de Gonzague ancien domestique. — La vie réelle. — Importance politique de 1853. — Avénement du second empire. — Impression de l'Europe. — Panique en Angleterre. — Chute du ministère tory. — Inquiétude au delà du Rhin. — Hostilité de la Russie. — Double coalition. — Cercle d'hostilités. — Changement opéré. — Solution de la question des Lieux-Saints. — Isolement de la Russie. — Les moyens. — Les négociations. — Esprit russe. — Diplomatie impériale. — Résultats. — Nouveaux périls. — Récolte insuffisante. — Imminence de la guerre. — Activité et prudence. — Nature des gages donnés à l'Europe.—Prévoyance. — Ressources et forces de la France. — L'empire et l'armée. — Les camps de Satory et d'Helfaut. — Solennités militaires. — Proclamation. — Enthousiasme de l'armée 421

www.ingramcontent.com/pod-product-compliance
Lightning Source LLC
Chambersburg PA
CBHW052337230426
43664CB00041B/1963